93e année — N° :

SOMMAIRE

PATRICK MODIANO

EUGÈNE SAVITZKAYA

CAHIER DE CRÉATION

DOCUMENT

CHRONIQUES

NOTES DE LECTURE

Notre couverture : Patrick Modiano © Photo Olivier Roller, 2007.

LES INTERMITTENCES DU MONDE SELON PATRICK MODIANO

Il y a dans notre littérature un écrivain qui reste un phénomène à part et dont le récent prix Nobel n'a fait que confirmer la singularité : Patrick Modiano. Ce romancier discret, pudique, à l'écriture tempérée, était pourtant entré en littérature comme on fait un esclandre. Sa plume, il l'avait d'abord mise au service d'un cri. D'un hurlement furieux et ironique : celui d'un texte dément, *La Place de l'étoile*. Comme Le Clézio ou comme Annie Ernaux, il avait débuté par ce qui était aussi une sorte d'exorcisme qui l'avait libéré d'un certain nombre de hantises, ou plus exactement d'une forme d'écriture pour dire ces hantises : la révolte, l'indignation, la colère. C'est seulement après cette liquidation qu'une manière tout à fait inédite d'écrire s'est installée pour ne plus le quitter et pour décrire avec constance un certain nombre d'obsessions qu'on a très souvent, et avec raison, rapportées à cette Occupation qu'il n'a pourtant pas vécue. Malgré cela, Modiano n'a pas écrit de grandes fresques historiques ou sociales, mais surtout de brèves aventures traversées d'incertitude et de vide, où le fantôme de l'Occupation s'inscrit dans un miroitement trouble sans qu'il écrase le récit par son omniprésence. Et c'est cette manière d'écrire qui fait de Modiano un révélateur : il nous permet de ressentir, par contraste, tout ce que l'histoire contemporaine nous a désigné sans parvenir à nous le faire vivre.

Après *La Place de l'étoile*, le discours n'est donc plus celui du délire et de la polyphonie. La voix qui parle le texte est une voix feutrée, retenue. L'œuvre se pense désormais comme une « ronde de nuit », une sorte de ritournelle lancinante où l'on assiste au ballet de revenants ou de figures disparues et presque oubliées, qui sont comme en lévitation dans le texte. Car l'écriture a un fondement que *L'Horizon* appelle des « souvenirs à éclipses [1] ». C'est la latence, le clair-obscur qui sont le mode d'existence de la mémoire.

1. Patrick Modiano, *L'Horizon*, Paris, Gallimard, « Folio », 2011 [2010], p. 9.

Déporté et latéral, l'oubli forme une basse continue qui suggère sans affirmer, qui menace sans anéantir. Les récits de Modiano, où l'on ne rencontre que des individus minés par une angoisse sans origine certifiée, une peur de l'amnésie et de la perte d'identité, mettent ainsi en scène des marginaux sans vrai secours. Mais le néant qui les inquiète et les isole n'a rien d'assuré. C'est plutôt le plein du monde et des êtres qui s'ajoure et se déchire sous nos yeux, récusant tranquillement la surabondance des significations propre aux récits historiques traditionnels. Modiano, sans être un romancier de l'absurde, réalise, par ce constant évidement de la mémoire et de l'identité, une sorte d'état privatif de l'être humain, peut-être plus subversif encore que l'anéantissement du personnage décrété par le Nouveau Roman. Parce que cet état n'est pas esthétique. Il est historique. Décrire avec un amour presque obstiné ces figures grignotées par l'oubli et la disparition, représenter l'Occupation en nous la retirant, et ne décrire et ne représenter presque que cela, c'est inventer une poétique moderne de l'angoisse et du silence.

C'est que Modiano est sensible « aux gens et aux choses qui sont sur le point de disparaître [2] ». Voilà qui suffit à donner une nouvelle mesure de l'homme et du monde où l'effacement et l'amoindrissement sont les seules choses qui puissent les constituer. Voyez par exemple cette recherche obstinée des disparus, comme la petite Bijou ou Dora Bruder. C'est elle qui altère profondément le statut de la fiction. L'écriture n'est plus vraiment celle à laquelle nous sommes habitués. Elle se fait désormais « poste restante », comme dit parfois Modiano. C'est-à-dire adressée à quelqu'un d'absent, d'insituable, d'inappréhendable, mais parfois tout à fait réel. On ne peut imaginer malaise plus grand pour cet autre destinataire du texte que nous sommes, nous lecteurs, placés simultanément dans la peau du voyeur, de l'enquêteur et du disparu. L'obsession de Modiano a ainsi quelque chose à voir avec celle qu'on trouve chez Perec ou Annie Ernaux : faire trace. Écrire le nom de ceux qui n'ont pas laissé de trace, ou si peu, de ceux à qui seule l'écriture peut rendre une existence. Car les noms « servaient d'aimants [3] » au même titre que certains lieux. Emblématique en est l'attitude du protagoniste de *L'Horizon* qui, à l'incipit, cherche à « dresser une liste [4] » d'épisodes du passé, de « visages sans noms » et de « rencontres fugitives », afin « de retrouver des points de repère : une date, un lieu précis, un nom ». Mais c'est plus largement la structure de tout le discours qui, chez Modiano, est presque énumérative. Non que les romans foisonnent de listes, où l'écriture se

2. Patrick Modiano, *L'Herbe des nuits*, Paris, Gallimard, « Folio », 2014 [2012], p. 87.
3. Patrick Modiano, *L'Horizon*, op. cit., p. 11.
4. *Ibid.*, p. 9.

ramasse en catalogues pour se retrancher de la syntaxe du récit. On assiste plutôt à un enchaînement peu marqué entre les phrases qui signe une forme d'errance de la parole, qui hale progressivement son contenu vers un amenuisement des relations logiques, temporelles ou spatiales, sans jamais les annuler. Il ne s'agit pas de supprimer l'ordre des choses mais de *l'alléger*. On passe d'un état à un autre, d'un lieu à un autre, d'un moment à un autre, d'un être à un sentiment, dans une sorte de lacis perceptif déstabilisant. La perception chez Modiano est ainsi altérée mais contrôlée, notamment par cette parole sage, prudente, mesurée. Mais aussi parce qu'elle est délibérément éloignée. Le point de vue narratif sur le monde se construit à l'image de tous ces personnages qui, si souvent, regardent les choses et les êtres à travers une vitre. Ce tamis singulier de l'écriture nous donne à lire un affolement limite, d'un tout autre ordre que celui que nous pouvons imaginer ou connaître : ce qui-vive angoissé demeure distancié, tiède et presque vaporeux. C'est l'un des plus étonnants paradoxes de cette langue absolument claire, presque transparente, qui nous offre pourtant un univers trouble et irrésolu.

Une telle situation explique pourquoi il n'y a jamais de plénitude du temps retrouvé avec Modiano. À peine perçoit-on son désir affaibli. La moindre liste impose de toute façon un choix, une éviction nécessaire, un trouble qui n'est pas celui du plein mais celui du manque. « Pourquoi avait-il laissé tel visage ou telle silhouette […] ? Un vertige le prenait à la pensée de ce qui aurait pu être et qui n'avait pas été. [5] » Tel est le vertige du romancier, tel est le vertige du personnage, tel est aussi le vertige du lecteur. Car la mémoire, avec Modiano, est si sélective, si menacée d'oubli, qu'elle est un chemin aux sentiers qui bifurquent. C'est cette part délaissée de notre vie qui est abyssale et que sonde l'écriture alors que ce qui est raconté n'en est que la face apparente, la part bornée, mais qui, s'érodant en mille endroits, laisse toujours pressentir, sans nous le donner, l'infini. C'est cela que Modiano appelle « la matière sombre ». Celle-ci « était plus vaste que la partie visible de votre vie. Elle était infinie. Et lui, il répertoriait dans son carnet quelques faibles scintillements au fond de cette obscurité. [6] » Ainsi se définit le rôle assigné au romancier, dans une poétique de l'iceberg où il ne s'agit pas de draguer tout l'invisible mais de le faire sentir sans le montrer.

Pour cela, une seule solution : étirer l'instantané, jouer sur le temps, en le condensant et en le dépliant. Mille façons sont envisageables dans

5. *Ibid.*, p. 10.
6. *Ibid.*

le roman mais un but commun apparaît toujours à l'horizon : « j'écris ces pages pour trouver des lignes de fuite et m'échapper par les brèches du temps [7] ». C'est ainsi que doit se comprendre l'inlassable jeu sur le tissage des époques, sur l'analepse, la prolepse et l'ellipse. Sur la confusion des moments, faisant se rencontrer et se superposer différentes périodes, jusqu'à proposer par exemple la saisissante vision d'une Jeanne Duval, ressuscitée en plein cœur de notre présent dans *L'Herbe des nuits*. Mais aussi sur la phrase nominale qui émerge dans la trame du récit ou au cœur des descriptions, pour poser l'existence des choses, des lieux ou des êtres, en refusant de les inscrire dans une action ou une durée. « Il n'y a jamais eu pour moi ni présent ni passé. Tout se confond. [8] » Et c'est souvent le présent de l'indicatif qui, chez Modiano, permet cette étrange anamorphose de la durée. Non pas ce présent de narration qui dramatise l'action ou imite la langue parlée. Mais ce présent que les grammairiens disent omnitemporel et omniaspectuel, qui ne situe l'événement ni dans une époque ni dans un déroulement défini. Ce temps avare en informations qui laisse les actions flotter dans l'incertain. Ce présent laconique qui n'accélère et n'immobilise pas mais qui relève de catégories indécidables. Par contraste avec les temps du passé qui sont pourtant comme contaminés par cet état d'apesanteur, il se saisit de certaines phrases, de certains paragraphes, de certains épisodes, pour les laisser vaciller entre l'actualisation et la déréalisation, l'accélération et l'étalement. Il est ce temps qui à la fois ouvre l'horizon et le ferme, qui se mâtine de passé et d'avenir sans les faire disparaître ni les confirmer. Bref, il livre une zone grise, assez proche du rêve éveillé. D'autant mieux que de nombreux récits de rêve surviennent, sans être toujours indiqués ou séparés de la narration, estompant les frontières, pour rêver le réel et réaliser le rêve. Si bien que, dans les textes de Modiano, « le temps palpite, se dilate, puis redevient étale, et peu à peu donne cette sensation de vacances et d'infini [9] ».

Des éclipses mémorielles aux turbulences identitaires en passant par le clignotement du temps, ce sont donc les intermittences du monde que l'œuvre nous offre sans jamais les arrêter. Une chose frappe pourtant et c'est elle qui fait l'incroyable cohérence de cet univers : les personnages qui habitent ce réel fissuré ne peuvent pas être identifiés par leur position sociale ou les marques de la passion, notamment amoureuse. Leur existence ignore presque tout de ces états qui nous définissent si facilement et si complètement.

7. Patrick Modiano, *L'Herbe des nuits*, op. cit., p. 106.
8. *Ibid.*, p. 54.
9. *Ibid.*, p. 102.

Ils sont en proie à tout autre chose qui tient de la lacune et non du plein. Et ce qui nous signale cet autre si difficile à nommer, on est surpris de constater que c'est d'abord un schéma actantiel, une structure récurrente des relations entre les personnages, où l'organisation sociale commune est remplacée par la bande ou la tribu. C'est-à-dire cette société qui ne fait pas société, ce groupe sans fusion qui échappe aux lois de l'ensemble, en marge de la foule. Et c'est autour de ces associations labiles que gravite la plupart du temps un individu solitaire qui y pénètre sans s'y fondre, qui est contraint à d'incessants allers-retours, ne parvenant ni à rompre définitivement ni à appartenir entièrement. Cette structure, nous devons considérer qu'elle est fondée sur une discordance centrale : l'attraction et la fuite fiévreuse. Elle répond aux règles du magnétisme physique. C'est que la bande est à la fois le seul mode de vie en société envisageable pour le personnage et quelque chose d'impraticable pour lui. Bosmans en témoigne dans *L'Horizon* : « depuis le pensionnat et la caserne, je n'aime pas tellement les bandes [10] ». C'est pourtant par la bande que le personnage pénètre dans la bande. Il est et demeure un marginal parmi des marginaux. On ne s'étonnera pas de constater que les positions physiques ou symboliques du seuil, de la marge et du retrait traversent tous les récits selon des déclinaisons inépuisables.

Voilà donc comment s'établit un état clandestin de l'être humain qui, parce que ses origines sociales ou historiques sont atténuées sans être abrogées, s'arrache à la contingence. Il est transhistorique et universel : en lui, c'est une ontologie sans grandiloquence que Modiano nous invite à penser. Malgré cela, nous n'oublions jamais sa matrice originelle : l'Occupation. Non qu'elle se répète à l'identique ou qu'elle tende à l'encyclopédique, mais ce sont ses qualités et ses attributs qui sont sans cesse transférés, parfois même greffés, sur le présent. C'est avec elle seule que Modiano, écrivain si réticent face aux débordements métaphoriques, convoque pourtant tous les dérèglements de l'analogie : la moindre arrestation se fait rafle, les petites bandes évoquent des collabos ou des résistants, suivre quelqu'un s'apparente à le traquer. Un entretien d'embauche peut rappeler un interrogatoire, remplir un formulaire revient à établir une fiche de renseignements, une trace laissée dans le passé peut servir de pièce à conviction dans un procès aussi indéfini que chez Kafka. Les appartements sont occupés comme par effraction, habités de personnages en transit, prêts à déguerpir en laissant leurs affaires dans des valises. Il y a là comme une violence primitive dont on entend l'écho, la

10. Patrick Modiano, *L'Horizon*, op. cit., p. 15.

réverbération dans l'ouate brumeuse de ces présents incertains. L'Occupation et ses conséquences sont toujours sur le point de revenir, imminentes et menaçantes, tel le grondement lointain d'un orage dont on ne sait s'il a fini par éclater : elles démultiplient de façon manifeste les intermittences du monde. C'est ainsi son spectre discret qui accompagne ce sentiment inexplicable, chez de nombreux personnages, d'être traqués sans parvenir à expliquer ce qui les poursuit. Il s'agit d'une inquiétude sans origine déterminée et tangible, un peu analogue à ce qu'est la mélancolie face à la tristesse. « Pourquoi ce perpétuel sentiment d'incertitude et de culpabilité ? Coupable de quoi, au juste ? [11] », se demande un personnage. De sorte que le lecteur a cette impression acharnée que c'est contre l'existence elle-même que les protagonistes essayent de se prémunir. Qu'ils tentent de faire disparaître leur trace, leur identité pour ne pas être repérés par la vie alors que c'est aussi la vie elle-même qui efface leur identité et qu'ils cherchent malgré cela des traces et des repères pour être.

Ce qui s'en déduit pour nous n'est nullement rassurant : l'univers de Modiano ne connaît qu'un seul régime d'existence, celui de la contradiction. Non l'éclatant affrontement des antagonismes dont la dialectique se délecte. Mais le frottement, le grincement, si discret mais si dérangeant, de pôles irréconciliables. Regardons, sans nous livrer à un inventaire complet, quelques-uns de ces couples qui nous inquiètent : les rencontres avec autrui sont le fruit du hasard et d'un étrange destin, l'autre terrifie et attire, l'amnésie torture comme elle soulage, l'anonymat nous renvoie au vide mais peut nous permettre d'échapper à ceux qui nous cherchent, le passé se dérobe mais ne cesse de revenir, la frivolité est parfois l'autre nom de la mélancolie. Toutes ces antinomies sont douces et discrètes ; et l'ambiguïté de l'œuvre provient de leur mariage continu. Pour Modiano, il s'agit de parcourir ce tremblement qui est à la fois un trouble historique et personnel, et plus largement celui du monde. Il y a là un vertige qui est celui de toute littérature qui refuse d'inventorier le réel, pour le classer et l'expliquer purement et simplement. Le roman pour Modiano est cette manière surprenante d'organiser une résistance muette au désir de clarification qui anime toute lecture, de nous priver de cette jouissance facile et spontanée face à une psychologie et un monde sillonnés, balisés et nettoyés. Avec lui, la littérature préfère envisager le monde comme il se donne parfois : mat, autre et intermittent.

Maxime DECOUT

11. Patrick Modiano, *L'Herbe des nuits*, op. cit., p. 71.

TEL UN TÉMOIN NON ATTENDU

Modiano est un cas. Il n'aurait rien vu, rien entendu. Il n'était pas là, pas encore. Pourtant le voici. Inattendu. Indispensable. Comme s'il avait tout ressenti, devançant l'événement, vibrant déjà à l'évocation de l'un de ses détails. Modiano, témoin que l'Histoire retient, qui fait mémoire des choses les plus ténues. Cas rare de l'homme qui dès son premier témoignage développe la totalité de sa vision et, partant dans toutes les directions, entremêle les destinées, et les change même en leurs contraires. À coup sûr, une étoile guide son chemin et le voici, traçant les parcours les plus divergents, et enfouis, perdus ou oubliés. Et sur la plus grande des places, s'inscrivent déjà une douzaine d'avenues en forme de points d'interrogation.

Modiano a quelque chose de Simenon, d'un Maigret apparemment placide et tenace, rien ne le décourage. Sans en avoir l'air, il fonce, pas forcément droit, prenant pas mal de biais. Et le voici au plus profond d'une énigme, au plus dissimulé d'un secret. Tout peut être indice, de l'ombre à la preuve possible. On ne sait jamais. De l'imprévu il se joue, imperturbable. Il n'y a pas pour lui d'affaire définitivement passée, éteinte, il n'y a que l'obstiné retour, au coin de la rue, au bout même de l'impasse. D'ailleurs, celle-ci n'existe pas, rien ne coupe son élan. Il prend mesure de l'espace comme du temps. Il vient, revient sans cesse, repart à petits pas, s'intrigue d'une faible lueur, un simple clignotant. Il sait qu'il n'y a pas de fin de course mais qu'il est quand même attendu. Il n'était pas là, il est si loin, ne vient-il pas du passé, éprouvant l'oubli, il sera là demain.

Regardez comme il se tient droit. Retenue naturelle, impressionnante. Sa timidité aussi. Sa règle : n'abuser de rien. Il est ainsi et pareillement il écrit. Net. À la main, sans faire de clics. Sobre. Observant l'homme qui est toujours le même, qui se raconte, se livre de page en page, remonte le cours du temps en deçà de sa vie, construit son présent, édifie un domaine, un après. Persistant.

Il y a du Diogène en lui. Sa lanterne peut vaciller mais sans lui éviter d'enjamber l'obstacle. Choc de la lecture et on le suit jusque dans l'attente, la suspension. On sursaute, inquiet de l'étau de l'imprévisible. On se raccroche à je-ne-sais-quoi, une idée qui tremble, une réminiscence prometteuse, voire à une sorte de relent persuasif. Étonnant garant que ce narrateur, ni témoin direct, ni historien déterminé, promeneur parfois embarrassé, audacieusement prudent, qui n'en reconstitue pas moins toute une époque révolue, inconnue, intensément, intérieurement enregistrée comme dans une mémoire prénatale.

Dans l'histoire de la littérature née après-guerre, un tel auteur prend une place particulière que la grande Histoire elle-même ne peut négliger. Il y va de la vérité. Aux faits se tressent les sentiments, aux bruits s'affrontent les silences. Il y eut par exemple ceux des parents, et leur absence sauvage comme une présence. Chez Modiano, tout remonte à la surface, fait trace, laisse sillage. On le suit, on pense à Dora Bruder...

On ne choisit pas sa naissance. Ni son lieu, ni son heure. On ne choisit pas ses parents et peu souvent, ou bien mal, les chemins qu'on arpente. Par contre, on peut poser question, vérifier, tenter au moins de mieux savoir, tenter de presque comprendre, faire le détour, de l'oubli à la mémoire, sans éviter ni les vieilles blessures ni les sales éclaboussures. S'étonner des secrets, tus, ou imposés. Peser la résistance, une main dans la poche serrant ce petit caillou nommé scrupule.

Modiano garde raison, gardien de ce qu'il a pressenti. Témoin garant, du moins attentif, circonspect. Dans la coursive. Une bévue est toujours possible. Mais il est là, tendant le fil entre demain et hier, archéologue qui met à nu l'objet insaisissable, l'atmosphère même du temps de l'Occupation. Et tout est dit, dans une forme prosaïque, quotidienne. Modiano écrit en mode mineur, bousculé, dévoilant l'air ambiant, déminant un temps au lourd présent. Où pousse l'herbe des nuits...

Pierre FAVRE

Pierre Favre, journaliste et historien, est notamment l'auteur de *Jacques Decour, l'oublié des Lettres françaises* (Farrago / Léo Scheer, 2002).

PROUST LECTEUR DE MODIANO

Pour Marcel Bénabou, bien sûr

On n'a pas encore assez rendu justice à la lecture que Proust fit, avec l'audace que donne un siècle d'avance, de l'œuvre de Patrick Modiano.

Il s'est toujours fâché contre ceux qui le considéraient comme un auteur d'importance secondaire. Ou comme un petit-maître capable seulement d'évocations un peu évanescentes. Il le voit comme un pionnier et un chercheur (à son image ?) : « *Si un écrivain aux antipodes des claires et faciles aquarelles a cherché à se définir laborieusement à lui-même, à saisir, à éclairer des nuances troubles, des lois profondes, des impressions presque insaisissables de l'âme humaine, c'est Patrick Modiano.* » Voyant là ce que peu de critiques ont discerné : Modiano, aux prises avec une quête de soi tourmentée, a mis au jour « *ces mystérieuses lois de la pensée que j'ai souvent souhaité d'exprimer* », par sa façon d'explorer les gouffres en ne semblant s'attacher qu'à un art de la délicatesse. Ce qui n'empêche pas Proust de jeter un regard presque clinique sur l'entreprise (« *un modèle de hantise maladive* »), notant que chez Modiano, s'il y a un plaisir de la sensation, il reste toujours « *à base d'inquiétude* ».

L'analyse qu'il fait de la singularité de ses perceptions est d'une grande acuité. Ainsi il reconnaît en Modiano « *une sorte de subjectivisme excessif, d'importance plus grande pour ainsi dire, attachée à un rêve, à un souvenir, à la qualité personnelle de la sensation, qu'à ce que cette sensation signifie de commun à tous, de perceptible pour tous, la réalité.* »

Surtout, il a entendu ce qu'il y avait derrière des formulations maintenant aussi connues que le fameux « ma mémoire précédait ma naissance ». Il le dit de manière magistrale : « *Ceux qui sont hantés de ce souvenir confus des vérités qu'ils n'ont jamais connues sont les hommes qui sont doués.* [...] *Le talent est comme une sorte de mémoire qui leur permettra de finir par rapprocher d'eux cette musique confuse, de l'entendre clairement, de la noter, de la reproduire, de la chanter.* » La formule proustienne est d'une rare pénétration puisqu'elle associe dans le talent de Modiano l'obsession parfois nébuleuse, la conscience d'une quête de « *vérités* » inconnues et l'art de transformer en musique cette étrange alliance de la brume de mémoire et d'un savoir issu de ces brouillards. Et, dans les sinuosités de sa phrase, Proust enlace ce qui fait le charme et la nouveauté de l'écriture de Modiano, ce réseau subtilement brouillé des temps et des lieux, de la réalité et du songe qui transforme la perception des personnages (« *dans tout cela même les êtres ne sont que les ombres d'un rêve* »). Le lire revient à faire « *ce retour dans un pays qui est plutôt pour lui un passé qui existe au moins autant dans son cœur que sur la carte* » et qui « *est entremêlé si étroitement aux souvenirs qu'il continue à évoquer, qu'on est obligé à tout moment de tourner les pages qui précèdent pour voir où on se trouve, si c'est présent ou rappel du passé.* »

Il salue en Modiano l'auteur qui a su affronter les difficultés de l'inexprimable et trouver les mots autour desquels il s'infiltre. « *Tout compte fait, il n'y a que l'inexprimable, que ce qu'on croyait ne pas réussir à faire entrer dans un livre qui y reste. C'est quelque chose de vague et d'obsédant comme le souvenir. C'est une atmosphère.* [...] *Ce n'est pas dans les mots, ce n'est pas exprimé, c'est tout entre les mots.* » Proust ne fait ici que relancer la difficulté (quel est cet inexprimable que cet « *entre les mots* » serait à même de faire surgir ?). Mais en mêlant le registre de la mémoire et celui de la respiration (l'« *atmosphère* »), là encore il rend hommage de façon subtile au plus intime du talent de Modiano.

Enfin Proust saisit admirablement comment une telle prose évite les pièges du style impressionniste : « *Ces sensations si subjectives, si nous disons seulement la chose qui les provoque, nous ne rendons pas précisément ce qui donne du prix. Mais aussi, si nous essayons en analysant notre impression de rendre ce qu'elle a de subjectif, nous faisons évanouir l'image et le tableau. De sorte que par désespoir nous alimentons encore mieux nos rêveries avec ce qui nomme notre rêve sans l'expliquer, avec les indicateurs de chemin de fer, les récits de voyageurs, les noms des commerçants et les rues d'un village.* »

Mais il faut en venir à une évidence pénible et, nous semble-t-il, jamais notée. Ce sont les emprunts dissimulés (brumeux, voilés, bien sûr) que Proust a faits à Modiano. Où diable a-t-il pu trouver une formule comme celle-ci, sinon chez lui : « *Je ne traversais pas les mêmes rues que les promeneurs qui étaient dehors ce jour-là, mais un passé glissant, triste et doux. Il était d'ailleurs fait de tant de passés différents qu'il m'était difficile de reconnaître la cause de ma mélancolie* » ? Ou encore, lorsqu'il dit que diverses impressions « *avaient entre elles ceci de commun que je les éprouvais à la fois dans le moment actuel et dans un moment éloigné, jusqu'à faire empiéter le passé sur le présent, à me faire hésiter à savoir dans lequel des deux je me trouvais* » ? Telle remarque de MP prouve une lecture (trop ?) attentive de PM : « *Une chose que nous avons regardée autrefois, si nous la revoyons, nous rapporte, avec le regard que nous y avons posé, toutes les images qui nous remplissaient alors.* » Telle loi que Proust dégage est tout droit issue de la lecture de Modiano : « *Seule l'impression, si chétive qu'en semble la matière, si insaisissable la trace, est un critérium de vérité, et à cause de cela mérite seule d'être appréhendée par l'esprit.* »

Ce qui revient à poser cette question aussi insondable que fondamentale : Proust aurait-il écrit *Le Temps retrouvé* s'il n'avait lu Modiano ?

Mon édition du *Contre Sainte-Beuve* a laissé passer un lapsus étrange. En lieu et place du nom « Patrick Modiano », le prote a fait imprimer celui de « Gérard de Nerval ». Les prochains tirages rectifieront sûrement l'erreur.

Claude BURGELIN

Les citations des premiers paragraphes sont tirées du *Contre Sainte-Beuve*. Celles de l'antépénultième du *Temps retrouvé*.

L'ÉTOILE DE MODIANO

L'œuvre de Patrick Modiano semble offrir peu de prise à une lecture sociologique. Obsessionnellement tournée vers l'exploration du passé, elle déroule ses intrigues dans des décors vaporeux, redistribuant d'un roman à l'autre un même matériel tiré de la chronique familiale, alimenté par des faits divers ou exhumé des archives ; y circulent des personnages aux marges du contrat social, confinés dans des trafics, en butte aux persécutions ou à l'abandon. La jeunesse et la ville, omniprésentes dans cet univers, sont elles aussi astreintes à la diète sociologique, alors qu'elles constituent en soi des catégories sociologiques et servent habituellement de support à un imaginaire et à un discours social. Cette aura d'évanescence et de fragilité qui émane de l'œuvre est renforcée par les apparitions publiques de l'auteur à travers lesquelles se façonne l'image d'un homme timide et persécuté par l'inquisition médiatique, restant à l'écart du champ littéraire ou incapable de se prêter au jeu littéraire [1].

Il est intéressant d'éprouver cette résistance avec *La Place de l'étoile*. Le premier roman est en effet justement celui de l'entrée dans le champ littéraire. C'est pour l'aspirant écrivain un moment périlleux, qui décide souvent de la possibilité de rester dans le jeu et de s'y maintenir durablement. *La Place de l'étoile* a rencontré d'emblée un succès et une reconnaissance à partir desquels a pu se construire ensuite, au fil des ans, une carrière littéraire. On se demandera ici quel sens du jeu, quelles stratégies spécifiques, se sont déployés, consciemment ou inconsciemment, à l'instant de cette initiation. Dans cette perspective, on examinera les enjeux et le contexte qui, influant sur ce texte inaugural et sa première réception, éclairent aussi la suite de l'œuvre et la postérité critique de Patrick Modiano.

---

1. Le concept de champ est emprunté à Pierre Bourdieu (*Les Règles de l'art : genèse et structure du champ littéraire*, Paris, Seuil, 1992), celui de jeu à Bernard Lahire, *La Condition littéraire : la double vie des écrivains*, Paris, La Découverte, 2006.

Une lecture simultanée de la première version de *La Place de l'étoile*, des articles de presse qui lui sont consacrés dans les quelques mois qui ont suivi sa publication, et des déclarations de l'auteur dans les interviews qu'il a accordées à la presse permet de mettre au jour le travail qui s'opère entre le texte et son commentaire pour stabiliser le message de ce roman palimpseste [2]. Quatre grandes catégories se dégagent, désignant solidairement une série de postures auctoriales, de scripts, de scénographies énonciatives et de contenus discursifs. Ces quatre catégories sont « le génie précoce », « la jeunesse paradoxale », « la judéité », « le scandale ». Telles sont les modalités schématiques sous lesquelles Patrick Modiano effectue ses débuts littéraires.

Le génie précoce

L'image du génie précoce est cristallisée par la question de l'âge de l'auteur. On sait, parce que la question a fait couler beaucoup d'encre, que Modiano s'est pour l'occasion rajeuni de deux ans. Né le 30 juillet 1945, il accrédite et laisse accréditer par son éditeur une autre date de naissance, celle du 30 juillet 1947. L'indication figure encore sur la couverture de l'édition « folio » en 1986 [3]. La supercherie est donc destinée à durer. Elle recouvre sans nul doute un mécanisme de défense psychique : en s'attribuant la date de naissance de son frère Rudy (1947-1957) à qui *La Place de l'étoile* est dédiée, le romancier a cherché une manière de garder celui-ci en vie. De plus, on fera remarquer que la distorsion est bénigne entre l'âge réel et l'âge prétendu. Avoir vingt ans ou vingt-deux ans en avril 1968, c'est toujours être bien jeune ! Néanmoins, en contribuant à fabriquer le *topos* du génie précoce la date falsifiée détermine un mode d'occupation du champ littéraire. L'âge de la majorité étant fixé à vingt et un ans, avoir vingt ans en avril 1968 fait basculer ou maintient dans la minorité légale. Mineur, le jeune écrivain se rapproche de l'enfant prodige. À l'aune de cette immaturité biologique, la maturité intellectuelle, le talent, la virtuosité stylistique, la culture littéraire et les autres qualités révélées par *La Place de l'étoile*

---

2 . Voir à ce sujet l'article de Maxime Decout, « Modiano : la voix palimpseste sur la place de l'étoile », *Littérature*, 2011/2, n° 162, p. 48-62.

3. Voir l'étude de Jacques Lecarme, « Quatre versions de *La Place de l'étoile* (1968-2008) » dans Anne-Yvonne Julien (dir.), *Modiano ou les Intermittences de la mémoire*, Paris, Hermann, 2010, p. 87-109, ainsi que Denis Cosnard, *Dans la peau de Patrick Modiano*, Paris, Fayard, 2010, p. 11-14. À la page 13, Denis Cosnard emploie l'expression de « génie précoce », disant que la manipulation de l'âge comporte « peut-être une once de marketing ». Nous voudrions dépasser cette intuition en montrant que le champ littéraire peut s'emparer d'une telle réalité et qu'elle est l'élément d'une mise en scène de soi.

deviennent des signes d'élection et d'exception justifiant la publication miraculeuse d'un premier manuscrit chez le plus grand éditeur national. En outre, le syntagme « vingt ans » produit un effet de seuil, séparant la jeunesse du début du vieillissement. Sensibles à la force symbolique du chiffre rond et à la valeur promotionnelle de l'argument de minorité, les critiques reprennent en chœur le refrain des vingt ans comme s'il s'agissait d'une formule explicative magique. « Voilà un garçon de vingt ans. [4] » « La question juive vue par un œil de vingt ans […] [5] ». « Patrick Modiano a vingt ans. [6] » « Ce romancier de vingt ans […] [7] ». La mention de la date de naissance constitue une variante : « Ce très jeune écrivain est né en 1945 […] [8] ». Bernard Pivot se détache du chœur en ramenant l'écrivain à l'âge qu'il était supposé avoir un an auparavant, c'est-à-dire en 1967 : « La seule chose dont on puisse être sûr, c'est qu'à dix-neuf ans, il appartenait déjà à la race des écrivains. [9] » Désigne-t-il ainsi le moment de la rédaction de *La Place de l'étoile*, ou celui initialement prévu par Gallimard pour publier l'ouvrage ? On l'ignore, mais l'effet est de rajeunir encore la jeunesse. Patrick Modiano lui-même surenchérit sur ce décompte régressif en arrimant le temps de l'écriture de son livre à l'époque de son adolescence. Le paramètre varie. C'est dix-sept ans dans un entretien avec Jean Montalbetti [10], dix-neuf dans une interview au *Figaro* [11], et finalement « vers dix-huit ans » dans la *Radioscopie* de Jacques Chancel en 1972. Bref, il s'embrouille un peu. Il lui arrive même de révéler son âge véritable, comme dans ces propos rapportés par *L'Arche* : « C'est bien difficile d'avoir vingt-deux ans et d'être Juif en France. [12] »

S'esquisse ainsi, autour de la question des vingt ans de l'auteur, un scénario de la pêche miraculeuse en milieu littéraire. Dépourvu de tout capital social en raison même de son extrême jeunesse, un inconnu à peine sorti de l'enfance est reconnu par le monde des lettres en raison de son seul talent. Est exclu

4. Georges Conchon, *Valeurs actuelles*, 16-22 mai 1968. Nous remercions M. Éric Legendre qui a aimablement mis à notre disposition le dossier de presse des éditions Gallimard.
5. Michel Nicolas, *La Revue Nouvelle*, 15 octobre 1968.
6 Georges Fénat, « Patrick Modiano : une étoile déplacée », *Aux écoutes [du monde]*, 29 avril-5 mai 1968.
7. *Bulletin critique du livre français*, février 1969.
8. Jean Gaugeard, « Un voyage au bout du ghetto », *Les Lettres françaises*, 24 avril 1968.
9. Bernard Pivot, « Demi-juif, Patrick Modiano affirme : "Céline était un véritable écrivain juif" », *Le Figaro littéraire*, 29 avril 1968.
10. Jean Montalbetti, « La Haine des professeurs », entretien avec Patrick Modiano, *Les Nouvelles littéraires*, 13 juin 1968.
11. Claudine Jardin, « Un grand garçon très compliqué », *Le Figaro*, 8 octobre 1969.
12. Reine Silbert, « Un petit frère de Solal : Patrick Modiano », *L'Arche*, 25 mai-26 juin 1968.

du scénario le fait que, justement, *en plus de son talent*, l'auteur de *La Place de l'étoile* dispose d'un capital social spécifique. Deux amis de sa mère particulièrement influents ont contribué à la transmutation du manuscrit original en produit éditorial consacré avant même la consécration critique. Le premier est Raymond Queneau, qui transmet le manuscrit aux éditions Gallimard, où il exerce des fonctions en tant que membre du comité de lecture et directeur de la « Bibliothèque de la Pléiade ». Le second est Jean Cau, ancien secrétaire de Sartre, écrivain et journaliste renommé, qui rédige la préface du premier roman de Patrick Modiano.

Si la jeunesse de l'auteur acquiert une telle importance dans les commentaires journalistiques, c'est que le texte lui-même donne aussi des indications en ce sens. À l'intérieur de l'espace fictif que constitue *La Place de l'étoile*, la figure du narrateur est parée des attributs de la jeunesse. Pour reprendre les termes proposés par l'analyse sociopoétique, nous dirons donc que la catégorie du génie précoce s'établit à l'interface de la production et de la réception [13].

Raphaël Schlemilovitch s'incarne sous les traits d'« un vrai jeune homme » (39) [14], d'« un jeune provincial » (61), d'« un jeune homme qui travaille » (95). Le colonel Aravis l'appelle « mon petit » (102) et le général Tobie Cohen le range parmi les « petits masochistes » (184) et les « jeunes esthètes européens » (185). Sa « belle jeunesse » est évoquée dès la deuxième phrase du roman (13) tandis que son double, des Essarts, rédigeant son *Qu'est-ce que la littérature ?*, écrit un chapitre s'adressant « aux jeunes gens » (38). Plus encore que la répétition des signifiants juvéniles, le maintien du narrateur dans une condition filiale contribue à la constitution d'un véritable éthos adolescent. Comme l'a dit Philippe Zard, Schlemilovitch est un fils ; sa filiation est inscrite dans son nom : le fils du *shlemiel* [15]. Et si dès la deuxième phrase du roman la jeunesse est évoquée, dès la première, c'est d'héritage qu'il est question : « C'était le temps où je dissipais mon héritage vénézuélien ». La succession des figures paternelles (Schlemilovitch père, Adrien Debigorre, le vicomte de Lévy-Vendôme, le colonel Aravis, le général Tobie Cohen, etc.) entraîne une série de postures filiales gravitant autour de la soumission ou de la révolte.

---

13. Georges Molinié et Alain Viala, *Approches de la réception : Sémiostylistique et sociopoétique de Le Clézio*, Paris, PUF, 1993.
14. Les citations et les renvois de page entre parenthèses correspondent à l'édition « Folio » de *La Place de l'étoile*, Paris, Gallimard, 2009. Les références à l'édition originale de 1968 seront mentionnées en tant que de besoin.
15. Philippe Zard, « Modiano et son complexe. La carnavalisation de la mémoire dans *La Place de l'étoile* », dans Anne-Yvonne Julien (dir.), *op. cit.*, p. 69-86.

Les références à des situations scolaires jouent également leur rôle. Un passage assez long du roman est occupé par l'épisode de la khâgne de Bordeaux (p. 74-87). L'extrait de Rabatête, « … Jusqu'à quand devrons-nous […] ? », calqué sur le « quousque tandem […] » de la première catilinaire de Cicéron, est un souvenir de version latine. Lorsque le narrateur entreprend d'écrire avec son *Drieu et Brasillach* un de ses nombreux opus imaginaires, il s'apprête à traiter un sujet de dissertation factice : « pour quels motifs Drieu et Brasillach ont-ils collaboré ? » (31). D'autres allusions sont révélatrices du bagage scolaire d'un lycéen des années soixante, surtout lorsqu'il a été scolarisé, comme l'auteur lui-même, dans l'enseignement catholique (« je lisais les bucoliques grecs et m'efforçais de traduire élégamment *L'Énéide* », p. 20). Dans ces conditions le palimpseste de *La Place de l'étoile* représente très précisément la scène générique qui étaye la scénographie énonciative de la jeunesse. L'intertextualité et la récriture pratiquées par le narrateur instaurent le vertige citationnel comme traduction stylistique du principe de filiation. En faisant comparaître à des degrés divers les poètes alexandrins, Virgile, le cardinal de Retz, Huysmans, Estaunié, Proust, Céline, Brasillach, Barrès, Rebatet, Drieu la Rochelle, Sartre, Genet, Maurois, Fleg, Schwarz-Bart, Benda, Spire, Heine, Kafka et *tutti quanti*, Raphaël Schlemilovitch convoque tous ceux dont la parole a précédé la sienne et s'enchaîne à une procession de pères de papier. Le privilège accordé aux formes ludiques de la récriture, telles que le pastiche et la parodie, apparente également le roman de Modiano au canular mystificateur, à la blague potache et à d'autres modes d'expression carnavalesque de la jeunesse étudiante (on rappellera, par exemple, l'origine lycéenne d'*Ubu roi*) où s'exprime la posture du fils rebelle procédant au détrônement ludique de l'autorité.

La jeunesse paradoxale

La catégorie du « génie précoce » se construit donc par un déploiement textuel et extratextuel des figures de la jeunesse. Or cette jeunesse hyperbolique est entamée par un attachement obsessionnel au passé. Debigorre, le professeur de la khâgne bordelaise, s'étonne que son élève connaisse si bien Maurras et Pujo : « "Mais vous n'étiez pas né, Raphaël !" » (81). À la fin de *La Place de l'étoile*, le docteur Sigmund Freud, passablement inquiet, essaie de raisonner son patient : « Himmler est mort, comment se fait-il que vous vous rappeliez tout cela, vous n'étiez pas né […] ? » (209). Il revient ainsi à la fois à l'ancien collaborateur de Radio-Vichy et au psychanalyste viennois d'ébaucher la catégorie de la jeunesse paradoxale qui, autant qu'un élément de dialogue ou qu'un complément décisif apporté à l'éthos du narrateur, apparaît comme une consigne interprétative adressée au lecteur. En effet, la presse reprend en chœur le refrain du « jeune vieillard », allant parfois jusqu'à imiter la perplexité interrogative du pseudo-Freud ou la stupéfaction admirative d'Adrien Debigorre :

> *Cette connaissance des vingt années de vie française qui ont précédé sa mise au monde est proprement stupéfiante car elle ne semble nullement livresque* […]. *Où et comment Patrick Modiano a-t-il pu dénicher cette prodigieuse quantité de riens qui finissent par restituer tout un monde par son charme, par sa plus fine saveur ?* [16]

L'article du *Figaro littéraire* révèle bien, quant à lui, le jeu de miroirs qui s'établit dans les médias entre le narrateur et l'écrivain pour provoquer, à force de ressassement, le cliché de l'enfant-mémoire. Les propos de l'écrivain — dont la diction torturée est virtuellement transcrite par l'afflux de points de suspension — sont suivis par le commentaire du journaliste qui lui-même fait référence au texte-source en citant le discours du pseudo-Freud :

> *« Je suis obsédé… par le Paris de l'occupation… c'est… mon paysage… naturel… »*
>
> *Il est tellement tourmenté, halluciné, par cette époque (« Himmler est mort, comment se fait-il que vous vous rappeliez tout cela, vous n'étiez pas né, allons, soyez raisonnable » dit à la fin du livre le docteur Freud à Raphaël Schlemilovitch, convaincu de névrose judaïque, de yiddish paranoïa). Il est si malade, Patrick Modiano, de ce temps qu'il n'a pas vécu, qu'il a lu tout, absolument tous les témoignages sur l'Occupation, et qu'il va hanter la rue Lauriston, siège de la Gestapo, attiré qu'il est par l'horreur, fasciné par le cauchemar qu'il a la sensation chaque fois de vivre un peu, de « revivre ».* [17]

On reviendra sur l'étonnant étonnement que suscite la capacité d'un jeune homme à se souvenir du passé. Pour l'instant, contentons-nous de constater qu'un consensus se dégage non seulement sur la question de la quête mémorielle mais sur l'objet même de cette quête, limité en l'occurrence à la période de la guerre et de l'Occupation (« Ces quatre années de malheur exercent sur Patrick Modiano une sorte de fascination poétique [18] » ; « il vit en 1942, cinq ans avant sa naissance [19] »). Pourtant d'autres contenus sont

16. Jean Gaugeard, *Les Lettres françaises*, art. cit.
17. Bernard Pivot, art. cit.
18. Mathieu Galey, « Une esthétique de la délation », *L'Express*, 6-12 octobre 1969.
19. Georges Conchon, art. cit.

disponibles dans *La Place de l'étoile.* Parmi les référents historiques extérieurs et antérieurs à la Deuxième Guerre mondiale, on notera l'affaire Dreyfus et les années folles (28-29). Le long épisode pendant lequel Raphaël se livre à la traite des blanches sous la houlette de Lévy-Vendôme est ancré dans une temporalité plus ou moins contemporaine de l'écriture. Mais les deux hommes de main du vicomte sont des « anciens Waffen SS de la Légion nord-africaine » (93) ; l'évocation des années folles orchestre l'entrée en scène de Maurice Sachs ; celle du capitaine Dreyfus prend place dans le scénario échevelé de l'affaire Jacob X, « troisième affaire juive après l'affaire Dreyfus et l'affaire Finaly » (24) relatant l'histoire d'un enfant juif élevé par un collaborateur pétainiste qui le sauve de la déportation. Le retour obsessionnel à la guerre, à l'Occupation et à la collaboration est donc agencé aussi bien *à production* qu'*à réception.* Cette fixation historico-mémorielle va s'avérer déterminante pour la représentation de la judéité, elle-même liée à la catégorie du scandale.

La judéité

Au cours de son entretien avec Bernard Pivot, Patrick Modiano se plaint de son nom : « — Je m'appellerais… Patrick Dupont… ou carrément… Patrick Cohen… ce serait… évidemment plus… facile [20] ». Patronyme juif qui ne se fait pas repérer comme juif, qui « donne le change » comme dit Bernard Pivot, car on le croit corse ou italien, ce nom masque l'origine non juive de sa mère (« Dupont ») sans assurer la publication de la judéité transmise par le père (« Cohen »). Pour que le nom donne à voir l'évidence de la filiation (« évidemment »), il vaudrait mieux s'appeler ou Dupont, ou Cohen. Au moment où il écrit *La Place de l'étoile*, Patrick Modiano a perdu tout contact avec son père, parti, semble-t-il, s'installer en Suisse [21]. Bien que l'entreprise tourne *in fine* au règlement de compte et débouche sur une ambiguïté dont on réexaminera les mécanismes plus tard, il choisit de se présenter dans le champ littéraire comme juif en publiant la judéité du nom du père. Relevant, comme le travestissement de la date de naissance, d'une nécessité psychique, cette proclamation de judéité n'en est pas moins un acte social qui s'insère dans une logique de champ.

La judéité est en effet un mode d'entrée en littérature. Elle a été expérimentée dans l'entre-deux-guerres par Albert Cohen ou Irène Némirovsky.

20. Bernard Pivot, art. cit.
21. Denis Cosnard, *op. cit.*, p. 29.

Pour l'un comme pour l'autre, on a pu constater qu'elle reposait sur au moins deux éléments : l'existence d'un champ littéraire favorable d'une part, et d'autre part l'hyperbolisation de la judéité en texte et hors texte [22]. La première caractéristique est présente au moment de la publication de *La Place de l'étoile*. Le thème juif est « porteur ». « Les Juifs se vendent bien » titre le mensuel communautaire *L'Arche*, qui constate en 1966 que depuis une dizaine d'années, « le livre juif a crevé les frontières du ghetto et fait irruption sur le marché [23] ». En témoignent quelques grands succès éditoriaux tels que *Les Eaux mêlées* de Roger Ikor, prix Goncourt 1955 (Albin Michel), *Le Dernier des justes*, d'André Schwarz-Bart, prix Goncourt 1959 (Seuil), *Treblinka* de Jean-François Steiner (1966, Fayard). On remarque que Gallimard n'a publié aucun de ces titres, pas plus qu'il n'a publié *Israël* de Bernard Frank ou ne publiera Doubrovsky. En revanche, *Portrait d'un Juif* d'Albert Memmi et *La Danse de Gengis Cohn* de Romain Gary paraissent en 1962 et 1967 chez l'éditeur de la rue Sébastien-Bottin. La guerre des Six Jours et les réactions qu'elle a provoquées ont déclenché une nouvelle vague d'intérêt. D'autres indices ? Dans *Le Monde* daté du 20 avril 1968, on peut lire un court récit d'Elie Wiesel, « Les fous de Sighet » ; dans celui du 4 mai 1968, un article de Jacques Madaule, « Les juifs, le christianisme et Claudel ». Le numéro du 9 mai contient un compte rendu de l'exposition « Israël à travers les âges » qui se tient au Petit Palais. *La Place de l'étoile* fait partie des livres que le quotidien recommande à ses lecteurs d'emporter en vacances le 13 juillet 1968.

La seconde condition est également remplie. En effet, une inscription hyperbolique du signifiant juif s'accomplit dans le texte de Modiano. Philippe Zard mentionne à ce sujet une « orgie inaugurale de judéité [24] ». En ce sens, la place de l'étoile désigne le cœur de cible du roman autant que la poitrine du jeune homme animant l'« histoire juive » placée en exergue. Composé d'un prénom hébraïque, d'un patronyme désignant un personnage emprunté au folklore yiddish et d'un suffixe patronymique slave, le nom du narrateur, contrairement au nom de l'auteur, est « évidemment » juif. C'est aussi une charade midrashique, car Raphaël Schlemilovitch pourrait se traduire par « Dieu a guéri le fils du *shlemiel* ». Dans le récit proprement dit on assiste à un défilé d'incarnations juives qui a pour conséquence de multiplier jusqu'à la frénésie les occurrences du vocabulaire de la judéité et de constituer

22. Voir à ce sujet Nelly Wolf, *Proses du monde : les enjeux sociaux des styles littéraires*, Villeneuve d'Ascq, Presses universitaires du Septentrion, 2014, p. 91-117.
23. Cité dans Michel Azouvi, *Le Mythe du grand silence : Auschwitz, les Français, la mémoire*, Paris, Fayard, 2012, p. 430, note 143.
24. Philippe Zard, art. cit., p. 69.

un catalogue des figures juives disponibles depuis l'affaire Dreyfus. Il serait à la fois fastidieux et impossible de dénombrer toutes les espèces contribuant à cette typologie. Contentons-nous de quelques extraits du catalogue. On y distingue des personnages qui se partagent des rôles juifs. Ainsi le père du narrateur et Lévy-Vendôme jouent-ils respectivement le rôle du juif honteux et persécuté pour l'un, du juif criminel et comploteur pour l'autre. Le narrateur lui-même incarne le juif névrosé et déchiré, mais très beau et très intelligent, à l'instar du Solal d'Albert Cohen. Cela dit, la polymorphie est de mise, et Raphaël Schlemilovitch, dépouillé de ses prérogatives de narrateur, se voit assigné à d'autres représentations : « [...] après avoir été un juif collabo, un juif normalien, un juif au champ, il risquait de devenir [...] un juif snob » (124). Sur ce théâtre de la judéité sont aussi exhibés la déportée (Tania) ou les Israéliens (Tobie Cohen et consorts). D'un autre côté interviennent des noms propres d'écrivains ou de personnages historiques qui ont une fonction iconique en ce qu'ils illustrent par leur seule mention une catégorie stéréotypique : Blum, Benda, Dreyfus, Fleg, etc. Or la fabulation mythomaniaque, le polymorphisme, l'agitation et l'instabilité narratives dont témoigne ce carrousel imaginaire, correspondent à la fois à certains procédés de la littérature fantastique et au tableau clinique de l'hystérie. La scène finale dans le cabinet du docteur Freud, tout en confirmant l'hypothèse d'une situation clinique, imite la conclusion de nombreux contes fantastiques qui rationalisent l'irrationnel après coup en dévoilant que toute l'histoire n'était qu'un rêve ou une hallucination. Quant à l'hystérie, elle a partie liée, depuis la fin du XIXe siècle, avec les clichés descriptifs censés rendre compte, dans une optique généralement antisémite, de la psyché juive. On postulera donc que, de même que la récriture, sous les formes génériques du pastiche ou de la parodie, servait de scène énonciative à la catégorie de la jeunesse, de même l'hystérie narrative, se coulant dans le moule du conte fantastique, compose la scène énonciative de la judéité dans *La Place de l'étoile*. Outre ce travail opéré sur l'écriture afin d'assurer la visibilité du thème juif, se loge au creux du texte une formule prescriptive et prophétique du jeu qui va s'instaurer aux abords du texte : « [...] je répète aux journalistes que je suis JUIF » (47). Adressée aux lecteurs institutionnels que sont les critiques de presse (et dans un second temps les critiques académiques), une telle phrase revêt la valeur d'une anticipation autoréalisatrice.

Les médias dans leur ensemble qualifient le roman, son narrateur et son auteur de « juifs ». Parfois un syntagme associe la judéité à l'autre déterminant majeur, la jeunesse. Pour Georges Conchon[25], Modiano est un « petit

25. Art. cit.

israélite de vingt ans » ; pour Michel Nicolas, « c'est bien, et encore, de la question juive qu'il s'agit, vue par un œil de vingt ans[26] ». Les termes « question juive », « destin juif » reviennent régulièrement. On a affaire au « voyage imaginaire d'un très jeune homme à travers les personnages qui ont, à des titres divers, vécu depuis un demi-siècle "la question juive"[27] » ou bien à « un flot d'images kaléidoscopiques qui reflètent plus ou moins les mille facettes du destin juif[28] ». Dans la *NRF*, Jacques Bersani décline la version sartrienne du *topos* : « Patrick Modiano se veut juif[29] ». Jean Cau, dans sa préface de 1968, brosse un portrait de l'auteur « [a]vec ses vingt ans, sa juiverie sur le dos et son air très doux [...] ». Parce qu'elle se situe en amont des médias, à l'interface du texte et du hors texte, de la prescription et de la réception, la préface de Jean Cau fait ici office de modèle fondateur.

Au fil des entretiens qu'il accorde à la presse, notamment à la presse communautaire, le « jeune » Patrick Modiano s'identifie lui-même comme « juif ». « C'est bien difficile [...] d'être Juif en France » déclare-t-il à *L'Arche*[30]. À Jean Montalbetti en 1968, à Jacques Chancel et à François Jaudel en 1972[31], il répète qu'*en tant que juif*, il s'est senti agressé par les pamphlets antisémites de Céline ou Rebatet, même si paradoxalement il apprécie le talent de ces écrivains.

L'entretien avec Bernard Pivot fait cependant exception à cette unanimité interprétative. C'est une des rares fois, sinon la seule, où Patrick Modiano (dont le père est juif, mais pas la mère) est identifié et s'identifie lui-même comme juif et non-juif et que cette dualité est prise en compte pour fournir un principe explicatif à l'ambiguïté et aux contradictions de son œuvre. Le bandeau de tête de l'article utilise à cet effet la catégorie déjà datée de « demi-juif » (« Demi-juif, Patrick Modiano affirme : "Céline était un véritable écrivain juif" ») que le journaliste reprend avec une variante dans son commentaire (« Le malheur de Patrick Modiano, c'est qu'il est à moitié juif ») avant de céder la parole, sur le même thème à Patrick Modiano lui-même :

> *— Partout... je suis le traître. Je suis avec des garçons de mon âge, ils ne savent pas que je suis juif... enfin à moitié... alors ils racontent des histoires antisémites... et j'ai envie soudain de les tuer... et quand je suis*

26. Art. cit.
27. Jean Freustié, « Les plaisirs de l'antisémitisme », *Le Nouvel Observateur*, 26 juin 1968.
28. Georges Frameries, « Le vitrioleur du dimanche », *Le Populaire de Paris*, 11-12 mai 1968.
29. Jacques Bersani, *NRF*, septembre 1968. Cette formule fait évidemment écho à la parodie de Sartre analysant Genet qui se trouve elle-même dans *La Place de l'étoile*, p. 26 : « Désormais, il se voudra juif, mais juif dans l'abjection ».
30. Art. cit.
31. *L'Arche*, octobre-novembre 1972, interview de Patrick Modiano par François Jaudel.

> *avec des juifs... ils se plaignent... ils sont trop juifs... vous comprenez... alors j'ai envie de les injurier... Schwarz-Bart, s'il était là, devant moi... sûrement en train de gémir... eh bien, je le giflerais... puisqu'il veut souffrir... J'ai été l'autre jour à la manifestation pour Israël... c'est normal... je suis juif... mais au bout d'un moment je ne pouvais plus... tous ces juifs, oh ! non... C'est vrai que je suis par moment antisémite... peut-être par nostalgie de l'enracinement... Parce que c'est comme ça, je ne sais pas... Mais en même temps, je me dis que je suis juif, c'est vrai... je participe... je participe... je témoigne... Mais je suis un traître...* [...] [32]

Quelle est la part de comédie dans cet autoportrait du demi-juif Modiano en traître de mélodrame ? Nous ne savons pas. Mais remarquons qu'alternent ici, comme dans *La Place de l'étoile*, les scénarios antisémites et les scénarios anti-antisémites. Dès lors qu'est effacée l'hypothèse explicative de la double identité, ces paradoxes deviennent internes à la condition juive, et l'antisémitisme devient lui-même un problème juif.

Arrêtons-nous un instant à la question de l'antisémitisme, car elle fait charnière entre la judaïsation de *La Place de l'étoile* et l'activation de la catégorie du scandale.

ANTISÉMITISME ET SCANDALE

Toutes les figures juives dessinées par le narrateur de *La Place de l'étoile* sont déterminées par le discours antisémite, avec lequel elles entretiennent un lien de répétition, d'actualisation, ou d'inversion. La reprise d'un syntagme stéréotypé tel que « petit juif » (55) relève de la répétition. Les images antisémites prises au pied de la lettre et investies par le narrateur juif introduisent un principe d'actualisation. Ainsi le thème de la France juive ou enjuivée (Drumont) est actualisé par la transformation de Jean-François Des Essarts en Jean-François Lévy ; le complot juif est actualisé par le personnage de Lévy-Vendôme, talmudiste et trafiquant, qui appelle au meurtre des chrétiens et accomplit la vengeance juive en prostituant les femmes françaises (137). Lorsque les stéréotypes sont pris à contre-pied, on est en présence de l'inversion : « vous êtes juif et par conséquent vous n'avez pas le sens des affaires » (53). Laissons de côté le fait que ces liens à l'antisémitisme accréditent, à dessein et sans doute dans une intention parodique, la thèse de Sartre selon laquelle le juif est construit par le regard de l'autre. Toute cette imagerie antisémite, pour ambiguë qu'en soit la manipulation, peut passer pour une défense contre l'agression antisémite elle-même dans la

---

32. Bernard Pivot, art. cit.

mesure où la présence de l'exagération, de l'absurde et de la parodie signale au lecteur connivent qu'il a affaire à un discours ironique et que, par conséquent, les énoncés prononcés relèvent du système de l'antiphrase. En revanche, échappe à cette interprétation la série des images, discours et contenus narratifs qui, retournant la charge du crime sur la victime elle-même, assimile l'agressé à l'agresseur. Dans *La Place de l'étoile*, et plus encore dans la version de 1968 que dans le texte expurgé que nous connaissons aujourd'hui, l'équivalence du juif, du collaborateur et du nazi est posée. Raphaël Schlemilovitch se déclare « juif antisémite [33] ». Il veut créer une Waffen SS juive. Il revêt le costume SS, « qui lui va à ravir », tandis que son père se déguise en rabbin [34]. Au chapitre IV, alors que le narrateur entreprend un voyage vers l'Orient qui le confronte aux origines juives de sa famille et aux traces de l'extermination, ces identifications se multiplient, jusqu'à devenir systématiques quand Raphaël arrive en Israël, où il est interné dans un kibboutz concentrationnaire. À la fin, rue Lauriston, Schlemilovitch en pantalon SS est exécuté par le commandant Bloch habillé en gestapiste français [35].

Certes, ces scénarios réalisent le fantasme exprimé dans l'interview au *Figaro littéraire* : tuer les juifs (« j'ai envie soudain de les tuer ») pour les punir de se plaindre d'avoir été tués. Mais les rôles qui étaient répartis entre la part juive et la part non juive de l'écrivain se trouvent réunis dans le personnage juif, en sorte que les juifs deviennent responsables sous l'habit SS de leur propre extermination en costume de rabbin. L'antisémitisme et l'extermination sont bien des problèmes juifs.

Le scandale est un autre mode d'apparition sur la scène littéraire. Synonyme de polémique, il garantit une certaine visibilité médiatique. Assurément, si *La Place de l'étoile* manifeste un sens du scandale [36], celui-ci se noue autour de l'image du « juif antisémite » et de ses avatars. Ce scandale

---

33. Page 25 de l'édition de 1968. Cf. Jacques Lecarme, art. cit., p. 104. *Israël* de Bernard Frank est l'intertexte probable de ce passage, comme de nombreux autres. Ici, Raphaël Schlemilovitch s'adresse à Maurois. Maurois est une cible privilégiée de Frank, qui lui réserve une place de choix dans son musée de l'antisémitisme, au titre de « juif antisémite » de premier plan. Mais la perspective de Frank est tout autre. Il s'agit de dénoncer les juifs honteux ou antisémites du point de vue d'un juif qui ne se veut ni honteux ni antisémite. Chez Modiano, l'antisémitisme juif est essentialisé, et le juif devient sa propre victime, et celle de nul autre.

34. Pages 25-26 et 53 de l'édition de 1968. Cf. Jacques Lecarme, art. cit., p. 104 et 105. La mise en scène anticipe malheureusement les fausses transgressions du prétendu humoriste Dieudonné.

35. *La Place de l'étoile* a été écrite avant la guerre des Six Jours et devait être publiée initialement au moment où celle-ci a éclaté, ou quelques temps après. Il est donc peu probable que cet événement ait joué dans cette appréciation négative d'Israël.

36. Gisèle Sapiro, *La Guerre des écrivains*, Paris, Fayard, 1999.

s'appuie lui-même sur des précédents, puisque Hannah Arendt avec *Eichmann à Jérusalem* (1963) et Jean-François Steiner avec *Treblinka* (1966) ont l'un et l'autre, quoiqu'en recourant à des propos et à des procédés différents, traité le thème des juifs collaborant à leur propre extermination. L'un et l'autre ont provoqué de violentes polémiques [37]. Or, dans la version de 1968, Raphaël Schlemilovitch, payant implicitement sa dette à Steiner, se revendique du « livre d'un jeune homme sur le camp de concentration de T, [qui] a provoqué toute une polémique [38] ».

C'est bien à propos de cet antisémitisme juif que les journalistes évoquent un choc (Jacques Brenner [39]) ou un scandale (Bersani, Fénat). Cela dit, le scandale annoncé n'aura pas lieu. Aucune polémique réelle n'entoure la parution de *La Place de l'étoile*, accueillie par une critique globalement très favorable. Le scandale est neutralisé par le dispositif rhétorique du roman qui, en faisant fonctionner les paradigmes de la jeunesse et du ludisme, de la judéité et de l'hystérie, du fantastique et de la parodie, désamorce sa propre charge scandaleuse. Dans la presse nationale de gauche, seul *Le Nouvel Observateur* marque une certaine réticence à l'égard du roman de Modiano, Jean Freustié intitulant le bref article qu'il lui consacre « Les plaisirs de l'antisémitisme [40] ». Parmi les organes de la presse communautaire, *Le Journal des communautés* et *La Presse nouvelle hebdomadaire* (communiste) [41] se montrent franchement hostiles et dénoncent l'antisémitisme et les amalgames de *La Place de l'étoile*. Mais dans *Aux écoutes*, organe de la droite nationaliste et antigaulliste, Georges Fénat se réjouit de ce que, justement, la formule adoptée par Modiano permette, en disant une chose et son contraire, de laisser s'exprimer quelques vérités utiles, par exemple, que les juifs ne sont pas pour rien dans les malheurs qui leur sont arrivés, et que, à ce sujet, le débat n'est pas clos : « [Patrick Modiano] n'a pas "connu" les événements de la Seconde Guerre mondiale, mais il refuse d'en juger avec complaisance et de considérer que les "incidents" sont clos. […] [Il] ne veut pas admettre que, lors des massacres nazis, il y avait d'un côté les bons et de l'autre, les méchants. Apparemment, ce n'est pas un maigre scandale de présenter des juifs comme les amis des nazis, de les compromettre dans de sombres affaires de

---

37. On consultera à ce sujet Michel Azouvi, *Le Mythe du grand silence*, op. cit.
38. Patrick Modiano, *La Place de l'étoile*, Paris, Gallimard, 1968, p. 27.
39. Jacques Brenner, « Des débuts fracassants », *Paris-Normandie*, 28 avril 1968.
40. Jean Freustié, art. cit.
41. Roger Berg, *Journal des communautés*, novembre 1968 et Daniel Adler, *La Presse nouvelle hebdomadaire*, 8 novembre 1968. En 1972, à l'occasion de la parution des *Boulevards de ceinture*, W. Rabi dira que le narrateur « est un peu moins antisémite que précédemment » (*L'Arche*, octobre-novembre 1972).

collaboration, de les tenir pour coupables de leurs supplices et victimes d'eux-mêmes ; c'est une provocation encore plus grande de dire exactement l'inverse à l'instant qui suit [...].[42] »

Le choc et le scandale potentiel imputés à *La Place de l'étoile* ne sont pas associés, comme on le croit souvent aujourd'hui, au fait que Modiano aurait réveillé le souvenir de l'Occupation et levé le voile sur l'antisémitisme français. Bien au contraire la fascination du jeune écrivain pour un temps qu'il n'a pas vécu est accueillie avec une bienveillance attendrie par la plupart des journalistes, émus qu'un garçon de cet âge s'intéresse encore à leurs histoires de guerre et d'avant-guerre, de résistance et de collaboration. Finalement, c'est là que se forge la véritable singularité de l'écrivain Modiano. Elle ne tient ni à sa jeunesse (éphémère), ni à sa judéité (problématique). Au sein d'une génération qui proclame « Hitler, connais pas[43] » et procède à d'autres amalgames confus en montant sur les barricades (« CRS = SS », ou « Nous sommes tous des Juifs allemands »), Modiano est soudain celui qui se souvient du passé. Cette singularité, il va l'approfondir, récit après récit, roman après roman. C'est ainsi qu'ayant décroché l'étoile jaune pour explorer la zone grise, il devient, lorsqu'au cours des années suivantes la France se trouve aux prises avec un difficile et complexe retour des mémoires, un écrivain indispensable.

Nelly WOLF

42. Georges Fénat, art. cit.
43. *Hitler, connais pas* est le titre d'un film documentaire réalisé par Bertrand Blier en 1963.

« J'ÉTAIS UN VRAI JEUNE HOMME »

L'édition revue et corrigée de *La Place de l'étoile*

Pour CB

S'il est un plaisir plus fort que de lire une œuvre qu'on aime, c'est de la lire en louchant. Celui qui aime (et c'est mon cas) le style écorché vif de *La Place de l'étoile* peut démultiplier sa joie en lisant « simultanément », crayon en main, la première version, celle de 1968, préfacée par Jean Cau, et celle « revue et corrigée » par l'auteur, en 2002. Une phrase donne selon moi sa perspective au roman : « J'étais un vrai jeune homme, avec des colères et des passions [1] ». Relisons-la : le narrateur s'éprouve comme le site de « passions », de « colères », qui ne sont pas spécifiquement les siennes, mais celles de tout un siècle, de Drumont à la guerre des Six Jours, d'Alfred Dreyfus à Moshe Dayan. L'indéfini — « des passions, des colères » — cerne bien mieux qu'un étroit possessif, « avec mes colères, mes passions », l'intensité du trouble identitaire qui étreint Raphaël Schlemilovitch et rend compte de la ventriloquie effrénée de son récit. Pour le lecteur que ne rebutent pas les paradoxes chauffés à blanc — ceux que peut inventer un *angry young man* prêt à en découdre (mais avec qui ?) — « le fil directeur » de *La Place de l'étoile* se laisse saisir grâce à l'expression scandaleuse de « juif collabo » (*PE*, 36, 63, 81, 124), qui revient souvent dans le roman. De même que Peter Schlemihl, le héros éponyme d'un conte de Chamisso, vend son ombre au diable, de même un jeune juif surdoué, Raphaël Schlemilovitch, vend sa plume à l'extrême-droite pour se perdre dans le labyrinthe de « colères » et de « passions » judéo-françaises exacerbées. Le roman se donne ainsi comme un « tissu d'invectives contre les Goyes » (*PE*, 49), accusés d'être soit

1. Patrick Modiano, *La Place de l'étoile*, Paris, Gallimard, « Folio », 2002 [1968], p. 39, désormais *PE*.

maladroitement antisémites (à droite : Céline, Brasillach) soit négateurs de l'identité juive (à gauche : Sartre). Au dernier chapitre, la colère du narrateur se retourne contre le « sabra » d'Israël (*PE*, 188), dont l'œuvre de régénération de la race juive (« "Le temps de vous donner les biceps qui vous manquent et de vous débarrasser des microbes du cosmopolitisme juif" », *PE*, 187) est décrite comme la récupération, sous couvert de nationalisme, de l'idéal fasciste européen.

La Place de l'étoile déroute — et fascine — parce qu'elle refuse avec véhémence la responsabilité d'un engagement (éthique ou politique) cohérent ; elle se moque avec une insolence inouïe des frontières idéologiques, que la satire transgresse dans un jeu de massacre continuel. Les questions utilement inquisitrices — d'où parlez-vous ?, au nom de qui ou de quoi ? — sont ici retournées comme des gants. L'identité juive meurtrie passe un pacte contre nature avec l'extrême-droite vaincue en 1945, ce qui est politiquement inepte mais littérairement fécond. Le jeune Modiano se montre très clairvoyant dans l'analyse de la posture qu'il fait endosser à son narrateur : « Ils espéraient un nouveau Marcel Proust, un youtre dégrossi au contact de leur culture, une musique douce, mais ils ont été assourdis par des tam-tams menaçants » (*PE*, 50). La musique douce, entêtante mais douce, ce sera très vite, on le sait, la marque de fabrique du Modiano de la maturité ; elle s'impose dès le troisième roman, *Les Boulevards de ceinture* (1972). Cette « musique douce » n'est certes pas absente de *La Place de l'étoile* :

> Ex. 1 : *Le garçon nous prie de quitter le café. Nous descendons une avenue désolée. Où suis-je ? Vienne ? Genève ? Paris ? Et cette femme qui me retient le bras s'appelle-t-elle Tania, Loïtia, Hilda, Eva Braun ?* (*PE*, 149)

Les questions successives, par leur simplicité fondamentale, traduisent l'égarement du héros ; la série des prénoms de jeunes filles en « -a » ne résonne pas à la manière d'une liste donjuanesque ; elle rappelle les épisodes du roman, en condense le rythme haletant sur le mode d'un triste bilan des occasions de bonheur perdues ou gâchées. Seul le nom d'*Eva Braun*, tel un couac, vient perturber la douce musique du malheur d'être juif et d'être soi, que résument les « beaux vers » d'André Spire :

> *Tu voudrais chanter la force, l'audace*
> *Tu n'aimeras que les rêveurs désarmés contre la vie*
> *Tu tenteras d'écouter les chants joyeux des paysans…*
> *Tu n'auras l'oreille habile que pour les pleurs.* (*PE*, 40)

Exprimant l'*ethos* d'un homme sensible et fragile, cette « musique douce » est revendiquée comme le bien le plus précieux d'un héros refusant avec énergie toutes les injonctions normatives à la santé morale, à l'optimisme, à la rééducation psychique, qu'elles viennent de la droite nationale ou de la gauche progressiste, qu'elles émanent de Maurice Sachs — « Vous rabâchez de vieilles histoires, me disait-il. Nous ne sommes plus en 1942, mon vieux ! » (*PE*, 41) — ou de l'allié Lévy-Vendôme : « Il faut que je mette un terme à vos rêveries imbéciles. Lisez le Talmud au lieu de compulser l'histoire des Croisades. … Croyez-moi, l'étoile de David vaut mieux que tous ces chevrons à sinople » (*PE*, 135-136). Mais dans *La Place de l'étoile*, la musique douce ne constitue pas encore la dominante de l'écriture de Modiano ; c'est la colère et la passion qui mènent le bal. Or l'étude stylistique des variantes montre que Modiano a assez nettement adouci son texte. Dans un article remarquablement subtil et informé, Jacques Lecarme a rendu compte des corrections et suppressions pratiquées par l'auteur : « Depuis le film essentiel de Lanzmann, il devenait indécent, ou peu tolérable, de se livrer aux délices du second degré parodique… à propos de la persécution des juifs sous l'Occupation. [2] » Pour ma part je regrette que certains « tam-tams menaçants » aient été gommés, ce qui affadit le portrait de ce « vrai jeune homme » mis en scène par un auteur lui-même alors très jeune. La question reste posée : à quelles conditions une poétique de la haine et de la vengeance clairement assumées peut-elle avoir des vertus ?

1. « Borborygmes hystériques »

Commençons par fixer les grands traits stylistiques qui définissent le ton de ce récit de « vrai jeune homme » en colère. La photo du père du narrateur figure à « l'exposition anti-juive du palais Berlitz, agrémentée de cette légende : “Juif sournois. Il pourrait passer pour un Sud-Américain” » (*PE*, 56). L'anecdote se poursuit :

> Ex. 2 : *Mon père ne manquait pas d'humour : il était allé, un après-midi, au palais Berlitz et avait proposé à quelques visiteurs de leur servir de guide. Quand ils s'arrêtèrent devant sa photo, il leur cria : “Coucou, me voilà.” On ne parlera jamais assez du côté m'as-tu-vu des juifs.* (*PE*, 56)

La Place de l'étoile est le roman de la judéité « m'as-tu-vu », celle qui surenchérit, par défi, sur l'insulte. Ironiquement, elle dénonce l'absurdité de la caricature en prétendant l'incarner ; elle traverse l'humiliation par la bravade. Comme son titre l'indique, le roman est un arc de triomphe élevé à la gloire de l'esprit potache, de la gouaille, de l'humour, de la vulgarité

2. Jacques Lecarme, « Quatre versions de *La Place de l'étoile* (1968-2008) », Anne-Yvonne Julien (dir.), *Modiano ou les intermittences de la mémoire*, Paris, Hermann, 2010, p. 88.

revendiquée [3]. Le trait ironique est appuyé, presque expressionniste : « Et puis je retrouvai, rue Lauriston, mon professeur de morale, Joseph Joanovici » (*PE*, 163), ce Joanovici dont le texte cite cette « maxime » crânement cynique : « "Je ne suis pas vendu aux Allemands. C'est moi, Joseph Joanovici, juif, qui ACHÈTE les Allemands" » (*PE*, 197). Pour instituer cette poétique de l'outrance, de l'excès (dont les lettres majuscules de la citation précédente donnent une illustration graphique exemplaire), le narrateur use de trois armes. La première consiste à exhiber et multiplier les discours politiques ou littéraires (sans cesse cités, parodiés, détournés) qui font de Raphaël Schlemilovitch un merveilleux perroquet, un singe hyperboliquement savant, un pasticheur de génie. Sarabande déchaînée, son récit fait danser les mots et les idées d'autrui dans un bal de sorcière :

> Ex. 3 : *Nous avons traversé la place Vendôme, bras dessus bras dessous. Mon père chantait des fragments de* Bagatelles pour un massacre*, d'une très belle voix de basse. Je pensais aux mauvaises lectures que j'avais faites dans mon enfance. Notamment cette série des* Comment tuer votre père*, d'André Breton et de Jean-Paul Sartre (collection « Lisez-moi bleu »). Breton conseillait aux jeunes gens de se poster, revolver au poing, à la fenêtre de leur domicile, avenue Foch, et d'abattre le premier piéton qui se présenterait. Cet homme était nécessairement leur père, un préfet de police ou un industriel des textiles.* (*PE*, 58-59)

Les délires antisémites de Céline et les pseudo-révoltes de la bourgeoisie gauchisante sont renvoyés dos à dos, le coup de patte final consistant à localiser le domicile du jeune lecteur de Breton… « avenue Foch ». À la fin du roman, les sabras israéliens recyclent le mot célèbre attribué à Goering ou Goebbels : « Quand nous entendons parler de culture, nous sortons nos matraques, dit Isaac » (*PE*, 188, et plus haut, 181). Schlemilovitch, lui, raconte ceci : « J'eus envie de répondre au proviseur que, malheureusement, j'étais juif. Par conséquent : toujours premier en classe » (*PE*, 67). Il est impossible de décider si le texte conforte ou dénonce un cliché, si le narrateur en tire gloire ou le ridiculise [4].

---

3. Dans « Modiano et son complexe : la carnavalisation de la mémoire dans *La Place de l'étoile* », Philippe Zard place ce roman « hénaurme » sous le signe de Pourim, « seule fête juive dans laquelle il soit licite de s'enivrer, au point, disent les textes traditionnels, de ne plus parvenir à distinguer entre "le béni Mardochée et le maudit Aman" [Talmud Méguila 7b.] » *Modiano ou les intermittences de la mémoire*, op. cit., p. 76.
4. Dans « Modiano : la voix palimpseste sur *La Place de l'étoile* », Maxime Decout remarque que ce roman « refuse de se placer sur un plan métaphorique. Le Juif traité de nazi devient nazi …, le Juif accusé de violer des filles se lance dans "la traite des Blanches." » Le critique examine les enjeux cette troublante connivence « avec le bourdonnement des discours et l'idéologie dont ils sont porteurs ». (*Littérature*, n° 162, juin 2011, p. 55).

Le deuxième procédé dont use Modiano pour corser la prose de son narrateur est celui de l'humour noir :

> Ex. 4 : *Saül arrêta la Delahaye au milieu de l'allée des Acacias. Lui et Isaac entraînèrent Rebecca et la violèrent sous mes yeux. Le commandant Bloch m'avait préalablement passé les menottes et les portières étaient fermées à clé. De toute façon, je n'aurais pas esquissé un geste pour défendre ma fiancée.* […] *Rebecca se mit à rire. Ce rire s'amplifia, l'écho le renvoya à travers tout le bois, il s'amplifia encore, atteignit une hauteur vertigineuse et se brisa en sanglots.*
>
> *— Votre fiancée est liquidée, chuchote le commandant Bloch. Ne soyez pas triste ! Nous devons retrouver nos amis !* (*PE*, 201-202)

Cette parodie de (mauvais) roman noir, aux accents sadiques ou mélodramatiques, se tient dans un haut lieu du Paris littéraire, de proustienne mémoire : Mme Swann traverse l'allée des Acacias « dans une polonaise de drap, sur la tête un petit toquet agrémenté d'une aile de lophophore, un bouquet de violettes au corsage [5] » ; c'est là, se souvient le Narrateur, que « des chefs-d'œuvre d'élégance féminine se réaliseraient pour quelques instants entre des feuillages inconscients et complices [6] ». La Delahaye du Paris de l'Occupation (où le commandant Bloch, au nom tout droit sorti de *La Recherche*, remplace les malfrats de la rue Lauriston) fait ironiquement écho à la déploration du héros de Proust : « Quelle horreur ! me disais-je : peut-on trouver ces automobiles élégantes comme étaient les anciens attelages ? [7] ». Et le lecteur de *La Place de l'étoile* d'ajouter : peut-on trouver cette page de Modiano élégante comme l'était le passage de Proust ? Moins tendu que l'humour noir, un burlesque grinçant colore bien des pages du roman, comme ce morceau de bravoure écrit à la deuxième personne (peut-être pour pasticher le modernisme lyrique de « Zone ») :

> Ex. 5 : *Tu restas quelque temps en Égypte. Comme tu n'avais plus un sou, tu organisas à Port-Saïd une fête foraine où tu exhibas tous tes vieux copains. À raison de vingt dinars par personne, les badauds pouvaient voir Hitler déclamer dans une cage le monologue d'Hamlet, Goering et Rudolph Hess faire un numéro de trapèze, Himmler et ses chiens savants, le charmeur de serpents Goebbels, von Schirach l'avaleur de sabres, le juif errant Julius Streicher. Un peu plus loin tes danseuses, les « Collabo's Beauties », improvisaient une revue « orientale » : il y avait là Robert Brasillach, costumé en sultane, la bayadère Drieu la Rochelle, Abel Bonnard*

---

5. Marcel Proust, *À la recherche du temps perdu*, édition de J.-Y Tadié, Paris, Gallimard, « Bibliothèque de la Pléiade », I, p. 411.
6. *Ibid.*, p. 416.
7. *Ibid.*, p. 418.

> *la vieille gardienne des sérails, les vizirs sanguinaires Bonny et Laffont, le missionnaire Mayol de Lupé.* (*PE*, 161)

Le mot *bayadère* unit cette scène à celle où Raphaël reproche à son père sa lâcheté : « A-t-on idée de jouer à la bayadère dans le bureau d'un fonctionnaire français ? J'excuserais vos yeux de velours et votre obséquiosité si vous étiez en présence d'un bourreau S.S. qu'il faudrait charmer ! Mais vous livrer à vos danses du ventre devant ce brave homme ! » (*PE*, 67-68). S'appropriant une topique antisémite, celle de la féminité supposée des juifs, la cruauté filiale de Raphaël envers ce père qui « ne se défendait pas », « rusait avec le malheur », « tentait de l'apprivoiser » (*PE*, 68) se donne libre cours dans un numéro de cirque où Schlemilovitch père et fils remportent un grand succès :

> Ex. 6 : *À nous deux, nous aurions éclipsé les Marx Brothers. Nous improvisons des facéties grotesques et larmoyantes devant le public. Schlemilovitch père est un gros monsieur qui s'habille de costumes multicolores. Les enfants apprécient beaucoup ces deux clowns. Surtout quand Schlemilovitch fils fait un croche-pied à Schlemilovitch père et que ce dernier tombe la tête la première dans une cuve de goudron. Ou encore lorsque Schlemilovitch fils tire le bas de l'échelle et provoque ainsi la chute de Schlemilovitch père. Ou lorsque Schlemilovitch fils met sournoisement le feu aux vêtements de Schlemilovitch père, etc.*
>
> *Ils passent actuellement à Médrano, après une tournée en Allemagne.* (*PE*, 72-73)

Médrano et Modiano sont des noms paronymes : trois syllabes, même initiale, finale identique, consonances italiennes. S'agit-il pour le romancier de signer son texte ? La référence au cirque constituerait une sorte d'art poétique valorisant de manière provocante les « facéties grotesques et larmoyantes » : la cruauté exhibée et la dérision du sentiment s'y montrent comme des dérivatifs à la tristesse. Cet exemple permet de dégager le troisième et dernier trait du style de Modiano dans *La Place de l'étoile* : le roman multiplie les procédés réflexifs. C'est ainsi que dans la chambre de sa fiancée autrichienne, Hilda, Raphaël découvre « au centre une cage avec un rossignol juif » (lui-même !) et « quelques kaléidoscopes géants de-ci de-là » (*PE*, 152). Fabriqué par son père (*PE*, 53), le kaléidoscope (objet métatextuel venu de la *Recherche*) condense et symbolise les vertus de ce récit où les identités tournoient, réapparaissent, vacillent, se recomposent au fil des générations, à commencer par l'identité de son héros narrateur. Parlant à son professeur « des habitudes de Maurras et de la barbe de Pujo », Schlemilovitch lui arrache cette exclamation : « "Mais vous n'étiez pas né, Raphaël !" » (*PE*, 81). Le kaléidoscope narratif transporte récit et lecteur d'un temps à l'autre. Significativement, le double parodique d'Oriane de Guermantes, Véronique de Fougeire-Jusquiames, la pseudo-muse de Raphaël, lui adresse ce conseil : « "Vous n'allez pas gaspiller votre jeunesse en recopiant *À la recherche du temps perdu* ?" » (*PE*, 129). N'est-ce pas ainsi que le jeune Modiano exorcise cette « anxiété de l'influence » (Harold Bloom) qui est à la source de tout pastiche ?

2. Une poétique entravée

C'est à Jacques Lecarme que revient le mérite de poser clairement la question de l'enjeu des corrections que Modiano, écrivain confirmé, apporte à son premier roman. « La littérature palimpseste du second degré », la « bouffonnerie ludique » ont-elles pour effet de ridiculiser, ou au contraire, de valoriser la source littéraire ou idéologique à laquelle elles s'abreuvent ? Dans *Madame Bovary*, Flaubert exécute l'art du *keep-sake* sans pour autant le rendre fascinant. En se nourrissant de la violence polémique de l'extrême-droite littéraire ou de la carnavalisation antisémite, Modiano a pris le risque de redonner du lustre à une « tradition » tenue à juste titre pour nauséabonde. Mais la vérité est que des textes abjects ou criminels peuvent être d'excellents conducteurs de l'imaginaire, parce qu'ils ne connaissent aucune retenue dans l'expression de la violence. Doté d'un incroyable flair littéraire, d'une audace et d'une sûreté étonnantes chez un auteur si jeune, Modiano a « dépolitisé » cette poétique (autrefois respectable) de la haine collective, de l'appel au meurtre, pour en faire l'instrument d'une exploration de tourments strictement privés, même s'ils ont l'histoire pour terreau. Si j'argumente dans les lignes qui suivent en faveur de la première édition, paradoxalement plus aboutie que l'édition revue et corrigée, c'est parce qu'il convient de faire confiance à l'art littéraire quand il sait mettre en scène la séduction et les impasses de la violence paroxystique, sans la retourner contre une cible socialement identifiable, ce qui est puni par la loi. Modiano s'est donc auto-censuré et n'avait pas à le faire : son récit fait entendre une voix qui suscite la compassion autant que l'antipathie. Par sa jactance, sa verdeur, son insolence, il rend compte de la folie méthodique et du désarroi d'un anti-héros ; il offre la nosographie romanesque d'un malaise. Jamais les élucubrations brillamment paradoxales de Raphaël ne sauraient passer pour l'expression d'une opinion raisonnablement argumentée. C'est pourquoi on peut regretter que Modiano ait cédé aux pressions du conformisme contemporain.

Certaines corrections s'imposaient : les noms *pâmoison* (*PE*, 14-9 [8]) ou *Ausweis* dans « des Ausweis spéciaux » (*PE*, 202-145), le participe *tués*

8. Le premier chiffre suivant les initiales renvoie à la version modifiée parue dans la collection « Folio », alors que le second se réfère à la version originale, parue dans la collection blanche.

dans « après nous avoir tués » (*PE*, 143-104) retrouvent, et nul ne s'en plaindra, l'un son accent circonflexe, le deuxième sa majuscule et le troisième son s dans la version corrigée parue chez Folio. Que les bronzes 1900 collectionnés par Des Essarts relèvent non plus du « modern style » mais du « style Albert Lebrun » (*PE*, 23-16) ne soulève aucune difficulté : dans sa ludique invraisemblance, l'expression fantaisiste de *style Albert Lebrun* est bien plus appropriée que celle de *modern style*. De même, dans le passage suivant (ex. 7) : « À Nuremberg, Brasillach n'en croyait pas ses yeux : muscles ambrés, regards clairs, lèvres frémissantes des Hitlerjugend et leurs verges qu'on devinait tendues dans la nuit embrasée, *une nuit aussi pure que celle qu'on voit tomber sur Tolède du haut des Cigarrales…* » (*PE*, 33-23, je souligne), l'ajout en caractères italiques est des plus heureux ; il consonne avec la phrase suivante, elle aussi rajoutée : « Et nous buvions vers minuit ces orangeades glacées dont Robert était friand parce qu'elles lui rappelaient l'Espagne » (*PE*, 34-23), plaisante et ironique façon de rappeler que Brasillach a entonné un hymne à la gloire des troupes franquistes (*Les Cadets de l'Alcazar*, 1936, avec Henri Massis, et *Histoire de la guerre d'Espagne*, avec Maurice Bardèche, 1939). Dans *Poètes oubliés* (éd. Emmanuel Vitte, Lyon, 1961, première publication partielle en 1936), on trouve sous la plume de Brasillach cette phrase, que Modiano pourrait bien avoir démarquée :

> *Lorsque le cortège qui emmenait Galswinthe eut franchi la porte du Nord de Tolède, — vers les hauteurs des Cigarrales d'où, encore aujourd'hui, se découvre si magnifiquement la ville sur son éperon, et le Tage profond et vert — la mère de Galswinthe ne put se résoudre à quitter si tôt sa fille.*

Dans ces deux ajouts, c'est donc toute l'érudition de Modiano, mise au service d'une fine raillerie, qui se donne à lire : le texte ne pastiche-t-il pas l'esthétisme un peu convenu de cet écrivain à la fois sensible et monstrueusement aveuglé ? Il y a donc quelques avantages à lire la version expurgée. Pour le reste, qu'on juge sur pièces.

Soient deux courts passages où le mot biffé correspond à celui de la première version ; dans les deux cas, il semble plus expressif que son substitut :

> Ex. 8 : *Je me retire en compagnie du fidèle Des Essarts à l'hôtel Trianon de Versailles pour y lire Saint-Simon. Ma mère (~~Maman~~) s'inquiète de ma mauvaise mine.* (*PE*, 48-35)

> Ex. 9 : *Mon père ne manquait pas d'humour : il était allé, un après-midi, au palais Berlitz et avait proposé à quelques visiteurs (~~miliciens~~) de leur servir de guide.* (*PE*, 56-41)

Maman, avec majuscule, renforçait l'identification de Raphaël au héros de la *Recherche* ; plus affectueux, presque hypocoristique, le mot *Maman* donnait à la phrase la saveur un peu âpre d'une profanation, thème proustien qui renforçait la veine parodique du passage. Ce dernier faisait écho à des phrases comme : « Avant de mourir suffoqué, je pensai que je n'avais pas toujours été très gentil avec Maman » (*PE*, 180). Dans le deuxième exemple, on peine à comprendre les raisons de l'édulcoration du texte. La provocation du père est plus forte s'il s'adresse à des « miliciens » et non à de simples « visiteurs ». Souci de vraisemblance ? Piété filiale ? Mais ces valeurs respectables, le récit n'en fait pas grand cas par ailleurs. Prenons enfin la correction systématique du syntagme façon + substantif, expression familière, elliptique, qui équivaut à la locution *à la manière de* et introduit le type ou le modèle dont relève l'occurrence analysée :

> Ex. 10 : *La dénommée Tania Arcisewska, me dit-il, était recherchée par la police française. Trafic et usage de stupéfiants. Il faut s'attendre à tout avec ces étrangers. ~~Ces djibouks~~. Ces juifs. Ces délinquants ~~façon~~ Mittel-Europa.* (*PE*, 44-32)

> Ex. 11 : *Surtout ne pas éveiller leur suspicion. Étouffer ma curiosité d'ethnologue (~~façon~~) à la Lévi-Strauss. ~~Les Savoyards sont plus malins que les indiens du Parana~~.* (*PE*, 96-71)

> Ex. 12 : *Appuyé contre un arbre il contemple la nature, (~~façon~~) en Vicaire savoyard.* (*PE*, 104-76)

> Ex. 13 : *Nous sommes des types énergiques, des mâchoires carrées, des pionniers, pas du tout des chanteuses yiddish, (~~façon~~) à la Proust, (~~façon~~) à la Kafka, (~~façon~~) à la Chaplin !* (*PE*, 186, 133)

Dès la première page, l'expression *façon* est employé dans l'éblouissant pastiche du style de Céline pamphlétaire : « ses Maserati rose salomon !… ses yachts façon Tibériade !... Ses cravates Sinaï !... » (*PE*, 14-10). Ce morceau parodique fait la démonstration en acte de la bêtise de Céline (les caractérisants *rose salomon*, *façon Tibériade* ou *Sinaï*, synonymes variés de l'adjectif *juif*, n'ont aucune pertinence descriptive) ; mais il constitue aussi un hommage rendu à la puissance d'un verbe envoûté par l'obsession de son auteur. L'expression *façon + substantif* relaie dans le texte cette impulsion stylistique inaugurale, comme si le style de Schlemilovitch et celui des autres personnages s'était « célinisé », verbalement colonisé par la *furia* antisémite dont le récit analyse les diverses et extravagantes manifestations.

Donnons enfin pour finir deux exemples où la suppression de détails soit anodins soit scabreux affaiblit la cohérence d'un texte fondé sur le déploiement d'un imaginaire halluciné. Ainsi, dans le premier chapitre du roman, Modiano efface un complément de lieu — « Luchaire me fait connaître Abetz. Nous convenons d'un rendez-vous ~~à l'hôtel Majestic~~. » (*PE*, 36-25) — qui permettait pourtant de « rejointoyer » les passés de Schlemilovitch fils et père : « Il éprouvait pour les Allemands une certaine sympathie puisqu'ils avaient choisi ses endroits de prédilection : le *Continental*, le *Majestic*, le *Meurice* » (*PE*, 56). Une simple notation supprimée, « à l'hôtel Majestic », validait la confusion identitaire entre père et fils ; elle attestait la trouble connivence entre le texte et la période historique qu'il évoque, *comme si* raconter la collaboration était pour le narrateur une façon de *collaborer* à son tour à l'abjection que pourtant il dénonce. Un fils — Schlemilovitch *alias* Modiano — se projette dans une époque dont il explore et expie la mémoire, se chargeant d'une culpabilité qui disculpe en partie le père. Ce dispositif mettait en abîme le projet littéraire du roman ; il donnait à voir en acte la puissance fantasmatique à l'œuvre dans l'énoncé littéraire. La beauté de cet écho stylistique est perdue. L'exemple suivant est encore plus retors :

> Ex. 14 : *Nous n'avions aucune* distinction. *N'est-ce pas, mon gros coco,* ~~*ma grosse baronne juive*~~ *? Comment pourrais-je vous tuer ?* ~~*Des coups de sabre dans une motte de beurre levantine*~~*. Je vous aime.* (*PE*, 60-44, je souligne)

Le *nous* solidarise père et fils dans la même inélégance : l'expression vulgaire du fils ne lui permet plus de se prévaloir de la moindre *distinction* avec son père et le mauvais goût tapageur de ses tenues. Un discours direct au présent s'articule sans transition à l'imparfait de l'arrière-plan narratif. L'insulte du fils au père (« ma grosse baronne juive ») pouvait être reliée à la curieuse notation qu'on lit à la page suivante : « La nuit, dans le silence de notre turne, nous parlerons de nos maîtresses à venir : baronnes juives, filles de capitaines d'industrie, actrices de théâtre, courtisanes » (*PE*, 61). Inceste homosexuel ? La première version du roman faisait entendre le désir de coucher avec son père, de se vautrer dans la même abjection que lui. On comprend mieux d'où viennent la colère et la passion du jeune homme.

3. Humour de droite ?

Jacques Lecarme a relevé les exemples les plus frappants qui montrent un Modiano soucieux de lisser son texte afin de ne pas choquer le lecteur par un humour noir devenu, dans les années 1990-2000, insupportable. Ainsi, ce « sabra » israélien qui veut extirper par la torture la sensiblerie d'un Schlemilovitch s'identifiant à Proust, parle-t-il comme un nazi : « "Tu saignes, Marcel : ça veut dire que tu es encore vivant. ~~Mais bientôt on se servira de toi pour faire des savonnettes. N'est-ce pas Saül ?~~" » (*PE*, 174-125). Moins saillante, la retouche ci-dessous participe de la même stratégie :

> Ex. 15 : « *Nous ne voulons plus entendre parler de l'esprit critique juif, de l'intelligence juive, du scepticisme juif, des contorsions juives, de l'humiliation, du malheur juif,* ~~*et patati et patata.* »~~ *(les larmes inondaient son visage.)* » (*PE*, 185-133)

Le général israélien ne peut s'empêcher de pleurer à l'évocation du « malheur juif » dont il nie pourtant le tragique ; il use de l'expression familièrement métadiscursive *et patati et patata* qui lui sert à abréger un propos présenté comme une inepte rengaine. À quoi tendent toutes ces corrections ? S'agit-il de ménager le lecteur révulsé par tant de cruauté ? Sans doute. Mais un extrait, déjà finement commenté par Jacques Lecarme, permet de mettre au jour un autre enjeu, plus secret peut-être, de ce travail de relecture :

> Ex. 16 : « *Mon défunt père, Charles de Fougeire-Jusquiames, servait d'entremetteur aux intellectuels français collabos. ... Mon père avait compris que le sexe détermine souvent les opinions politiques.* ~~*Après la Libération, il tourna casaque, il transforma le château en bordel pour femmes. Les intellectuelles de gauche affluèrent. Elles réclamaient du nègre, de l'Arabe, du Juif, du prolétaire ! Simone et Marguerite étaient les plus enragées*~~. » (*PE*, 130-95)

Ce discours d'une aristo d'extrême-droite réunit en une même torsion trois fils polémiques : la satire sexuelle (assez grasse mais savoureuse) de l'impudicité supposée des femmes, l'attaque personnelle contre des individualités immédiatement reconnaissables et la satire politique anti-gauchiste. Voilà au moins trois traits qui rendent le texte (son narrateur voire son auteur) assez peu sympathiques à un lectorat tout porté à croire, grâce à la réussite littéraire d'un livre aussi émouvant que *Dora Bruder*, à l'innocence idéologique de Modiano. « Homophobie » suspecte et récurrente (cf. ex. 5, 7 et 14), misogynie (ex. 16), racisme (ex. 11), sans parler de très nombreux traits antisémites : avouons qu'il y a de quoi troubler un lecteur soucieux de rectitude morale et d'orthodoxie politique.

De fait, le « jeune homme en colère » mis en scène par Modiano est très ambigu dans ses prédilections idéologiques. Pour donner à sa colère toute son ampleur, le narrateur, quoique juif, puise l'essentiel des invectives non dans le réservoir de l'anarchisme militant ou du gauchisme, mais dans la topique de l'extrême ou de l'ultra-droite, quitte à la retourner contre ses « modèles littéraires », Céline, Brasillach, Rebatet *et alii*. Au lycée, en 1968, le jeune Raphaël, à peine plus jeune que Modiano lui-même, se fait l'allié objectif d'un professeur fasciste aux goûts littéraires démodés, pantin chahuté par de jeunes khâgneux épris de modernité poétique et idéologique, et qui sont démocrates-chrétiens, communistes ou trotskystes. Or ce sont là les têtes de turc de Raphaël. Quand Lévy-Vendôme s'emploie à faire de lui un traître, l'obligeant à renier son catéchisme maréchaliste et son goût barrésien pour l'enracinement provincial, c'est au nom d'un ultra-nationalisme juif — « Les juifs sont la substance même de Dieu, mais les non-juifs ne sont que la semence du bétail » (PE, 137) — qui n'a rien à envier aux discours nazis. La vision d'Israël que se fait Schlemilovitch en 1967 n'est pas celle d'une petite nation socialiste, convertie aux vertus de l'égalitarisme ; c'est celle d'une dictature militariste.

On le voit, ce nouveau juif errant qu'est Raphaël Schlemilovitch se déplace au gré d'un mouvement très dextrogyre, de droite à droite, et c'est bien pourquoi Modiano s'est appliqué à « dédroitiser », sans le dénaturer, un texte qui, au moins autant qu'à Céline, s'en prenait à Sartre :

> Ex. 17 : « *La Gauche française, ~~qui dépérissait depuis quelque temps,~~ s'empara fiévreusement du cas de conscience de Jacob X.* » (*PE*, 24-17)

> Ex. 18 : *Deux garçons s'avancèrent pour parlementer. Un démocrate-chrétien et un juif bordelais.*[…] *Le second m'accusa d'être « un agent provocateur » ~~au service des fâchistes~~* (*sic*). (*PE*, 75-55)

> Ex. 19 : *Un khâgneux nommé Gerbier, fils de colonel ~~et président de l'U.N.E.H. (Union nationale des étudiants humanistes)~~, s'écriait alors : « Adrien pleure ! » Tous riaient à gorge déployée.* (*PE*, 77-56)

> Ex. 20 : *Un certain Val-Suzon, fils de notaire ~~et membre des jeunesses communistes~~, me qualifia de « nazi »*. (*PE*, 78, 57)

> Ex. 21 : *Restait à mater quelques autres petits Gaulois : Chatel-Gérard, Saint-Thibault, La Rochepot, ~~résolument trotskystes~~*. (*PE*, 78, 57)

> Ex. 22 : *Je lui parle de mon passage trop rapide dans la khâgne de Bordeaux, en lui précisant que le lycée me dégoûte à cause de son atmosphère (~~radicale-socialiste~~) radicalement socialiste.* (*PE*, 104-77)

Toutes ces corrections font système. Elles vont de pair avec celle que relève Jaques Lecarme, notant que Modiano a remplacé par un « uniforme de spahi » (*PE*, 49) l'« uniforme de hussard » (*PE*, 35-36) originellement revêtu par des Essarts dans un « bal masqué » qui le conduit à mourir, comme Nimier, dans un accident de voiture. Ce « bal masqué » n'est-il pas le symbole possible d'un roman crypté qui, en mettant en scène les anxiétés et les révoltes d'un jeune juif, peut aussi se lire comme un hommage coruscant (et quelque peu ironique) à l'insolence anti-sartrienne de l'esthétique des hussards ?

CONCLUSION

En 1967, aux yeux d'un novice aspirant à la gloire littéraire, il est assez vraisemblable que la droite collaborationniste ait pu apparaître comme la grande vaincue de l'histoire politique et littéraire, tandis que la mythologie révolutionnaire tenait le haut du pavé parisien. Le jeune Modiano prend le risque de ressusciter tous ces fantômes que la jeunesse ne lisait plus (et ne lit pas plus aujourd'hui). C'est donc à la désastreuse épopée des écrivains « collabos » que Schlemilovitch lie l'expression d'une vengeance (*PE*, 82, 86, 93, 94), d'une rage (*PE*, 138) et d'une rancune — « Je suis rancunier » dit-il de lui-même (*PE*, 157) — dont l'objet n'est jamais spécifié, mais qui pourrait bien être la France, cette France qui rejette « l'apatride » dans le cauchemar d'un jeune pays (Israël) caricaturalement présenté comme sans culture et sans passé. Toutes ces passions politiques furieusement tristes ne sont acceptables que parce qu'elles sont juvéniles : elles émeuvent puisqu'elles émanent d'un être blessé par une histoire qu'il vient à peine de découvrir. Fions-nous donc à Lévy-Vendôme dont le mot pourtant ne rassure qu'à peine, tant il pourrait être ironique : « Ne vous effrayez pas, mon garçon. Tout cela dissimule un grand sentimentalisme » (*PE*, 138).

De fait, *La Place de l'étoile* peut aussi se lire comme le roman d'une mélancolie perçant à tous moments sous le caractère ébouriffant de la prose : « bientôt je me lasse de ces gesticulations » (*PE*, 48) ; « je finis par me lasser de mon rôle de garde-chiourme » (*PE*, 82) ; « toutes les amours sont éphémères » (*PE*, 133) ; « on se lasse de tout » (*PE*, 163). Et comment oublier le finale désenchanté du roman — « Je suis bien fatigué, lui dis-je, bien fatigué… » (*PE*, 211) — qui n'est pas sans rappeler le fin mot de Zazie ? Tant de fatigue chez un être si jeune : le pseudo Maurice Sachs explique ce paradoxe : « On oublie très vite ses origines, vous savez ! Un peu de souplesse. On peut changer de peau à loisir ! De couleur ! Vive le caméléon ! » (*PE*, 42). Il faut en effet un grand effort pour rester fidèle à l'origine blessée — à cette judéité problématique qui ne peut se prévaloir d'aucune certitude identitaire. Que Modiano ait pu être gêné par les gesticulations de ce jeune homme qui lui ressemblait comme un frère et dont il avait quelques raisons de se méfier est bien compréhensible, sans doute. Quand on a fait tant d'efforts pour être aimable, on peut craindre que l'affirmation d'une férocité aussi allègre et aussi désespérée ne vous aliène l'amitié réconfortante d'un public conquis de haute lutte. C'est ainsi.

Stéphane CHAUDIER

AVIS DE RECHERCHE : PATRICK MODIANO

« On recherche Patrick Modiano âgé de près de soixante-dix ans, 1 m 98, cheveux gris épars, vu pour la dernière fois à Stockholm en décembre 2014, vêtu d'un smoking noir. Prière de rapporter tout renseignement à sa famille au 15 quai Conti, Paris 6e ».

Ainsi pourrait commencer un avis de recherche concernant sinon l'auteur, du moins tous ses narrateurs, ses doubles mis en fiction, en scène, en récit. Car tous les romans de Modiano sont des quêtes, un peu à la manière de romans policiers, quête de celui qui a disparu sans laisser d'adresse, ou qui a réapparu, ressurgi sous un faux nom, un faux passé. Et le tout reste flou, l'énigme est rarement résolue.

Disparitions

La disparition est partout, à commencer par les lieux et principalement Paris.

La transformation des lieux parisiens a lieu durant l'enfance et l'adolescence de l'écrivain surtout du côté des portes, là où a été construit le périphérique. De nombreuses réflexions rendent compte de cette transformation devenue enfermement : « Nous nous engagions avenue de la Porte-des-Ternes dans ce quartier que l'on avait éventré pour construire le périphérique. Une zone comprise entre Maillot et Champerret, bouleversée, méconnaissable, comme après un bombardement. [1] »

La ville est méconnaissable. En bas de la station Passy, le narrateur d'*Un cirque passe* veut reconnaître les lieux où il est venu avec une jeune fille quelques années auparavant. « J'ai débouché dans cette zone de pavillons

1. Patrick Modiano, *Livret de famille*, Paris, Gallimard, « Folio », 1981 [1977], p. 26.

administratifs, au bord de la Seine. On était en train de détruire la plupart d'entre eux. Des tas de gravats, des murs éventrés, comme après un bombardement. Les bulldozers, de leur mouvement lent, dégageaient des décombres. [2] »

À vingt ans de distance on ne reconnaît plus rien. Lorsqu'il revient à Paris, Jean Dekker, devenu Ambrose Guise, écrivain anglais auteur de romans policiers, a le sentiment de pénétrer dans une ville étrangère. Ce sentiment d'inquiétante étrangeté ne le quittera plus. Quand le narrateur cherche le couvent où Dora Bruder a été mise en pension en 1940, dans le XIIe arrondissement, il ne trouve rien. L'établissement a été détruit depuis la guerre. La « petite Bijou », quant à elle, cherche le long de l'avenue Daumesnil le garage d'un de ses oncles qui veillait sur elle : « Malheureusement, j'avais beau regarder les façades d'immeubles, à droite et à gauche de l'avenue, je ne reconnaissais rien. Pas de garage. Aucun point de repère. [3] » Dans *L'Horizon*, un personnage dit à Bosmans qui s'est aventuré dans le nouveau Bercy : « Je ne sais si vous avez connu les entrepôts et le quai de Bercy… Il y avait des platanes qui formaient une voûte de feuillages… Des rangées de tonneaux sur le quai… Aujourd'hui on se demande si cela a vraiment existé… [4] » Lorsque les rues semblent intactes, tout a été chamboulé cependant. La population n'est plus la même, le quartier a été gentrifié, les boutiques familières, les cafés où l'on passait des heures n'existent plus. À de multiples reprises, le narrateur se fait l'écho de cette disparition à commencer par le Saint-Germain-des-Prés de son enfance : « Maintenant, le quartier m'est devenu indifférent, comme s'il avait été reconstruit pierre par pierre après un bombardement, mais qu'il avait perdu son âme. [5] »

Le *Condé*, ce café « de la jeunesse perdue [6] » près de l'Odéon, n'existe plus. « Mais à quoi bon en parler puisque cet arrondissement n'existe plus aujourd'hui que pour ceux qui y tiennent des boutiques de luxe et les riches étrangers qui y achètent des appartements. [7] » Le café est devenu une maroquinerie et même quand le narrateur essaie de regarder à travers la vitrine pour voir s'il reste une trace de son existence en tant que café, il ne voit rien. Il ne reste absolument rien. Les quartiers se survivent mais ils sont méconnais-

2. Patrick Modiano, *Un cirque passe*, Paris, Gallimard, 1992, p. 62.
3. Patrick Modiano, *La Petite Bijou*, Paris, Gallimard, « Folio », 2002 [2001], p. 83.
4. Patrick Modiano, *L'Horizon*, Paris, Gallimard, « Folio », 2011 [2010], p. 128.
5. Patrick Modiano, *Fleurs de ruine*, Paris, Seuil, 1991, p. 89.
6. Patrick Modiano, *Dans le café de la jeunesse perdue*, Paris, Gallimard, « Folio », 2008 [2007]. À noter que l'exergue du roman est emprunté à Guy Debord : « À la moitié du chemin de la vraie vie, nous étions environnés d'une sombre mélancolie, qu'ont exprimée tant de mots railleurs et tristes, dans le café de la jeunesse perdue. »
7. *Ibid.*, p. 129-130.

sables. Les autres cafés du boulevard Saint-Michel, n'en parlons pas ! « Puis, quelques-uns se sont transformés ces dernières années en McDonald's, comme le Mahieu, où se réunissaient les joueurs de PMU et où l'on entendait le grésillement de la machine qui inscrivait le résultat des courses. [8] » Dans *L'Herbe des nuits*, l'écrivain revient dans le quartier de Montparnasse dont il a suivi la démolition. Il marche longtemps « le long de terrains vagues, de petits immeubles aux fenêtres murées, de tronçons de rues entre des piles de gravats, comme après un bombardement [9] ». Le pire est du côté de la rue Vandamme : « Ce dimanche, il faisait presque nuit quand je suis arrivé avenue du Maine, et je longeais les grands immeubles neufs sur le côté des numéros pairs. Ils formaient une façade rectiligne. Pas une seule lumière aux fenêtres. Non, je n'avais pas rêvé. La rue Vandamme s'ouvrait sur l'avenue à peu près à cette hauteur, mais ce soir-là les façades étaient lisses, compactes, sans la moindre échappée. Il fallait bien que je me rende à l'évidence : la rue Vandamme n'existait plus. [10] » Même la plaque de l'École des Mines à la mémoire d'un jeune homme tué le jour de la libération de Paris a disparu.

Mais il n'y a pas que les lieux qui se transforment, disparaissent ; les êtres aussi. L'œuvre de Modiano est saturée de personnages qu'il a connus autrefois ou d'amis de son père dont il a entendu parler et dont il cherche la trace éperdument, qu'il retrouve par hasard, quand il les retrouve. S'ils n'ont pas disparu, ils surgissent sous un autre nom, une fausse identité, un autre métier, s'inventant un passé qui ne coïncide en rien avec le leur. Ce sont, pour la plupart, des anonymes. Cette disparition-là, cet engloutissement dans le néant est le lot commun de l'humanité. Seule la curiosité d'un historien ou d'un romancier peut redonner vie à ces inconnus, anonymes et oubliés. C'est ce que précise Modiano dans ce passage de *Rue des Boutiques obscures* : « Nous nous entretenions souvent, Hutte et moi, de ces êtres dont les traces se perdent. Ils surgissent un beau jour du néant et y retournent après avoir brillé de quelques paillettes. Reines de beauté. Gigolos. Papillons. La plupart d'entre eux, même de leur vivant, n'avaient pas plus de consistance qu'une vapeur qui ne se condensera jamais. [11] »

---

8. Patrick Modiano, *Fleurs de ruine*, op. cit., p. 40. Modiano n'évoque ici que le Mahieu. Plus haut dans le même texte, le Cluny. Mais que dirait-il aujourd'hui où le Cluny lui-même n'existe plus, transformé en pizzeria.
9. Patrick Modiano, *L'Herbe des nuits*, Paris, Gallimard, « Folio », 2014 [2012], p. 14.
10. *Ibid.*, p. 14.
11. Patrick Modiano, *Rue des Boutiques obscures*, Paris, Gallimard, « Folio », 1982 [1978], p. 72.

TROIS EXEMPLES DE CES DISPARITIONS OU RÉAPPARITIONS SUBREPTICES

Dans *Quartier perdu*, le narrateur a tout simplement changé de nom, de métier, de pays. Jean Dekker est devenu Ambrose Guise, citoyen britannique, auteur de romans policiers à succès : la série des Jarvis. Il habite Londres, est marié et a trois enfants. Certains de ses romans ont été traduits en français, sans que personne ne se soit avisé que sa photo sur la couverture ou la quatrième de couverture n'était autre que celle de Jean Dekker. C'est par petites touches, à travers une intrigue compliquée que Dekker prend conscience qu'il a voulu oublier son passé mais que ce retour à Paris soi-disant pour rencontrer un éditeur japonais n'était qu'un prétexte : « Immobile, les yeux grands ouverts, je me dépouillais peu à peu de cette carapace épaisse d'écrivain anglais sous laquelle je me dissimulais depuis vingt ans. Ne pas bouger. Attendre que la descente à travers le temps soit achevée, comme si l'on avait sauté en parachute. Reprendre pied dans le Paris d'autrefois. Visiter les ruines et tenter d'y découvrir une trace de soi. Essayer de résoudre toutes les questions qui sont demeurées en suspens. [12] » Dans cette quête, il rencontrera des fantômes de son passé, de vieux numéros de téléphone qui ne répondent plus, de vieux comparses dans une histoire de crime et de suicide qui l'ont amené à fuir. À la fin du roman, le narrateur qui repart à Londres ne veut se souvenir de rien. C'est que l'amnésie joue un rôle de premier plan dans ces récits.

Le narrateur de *Rue des Boutiques obscures* ne sait plus qui il est, quel est son véritable nom, ce qu'il a fait auparavant. D'ailleurs, le roman commence par : « Je ne suis rien ». Il lui reste quelques photos où il croit se reconnaître et à chaque fois qu'il suit une piste, il est déçu. Il travaille dans l'agence d'un détective privé auquel il sert d'auxiliaire. Il pense qu'il est Pedro McEvoy, qu'il a habité rue Cambacérès et travaillé pour une légation d'Amérique latine. Grâce à une rencontre due à un vieux numéro de téléphone qui répondait encore, il apprend qu'il était lié à une certaine Denise Coudreuse avec laquelle il devait partir en Savoie et atteindre la Suisse. C'était durant la guerre, l'Occupation — un thème central dans l'œuvre. Denise va être victime de passeurs peu scrupuleux. Il ne la reverra jamais. Est-ce ce traumatisme qui lui a fait perdre la mémoire ? Est-il vraiment celui qu'il croit enfin saisir ? L'énigme ne sera pas pleinement résolue.

Mais la véritable disparition, non fictionnelle celle-là, est due à la guerre, à la persécution des Juifs sous Vichy.

Un jour de décembre 1988, dans un vieux journal dont il affectionne la lecture, Patrick Modiano tombe sur une petite annonce de *Paris-Soir*

12. Patrick Modiano, *Quartier perdu*, Paris, Gallimard, « Folio », 1988 [1984], p. 29.

du 31 décembre 1941, qui constitue le début de son récit : « PARIS. On recherche une jeune fille, Dora Bruder, 15 ans, 1 m 55, visage ovale, yeux gris-marron, manteau sport gris, pull-over bordeaux, jupe et chapeau bleu marine, chaussures sport marron. Adresser toutes indications à M. et Mme Bruder, 41 boulevard Ornano, Paris. [13] » Ainsi commence une enquête, à partir d'un quartier, qui figure dans de nombreux romans et récits de Modiano. L'auteur va procéder par associations, images-souvenirs et plongée dans des archives pour autant qu'il y a accès [14]. Il poursuit sa quête comme un détective. Il a en main l'adresse des Bruder et ce besoin de savoir qui ne le quitte pas. « Il faut longtemps pour que resurgisse à la lumière ce qui a été effacé. Des traces subsistent dans des registres et l'on ignore où ils sont cachés et quels gardiens veillent sur eux et si ces gardiens consentiront à vous les montrer. Ou peut-être ont-ils oublié tout simplement que ces registres existaient. [15] » Il finit par apprendre des bribes de la vie des Bruder. Il écrit aux différentes écoles du quartier pour savoir laquelle la jeune Dora avait fréquentée. Peine perdue ! Il met quatre ans avant de découvrir son année de naissance : 25 février 1926. Il se rend à la mairie du XIIe arrondissement. N'ayant aucun lien de parenté avec Dora Bruder, il lui est impossible d'obtenir copie intégrale de son acte de naissance. Après bien des tribulations, il l'obtient : « Le vingt-cinq février mille neuf cent vingt-six, vingt et une heures dix, est née, rue Santerre 15, Dora, de sexe féminin, de Ernest Bruder né à Vienne (Autriche) le vingt et un mai mille huit cent quatre-vingt-dix-neuf, manœuvre, et de Cécile Burdej, née à Budapest (Hongrie) le dix-sept avril mille neuf cent sept, sans profession, son épouse, domiciliés à Sevran (Seine-et-Oise) avenue Liégeard 2. Dressé le vingt-sept février mille neuf cent vingt-six, quinze heures trente, sur la déclaration de Gaspard Meyer, soixante-treize ans, employé et domicilié rue de Picpus 76, ayant assisté à l'accouchement, qui, lecture

13. Patrick Modiano, *Dora Bruder*, Paris, Gallimard, 1997, p. 9.
14. La plupart des documents et photos dont il aura besoin lui ont été fournis par Serge Klarsfeld. Ce dernier, recevant le livre, prenant acte de ce que son nom n'y figurait pas, lui envoie une lettre dont voici un extrait : « Permettez-moi [...] de remarquer que l'enquête, telle que vous la narrez, tient plus du roman que de la réalité, puisque vous m'effacez et pourtant Dieu sait que j'ai œuvré pour découvrir et rassembler des informations sur Dora et vous les communiquer. Je ne sais si cette disparition [...] est significative d'une trop grande présence de ma part dans cette recherche ou si c'est un procédé littéraire permettant à l'auteur d'être le seul démiurge. » Plus loin, il avance une autre hypothèse : « Peut-être êtes-vous amoureux de Dora ou de son ombre et, comme nous l'avons cherchée ensemble, vous tenez à la garder pour vous-même, tout en la faisant aimer par un large public. » Voir *Cahier de l'Herne Patrick Modiano*, Marilyne Heck et Raphaëlle Guidée (dir.), 2012, p. 179-180.
15. Patrick Modiano, *Dora Bruder*, op. cit., p. 15.

faite, a signé avec Nous, Auguste Guillaume Rosi, adjoint au maire du douzième arrondissement de Paris.[16] »

Ainsi sort de l'ombre toute une famille, extraite littéralement des archives. Dora Bruder a disparu dans la Shoah, mais l'écrivain qui part à sa recherche, rencontre bien des obstacles. « Ce sont des personnes qui laissent peu de traces derrière elles. Presque des anonymes. Elles ne se détachent pas de certaines rues de Paris, de certains paysages de banlieue, où j'ai découvert, par hasard, qu'elles avaient habité. Ce que l'on sait d'elles se résume souvent à une simple adresse. Et cette précision topographique contraste avec ce que l'on ignorera pour toujours de leur vie — ce blanc, ce bloc d'inconnu et de silence.[17] » Mais peu à peu, de bribes en bribes, des pans de vie apparaissent. Il trouve quelques photos de l'époque, et peut ainsi mettre des visages derrière ces noms. Il trouve la trace de Dora dans un internat religieux où elle est inscrite rue de Picpus dans le XIIe arrondissement de Paris. Elle a fait une fugue le 14 décembre 1941, d'où la petite annonce des parents dans *Paris-Soir*.

Très vite, il apprendra que Dora et son père font partie du convoi du 18 septembre 1942 qui quitte Drancy pour Auschwitz.

Aujourd'hui où les immeubles ont été détruits, où les noms de rues ne correspondent plus à rien, tout a pris la couleur de l'amnésie. Depuis longtemps, les responsables de ces rafles et les acteurs principaux sont morts ou très âgés. L'écrivain a fait sortir, le temps d'un récit, une inconnue de l'anonymat. « J'ignorerai toujours à quoi elle passait ses journées, où elle se cachait, en compagnie de qui elle se trouvait pendant les mois d'hiver de sa première fugue et au cours des quelques semaines de printemps où elle s'est échappée à nouveau. C'est là son secret. Un pauvre et précieux secret que les bourreaux, les ordonnances, les autorités dites d'occupation, le Dépôt, les casernes, les camps, l'Histoire, le temps — tout ce qui vous souille et vous détruit — n'auront pas pu lui voler.[18] »

Ces narrativités enchevêtrées aux signifiants récurrents

Peut-on faire sens de ces bribes et fragments ?

Comme nous le voyons, pour retrouver ces inconnus, qu'ils soient fictifs ou réels, pour se retrouver lui-même, le narrateur dispose de tout un arsenal fragile, de pièces d'un puzzle difficiles à assembler.

16. *Ibid.*, p. 20-21.
17. *Ibid.*, p. 29.
18. *Ibid.*, p. 147.

Les romans développent toute une panoplie d'archives : agendas, carnets d'adresses, répertoires de téléphone, papiers d'état-civil, comme les livrets de famille, les actes de naissance ou de mariage et certificats de baptême, s'il y a lieu ; des notes prises sur des papiers pliés en quatre depuis longtemps ou jetées sur des cahiers Clairefontaine cornés ; des photos trouvées dans des boîtes à biscuits, de vieux journaux et magazines avec leurs avis de recherche, petites annonces et faits divers ; les photographies de stars du temps ; des collections disparates achetées chez des bouquinistes, dans des brocantes ou des marchés aux puces ; de vieux plans de Paris, des cartes Michelin usagées, des cartes de visite portant l'adresse de garages depuis longtemps démolis. Tout un ensemble d'indices, de bribes, de traces ténues et dispersées qu'il faut savoir relier.

C'est ainsi que le narrateur de *Rue des Boutiques obscures* décrit le bureau de Hutte, son employeur : « Derrière Hutte, des rayonnages de bois sombre couvraient la moitié du mur : y étaient rangés des Bottins et des annuaires de toutes espèces et de ces cinquante dernières années. Hutte m'avait souvent dit qu'ils étaient des outils de travail irremplaçables dont il ne se séparerait jamais. Et que ces Bottins et ces annuaires constituaient la plus précieuse et la plus émouvante bibliothèque qu'on pût avoir, car sur leurs pages étaient répertoriés bien des êtres, des choses, des mondes disparus et dont eux seuls portaient témoignage. [19] » Et dans *Quartier perdu*, un des protagonistes répète au narrateur « qu'on trouve tout ce qu'on cherche dans les annuaires à condition de savoir les consulter [20] ».

Le narrateur de *Du plus loin de l'oubli* étale sur sa table des papiers à la manière d'un jeu de cartes. Quelques adresses et des noms, une vingtaine en tout et pour tout. Il est le seul lien entre ces éléments mais il n'arrive pas à leur conférer un sens. Celui de *L'Horizon*, Bosmans, se sent assailli par des bribes de souvenirs sans liens les uns avec les autres. Ce sont de courtes séquences lointaines qui lui reviennent en mémoire de façon discontinue, des bribes énigmatiques qui restent en suspens. Il décide d'en dresser des listes et de noter sur un carnet de moleskine noir les souvenirs qui lui viennent à l'esprit. C'est qu'il a l'ambition, non seulement de trouver un sens, une cohérence à sa vie, mais de rendre compte de ce qu'elle aurait pu être en fonction des bifurcations possibles de sa route. « Il sentait bien tout ce qui était devenu une matière sombre : brèves rencontres, rendez-vous manqués, lettres perdues, prénoms et numéros de téléphone figurant dans un ancien

19. Patrick Modiano, *Rue des Boutiques obscures*, op. cit., p. 12.
20. Patrick Modiano, *Quartier perdu*, op. cit., p. 182.

agenda et que vous avez oubliés, et celles et ceux que vous avez croisés sans même le savoir. Comme en astronomie, cette matière sombre était plus vaste que la partie visible de votre vie. Elle était infinie. [21] »

Le narrateur ou d'autres personnages, sensibles à la fragilité de la mémoire et à l'engloutissement de tout dans l'oubli, élaborent eux-mêmes des catalogues, listes, inventaires qui vont faire trace. Il y a ce directeur d'un chenil qui rêve d'un fichier central où seraient répertoriés tous les chiens dès leur naissance. « Il avait aussi voulu collecter tous les documents — photos, films de long métrage ou d'amateurs, témoignages écrits ou oraux — se rapportant à des chiens disparus. Son tourment à lui, c'était de penser à tous ces milliers et ces milliers de chiens morts dans l'anonymat total et sans qu'ils eussent laissé la moindre trace. [22] » Remplacez les chiens par des hommes !

Il y a ceux qui, comme le narrateur de *Chien de printemps*, établissent le catalogage des multiples photos prises par le photographe émule de Capa, qui encombrent une valise. Il veut les classer, inscrire au dos des photos le moment et le lieu où elles ont été prises, et, s'il s'agit d'un portrait, le nom de la personne photographiée, le tout devant être consigné sur un registre établi en deux exemplaires. Travail de bénédictin, comme le lui fait remarquer Jansen, mais le narrateur affirme que s'il s'est engagé dans ce travail « c'est parce [qu'il] refusait que les gens et les choses disparaissent sans laisser de traces [23] ». Il y a ceux qui veulent fixer un moment de la vie de la jeunesse parisienne des années soixante et notent sur un grand cahier l'heure d'arrivée de tous ceux qui fréquentent le café Condé à l'Odéon. Celui qu'on nomme le Capitaine note à chaque fois la date et l'heure d'arrivée des habitués ainsi que leur adresse au moment où il prend ces notes. Il a même demandé à des amis de faire la même chose pour d'autres cafés du quartier, cherchant à sauver ainsi de l'oubli « les papillons qui tournent quelques instants autour d'une lampe ». « Il rêvait, disait-il, d'un immense registre où auraient été consignés les noms des clients de tous les cafés de Paris depuis cent ans, avec mention de leurs arrivées et de leurs départs successifs. [24] » Mais aux yeux d'un personnage qui va hériter de ce cahier, cela paraît bien insuffisant. Lui, aurait rêvé de notices biographiques en plus des mentions qui figuraient dans le cahier. Rêve d'exhaustivité qui n'est pas loin de ce qu'on peut relever dans

21. Patrick Modiano, *L'Horizon*, op. cit., p. 10.
22. Patrick Modiano, *Livret de famille*, Paris, Gallimard, « Folio », 1981 [1977], p. 185.
23. Patrick Modiano, *Chien de printemps*, Paris, Seuil, « Points roman », 1993, p. 35.
24. Patrick Modiano, *Dans le café de la jeunesse perdue*, op. cit., p. 18.

les archives, les annuaires et les bottins puisque Didier Blonde nous apprend qu'à la Bibliothèque nationale on trouve la collection complète des Didot-Bottin. Ce sont des annuaires par années et par rues. Depuis 1838, y sont répertoriés tous les habitants de toutes les rues de Paris [25]. On peut rêver…

Trois types de temporalités enchevêtrées gouvernent la narration : le moment où le roman s'écrit, à la fin des années quatre-vingt, dans les années quatre-vingt-dix ou au début du XXIe siècle, les années soixante, les 18-20 ans du narrateur (et de l'auteur), ces temps où il va sortir de sa « préhistoire » pour devenir « un écrivain français », et une troisième période, celle de l'Occupation, de la Seconde Guerre mondiale, celle où l'histoire de son père va venir au premier plan de ses obsessions, une période d'avant sa naissance mais qui est au cœur de ses récits : « Ma mémoire précédait ma naissance. J'étais sûr, par exemple, d'avoir vécu dans le Paris de l'Occupation puisque je me souvenais de certains personnages de cette époque et de détails infimes et troublants, de ceux qu'aucun livre d'histoire ne mentionne. [26] » Dans ces récits qui passent d'une temporalité à une autre, on voit se déployer une nappe de signifiants récurrents qui se répondent et s'interpénètrent. C'est ce qui donne à certains lecteurs le sentiment que l'auteur écrit toujours le même livre. Ces signifiants, thèmes, noms propres, rues de Paris, images, numéros de téléphone aux indicatifs anciens sous forme de lettres (PAS pour Passy, TRO pour Trocadéro, ODE pour Odéon, AUT pour Auteuil, etc.), rythment la narration.

C'est d'abord la figure du père, de ce père qu'il s'est construit dans l'œuvre. Aldo Modiano ou Henri Lagroua, un père juif né à Paris mais dont la famille venait de Salonique dans l'Empire ottoman, qui passa toute la guerre à vivre d'expédients, du marché noir, en rapport avec toutes sortes de gens louches, en particulier la bande de la rue Lauriston avec le personnage qui incarne la Gestapo française, Eddy Pagnon. Ce triste sire aurait sauvé le père du narrateur qui s'était fait prendre sans papiers dans une rafle dans un restaurant des Champs-Élysées, puis avait été emmené dans un panier à salade au Dépôt du quai d'Austerlitz qui était pour les Juifs une antichambre de Drancy. Il s'agit ici d'une véritable « scène primitive » de l'œuvre de Modiano. Ce père qui, après-guerre, l'avait entraîné dans des aventures louches de vente de livres rares et d'encyclopédies aux dédicaces truquées, qui avait un bureau dans une rue donnant sur les Champs-Élysées et qui avait tenté de le pousser sur les rails du métro à la station Georges V. Le père est partout présent avec ses noms d'emprunt, son personnage énigmatique, sa nouvelle femme qui

25. Didier Blonde, *Carnet d'adresses*, Paris, Gallimard, 2010.
26. Patrick Modiano, *Livret de famille*, op. cit., p. 116.

déteste le jeune Modiano, et avec lui le signifiant : Juif. Cette identité, souvent évoquée en filigrane, joue un rôle majeur dans le roman qui lance la carrière de l'écrivain, que Gallimard décide de publier en 1968 : *La Place de l'étoile*. Modiano, dans un travail formel extrêmement brillant, y joue du pastiche de Céline, déployant toute la panoplie des positionnements de l'identité juive et des discours sociaux antisémites hérités des années trente et de la guerre. Ce thème reviendra très fortement dans *Les Boulevards de ceinture* quand le narrateur encore très jeune, scandalisé par la façon dont ses « amis » humilient son père, finira par étrangler celui qui tenait les propos les plus antisémites lors d'une soirée dans une villa des environs de Paris. Associés à ce père, la bande de la rue Lauriston, Eddy Pagnon, et des rues de Paris qui reviennent souvent, autour des Champs-Élysées, du Trocadéro, de Passy, ou à l'autre bout de Paris, la Cité universitaire, le boulevard Kellermann ou encore la place Blanche et le boulevard Ornano. Pavillons de banlieue ou paysages de Savoie, vieux numéros de téléphone et listes de personnages troubles, cafés, hôtels, garages qui tourbillonnent et dont l'agencement et le déploiement au cœur de la narration n'appartiennent qu'à l'écrivain. Tout se mêle entre l'autrefois de sa jeunesse, l'autrefois de la guerre et l'aujourd'hui déserté la plupart du temps.

ÉCHOS, RÉSONANCES ET EMPREINTES

Au-delà de qui s'efface et de ce qu'on arrive à faire advenir, certaines traces transcendent ce que les enquêteurs, les historiens, les romanciers font émerger.

C'est ainsi que le narrateur de *Dora Bruder* évoque le malaise qu'il a ressenti devant *Premier rendez-vous*, un vieux film que Dora Bruder aurait pu voir et où il est question d'une fugue. Ce malaise provient de la luminosité particulière du film, d'une sorte de voile qui semble recouvrir les images et accentue les contrastes. Et brusquement il a une révélation. C'est le regard des spectateurs de l'époque qui imprègne la pellicule où, le temps de la projection, ils oubliaient leur malheur. « Et tous ces regards, par une sorte de processus chimique, avaient modifié la substance même de la pellicule, la lumière, la voix des comédiens. [27] » C'est donc que les inconnus, les disparus laissent des traces comme les quartiers perdus, mais plus encore, c'est le regard de leurs contemporains qui s'inscrit dans ces traces.

Il y a ces anciens numéros de téléphone qui ne sont plus attribués et d'où parviennent des voix, comme une circulation invisible, parallèle, des « fantômes de voix ».

27. Patrick Modiano, *Dora Bruder*, op. cit., p. 82.

Comme il y a l'empreinte du regard des spectateurs du film, il y a aussi l'écho de ceux qui ont habité un même lieu autrefois. Le narrateur de *Rue des Boutiques obscures* note : « Je crois qu'on entend encore dans les entrées d'immeubles l'écho des pas de ceux qui avaient l'habitude de les traverser et qui, depuis, ont disparu. Quelque chose continue de vibrer après leur passage, des ondes de plus en plus faibles, mais que l'on capte si l'on est attentif. Au fond, je n'avais peut-être jamais été ce Pedro McEvoy, je n'étais rien, mais des ondes me traversaient, tantôt lointaines, tantôt plus fortes et tous ces échos épars qui flottaient dans l'air se cristallisaient et c'était moi. [28] »

Plus insaisissables encore, les couloirs du temps.

Il faut imaginer que l'on pourrait croiser des gens qu'on a connus il y a quarante ans. Ils n'ont pas vieilli alors que la marque des ans a fait son travail sur notre visage et notre corps. On peut les rencontrer mais rien ne se passera entre eux et nous. Ils ne nous reconnaîtront pas. Chacun est dans son corridor du temps, chacun vit dans un temps différent. Il peut arriver, cependant, qu'un miracle se produise. Dans *L'Horizon* le héros imagine qu'un jour il retrouvera Margaret car tous deux finiront par évoluer dans le même corridor. Alors tout pourra recommencer. Il ne s'agit pas de figer le temps, de « l'empailler » comme le Paris d'aujourd'hui ou de le geler. « Il n'y a plus que les perroquets qui restent fidèles au passé [29] » : cette pensée du narrateur d'*Accident nocturne* nous indique qu'il ne s'agit en rien de reconstituer le passé perdu. Le miracle de *l'éternel retour* est d'un autre ordre. Il s'agit de ces quelques moments où le temps s'arrête et se rembobine, où il touche à l'intemporel : « J'ai eu un moment l'illusion qu'au-delà du cimetière je te retrouverais. Là-bas, ce serait l'Éternel Retour. Le même geste qu'avant pour prendre à la réception la clé de ta chambre. Le même escalier raide. La même porte blanche avec son numéro : 11. La même attente. Et puis les mêmes lèvres, le même parfum et la même chevelure qui se dénoue en cascade. [30] » Cet éternel retour va bien au-delà d'un simple *déjà vu*, qui joue pourtant un rôle important dans l'œuvre. Il est comme du temps immobile, une brèche où l'on retrouve tout intact, mais ce caractère n'a plus la couleur du souvenir : « Quarante ans plus tard, au XXIe siècle, un après-midi, en taxi, il traversait par hasard le quartier. La voiture s'était arrêtée dans un embouteillage, au coin du boulevard de Clichy et de la rue Coustou. Pendant quelques minutes, il n'avait rien reconnu, comme s'il avait été frappé d'amnésie et qu'il n'était plus qu'un étranger dans sa propre ville. Mais pour lui cela n'avait aucune importance. Les façades

28. Patrick Modiano, *Rue des Boutiques obscures*, op. cit., p. 124.
29. Patrick Modiano, *Accident nocturne,* Paris, Gallimard, 2003, p. 109.
30. Patrick Modiano, *Dans le café de la jeunesse perdue*, op. cit., p. 149.

d'immeubles et les carrefours étaient devenus, au fil des années, un paysage intérieur qui avait fini par recouvrir le Paris trop lisse et empaillé du présent.[31] »

Le paysage intérieur, c'est la « toute-puissance » du romancier devant l'océan de l'oubli. Papillons qui dansent autour d'une lampe qu'on a oublié d'éteindre, moments prélevés dans la matière sombre de l'infini du possible, seul le romancier, tout en maintenant le mystère d'énigmes non résolues, parvient à faire sens des quelques bribes à partir desquelles il part à la recherche de soi et d'autres inconnus.

Patrick Modiano ne concluait-il pas son discours de réception du prix Nobel de littérature à Stockholm le 7 décembre 2014 par ces mots ?

> *J'ai l'impression qu'aujourd'hui la mémoire est beaucoup moins sûre d'elle-même et qu'elle doit lutter sans cesse contre l'amnésie et contre l'oubli. À cause de cette couche, de cette masse d'oubli qui recouvre tout, on ne parvient à capter que des fragments du passé, des traces interrompues, des destinées humaines fuyantes et presque insaisissables.*
>
> *Mais c'est sans doute la vocation du romancier, devant cette grande page blanche de l'oubli, de faire ressurgir quelques mots à moitié effacés, comme ces icebergs perdus qui dérivent à la surface de l'océan.*[32]

Régine ROBIN

31. Patrick Modiano, *Pour que tu ne te perdes pas dans le quartier*, Paris, Gallimard, 2014, p. 129-130.
32. Discours publié par *Le Monde* :
http://abonnes.lemonde.fr/prix-nobel/article/2014/12/07/verbatim-le-discours-de-reception-du-prix-nobel-de-patrick-modiano_4536162_1772031.html

ABANDON D'ENQUÊTE

Une lecture de *Dans le café de la jeunesse perdue*

Dans le roman *Dans le café de la jeunesse perdue*[1], l'enquêteur privé Pierre Caisley se sent envahi par un sentiment de honte, alors qu'il est allé jusqu'à Pigalle repérer les lieux où a vécu Jacqueline Delanque, devenue « femme Choureau », avant de prendre le surnom de Louki. Près du cinéma Mexico dont le nom n'est pas pour lui le résultat d'un hasard, puisqu'il donne « des envies de voyages, de fugues ou de fuites » (61), dans ce moment d'errance où le détective semble renouer avec son propre passé, il est de plus en plus hésitant, paralysé. Devant le numéro 10 du boulevard, il renonce finalement à entrer, et se contente de faire la liste des noms des locataires. Il est même pris d'une « rage froide » vis-à-vis d'un homme qui lui a demandé ce qu'il cherchait là (62). Ce « type au visage de belette » le met hors de lui, représentant d'un coup « tous ces prétendus témoins que j'avais interrogés au cours de mes enquêtes et qui n'avaient jamais rien compris à ce qu'ils avaient vu, par bêtise, méchanceté ou indifférence » (63).

C'est alors qu'il décide de suspendre son enquête sans rien communiquer de ce qu'il a découvert au mari de Jacqueline, soulagé de ne pas croiser sur les lieux de son enfance Louki, qui pourra donc compter sur sa discrétion. Il note ainsi :

> *J'aurais été gêné de l'épier à son insu, oui, j'aurais eu honte de mon rôle. De quel droit entrons-nous par effraction dans la vie des gens et quelle outrecuidance de sonder leurs reins et leurs cœurs — et de leur demander des comptes... À quel titre ?* (64)

Ce passage me semble essentiel. Il pose avec une netteté particulière ce que l'on pourrait appeler le dilemme moral du narrateur modianesque,

1. Je donnerai directement toutes les références dans l'édition originale (Gallimard, 2007).

ou encore la forme singulière de double lien de l'enquête dans son projet littéraire. Ce double lien (ou cette « double contrainte ») relève de ce que l'antipsychiatrie a décrit comme « *double bind* », c'est-à-dire la manière paradoxale de devoir répondre à une paire d'injonctions contradictoires. Un des exemples les plus célèbres de ce mécanisme est de savoir comment réagir à une formule comme « Soyez libres » puisque je ne saurai plus l'être qu'en obéissant. Si l'on voulait formuler la double contrainte qui entrave Pierre Caisley, celle qui le paralyse avant qu'il ne prenne la décision de tricher avec son enquête et de ne pas communiquer au mari ce qu'il devrait lui apprendre, il faudrait dire qu'il doit enquêter, ranimer les souvenirs du passé, attester de leur réalité, tout en laissant aussi bien une part d'ombre, une zone de flou. Le détective ne veut plus jouer le jeu, et le premier mouvement de sa réflexion intime concerne bien la déontologie spécieuse de l'enquêteur privé. « De quel droit » en effet entrer « par effraction dans la vie des gens » ?

Mais l'interrogation prend une autre ampleur quand il est question de l'*outrecuidance* qui consiste à croire qu'on peut sonder les reins et les cœurs. La faute morale me semble ici d'une autre nature, et la critique change de plan : c'est le pouvoir même du romancier qui est mis en cause. Lui dont le pouvoir est justement par la fiction d'explorer les abîmes intérieurs, de révéler s'il le veut les secrets de ses personnages, d'aller voir au plus profond de l'intimité. Dorrit Cohn, dans son essai *La Transparence intérieure* [2], insiste sur cette puissance du romancier, qui en fait une sorte de rival de Dieu. Elle montre toutes les techniques que le roman européen a développées pour rendre perceptible la vie intérieure de ceux et celles qui, dans la réalité, nous demeurent toujours opaques.

Si Pierre Caisley se demande « à quel titre » il aurait la légitimité de percer les mystères de la vie de Louki, ce n'est plus comme détective mais presque comme romancier, lui qui est bien le narrateur en première personne du deuxième chapitre de *Dans le café de la jeunesse perdue*. Le double questionnement est celui de Patrick Modiano lui-même. Il se rapporte donc directement à ce qu'il faut appeler la morale de son écriture, à l'interrogation des limites de son pouvoir.

Sept ans après *Dora Bruder*, Modiano confie à l'un de ses personnages le questionnement sur les rapports incertains entre enquête et littérature, entre conservation des traces et respect de la vie privée. D'une certaine façon, le roman doit rester aux portes du secret, le faire entrevoir tout en le sauvegardant. S'il s'agit toujours d'attester de quelque chose d'enfui, de sauver ce qui

2. Voir son livre : *La Transparence intérieure. Modes de représentation de la vie psychique dans le roman* (Seuil, « Poétique », 1981).

court le risque de disparaître, il convient de poser des limites morales à cette restitution quasi policière du passé. Selon une logique très profonde de toute l'œuvre, le romancier prend le relais de l'enquêteur privé, mais en transformant fondamentalement son projet. C'est d'une certaine façon tout l'enjeu de *Rue des Boutiques obscures*, quand le narrateur, détective privé aussi, commence à enquêter sur lui-même, sur la vérité fuyante d'une existence passée dont il ne se souvient plus [3]. Il doit donc y avoir un moment, un tournant, où l'enquête proprement policière se change en autre chose, devient une rêverie sur l'identité, un jeu de cache-cache avec les témoins, un jeu de piste plus ou moins truqué qui doit mener à une réconciliation avec soi-même.

Tous les lecteurs de Modiano reconnaissent là un de thèmes structurants de son œuvre, un de ses moteurs récurrents. *Dans le café de la jeunesse perdue* ne renouvelle pas la thématique obsédante de l'écrivain, mais ce roman, publié en 2007, innove par la forme narrative qu'il adopte. Et ce choix original me semble une façon de répondre à la double contrainte qu'énonce indirectement Pierre Caisley. Plusieurs narrateurs se partagent en effet le récit, prenant tour à tour la parole en première personne. Sur cinq chapitres, qui vont d'une vingtaine de pages (pour le premier et le dernier) à une trentaine (pour tous les autres), on voit donc se succéder des voix dont l'identité se construit au fil de chaque récit particulier. C'est d'abord un personnage relativement périphérique qui entame la narration, un étudiant de l'École des Mines qui fréquente le café Le Condé où il a rencontré Louki, parmi d'autres habitués. Ce personnage anonyme raconte sa rencontre avec Caisley, qui s'est fait passer pour un éditeur d'art et a réussi à emprunter à Bowing le registre qu'il tient de tous les passages dans le café.

C'est au tour de Caisley de prendre la parole, dévoilant donc sa vraie profession puisqu'il a été chargé d'enquêter sur Jacqueline Choureau et que c'est dans le but de l'identifier et de la retrouver qu'il a été au Condé. Mais le passage du premier au second chapitre, s'il comble une sorte de petite énigme narrative, s'articule plus fondamentalement sur le motif du secret. À la fin de son récit, le jeune étudiant timide raconte comment il cache à ses amis du Condé son vrai lieu d'habitation, et le fait qu'il est ingénieur apprenti. Comme tant de personnages de Modiano, il recèle un secret, il vit une sorte de double vie, comme s'il espérait que ce mensonge allait enfin produire sa vérité, en le détachant définitivement de sa scolarité aliénante.

3. Pour d'autres développements sur ce roman, je me permets de renvoyer à mon article : « Identification d'un homme », dans Marilyne Heck et Raphaëlle Guidée (dir.), *Cahier de l'Herne Patrick Modiano*, 2012, p. 139-132.

Le récit de Pierre Caisley, je l'ai dit, est celui d'une enquête abandonnée. Alors que le détective a assez facilement retrouvé Jacqueline, selon la mission qui lui avait été confiée, il décide de mentir et de laisser Louki en paix. Il respectera sa fuite, son secret ; il ne la livrera pas à son mari. Il note de façon intéressante : « Je lui laisserai le temps de se mettre définitivement hors d'atteinte » [4] (66). Mais c'est bien cet échec (du point de vue policier) à atteindre Louki qui justifie le troisième relais narratif, qui voit, cette fois au centre du roman, l'héroïne prendre elle-même la parole. Il ne faut cependant pas attendre de cette position centrale du récit de Louki une manière de complétude romanesque. Le personnage reste bien un être de fuite, dans une parenté proustienne qui importe à Modiano. Ce qu'elle raconte est lacunaire, voué aux blancs. Elle le déclare elle-même : « J'ai des trous de mémoire » (82), image qu'elle aggrave encore en notant page 85 : « des trous noirs ». Il semble ainsi que le scrupule moral de ne pas sonder le cœur et les reins des autres s'étende au rapport que chaque individu entretient intimement avec lui-même, comme s'il lui fallait respecter ses propres zones d'ombre.

Louki est, comme tant d'autres héros et héroïnes de Modiano, et comme l'auteur lui-même, un personnage de la fugue [5], du désir éperdu de rompre avec son passé et avec soi-même. Elle le dit avec force : « Plus tard, j'ai ressenti la même ivresse chaque fois que je coupais les ponts avec quelqu'un. Je n'étais vraiment moi-même qu'à l'instant où je m'enfuyais. Mes seuls bons souvenirs sont des souvenirs de fuite ou de fugue » (95). Pour rendre justice à une telle disposition, il faut donc une narration à plusieurs voix, à plusieurs foyers, où la parole individuelle propre n'est qu'un des nombreux reflets d'une essence volatile et incertaine par nécessité. Le récit de Louki s'arrête d'ailleurs sur un geste hautement symbolique : sur la couverture du livre *Louise du Néant*, elle écrit son propre nom, en s'inventant ce terrible pseudonyme : *Jacqueline du Néant* (96).

Le trou noir central dessine le trajet à éclipse de Jacqueline-Louki jusqu'à son suicide, que la fin du roman nous apprend dans le dernier récit de Roland. C'est cette gravitation aléatoire, incalculable que Modiano doit observer comme écrivain, l'obligeant à varier les angles, à respecter les vides. Comme

4. L'expression « hors d'atteinte » me semble très révélatrice d'un fantasme propre à notre temps. Elle se trouve de façon récurrente dans l'œuvre d'Emmanuel Carrère et je l'ai commentée dans mon article « Passages à la limite : roman et romanesque chez Emmanuel Carrère », dans Matteo Majorano (dir.) *Chercher la limite*, Bari, B.A. Graphis, « Margini critici », 2008, p. 65-78.
5. Sur ce motif capital, voir l'étude de Michaël Sheringham, « Le dispositif *Voyage de noces-Dora Bruder* », dans Roger-Yves Roche (dir.), *Lectures de Modiano*, Nantes, Éditions Cécile Defaut, 2009, p. 243-266.

un astronome, il ne peut en fixer que certains passages, en consigner comme sur le registre du Café de Condé les heures d'apparition irrégulière. Face à cette obsession de la disparition, l'écrivain est en effet pris dans le même *double bind* que résume avec clarté Jean-Bernard Vray : il doit d'abord se faire témoin et greffier de la mémoire la plus exacte, la plus complète contre les « sentinelles de l'oubli [6] ». Mais, pour être fidèle, cette mémoire doit être aussi celle d'un oubli qu'il faut abriter, et qui creuse dans le tissu narratif et existentiel des trous sans fond.

C'est donc bien en deux temps qu'il revient à Roland de conclure, sinon d'achever, *Dans le café de la jeunesse perdue*. Les chapitres 4 et 5 sont séparés par une ellipse temporelle importante qui matérialise le blanc qui a fracturé sa vie. C'est lui qui note, après avoir appris que Louki s'est défenestrée :

> *À partir de cet instant-là, il y a eu une absence dans ma vie, un blanc, qui ne me causait pas simplement une sensation de vide, mais que je ne pouvais soutenir du regard. Tout cela m'éblouissait d'une lumière vive, irradiante. Et cela sera toujours comme ça, jusqu'à la fin.* (147)

La discontinuité fondamentale du roman s'explique ainsi par la nécessité, formelle autant que morale, d'accueillir et de protéger le blanc insoutenable qui en constitue le centre absent. Roland, dernier amant peut-être de Louki, n'a pu lui offrir la protection contre le vide. Il n'a pas pu l'empêcher de se « laisser aller » en se précipitant par la fenêtre, selon les derniers mots qu'a transmis son amie Jeannette Gaul, pourvoyeuse d'oubli et de drogue, dont le sobriquet de Tête-de-Mort s'explique tragiquement à la fin du roman.

Roland est donc le dernier narrateur, d'abord des moments heureux passés avec Louki, puis d'une replongée dans ce passé douloureux des années après. Le nom qu'il porte n'est en vérité qu'un masque. C'est lui qui dit de ce prénom qui n'est pas le sien : « je l'avais choisi pour simplifier les choses, un prénom passe-partout, qui pouvait aussi servir de nom de famille. C'était pratique, Roland. Et si français surtout. Mon vrai nom était trop exotique » (108). Comme le Victor Chmara de *Villa Triste*, c'est donc sous la protection d'un nom trop banal qu'il cache sa véritable identité.

Le projet sur lequel il travaille dans les mois où il est avec Louki entre évidemment en résonance avec la thématique centrale de *Dans le café de la jeunesse perdue*. Il est en effet occupé à écrire un texte, une sorte d'essai peut-être, sur ce qu'il appelle les « zones neutres ». Voici comment il le présente :

---

6. Voir, dans *Lectures de Modiano*, op. cit., son article : « Noirceur de Modiano. Disparition et photographie ». Notamment les pages 352, 356-359.

> *Il existait à Paris des zones intermédiaires, des* no man's land *où l'on était à la lisière de tout, en transit, ou même en suspens. On y jouissait d'une certaine immunité. J'aurais pu les appeler zones franches, mais zones neutres était plus exact.* (109)

C'est bien dans une telle zone qu'il a rencontré Louki, dans un lieu ouvert d'errance et de dérive, de liberté provisoire et de marge urbaine incertaine. Mais ces zones, dont on peut comprendre l'attrait quasi situationniste dans un roman dont l'exergue est emprunté à Guy Debord, ne sont pas seulement positives. Une certaine ambivalence les caractérise. Car le narrateur précise aussi bien :

> *Il faudrait que je retrouve la liste des rues qui ne sont pas seulement des zones neutres mais des trous noirs dans Paris. Ou plutôt des éclats de cette matière sombre dont il est question en astronomie, une matière qui rend tout invisible et qui résisterait même aux ultraviolets, aux infrarouges et aux rayons X. Oui, à la longue, nous risquions d'être aspirés par la matière sombre.* (120)

C'est encore une autre forme de double lien qui s'exerce ici, comme si l'injonction paradoxale centrale était de se risquer au bord de la disparition, de marcher sur le fil d'un rasoir où dissimulation et imposture, survie et désir de mort, liberté et sursis se tenaient inséparablement. Les « zones neutres », si difficiles à définir, sont des lieux de transit, éphémères comme la jeunesse qui se marque dans le titre du roman. Une *jeunesse perdue* : c'est-à-dire, indissociablement, un temps évanoui et un moment de perdition. Ou plutôt un temps de la vie qu'il faut retrouver mais comme perdu, sans jamais pouvoir ni devoir l'atteindre tout à fait.

❖

Comme le narrateur de *Dora Bruder*, les personnages de *Dans le café de la jeunesse perdue* doivent donc obéir à une double contrainte : retrouver les traces de la disparue, de la jeune fille ou jeune femme fugueuse, ranimer les moments d'une existence trop vite évanouie. Mais contrairement aux policiers, aux forces de contrôle qui établissent des états civils définis, ils doivent aussi protéger la zone d'indétermination où se trouve toute jeunesse, son flottement et ses envies de fuite. Ils doivent comprendre mais sans demander de comptes. Il leur faut donc renoncer à remplir tous les trous, à combler tous les manques d'un récit qui restera lacunaire. Et le lecteur doit faire la même expérience de dessaisissement, pour s'approcher d'une figure suffisamment ressuscitée pour s'imposer à nous, mais encore un peu à distance et dans un flou qui est sa qualité propre. Laisser Louki habiter un nom qui n'est pas le sien, mais celui donné, affectueusement, par un groupe d'amis de café.

Le renoncement à l'enquête, entendue comme récit explicatif, administratif, comme force coercitive d'assignation sociale (puisqu'il s'agit bien au départ pour Pierre Caisley de ramener Jacqueline à bon port conjugal), ne doit pas pour autant redoubler le geste d'abandon inaugural, qui fait de Jacqueline-Louki une nouvelle figure de l'enfant délaissé dans l'œuvre de Modiano. Abandonner l'enquête ne revient pas à répéter l'abandon de Louki et c'est bien avec Pierre que se retrouve Roland, à la fin du roman, dans la salle d'attente de l'hôpital Broussais. C'est le détective qui prend le rôle du proche, comme s'il était devenu un membre de la famille.

Car l'abandon de l'enquête ne va pas sans sentiment de culpabilité, mais pas celui de n'avoir pas fait le travail pour lequel on est payé. Cette culpabilité s'exerce plutôt comme un devoir d'aide possible, comme une protection invisible qu'il faudrait étendre, en toute discrétion, sur des existences fragiles. Afin de conjurer leur disparition. Cette manière de sympathiser avec chacun, on peut en voir un exemple poignant au moment où Pierre Caisley s'attarde pour regarder par la fenêtre le mari de Jacqueline, rendu à sa solitude.

Cette proximité distante qu'il faut garder — selon une nouvelle formule paradoxale que nous dicte l'œuvre de Modiano — se révèle donc de la façon la plus emblématique comme une expérience bouleversante de hantise. Pierre Caisley et Roland partagent la même conviction de sentir la présence de Louki dans les lieux où elle a vécu, où elle est passée. Comme le narrateur de *Dora Bruder* qui a la certitude de retrouver dans des rues de Paris le fantôme de la jeune fugueuse, il leur importe de pouvoir dire en leur nom propre : « Encore aujourd'hui, il m'arrive d'entendre, le soir, une voix qui m'appelle par mon prénom, dans la rue. Une voix rauque. Elle traîne un peu sur les syllabes et je la reconnais tout de suite : la voix de Louki. [7] » Alors la jeune fille perdue, l'enfant délaissée par sa mère et livrée le soir à elle-même, la jeune adolescente explorant les rues de Paris, la femme nouvellement mariée mais en rupture de ban : toutes ces figures reviennent déchirer la trame du temps, selon un cycle que le roman veut nommer un Éternel Retour.

Si le geste d'écriture est rappel du passé, retour du même à jamais vivant, il est en même temps « déclaration d'absence » selon l'expression que souligne Roland, et qu'il reprend au vocabulaire des « publications judiciaires » quand il s'agit de qualifier légalement un être qui a disparu depuis des années, sans qu'on puisse établir qu'il est mort (110). C'est dans cet espace ambivalent

7. Page 107, repris en quatrième de couverture.

et fragile que l'enquête doit se convertir en littérature. Là où le dossier d'un détective est adressé à son client, les discours dont nous saisissons cinq moments, cinq énonciations différemment situées, ne s'adressent à personne en particulier. Ou peut-être à l'ombre insistante d'un fantôme qui est devenu, le temps de la lecture, le nôtre. Ces voix traversent le temps ; elles ne font nulle déposition, nul témoignage au sens strictement juridique, mais elles disent, dans leur solitude singulière, la communauté d'un souci, d'une amitié ou d'un amour. Vouées à ce que Jacques Derrida appelait magnifiquement la « destinerrance » de l'écriture, elles flottent elles aussi, mais insistent, redisent un nom qui devient talisman ou signe. Elles ne peuvent empêcher la mort de Louki, la disparition de la jeunesse, la mélancolie des cafés perdus. Mais leur force d'évocation discrète rend justice à ce qui a été éprouvé et vécu. C'est ainsi la grâce du roman selon Patrick Modiano : savoir dire la part de mystère en chaque être, cette part — lumineuse et invisible — que nous devons consentir à protéger et à aimer. Cette part de vacance où se loge en finesse le travail de l'écrivain.

Dominique RABATÉ

LA MALADIE DE L'ENFANCE

Peut-on jamais élucider les raisons qui expliquent, à côté de leur seul succès, la reconnaissance dont jouissent certaines œuvres littéraires ? À quoi tient ce phénomène de société — la célébrité — et d'affectivité — la popularité — qui les accompagne, dans le temps contracté de la lecture comme dans celui, espacé, de l'entre-deux livres, quand l'émotion le cède à la gratitude et le sentiment esthétique à l'élan de l'âme ? En décernant à Patrick Modiano le prix Nobel de Littérature, l'Académie suédoise propose des éléments de réponse que la critique de l'œuvre, de toge ou de presse, a depuis longtemps mis en relief : le travail mené, en pionnier, sur l'histoire des années sombres du XXe siècle et l'exploration des phénomènes complexes de la mémoire, dans le sillage de Proust.

L'Histoire et la mémoire ne cessent de se relancer dans les romans de Modiano, depuis la torture inaugurale du Paris de la Collaboration jusqu'à la tourmente des récits de l'après-coup. Histoire à vif, mémoire à blanc : l'emprise de l'œuvre tient à sa capacité de devancer légèrement les différents états d'une conscience collective opaque. Au temps de l'occultation, alors que la France de 1968 s'émeut d'autres combats que ceux livrés pendant la Seconde Guerre mondiale, correspond l'écriture véhémente de premiers romans qui battent le rappel, hallucinant la période de l'Occupation. Au temps des molles transactions de la conscience collective avec un passé que son éloignement tendrait à absoudre, correspond, à partir du milieu des années soixante-dix, l'écriture oblique de romans dans lesquels le processus de la faute et de l'oubli, de la fuite et de la peine, alimente des histoires d'identité défaite, de personnages en porte-à-faux avec leur propre histoire. Au temps du révisionnisme et du négationnisme affichés correspond un texte de la résurrection, *Dora Bruder*, livre hors genre, hapax, comme l'est tout individu quand on se refuse à le subsumer dans des catégories communes (la jeune déportée, la victime).

Pour être déterminantes, l'Histoire et la mémoire ne constituent pourtant pas les enjeux exclusifs de l'œuvre de Modiano. Elles font aussi qu'on peut la traverser et se retrouver hors d'elle, comme reconduit à son seuil. C'est qu'à l'image des immeubles parisiens régulièrement empruntés par ses personnages, elle possède différentes entrées. Patrick Modiano invente certes, comme Georges Perec à sa façon, un type de romans régi par des modes récurrents qui lui permettent de devenir le témoin d'un monde qu'il n'a pas connu — un témoin paradoxal, visionnaire à défaut d'être oculaire. Mais il s'approprie aussi des archétypes littéraires qui participent de la puissance tremblée de l'œuvre parce qu'ils ressuscitent des ombres familières au lecteur. Ainsi la figure de l'enfant perdu. Souvent tout est narré, tout est filtré dans les récits du point de vue d'un enfant grandi, devenu un adulte égaré, un personnage en quête de sa propre place, enquêtant sur son passé, les eaux troubles de l'enfance pour seule fontaine de jouvence. L'écrivain creuse cet archétype en jouant simultanément de son sens propre — l'enfant abandonné, dans un jardin (*Remise de peine*) ou une maison (*Pour que tu ne te perdes pas dans le quartier*) —, de son sens figuré — l'enfant désorienté, sans modèles de référence (*De si braves garçons*) — et de son sens métaphorique — l'enfant oublié, perdu de vue, refoulé en soi par l'adulte. Avec cette figure, se signe la cohérence d'une œuvre habile à se diffracter et à se moduler en variantes romanesques complémentaires. *Pour que tu ne te perdes pas dans le quartier*, publié en 2014, permettra d'en déplier la trame telle qu'elle déplace, dans le périmètre de l'œuvre, par un jeu d'échos aux autres livres, le phénomène de rémanence dont Patrick Modiano invente la crypte littéraire.

Pour que tu ne te perdes pas dans le quartier, comme naguère *Quartier perdu* ou plus récemment *Dans le café de la jeunesse perdue* : l'espace structure le temps dans l'œuvre de Modiano. Le seul titre du roman l'illustre, le terme de « quartier » servant de substitut, métonymique et vocalique, à celui de « passé », tout comme celui de « café » leur fait semblablement écho. Fausse berceuse, vraie perceuse, l'écriture traverse en vrille l'espace-temps. Elle évoque des quartiers d'enfance, enfance mal famée ou, plutôt, mal *femmée*. La femme de l'enfance n'est jamais la bonne, jamais la mère, tout au plus l'improbable doublure d'une mère de comédie, elle-même professionnelle des seconds rôles. Comme cette dernière, l'intérimaire abandonne l'enfant, déserte en fraude la maison. L'enfance est sans quartier chez Modiano. La situation romanesque de *Pour que tu ne te perdes pas dans le quartier* rappelle celle développée sur un mode autobiographique dans *Remise de peine*, dont la dernière scène est ici reprise dans une scénographie encore plus épurée, quoique minutieusement préparée : deux phrases, comme un concentré de douleur minéralisé par le temps. Dans le récit de 1988, « Patoche » et son jeune frère font semblant de jouer dans le jardin de la maison où ils vivent, pendant que des policiers investissent les lieux après avoir arrêté les trois femmes qui y habitent, auxquelles la mère avait laissé en dépôt les deux enfants. Dans le roman de 2014, un petit garçon est réveillé au matin par le bruit d'une voiture dans laquelle s'enfuit celle qui avait sa garde. Chez Modiano, le tourbillon de la vie et le tourniquet de l'enfance ne font qu'un, jusqu'à la chute de la conscience narrative, la suspension du récit. Se perdre dans le passé, c'est chercher son issue, être en mesure de fixer un horizon qui se situerait ailleurs qu'en amont de l'âge adulte : s'inventer une vie devant soi. Mais d'un lieu à l'autre les glissements et les circonvolutions se multiplient, de même les jeux de piste dédaléens et de réfractions troubles entre arrondissements parisiens et compartiments de la mémoire. S'il tient lieu de feuille de route, le cadastre parisien relève aussi de la fiche d'intimité. Il suffit d'un fait mineur à valeur d'acte manqué — un homme détaché du monde perd son carnet d'adresses — pour déclencher à défaut de course contre la montre — le temps prend son temps dans la minuterie d'une conscience adulte — une course contre l'horloge psychique — quelles déflagrations ce geste involontaire suscite-t-il en retour chez celui qui le commet ? Qui anime la main égarant l'objet ? Un café du IXe arrondissement devient le cadre d'une rencontre entre celui qui a perdu le carnet, un écrivain, et celui qui le lui restitue, un petit malfrat, semble-t-il. Autre café, tout proche mais si lointain : celui où le personnage se souvient alors, enfant, avoir retrouvé sa mère et être allé avec elle « au grand magasin du Printemps [1] ». La proximité des lieux contractant la distance dans le temps, la carte parisienne, réanimant la mémoire, ravive les affects. C'est dans les hauteurs du IXe arrondissement, rue Laferrière, que le personnage se souvient avoir vécu avec une femme qui n'était pas sa mère. Quant à la Place Blanche, quelques mètres plus loin, il suffit de la traverser pour arriver dans le XVIIIe arrondissement, rue Coustou, où le personnage vécut quinze ans plus tard et commença alors à écrire pour tenter de comprendre les années de son enfance. Le XVIIIe et le IXe arrondissements, ce sont deux lieux sensibles de cette carte d'intimité, dans leur pleine ambivalence poétique.

1. Patrick Modiano, *Pour que tu ne te perdes pas dans le quartier*, Paris, Gallimard, 2014, p. 21.

Au IXe arrondissement de Saint-Lazare, lieu de descente et d'enlisement, point de dépression de la capitale (*Une jeunesse*), correspond le XVIIIe arrondissement des Abbesses, de Montmartre, de la rue Lamarck, lieux d'altitude et d'ascension (*Dans le café de la jeunesse perdue*) mais aussi de fuite (Dora) et de chute (Louki). Quand l'adolescence ne tranche pas radicalement les litiges de l'enfance (*Un pedigree)*, les différents âges de la vie adulte s'en affolent.

Comme les grandes œuvres de l'obsession (Duras, Simon), le passé devient à lui-même sa propre antithèse — il sature le présent au point de le recouvrir — sinon sa propre antiphrase — il piège l'individu qui pense en avoir fini avec lui. Il est ce avec quoi les personnages n'ont pas rendez-vous, mais qui, à la manière du réel lacanien, les attend toujours au coin de la rue. Ainsi de la vieillarde semi-Gorgone, semi-bouffonne qui agresse le personnage principal d'*Accident nocturne* et de *L'Horizon*, le même, à quelques modules romanesques près, en prise avec celle qu'il identifie dans les deux cas comme sa mère. Hallucination grotesque ici, ellipse pathétique là : pour atteindre la nuance, la palette tonale de Modiano travaille ses extrêmes, l'expression exacerbée ou l'impression mate, en prise sur un même vertige qui renvoie à la réversibilité humorale du souvenir. Il faut écrire la peine d'enfance, le petit innommable des drames individuels, quand bien même ils peuvent paraître obscènes au regard des tragédies collectives et de leur indicible. Les uns sont à l'échelle d'une vie ce que les autres sont à celle de l'Histoire : sans commune mesure, mais valant à part semblable leur pesant de douleur. Si d'autres ont « épuisé toutes les peines pour nous permettre de n'éprouver que de petits chagrins [2] », on ne saura pourtant jamais ce que Dora Bruder, qui a payé le prix fort de l'insoumission, fuyait en priorité, les vicissitudes enfiévrées de l'Histoire ou quelque mal couvé depuis l'enfance. Leur interpénétration, on le sait, est fondatrice du projet littéraire de l'écrivain, né en 1945, qui exprime son intime conviction d'être l'enfant d'un temps monstrueux et d'une engeance chaotique (*Livret de famille)*.

Deux situations interagissent systématiquement dans l'œuvre, filant cette trajectoire romanesque de l'égarement : une enfance en jachère, une communauté d'adultes livrée aux exactions de l'Histoire. Chaque roman règle à sa manière le curseur, approchant différents degrés, différentes latitudes de la mémoire. Dans les romans où prévaut l'obsession historique se détache une figure d'enfant ou d'adolescent simultanément expiatoire et résistante. *La Ronde de nuit* dépeint une traversée des ténèbres dans le Paris de l'Occupation, qui

2. *Dora Bruder*, Paris, Gallimard, « Folio », 1999 [1997], p. 99.

équivaut à une perdition de l'humaine conscience : la figure de l'enfant y apparaît en contrepoint, sous l'apparence d'une petite fille protégée — mais quel sens donner exactement à cette protection, au mot même qui la nomme ? — par un homme participant du géant tutélaire autant que de l'ogre prêt à commettre l'irréparable. *Dora Bruder* s'ouvre comme une enquête menée pour retrouver les traces d'une jeune fille juive morte à Auschwitz, se développe comme une restitution du Paris de 1942, alors que sont votées les lois antisémites, et s'achève avec la levée des morts, l'évocation des noms, la voix retrouvée des victimes, le montage de lettres-témoignages. Dora est tout à la fois leur spectre conducteur et leur fantôme fugitif, irréductible au statut de victime parce qu'identifiée à son « secret », à l'énigme d'une adolescence devenue ainsi inaliénable (sens de la dernière page). La sortie de l'enfance équivaut à celle de la société des hommes selon un geste de rupture qui se répète d'un livre à l'autre, avec un coefficient tour à tour autobiographique (*Un pedigree*) ou romanesque (*L'Horizon*). D'autres romans se déplient en spirale depuis une période d'enfance occultée : l'art de l'écrivain consiste à la laisser progressivement ressurgir sans que l'ordre du récit en finalise jamais une saisie transparente à valeur de structure narrative — un récit inaugural qui ordonnerait l'histoire du personnage — et de socle de la personnalité — un discours introspectif qui permettrait d'établir quelque caractère-type. Il en va ainsi, avant *Pour que tu ne te perdes pas dans le quartier*, de *Vestiaire de l'enfance* ou *La Petite Bijou*. Au hasard d'un dysfonctionnement bénin, des personnages adultes sont interpellés, puis rattrapés, puis happés par leur passé, lequel se résorbe dans le vertige de la prime enfance. Au prix d'un retournement de situation, ce qui relevait apparemment d'une crise — un passage — s'affirme comme une séquelle — un destin. L'incident de parcours, diurne, le cède à l'*accident nocturne*, engageant un rapport primaire au temps (celui des origines).

Si l'adulte est ainsi dépassé par sa propre enfance, c'est que l'enfant perdu de vue, remisé dans sa peine, gouverne l'adulte au point de lui faire répéter ses gestes d'âge en âge. L'enfance déborde l'âge de l'enfant : elle est un temps sans fin programmable parce que sans origines autres que douteuses. Parents, parentèle, lieux, rituels : déficients, ses vecteurs n'en permettent pas la juste mesure. D'où la ligne somnambulique de récits qui font circuler les personnages et égarent les lecteurs d'un temps et d'un lieu à l'autre, suffisamment détaillés pour indexer un semblant de réalité tangible, mais aux entrelacs indistincts évoquant la polymorphie propre aux états de conscience de la prime enfance. Le temps de l'enfance est mouvant comme ses sols, souvent associés à un marais ou un ponton pourri, dans une métaphorique de la corruption appliquée à la fois au milieu familial et à l'environnement historique (*Un pedigree*, *Dimanche d'août*). Consultant des archives censées le renseigner sur certains lieux de son enfance, le personnage principal de *Pour que tu ne te perdes pas dans le quartier* en ressent un désagrément manifeste, leur précision toponymique renforçant sa confusion mentale :

> *Était-ce vraiment utile de se plonger de nouveau dans cette masse épaisse et visqueuse ? En poursuivant sa lecture, Daragane éprouvait une impression semblable à celle de la veille lorsqu'il tentait de déchiffrer les mêmes pages : des phrases que vous entendez dans un demi-sommeil, et les quelques mots dont vous vous souvenez au matin n'ont aucun sens. Tout cela, émaillé d'adresses précises : 15, rue de l'Ermitage, 12, rue Nicolas-Chuquet, 46, rue Notre-Dame-de-Lorette, sans doute pour trouver des points de repère à quoi s'accrocher dans ce sable mouvant.* (87)

Comment instituer un récit de soi intelligible depuis un micro-texte urbain émaillé, qui rapièce plus qu'il n'accorde un ensemble de données brutes ? Dans les récits de Modiano, la trace troue la trame. Le roman signe l'échec d'un récit potentiel dont seules des bribes, repliées sur leur part d'énigme, se donnent à lire. L'enfance demeure ainsi littéralement *intimée* à résidence d'inconscient. S'il suffit d'un événement déclencheur pour qu'elle se réactive, les « électrons libres » (76) remontant à la surface de la conscience désorientent les personnages parce qu'ils demeurent en suspens, dans l'absence de solution. La mémoire involontaire est une mémoire insignifiante : du moins les récits lui opposent-ils une fin partielle de non-recevoir, un refus de réminiscence, l'impossibilité d'une restitution de soi à son passé qui serait synonyme de concorde identitaire. Peu volontaire, malgré l'obstination des personnages à comprendre ce qui leur arrive, involontaire mais sans plus-value de conscience, la mémoire est aussi irréductible que la douleur d'un enfant trahi. Cet état de malaise existentiel, les récits en font un objet de prédilection romanesque dont ils varient le timbre, tantôt étouffé comme une neurasthénie (*Quartier perdu*, *Une jeunesse*), tantôt spectaculaire comme une névrose (*Accident nocturne*). Le registre expressionniste des premiers romans — *La Place de l'étoile*, *La Ronde de nuit*, *Les Boulevards de ceinture* — ne s'efface pas avec *Villa Triste*, mais travaille en sous-main l'écriture minimale qui leur fait suite. Il ressurgit par accès, comme un refoulé de l'œuvre, de sa propre mémoire interne, de sa propre enfance (*Accident nocturne*, *L'Horizon*). Dans des récits à la phrase simple mais à la composition complexe, l'opacité tient à l'imbroglio narratif et psychique auquel ils (se) ramènent. Le montage de l'histoire racontée en des séries d'événements simultanés quoique chronologiquement distincts, leur télescopage et le désordre événementiel qui en résulte, recouvrent un ordre inexorable, procédant à rebours du temps vécu et remontant jusqu'à celui d'une origine occultée. La dynamique romanesque demeure celle d'une triple confusion temporelle, situationnelle et psychique parfois proche de l'hallucination. Mais la logique narrative obéit à une trajectoire aussi nette que celle du couteau remontant du cœur de la cible à la main qui l'a lancé. Quant au traitement elliptique des situations, il est comme comblé par un art dilaté du détail matériel saisi en gros plan. Scandée par des arrêts sur images phobiques, l'œuvre acquiert une dimension ouvertement tragique.

Dans *Pour que tu ne te perdes pas dans le quartier*, le récit circonscrit le temps d'une crise, illustrée par les déambulations du personnage principal dans la géographie, physique et mémorielle, de Paris. Ombres et lumières, réclusion et circulation constituent les marqueurs métaphoriques de cet itinéraire d'une conscience en recherche de sa proche lucidité. L'écrivain — telle est son activité, comme celle du héros de *Quartier perdu* — tente de donner sens à un certain nombre de signes dont lui-même serait le livre et sa propre vie l'auteure, images mémorisées à différents âges, inscrites en lui et qui tout à la fois le fuient et le poursuivent. La dynamique profonde du récit, par-delà l'agitation de surface, est celle d'un décryptage, au sens sémiotique et psychanalytique du terme : rendre signifiants les signes (les restituer à eux-mêmes, condition élémentaire pour devenir le lecteur de son propre passé), excaver l'événement enfoui qui voue au mal être, au renfermement sur soi et à l'enfermement chez soi dans un même réflexe de sécession sépulcrale.

> *Et maintenant qu'il s'était arrêté au milieu de la Galerie de Beaujolais, comme s'il avait atteint le but de sa promenade, un autre souvenir resurgit. Il avait été enfoui depuis si longtemps, et à une telle profondeur, à l'abri de la lumière, il paraissait neuf.* (76)

Le temps du récit démarque celui d'une dissipation progressive des ombres. L'encadrement du roman, sa première et sa dernière page, expose ainsi un processus de dévoilement de soi à soi-même, une levée des voiles obscurcissant la conscience et vouant le personnage à vivre remisé dans la peine, en aveugle de son propre quotidien. Dans la première séquence, Jean Daragane « s'était assoupi sur le canapé du fond, à l'abri du soleil » (11). Seul un appel téléphonique, une intrusion / agression — « Presque rien. Comme une piqûre d'insecte qui vous semble d'abord très légère » (11) — réveille l'homme au corps sensible, fragilisé par un mal sans autre cause apparente qu'une « chaleur inhabituelle » (13). Il « se leva et se dirigea vers la partie de la pièce près des fenêtres, là où le soleil tapait fort » (11) alors qu'il restait « enfermé dans cette chambre jusqu'au coucher du soleil » (13). Piqûre d'appel — la curiosité du personnage, piquée par l'inconnu qui lui téléphone, déclenche l'histoire — et de rappel : un trauma d'enfance occulté resurgit dans les deux dernières phrases du roman, offrant sans aménité ni immunité la raison potentielle de son mal de vivre.

> *Le matin, il est réveillé par les rayons du soleil qui pénètrent dans sa chambre à travers des rideaux et font des taches orange sur le mur. Au début, ce n'est presque rien, le crissement des pneus sur le gravier, un bruit de moteur qui s'éloigne, et il vous faut un peu de temps encore pour vous rendre compte qu'il ne reste plus que vous dans la maison.* (146)

La maladie de l'enfance, c'est la scène d'abandon du petit garçon par celle qui en avait la garde, encryptée dans une mémoire archaïque tourmentant l'adulte — du plus loin de l'oubli. Une maladie comme une malédiction maternelle qui se serait répétée, de la mère de naissance à la mère de substitution. L'écriture simule cette mémoire maudite de l'enfance par la variation opérée autour d'une même scène qui ouvre et achève le récit, se déplaçant dans le temps du roman comme dans l'existence du personnage principal, avec une scénographie proche et des termes similaires. Ainsi de la reprise par un euphémisme des effets de l'abandon, un « presque rien ». Dans ce « presque » se joue toute une vie, se tient tout un livre (une esthétique littéraire, aussi). Ainsi, encore, de la reprise d'un certain type de bruit, ténu et insistant — un téléphone qui sonne pour l'adulte, des pneus qui crissent pour l'enfant —, dans un entre-deux identique de lumière et de pénombre. Distantes dans le temps vécu, ces deux scènes forment une chaîne captivante, contractée depuis l'enfance. Comme une ronde désenchantée, elles donnent au roman un tour cyclique moins protecteur — un retour à soi-même après une si longue absence — que destructeur — toute une vie sans grandir. Un adulte vieillissant campe esseulé dans une position qui rappelle celle d'un enfant abandonné. Seuls les lieux, par leur métamorphose urbaine, et les objets, par leur datation culturelle (le portable, l'ordinateur), font office de repères temporels, à moins que leur mention suffise à les détacher de toute actualité, les antidater d'emblée, dans un roman qui, fondant les époques, flotte dans quelque zone étale du temps.

L'ironie de situation, ou ironie tragique, est ce qui tient à distance le pathos et confère à l'œuvre sa lancinante mélancolie. D'une émotion sensible, elle fait l'expression d'un mal. Ainsi le titre reprend la parole de la femme avec laquelle vécut l'enfant et qui inscrivit sur un morceau de papier leur adresse parisienne pour qu'il la garde en poche et jamais ne s'égare. Celle qui prévient avec une sollicitude toute maternelle le risque de la perte est la même qui peu de temps après l'abandonne. Les circonstances sont en partie occultées — une fugitive en délicatesse de la justice, comme dans les précédentes versions de ce même épisode, et pour quels délits ? La situation échappe à tout jugement manichéen : s'il est une victime, il n'est pas vraiment de coupable. Seule la mère… mais ce récit en dit moins que d'autres sur ce point (*Un pedigree*, *Voyage de noces*, *Livret de famille*). Avec les termes de la morale conventionnelle, c'est aussi tout mode de traitement psychologique que l'écrivain évite : l'analyse de sentiments le cède à l'expression de remous. « Il faut croire, se disait-il souvent, que les enfants ne se posent jamais de questions. Bien des années après, on essaie de résoudre des énigmes qui ne l'étaient pas sur le moment et l'on voudrait déchiffrer les caractères à moitié effacés d'une langue trop ancienne, dont on ne connaît même pas l'alphabet » (118). Le récit s'écrit dans un état intermédiaire entre l'évidence sensible du monde de l'enfance et le questionnement sensé propre à celui des adultes. Cette écriture trame un réseau de sensations brutes et d'impressions vives stimulant des états d'hyper-émotion, des terreurs minuscules devenues avec le temps des phobies de grande personne et constituant quelque fonds antéprédicatif de la personnalité intime.

> *Il sortit du bureau pour vérifier s'il avait laissé la lumière dans la cuisine. La fenêtre de celle-ci donnait sur la rue. Oui, il avait laissé la lumière. Il l'éteignit et se posta à la fenêtre. Tout à l'heure il avait imaginé qu'Ottolini se tenait en faction dehors. De telles pensées vous viennent très tard, quand vous n'avez pas dormi, des pensées que vous aviez jadis, enfant, pour vous faire peur. Personne. Mais il pouvait se cacher derrière la fontaine ou, à droite, derrière l'un des arbres du square.* (64)

La fin du roman marque pourtant la communion de l'adulte et de l'enfant. Mais toute révélation ne constitue pas une épiphanie — au plus une rémanence. La rémanence, c'est la réminiscence du pauvre, le clair-obscur du souvenir honni, une jeunesse volée qui se dérobe à la plénitude de l'évocation, parce que, fille de l'ombre, elle ne peut être signe d'illumination. Ni à la mode proustienne — accéder à l'unité de soi par-delà les intermittences du temps — ni à la manière platonicienne — être en prise directe avec la vérité des choses, fût-elle ombrée d'une régression caverneuse. La citation de Stendhal mise en exergue du roman — « Je ne puis pas présenter la vérité des faits, je n'en puis présenter que *l'ombre* » — semble faire le lien avec le mythe de la Caverne. Mais, ici comme ailleurs, la fin est provisoire : un roman à venir la relancera dans la ronde des motifs, tout comme des romans antérieurs l'avaient déjà en partie préemptée. Dans l'œuvre de

Modiano, le déchiffrement de l'énigme à l'intérieur d'un récit ne permet pas de résoudre l'équation qu'elle pose à l'échelle de l'œuvre. Elle en signifie le geste, en représente l'opération, sans en capter le sens, en saisir la solution. L'inachèvement est la loi d'une démarche littéraire dans laquelle la similitude des histoires n'appelle jamais la similarité des récits.

Chaque livre dialogue ainsi avec l'œuvre, dans la dynamique de motifs communs soumis à un processus constant de réactivation et de différenciation romanesque. Cette approche équivaut sur un plan esthétique au phénomène de perlaboration par lequel l'individu régénère la conscience de sa propre vie en en reformulant régulièrement la matière. L'œuvre de Modiano travaille sur plus de cinq décennies un corpus biographique restreint dont elle reprend, déplace, modifie et altère les figures dans une combinatoire de situations variables — l'enfant abandonné, l'adulte sociopathe, les malfrats, la marâtre, les joueurs de casinos —, de cadres — la petite délinquance des années 50-60, l'Occupation en ligne de fuite —, de lieux — les quartiers de Paris —, d'objets — la valise, l'annuaire —, de nombre — 47 — formant des archétypes qui lui sont propres. Un univers de fiction s'autoprogramme ainsi dans un jeu de reprises qui le renouvellent, l'étirent dans le temps en intensifiant davantage les illusions d'optique, le simultanéisme entre des événements éloignés qui pourtant s'entrecroisent. Au centre du dispositif, des événements familiaux et historiques fondateurs d'une énigme et d'un trauma, mais aussi l'écriture littéraire, sa capacité de conversion mélancolique et de reconstruction symbolique : faire un univers de tout ce qui détruit, pérenne parce que recomposé d'un livre à l'autre par le sable des mots, aussi fluent que les rêves des enfants. Au centre spéculaire de l'œuvre, alors, les livres et leur trafic, les écrivains et leurs carnets, leur mémoire conjuguée, leur insistance déplacée. Une trame autofictionnelle se déplie ainsi, qui lui confère son unité dramatique — l'enfance comme théâtre de la mélancolie — et son champ de rayonnement poétique, l'écriture visant moins à restituer des états d'enfance qu'à laisser sourdre une plainte d'enfant, rendre audible le timbre de l'enfance injuriée dans la langue subtile de la fiction.

Bruno BLANCKEMAN

« MAIS VOUS ÊTES UN VÉRITABLE BOTTIN, MON CHER »

Un inaccessible objet de convoitise : la mémoire selon Modiano

Tous ses lecteurs le savent : la mémoire hante l'univers romanesque de Patrick Modiano. Faute de compétences, ce n'est pas en qualité de linguiste ou de fin lettré que je scruterai cette thématique qui se niche au cœur d'une œuvre éminemment complexe. Je voudrais plus simplement, si j'ose dire, tenter de mettre au jour ce que la plume de Modiano suggère ou apprend à l'historien et au lecteur que je suis quant aux voies subtiles que la mémoire emprunte — en même temps qu'elle les façonne — pour trouver accès à un passé enfui. Je le ferai en fonction de mes curiosités et interrogations personnelles par des notations qui, dans le droit fil des fragments de l'œuvre sur laquelle je m'appuierai, ne se veulent aucunement exhaustives. Je n'aborderai donc pas la question de la mémoire en tant qu'historien de la période de l'Occupation en France mais bien comme lecteur vagabond, admiratif de la sensibilité d'un auteur qui, avançant à tâtons dans une obscurité à laquelle il s'accoutume, nous amène à remettre en question tout ce que nous croyons savoir des mécanismes de concrétion mémorielle.

On peinerait, en se fondant sur les écrits de Modiano, à peindre fût-ce sommairement la France de l'Occupation. Certes, il y a les références nombreuses, érudites mais transposées et pas nécessairement faciles à décrypter dont est truffé *La Place de l'étoile*. Mais ce coup d'essai, publié en 1968, diffère sensiblement des écrits ultérieurs de Modiano. Il emprunte à l'air du temps, un an avant *La Dispersion* de Serge Doubrovsky. Les deux auteurs adoptaient des approches symétriques et antagonistes mais pareillement hallucinées en ce sens que réalité et fiction s'y confondaient. Dans un cas comme dans l'autre, le récit était éclaté, morcelé, éparpillé. Comme si seule cette réalité kaléidoscopique où la limite entre passé et présent se dissout pouvait rendre compte de ces temps troubles. Par ailleurs, une myriade de références ne suffit pas à composer un tableau et *La Place de l'étoile* n'est intelligible en tant qu'éclairage sur l'époque qu'au prix d'une érudition qui n'est pas donnée à tous [1].

Hormis cette remarquable exception, les romans de Modiano distillent quantité de menus faits à rebours de toute velléité de brosser la moindre fresque. Étonnamment, cette défiance à l'endroit de toute tentative ou tentation d'exhaustivité n'empêche nullement de saisir la réalité enfouie qui est au principe du propos de l'auteur ; son lecteur la touche tout au contraire du doigt par éclairs avec une rare intensité. Pour être plus exact, par la succession de touches que l'écrivain dissémine au long des pages de ses récits, c'est un tableau impressionniste, au sens pictural du terme, qui s'ébauche, toujours inachevé et, pour cette raison même, *in fine* puissamment suggestif. Le monde que tisse Modiano est, en réalité, si subtil que la caractérisation qu'on est tenté d'en proposer reste grossière. Sa manière de faire défie les catégorisations qu'il stigmatise en parlant à la fois de la jeune Dora Bruder et de lui-même : « On vous classe dans des catégories bizarres dont vous n'avez jamais entendu parler et qui ne correspondent pas à ce que vous êtes réellement. On vous convoque. On vous interne. Vous aimeriez bien comprendre pourquoi. [2] » Le trait est acéré et juste. Ainsi, en comparant, comme je viens de le faire, ses pages à une toile impressionniste, on rate cet élément essentiel qui est la puissance émotive de chacune des touches qu'il pose sur la page blanche. Cette technique ou, pour mieux dire, cette sensibilité exprime quelque chose de très singulier quant à la façon dont Modiano appréhende et se représente la vie : « Jusque-là, tout m'a semblé si chaotique, si morcelé… Des lambeaux, des bribes de quelque chose, me revenaient brusquement au fil de mes recherches… Mais après tout, c'est peut-être ça, une vie… [3] » Lambeaux, bribes, fragments, éclats, c'est bien tout ce que nous avons sous la main quand nous tentons de nous représenter le passé et, par là,

1. Se reporter sur ce point à Bruno Chaouat, « *La Place de l'étoile*, quarante ans après », Roger-Yves Roche (dir.), *Lectures de Modiano*, Nantes, Éditions Cécile Defaut, 2009, p. 101-122.
2. Patrick Modiano, *Dora Bruder*, Paris, Gallimard, « Folio », 1999 [1997], p. 38.
3. Patrick Modiano, *Rue des Boutiques obscures*, Paris, Gallimard, « Folio », 1982 [1978], p. 238.

de comprendre ce qui fait le sens des vies que nous travaillons à arracher au néant et, par la même occasion, de la nôtre. Dans cette optique, la vie n'est pas conçue comme une trajectoire rectiligne et cohérente qu'un trait tracé entre des points bien identifiés permettrait de dessiner, elle est essentiellement faite de zones d'ombre, de bifurcations, de rencontres occasionnelles, de points d'interrogation, de silences et de blancs. Pour ceux qui la vivent comme pour ceux qui, plus tard, s'évertuent à comprendre comment elle a été vécue. Toute vie, en somme, ne se comprend vraiment qu'à partir de quantité de points de suspension et les quelques indices sûrs qu'on parvient à glaner à son propos ne valent certitude pour rien.

On réduit souvent à tort Modiano à la période de l'Occupation et à la peinture inégalée qu'il en ferait. Or, la force de son écriture est tout au contraire, à mes yeux, de poser des questions qui sont loin de se borner à un cadre temporel délimité. Certes, Modiano ne cesse de revenir à l'Occupation, « drôle d'époque entre chien et loup [4] », comme à un point fixe ou à un horizon fuyant, ces « quelques années qui comptent tant pour moi, bien qu'elles aient précédé ma naissance [5] », « … l'odeur vénéneuse de l'Occupation, ce terreau d'où je suis issu… [6] » Par un patient et délicat travail sur le palimpseste que constitue le passé, il « décolle les affiches placardées par couches successives depuis cinquante ans pour retrouver les lambeaux des plus anciennes [7] ». Nulle part mieux que dans *Dora Bruder*, il n'a réussi à toucher ce passé en plein cœur, tout en affirmant au bout du compte avoir exactement le sentiment contraire, on y reviendra [8].

À bien le lire, ses questionnements, ses angoisses, ses doutes vont, en réalité, très au-delà d'une quête qui serait assignée à une époque donnée. Il est indéniable que le clair-obscur de l'Occupation a suscité une manière d'être que Pierre Laborie a résumée par le concept de « penser-double », c'est-à-dire le fait de porter en soi-même simultanément des sentiments opposés et contradictoires : relevant que « les traces du double [étaient] partout et [devenaient] des données familières du paysage », Pierre Laborie estime que ces réactions et comportements ambivalents ont nourri « une grammaire du vivre-double [9] ». Il reste que, même si une telle situation constitue un merveilleux terrain pour

4. Patrick Modiano, *Un pedigree*, Paris, Gallimard, « Folio », 2006 [2005], p. 19.
5. Patrick Modiano, *Livret de famille*, Paris, Gallimard, « Folio », 1981 [1977], p. 200.
6. *Ibid.*, p. 202.
7. *Ibid.*, p. 214.
8. J'ai essayé de réfléchir au cas singulier de *Dora Bruder* et n'y reviendrai par conséquent pas spécifiquement : « Quand la fiction vole au secours de la réalité : le cas *Dora Bruder* », Roger-Yves Roche (dir.), *op. cit.*, p. 123-135.
9. Pierre Laborie, *Les Français des années troubles. De la guerre d'Espagne à la Libération*, Paris, Seuil, « Points Histoire », 2003, p. 33.

s'aventurer dans le labyrinthe mémoriel, la sensibilité, exacerbée et retenue tout à la fois, que déploie Modiano, vaut pour toutes les époques et pour tout un chacun.

En un sens, ce que ne cesse de dire et d'éprouver Modiano, c'est le sentiment d'impuissance qui nous saisit quand on fouille dans les vies passées avec l'espoir fou de parvenir à les comprendre, de leur trouver une cohérence contre laquelle les traces mêmes que nous parvenons à retrouver dressent un rempart infranchissable. La citation de Stendhal placée en exergue de *Pour que tu ne te perdes pas dans le quartier* dit cette espèce d'impossibilité consubstantielle à la quête d'un passé qui pourrait resurgir intact : « Je ne puis pas donner la réalité des faits, je n'en puis présenter que *l'ombre*. »

Mais, précisément, cette impossibilité radicale dont toute l'œuvre de Modiano porte témoignage se mue chez lui en une puissante incitation à relever le défi. Pour ce faire, l'écrivain doit faire flèche de tout bois. Ainsi s'explique, par exemple, l'omniprésence sous sa plume des Bottins et de leurs variantes jusqu'à ce « vieux Bottin de Shanghai » surgi de nulle part dans *Livret de famille*. Dans le bureau du détective privé Hutte, « étaient rangés des Bottins et des annuaires de toutes espèces et de ces cinquante dernières années. Hutte m'avait souvent dit qu'ils étaient des outils de travail irremplaçables dont il ne se séparerait jamais. Et que ces Bottins et ces annuaires constituaient la plus précieuse et la plus émouvante bibliothèque qu'on pût avoir, car sur leurs pages étaient répertoriés bien des êtres, des choses, des mondes disparus, et dont eux seuls portaient témoignage. [10] » Le Bottin est comme une allégorie de l'inaccessible passé. Enseveli sous la montagne de données qu'il renferme, l'enquêteur finirait même par s'assimiler à cet encombrant outil : « Mais vous êtes un véritable Bottin, mon cher. [11] » Le Bottin foisonne de renseignements précis dont la méticulosité même (nom, prénom, adresse, numéro de téléphone) appelle d'autres renseignements qui feront toujours défaut. La précision du Bottin est mère de toutes les frustrations. « D'eux, il ne reste que les noms [12] », c'est-à-dire une « liste de fantômes [13]… » Au demeurant, même ces repères apparemment fiables que sont les noms font parfois office d'écran. Dans *Rue des Boutiques obscures*, la mention de « Freddie… le confident de John Gilbert » revient à différentes reprises. Alors qu'elle est censée attester un certain degré de connaissance, voire de familiarité avec le passé, elle ne fait que brouiller les cartes. L'automatisme qui associe

10. Patrick Modiano, *Rue des Boutiques obscures*, op. cit., p. 12.
11. *Ibid.*, p. 78.
12. Patrick Modiano, *Un pedigree*, op. cit., p. 11.
13. *Ibid.*, p. 24.

ce Freddie à John Gilbert ne nous éclaire en rien : c'est une subsistance d'un passé qui reste opaque, un lieu commun qui a traversé le temps sans qu'on en comprenne la signification. La référence tient lieu de connaissance mais elle abuse ceux qui l'utilisent et égare le lecteur. Sur tous les personnages du temps évanoui, nous n'avons que des bribes qui, au lieu de nous les faire mieux connaître, font fonction de connaissance et altèrent totalement notre perception. On s'empare de ces bribes, on les colporte, on les dissémine et, ce faisant, on jette chaque fois une pelletée supplémentaire sur la mémoire enfouie de ceux qu'on cherche.

Il y aurait bien le recours aux témoins de ce passé qu'on veut comprendre et, idéalement, ressusciter. Modiano tente de les retrouver et de les amadouer mais c'est cause perdue : « Je l'ai vu qui entrait dans le vestibule éclairé de l'immeuble. Il s'est arrêté et m'a fait un geste de la main. Je restais immobile, la grande boîte rouge sous le bras, comme un enfant qui revient d'un goûter d'anniversaire, et j'étais sûr à ce moment-là qu'il me disait encore quelque chose mais que le brouillard étouffait le son de sa voix. [14] » Comment déchiffrer la parole des acteurs du temps jadis quand le sens de celle-là même de nos contemporains avec qui nous sommes censés être de plain-pied nous échappe ? Lorsque le père du narrateur l'emmène en Sologne rencontrer un dénommé Reynolde avec lequel il est en affaires, il ne cesse de répéter : « Reynolde va l'avoir "in the baba". Je l'obligerai à tenir ses engagements. [15] » Sans que le sens véritable de ce mantra émerge jamais. De même, Rollner, réalisateur accablé d'un film de second ordre, *Captain Van Mers du Sud*, n'est intéressé que par une phrase qu'il a pressé Patrick d'insérer dans le scenario : « On peut être juif et être un as de l'aviation, monsieur [16]… » C'est tout ce qui lui importe et on croit deviner pourquoi cette simple phrase lui tient tant à cœur sans en être vraiment assuré. Ce ne sont pas les acteurs du passé qui sont indéchiffrables, ce sont de façon générale les êtres que nous croisons.

La singularité des témoins tient au fait que c'est leur mémoire qu'on sollicite ou, si l'on préfère, le lien intime qu'ils sont supposés entretenir avec le passé. Ici encore pourtant, la piste, qui semble judicieuse et féconde, est une impasse. L'impuissance de la parole est en réalité redoublée. Car puiser dans le passé, c'est consentir à un effort coûteux qui ne peut être tenu longtemps : « Son attention se relâchait. Il avait fait un effort violent pour parler du passé avec moi, mais c'était fini. Ainsi le nageur épuisé qui tend

14. Patrick Modiano, *Rue des Boutiques obscures*, op. cit., p. 49-50.
15. Patrick Modiano, *Livret de famille*, op. cit., p. 60.
16. *Ibid.*, p. 109.

une dernière fois la tête au-dessus de l'eau et puis se laisse lentement couler. [17] » C'est si vrai qu'il advient qu'un témoin se défasse comme d'un fardeau des reliques qu'il conserve enfermées dans une vieille boîte :

> — *Vous ne voulez vraiment pas garder tous ces souvenirs ? lui demandai-je.*
> — *Non. Ils sont à vous maintenant. Je vous passe le flambeau.* [18]

Ou encore :

> *Il avait l'air exténué, brusquement.* [19]
> *Pourquoi voulez-vous remuer le passé ?* [20]

Modiano pousse le sens de l'observation jusqu'à percevoir d'infimes détails qui évoquent un écho chez quiconque a conversé, en tentant d'accéder à un passé disparu, avec une vieille personne : « Sa voix était presque inaudible. Je pensais qu'elle avait traversé des années et des années avant de venir jusqu'à moi et qu'elle appartenait à une personne qui n'était plus de ce monde. [21] » Tout comme le duc de Guermantes révélait son grand âge au narrateur en ne s'avançant qu'en tremblant comme une feuille sur le sommet peu praticable de quatre-vingt-trois années, les voix âgées qui nous parlent charrient avec elles l'épaisseur des couches chronologiques qu'elles ont traversées. Leur tessiture, leur phrasé, leurs faiblesses participent de ce temps enfoui et éclaté. C'est ce que Modiano perçoit et rend perceptible.

Admettons que ces obstacles-là puissent être surmontés, il en reste un que nul ne peut franchir et qui tient à l'impossibilité de poser les bonnes questions, celles qu'on ne sait formuler qu'*a posteriori*, quand il est trop tard, quand les voix fêlées des vieilles gens se sont éteintes : « On apprend, souvent trop tard pour lui en parler, un épisode de sa vie qu'un proche vous a caché. Est-ce qu'il vous l'a vraiment caché ? Il l'a oublié, ou plutôt, avec le temps, il n'y pense plus ou, tout simplement, il ne trouve pas les mots. [22] »

Mais alors, si fouiller le passé, c'est faire « l'appel dans une caserne vide [23] », à quoi bon ? « Pourquoi vouloir renouer des liens qui avaient été sectionnés et chercher des passages murés depuis longtemps ? [24] »

17. Patrick Modiano, *Rue des Boutiques obscures*, op. cit., p. 196.
18. *Ibid.*, p. 48.
19. Patrick Modiano, *Livret de famille*, op. cit., p. 180.
20. *Ibid.*, p. 182.
21. *Ibid.*, p. 179.
22. Patrick Modiano, *Pour que tu ne te perdes pas dans le quartier*, Paris, Gallimard, 2014, p. 97-98.
23. Patrick Modiano, *Un pedigree*, op. cit., p. 19.
24. Patrick Modiano, *Rue des Boutiques obscures*, op. cit., p. 63.

La première réponse à cette question est troublante. La pente pour retrouver le passé est purement et simplement irrépressible quand bien même on la sait glissante, voire désespérante et dangereusement obsessionnelle : « Je me suis levé et j'ai gagné la cabine téléphonique. J'ai vérifié dans l'annuaire de 1973 l'adresse de quelqu'un avec qui j'avais rendez-vous le lendemain, et j'ai cherché au hasard d'autres noms. [...] Je m'amuse parfois à ces vérifications inutiles. [25] » Il y a une addiction au passé comme il en existe aux drogues. On ne peut s'empêcher d'y céder quand on sait pertinemment pourtant la somme d'efforts et de frustrations qui en résultera.

Mais il y a autre chose qui renvoie à la nature profonde de l'écrivain. Il est celui qui tente de percevoir, de sentir, de ressentir des émotions fugaces, quasiment impossibles à transcrire mais bien réelles : « Je crois qu'on entend encore dans les entrées d'immeubles l'écho des pas de ceux qui avaient l'habitude de les traverser et qui, depuis, ont disparu. Quelque chose continue de vibrer après leur passage, des ondes de plus en plus faibles, mais que l'on capte si l'on est attentif. [26] » D'où ce sempiternel retour sur les lieux du présent où, « si l'on est attentif », le passé affleure. L'attrait irrésistible que cette quête fait miroiter, c'est précisément d'être sans résultats tangibles et mesurables. Il y a dans l'inconnu que recèle le passé un intérêt vertigineux : « Au contraire, plus les choses demeuraient obscures et mystérieuses, plus je leur portais de l'intérêt. [27] » L'opacité de l'avenir est de l'ordre de la page blanche, celle du passé s'apparente à des hiéroglyphes indéchiffrables dans leur intégralité. C'est ce qui légitime cette affirmation que Modiano glisse dans la bouche de l'un de ses personnages : « Vous aviez raison de me dire que dans la vie, ce n'est pas l'avenir qui compte, c'est le passé. [28] » De toute façon, le futur ne s'apprécie jamais qu'en fonction du passé, ce qui fait dire avec envie au narrateur de *Livret de famille* qui, flanqué d'un acolyte, vient déclarer la naissance de sa fille aux services de l'état-civil : « En somme, nous venions de participer au début de quelque chose. Cette petite fille serait un peu notre déléguée dans l'avenir. Et elle avait obtenu du premier coup le bien mystérieux qui s'était toujours dérobé devant nous : un état civil. [29] »

Le passé est à la fois fascinant et nécessaire parce qu'il ancre votre existence dans une réalité. Si ténue soit-elle, elle vous empêche de dériver. Le point d'ancrage a beau être dérisoire, il a le mérite d'exister. Témoin,

25. Patrick Modiano, *Livret de famille*, op. cit., p. 88.
26. Patrick Modiano, *Rue des Boutiques obscures*, op. cit., p. 124.
27. Patrick Modiano, *Un pedigree*, op. cit., p. 45.
28. Patrick Modiano, *Rue des Boutiques obscures*, op. cit., p. 175.
29. Patrick Modiano, *Livret de famille*, op. cit., p. 27.

cette notation dans *Livret de famille*, lorsque le narrateur récupère son acte de baptême à Biarritz : « Depuis, bien des choses avaient changé, il y avait eu bien des chagrins, mais c'était tout de même réconfortant d'avoir retrouvé son ancienne paroisse. [30] » Étrange paroissien que ce touriste d'occasion à la recherche de vestiges de sa prime jeunesse, mais paroissien tout de même !

Le romancier Modiano ne vit pas dans le passé. Pour vivre dans le présent, il a besoin de se relier au passé. Un passé qu'il noircit davantage qu'il ne le magnifie, évitant par-là même un écueil bien connu et assez trivial. Ainsi, évoquant des personnages équivoques et louches qui gravitaient autour de son père, il prend ses distances : « Moi, mon cœur bat pour ceux dont on voyait les visages sur l'"Affiche rouge". [31] » Cette distance critique ne s'accompagne pas, comme c'est souvent le cas, d'une propension à parler à la place des autres : « Mais on ne doit pas parler à la place d'un autre et j'ai toujours été gêné de rompre les silences même quand ils vous font mal. [32] » Là résident bien toute la difficulté et la beauté de la démarche de Modiano : il s'agit pour lui, par une empathie travaillée tous sens en alerte, de tenter de retrouver la parole authentique des gens du passé. La démarche est périlleuse et expose celui qui la tente à de cuisants revers, à des douleurs vives. On y côtoie le vide : « J'avais pris le large avant que le ponton vermoulu ne s'écroule. Il était temps. [33] »

Tenaillé par « une mémoire empoisonnée [34] » au point d'être parfois tenté de donner « tout au monde pour devenir amnésique [35] », envieux de l'innocence d'un nourrisson dont rien ne trouble le sommeil parce qu'il n'a « pas encore de mémoire [36] », Modiano y revient toujours peut-être parce qu'« il ne faut jamais compter sur personne pour répondre à vos questions [37] ». Vaille que vaille, il faudrait tracer sa route, quitte à se jurer de ne pas fouiller le passé qui exhume les vieux démons et ravive les blessures : « Non, il ne reviendrait pas sur les lieux pour les reconnaître. Il craignait trop que le chagrin, enfoui jusque-là, ne se propage à travers les années comme le long d'un cordon Bickford. [38] » Il le faudrait, ce serait la voie de la sagesse et de la raison, mais c'est chose impossible.

30. *Ibid.*, p. 115.
31. Patrick Modiano, *Un pedigree*, op. cit., p. 24-25.
32. *Ibid.*, p. 32.
33. *Ibid.*, p. 127.
34. Patrick Modiano, *Livret de famille*, op. cit., p. 117.
35. *Ibid.*
36. *Ibid.*, p. 215.
37. Patrick Modiano, *Pour que tu ne te perdes pas dans le quartier*, op. cit., p. 83.
38. *Ibid.*, p. 145.

À sa façon, si singulière, Modiano explore les méandres de la mémoire en déployant une empathie qui vaut à parts égales pour les êtres, les choses, les lieux. Il donne toute sa place à la large part inaccessible que le passé garde jalousement par-devers lui, en écrivain libre, qui se tient délibérément à l'écart des instances, institutions, disciplines qui ont le secret en détestation. C'est ce qu'il proclame en refermant le dossier *Dora Bruder* : « J'ignorerai toujours à quoi elle passait ses journées, où elle se cachait, en compagnie de qui elle se trouvait pendant les mois d'hiver de sa première fugue et au cours des quelques semaines de printemps où elle s'est échappée à nouveau. C'est là son secret. Un pauvre et précieux secret que les bourreaux, les ordonnances, les autorités dites d'occupation, le Dépôt, les casernes, les camps, l'Histoire, le temps — tout ce qui vous souille et vous détruit — n'auront pas pu lui voler.[39] »

Laurent DOUZOU

39. Patrick Modiano, *Dora Bruder*, op. cit., p. 144-145.

LA MÉMOIRE EST DANS LES SEUILS

On oublierait presque, à la lecture des cinquante premières pages de son journal, l'époque atroce où elle se trouve[1].

En 1982, en préfaçant la traduction française du roman de Danilo Kiš, *Sablier*, Piotr Rawicz, l'auteur du *Sang du ciel*, dessine une constellation d'écrivains pour lesquels la destruction, la catastrophe ne sont plus l'occasion d'un témoignage direct, mais d'un travail de relance mémorielle qu'il qualifie de « haute poésie ». « Et voici venir une génération pour laquelle l'univers hitlérien n'est plus un vécu, une matière de témoignage, fût-il transposé, mais bien un vague souvenir d'enfance, une légende noire transmise par les aînés ou tout simplement imaginée.[2] » Aux côtés de Kiš, Modiano a sa place, avec Serge Doubrovsky et Sylvie Korcaz, pour sa capacité à cerner « la métaréalité lovée sous les plis de l'événement ». En traçant cette lignée, Rawicz anticipe sur la notion de postmémoire, popularisée par Marianne Hirsch[3], mais surtout il défend les pouvoirs de la fiction contre certains interdits de la représentation, la force de la reprise à côté du témoignage brut, la sobre intériorisation de l'événement après sa transmission directe. Le rapprochement des noms de Danilo Kiš et de Patrick Modiano est d'autant plus frappant dans cette brève et intense étude que *Sablier* présente de nombreux points communs avec *La Place de l'étoile*, *Livret de famille* ou *Un pedigree* : y sont évoqués la judéité du père, « refrain discret et à peine audible, […] sur l'arrière-fond de ses autres appartenances ou semi-appartenances nationales, culturelles, linguistiques », des absences inexpliquées, un récit d'enfance hanté par ces absences (même si ce récit repose sur une différence biographique de taille

1. Patrick Modiano, préface à Hélène Berr, *Journal, 1942-1944*, Paris, Tallandier, 2008, p. 8.
2. Piotr Rawicz, préface à Danilo Kiš, *Sablier*, trad. du serbo-croate par Pascale Delpech, Paris, Gallimard, 1982, p. VII.
3. Marianne Hirsch, *The Generation of Postmemory : Writing and Visual Culture After the Holocaust*, New York, Columbia University Press, 2012 ; *Family Frames : Photography, Narrative, and Postmemory*, Cambridge, Harvard University Press, 1997.

puisque le père de Danilo Kiš a été englouti à Auschwitz, avec d'autres membres de sa famille), une fiction qui repose sur un document réel, en l'occurrence une lettre du père intégrée dans la prose du fils (comme c'est le cas aussi dans *Un pedigree*). Surtout, Rawicz reprend à Danilo Kiš une notion qu'il avait lui-même empruntée au fameux article de 1918 de Victor Chklovski, d'étrangéisation ou de défamiliarisation (*ostranenie*)[4] pour définir la distance à l'événement, mais surtout le dépaysement de la poésie qui, en donnant d'autres noms aux choses, continue à les rendre vivantes, empêche qu'elles soient figées dans le passé puis peu à peu oubliées.

La préface de Rawicz me paraît anticiper sur les enjeux d'un différend récemment mis au jour et particulièrement troublant. Le très beau *Cahier de l'Herne* que Maryline Heck et Raphaëlle Guidée ont composé avec et sur Modiano contient en effet un document brûlant, dont la teneur n'était pas entièrement connue jusqu'alors, constitué de la correspondance entre Serge Klarsfeld et Patrick Modiano autour de Dora Bruder et surtout de la dernière lettre adressée à l'écrivain juste après la sortie du livre[5]. Tout en ayant joué un rôle décisif dans l'enquête qui a conduit l'écrivain à retrouver la trace de la jeune fille, Serge Klarsfeld se trouve effacé du livre, son enquête et son rôle niés. « J'ai bien reçu *Dora Bruder* qui est un beau livre sur elle et sur vous aussi. Permettez-moi de remarquer que l'enquête, telle que vous la narrez, tient plus du roman que de la réalité, puisque vous m'effacez et pourtant Dieu sait que j'ai œuvré pour découvrir et rassembler des informations sur Dora et vous les communiquer.[6] » Non seulement sa fonction de passeur ne fait l'objet d'aucune reconnaissance, interne ou externe (absente aussi des paratextes, même si Modiano la signale en entretien), mais l'obsédante recherche de traces qui le conduit à pister ce nom et ce visage, comme les milliers d'autres auxquels, avec sa femme Beate, il a donné une mémoire, est entièrement appropriée par l'auteur du roman. « Un ami a trouvé, il y a deux mois, dans les archives du Yivo Institue, à New York, ce document[7]... » Les enjeux ne peuvent évidemment pas réduire cette réaction à de la vanité blessée. Ils sont à la fois heuristiques et expressifs. Serge Klarsfeld a cherché une personne, Modiano

4. Victor Chklovski, « L'art comme procédé », dans Tzvetan Todorov, *Théorie de la littérature*, Paris, Seuil, 1967, p. 76-97. Danilo Kiš fait usage de cette notion dans *La Leçon d'anatomie*, publiée en 1979 en serbo-croate et en 1993 en français.
5. Les lettres de Modiano avaient déjà été publiées dans Serge Klarsfeld, *La Shoah en France*, Paris, Fayard, 2001.
6. *Cahier de l'Herne*, « Modiano », Raphaëlle Guidée et Maryline Heck (dir.), n° 98, 2012, p. 186.
7. Patrick Modiano, *Dora Bruder*, Paris, Gallimard, 1997, p. 101.

un personnage. Dans son article sur les « enjeux d'une occultation [8] », Mireille Hilsum explique l'effacement par la signification du patronyme de Dora *Bruder*, qui signifie frère en allemand : la question n'est pas seulement de poétique fictionnelle mais d'histoire. Elle démontre que plusieurs éléments du livre concourent à dépasser le clivage entre l'extermination des juifs et la Résistance, entre deux mémoires. Ils témoignent « du projet d'écrire une autre histoire que celle de Juifs, voire une autre histoire que celle des déportés parisiens. *Dora Bruder* est un livre des morts, dans lequel faire discrètement entrer Rudy, le frère aimé, mort en 1957 [9] ». L'explication est convaincante, mais elle omet une part de la phénoménologie de l'enquête et le fossé qui progressivement se creuse entre l'auteur du *Mémorial* et l'écrivain. Pour le comprendre, il faut citer la suite de la lettre de Serge Klarsfeld : « Ce n'est pas une plainte que je pousse, mais une espèce de constat irritant. Peut-être êtes-vous amoureux de Dora ou de son ombre, et comme nous l'avons cherchée ensemble, vous tenez à la garder pour vous-même, tout en la faisant aimer par un large public. Je resterai donc avec les milliers de visages que j'ai pu retrouver, dont celui de Dora, sans trop chercher à comprendre. [10] » Deux détails sont troublants : l'implication du sentiment amoureux et l'écart entre unicité et incommensurabilité du multiple. La quête d'un seul être relèverait de la poursuite amoureuse, admettant l'exclusivité, la jalousie et même l'injustice, parfois, quand la recherche de milliers procède d'un travail de la mémoire laissant celui qui l'accomplit dans sa solitude de vivant. La temporalité n'est pas la même : dans le premier cas, la quête, même si elle se révèle vaine, reste tournée vers l'avenir ; dans le second, elle creuse le passé pour le reconstituer.

Quelques années auparavant, Modiano avait dit publiquement sa dette à l'égard du *Mémorial* de 1978 en publiant dans *Libération* un texte sur le *Mémorial des enfants juifs déportés de France* [11]. Il y évoquait la genèse de *Dora Bruder*, l'annonce de *Paris Soir*, la trace retrouvée des parents et de la jeune fille dans l'ouvrage de Klarsfeld (les deux découvertes ont toutes les deux eu lieu en 1978, de façon presque concomitante). Il y projetait leur collaboration future (« Grâce à Serge Klarsfeld, je saurai peut-être quelque chose de Dora Bruder »), il y disait combien l'absence était devenue la condition de notre présence dans le monde. Le roman, au contraire, ne

8. Mireille Hilsum, « Serge Klarsfeld / Patrick Modiano : enjeux d'une occultation », *Cahier de l'Herne*, « Modiano », *op. cit.*
9. *Ibid.*, p. 190.
10. *Ibid.*, p. 186.
11. *Libération*, mercredi 2 novembre 1994 ; repris dans *Cahier de l'Herne*, « Modiano », *op. cit.*, p. 176-177.

saurait être un espace de la reconnaissance ou du contre-don. Dans l'écriture, Modiano donne une substance à cette absence en produisant autant les conditions des traces qu'en se mettant à leur recherche. L'effacement et l'oubli deviennent ainsi les clauses de la mise en place de l'espace fictionnel, tout comme l'est la constitution des espaces du seuil. Du seuil, voici ce que dit Walter Benjamin dans *Le Livre des passages* : « Il faut distinguer très soigneusement le seuil de la limite. Le seuil (*die Schwelle*) est une *zone*, et plus précisément une zone de transition. Les idées de mutation et de transition, de passage d'un état à un autre, de flux, sont contenues dans le terme même de *schwellen* (gonfler, enfler, dilater).[12] » La dynamique du seuil permet de relier, alors que la limite coupe et sépare. La zone, le passage, transforment dès lors celui qui les emprunte. Ils sont l'occasion d'une expérience temporelle autant que spatiale, ils sont du présent touchant en un point le passé. Les boulevards de ceinture, la banlieue (à l'origine, ce qui se situe à une lieue de l'espace du ban), la cité universitaire, certains cafés, les entrées d'immeubles : les lieux des romans de Modiano ne sont pas seulement des zones de transit entre passé et présent, entre absence et présence, ils sont à proprement parler de espaces de transition entre référence et fiction, des espaces qui n'appartiennent plus tout à fait à la réalité même s'ils lui sont encore raccrochés, et qui ne sont pas encore tout à fait romanesques, même s'ils sont en passe de le devenir. Si l'on se place du strict point de vue de la théorie de la fiction, on devrait statuer sur le caractère fictionnel des énoncés à partir du moment où les livres se donnent comme des romans. Dans ce cadre, il n'y a pas de place pour des énoncés mi-référentiels, mi-fictionnels. Mais on y postule alors aussi que la fiction, comme le réel, présente un monde complet. Or l'art de Modiano ne pose que des mondes incomplets, dont les narrateurs, et les lecteurs peut-être, attendent qu'ils se complètent l'un l'autre. Les renseignements donnés par Serge Klarsfeld sur Dora Bruder, la photo retrouvée, aident la fiction à se constituer ; en retour le roman, en estompant les données réelles de l'enquête, accomplit un trajet beaucoup moins linéaire qui contribue à penser une réalité complexe. Il ne s'en tient pas à la transformation d'un point négatif (l'absence de traces) en un point positif (la collecte de documents et d'informations) ; il invente le lieu et le moment où s'exerce l'oubli, que ne peut dire que la métaréalité dont parle Rawicz, l'espace intermédiaire, la forme locale où la trace porte à la fois une mémoire et les conditions de son effacement.

---

12. Walter Benjamin, *Paris, capitale du XIXe siècle. Le livre des passages*, trad. de l'allemand par Jean Lacoste, Paris, Cerf, « Passages », 1989 [1939], p. 852.

Dépaysement, effacement, seuil : ces trois termes dessinent un espace poétique spécial, neutre en quelque sorte, qui empêche le lecteur d'entrer de plain-pied dans un espace sûr, fidèle, qu'il puisse à coup sûr identifier au monde de la fiction ; pas plus qu'il ne peut considérer avec certitude que les noms qu'il lit renvoient à des existences réelles ni que les rues qu'il traverse ont été le théâtre de faits. Il s'agirait au fond d'un témoignage étrange, car imparfaitement raccordé au vrai. Un type de texte passionnant pour comprendre le mécanisme de cette indécision est la préface. La préface comme genre est concrètement un espace du seuil (c'est la métaphore qu'emploie Gérard Genette pour décrire et classer tout ce qui entoure un texte), un espace de transition qui conduit amicalement le lecteur du monde réel où il est encore lorsqu'il ouvre le livre à l'univers de la fiction. « Au seuil de ce livre… » écrit Modiano juste avant de laisser la parole à Hélène Berr. Patrick Modiano a écrit treize préfaces dont le format varie de quelques lignes à une dizaine de pages [13]. Beaucoup d'entre elles introduisent des livres dont le sujet entre en résonance avec la vie et l'univers du romancier : textes écrits pendant l'Occupation ou qui se situent pendant cette période, évocation de la guerre ou des malaises de la génération d'après, les formes d'émancipation avec lesquelles il se sent une connivence, « un temps qui n'est pas le passé mais qui est devenu un temps “intérieur” », écrit-il en préfaçant *La Malice des anges* de Claude Mahias en 2004 : « celui où des gens comme lui découvraient, à la Libération, parmi tant d'autres choses, tout ce que nous aimons aujourd'hui : la littérature, le jazz, le goût de la vie et de la liberté, en réaction contre l'étouffement des années noires [14] ». Deux de ces treize préfaces ont un statut particulier : le texte « 15 quai Conti », publié en ouverture de *Nouvelles peu exemplaires* de François Vernet et la préface au *Journal* d'Hélène Berr. Dans la première, Modiano évoque les souvenirs de l'appartement où il vécut enfant avec sa mère (qu'il décrit aussi dans *Un pedigree*), quelques années après que le jeune François Vernet y eut vécu lui aussi, chez Maurice Sachs qui habitait cet immeuble. Dans la seconde, il accompagne les allées et venues d'une jeune fille dans Paris et à Aubergenville, pendant les mois qui précèdent sa déportation vers Auschwitz le 27 mars 1944, puis à Bergen-Belsen où elle meurt en avril 1945. Dans ces deux cas, rompant avec la pratique habituelle de la préface qu'il assume clairement dans les autres introductions qu'il propose, il ne respecte pas les codes de présentation

13. Ces préfaces sont étudiées et décrites ensemble par Mireille Hilsum, « Modiano préfacier », dans *Cahier de l'Herne*, « Modiano », *op. cit.*, p. 227-231.
14. Patrick Modiano, préface à Claude Mahias, *La Malice des anges*, Monaco, Le Rocher, 2004, p. 8.

et d'autorisation dévolus ordinairement au genre. D'ailleurs ces deux livres sont accompagnés d'autres paratextes : *Nouvelles peu exemplaires* de François Vernet (publié aux éditions Tirésias en 2002) porte en couverture : « *Nouvelles peu exemplaires*. Précédées de "15 quai Conti" de Patrick Modiano », indication suivie, en plus petits caractères par « préface et postface de Yéfime ». Ainsi, le texte de Modiano semble être doté d'un statut autonome et en tout cas n'être pas soumis à la fonction assujettie et subalterne de préface. Au contraire, la couverture du *Journal* d'Hélène Berr porte bien la mention « préface de Patrick Modiano » ; mais la page de titre intérieure ajoute la présence d'un paratexte supplémentaire : « suivi de *Hélène Berr, une vie confisquée*, par Mariette Job ». Et c'est dans ce texte, écrit par la nièce de l'auteure du *Journal*, que le lecteur trouve les renseignements biographiques et les éléments contextuels qui introduisent vraiment à la vie et à la mort de la jeune fille. En étant un seuil parmi d'autres, même si le nom et la renommée de Modiano lui donnent un caractère exceptionnel bien mis en évidence par le graphisme des couvertures, la préface peut s'affranchir des devoirs du genre pour devenir véritablement un seuil, c'est-à-dire une zone d'intervention libre et un espace d'indécision.

Le discours particulièrement ambigu de la préface au *Journal* d'Hélène Berr, favorisé sans doute par le caractère fragmentaire et inaccompli du journal, par la mélancolie de l'ordre des jours lorsqu'on sait d'avance qu'un certain jour, il n'y a pas de jour suivant, mérite qu'on s'y attarde. Il permet d'introduire par l'autre bord — celui où la fiction pénètre dans l'espace référentiel et non l'inverse — à l'écriture infidèle de Modiano, ni résolument attachée aux faits, ni pleinement attachée aux pouvoirs de la fiction. « Une jeune fille marche dans le Paris de 1942. » L'incipit de la préface semble poursuivre le chemin emprunté dans *Dora Bruder*. « Le premier jour, mardi 7 avril 1942, l'après-midi, elle va chercher au 40 de la rue de Villejust, chez la concierge de Paul Valéry, un livre qu'elle a eu l'audace de demander au vieux poète de lui dédicacer. Elle sonne et un fox-terrier se jette sur elle en aboyant. — Est-ce que M. Valéry n'a pas laissé un petit paquet pour moi ? Sur la page de garde, Valéry a écrit : "Exemplaire de mademoiselle Hélène Berr", et au-dessous : "Au réveil, si douce la lumière, et si beau ce bleu vivant". [15] » Dans *Dora Bruder* : « Il faut longtemps pour que resurgisse à la lumière ce qui a été effacé [16] » ; ou encore : « Le seul moyen de ne pas perdre tout à fait Dora Bruder au cours de cette période, ce serait de rapporter les

15. Patrick Modiano, préface à Hélène Berr, *Journal*, op. cit., p. 7.
16. Patrick Modiano, *Dora Bruder*, op. cit., p. 15.

changements du temps.[17] » La notation, dans le journal, a à voir avec la météorologie. Elle enregistre des variations parfois minimes du corps dans l'espace et dans le temps. Elle est une pratique de l'insignifiant, de la consignation de ce qui est voué à disparaître. L'usage du présent, l'écriture obéissant à la marche, l'énumération des rues de Paris — même si le quartier latin que fréquente le plus souvent Hélène Berr est plus central que ceux habituellement arpentés par Modiano —, la Maison des Lettres, rue Soufflot, qui tient un peu le rôle de la Cité universitaire dans *Fleurs de ruine* ou *Une jeunesse*, la présence des « trous noirs de la ville, les zones maudites dont les noms de rue reviennent dans son journal[18] », tout cela attache la préface à l'œuvre romanesque, l'absorbe dans sa poétique. Des éléments référentiels aussi y autorisent. L'internement de Raymond Berr, le père d'Hélène, à Drancy à l'été 1942, est presque contemporain de celui d'Ernest Bruder, arrêté le 19 mars 1942 et transféré à Drancy. Les deux hommes ont pu se rencontrer. Dans le réel ? Dans l'univers de Modiano ? On ne sait plus. Car si ces indications sont bien les traces d'une histoire, c'est l'écriture de l'écrivain qui les rend si proches. L'espace du seuil est aussi celui de la comparution, où les vivants viennent reconnaître les morts.

J'avais fait l'hypothèse, dans un texte précédent sur l'auteur, que le retrait qui caractérise les narrateurs de Modiano ressemblait à la passion de la lecture. L'immersion sans participation, la quête à laquelle on contribue à distance, presque métaphoriquement, dessinent une identité mobile, malléable, lacunaire, propice à l'identification, comme la posture du grand lecteur. « L'identité y est certes faible et de tous côtés blessée mais elle est aussi un miroir de ce que l'on cherche dans les livres et en particulier dans les fictions : une possibilité d'être, une vie possible.[19] » Avec cette préface au *Journal* d'Hélène Berr, les espaces de la lecture et de l'écriture sont définitivement confondus. Notre position de lecteur nous place dans la lecture de Modiano devenue écriture et organisant de la sorte un passage de relais. Le seuil devient dès lors un espace fiduciaire où chacun a la responsabilité de la mémoire et de l'oubli, de la trace et de son effacement : les vivants d'autrefois, les morts, les vivants d'aujourd'hui. Ainsi dans ce passage où s'apprête à s'achever la préface : « J'ai voulu, un après-midi, suivre ces mêmes rues pour mieux me rendre compte de ce qu'avait pu être la solitude d'Hélène Berr. La rue Claude-Bernard et la rue Vauquelin ne sont pas loin du

17. *Ibid.*, p. 91.
18. Patrick Modiano, préface à Hélène Berr, *Journal*, op. cit., p. 13.
19. Tiphaine Samoyault, « L'autre nom de la mélancolie », dans *Le Magazine littéraire*, 2009, rééd. 2014.

Luxembourg et à la lisière de ce qu'un poète appelait le “Continent Contrescarpe”, une sorte d'oasis dans Paris, et l'on a de la peine à imaginer que le mal s'infiltrait jusque-là. […] Sauf pour une jeune fille du nom d'Hélène Berr, qui savait qu'elle était au plus profond du malheur et de la barbarie : mais impossible de le dire aux passants aimables et indifférents.[20] » La dernière phrase, grammaticalement, peut aussi bien concerner Hélène à l'époque, que Modiano préfacier d'aujourd'hui suivant les mêmes rues. L'absorption du réel dans la fiction, l'estompage de la frontière redonnent le temps en inscrivant le passé dans les plis du présent.

Je suis infiniment reconnaissante à Modiano de m'avoir fait entrer dans le *Journal* d'Hélène Berr, dans les derniers jours de sa vie, en me faisant passer par son seuil. En ce sens, sa préface assume son rôle de préface, en étant un guide et en faisant faire l'expérience d'un passage. J'ai à mon tour traversé Paris dans plusieurs sens, descendu les marches du Trocadéro, arpenté la rue Raynouard où vivaient la grand-mère d'Hélène Berr mais aussi la mienne pendant la guerre, j'ai repris le métro jusqu'à La Motte-Picquet. J'y ai vécu une partie de mon histoire que les récits et les souvenirs de ma famille ne m'avaient jamais donnée. J'ai éprouvé dans mon corps ce que ma grand-mère m'avait toujours dit, que dès 1941, ceux qui voulaient savoir savaient tout ; et je l'ai éprouvé grâce au passage du seuil où Modiano m'a invitée à faire comme lui, à me mettre dans une position de quête et d'attente, pour moi-même et non pour une réalité qui me serait extérieure. Grâce à lui, certaines des notations d'Hélène Berr sont devenues des souvenirs qui me manquaient.

Tiphaine SAMOYAULT

20. Patrick Modiano, préface à Hélène Berr, *Journal*, op. cit., p. 13-14.

MODIANO
À L'ÈRE DU NUMÉRIQUE

The past is never dead. It's not even past.
William Faulkner

Pour Barbara Cassin

Parler de la révolution numérique dans l'œuvre de Patrick Modiano représente une sorte de défi, puisque cette œuvre ne semble guère préoccupée par les nouvelles technologies de communication, ni thématiquement, ni structurellement : contrairement à certains contemporains, Modiano n'expérimente pas avec le livre électronique, et ses romans ne s'intéressent guère aux mémoires artificielles. Je propose donc de parler d'un objet *pauvre*, ce qui n'est jamais simple, et d'évoquer ce que l'œuvre dit *en creux* de notre temps, lorsqu'elle nous parle de la recherche du passé et d'autrui. Ou encore : je propose d'indiquer, à partir de ce que *fait* l'œuvre de Modiano, les limites de la révolution numérique, ou son échec.

Dans son discours de réception du prix Nobel, Patrick Modiano distingue entre l'expérience du temps qui aurait eu cours jusqu'au XIXe siècle, et la nôtre, et s'interroge sur l'impact de ces deux expériences sur l'écriture du roman. Qu'il me soit permis de citer longuement, car il n'existe pas, à ma connaissance, de multiples déclarations de l'écrivain sur les nouvelles technologies et leur relation à l'expérience littéraire, c'est-à-dire à l'expérience du temps, du passé, de l'autre et de soi-même (mais peut-être s'agit-il d'une seule et même chose, car ce soi littéraire se révèle toujours peu ou prou un autre : le soi narré n'est jamais en synchronie avec lui-même, il est *ipse* et non *idem*, pour reprendre la distinction de Paul Ricœur) :

> *À cette époque-là, le temps s'écoulait d'une manière plus lente qu'aujourd'hui et cette lenteur s'accordait au travail du romancier car il pouvait mieux concentrer son énergie et son attention. Depuis, le temps s'est accéléré et avance par saccades, ce qui explique la différence entre les grands massifs romanesques du passé, aux architectures de cathédrales, et les œuvres discontinues et morcelées d'aujourd'hui. Dans cette perspective, j'appartiens*

> *à une génération intermédiaire et je serais curieux de savoir comment les générations suivantes qui sont nées avec l'internet, le portable, les mails et les tweets exprimeront par la littérature ce monde auquel chacun est « connecté » en permanence et où les « réseaux sociaux » entament la part d'intimité et de secret qui était encore notre bien jusqu'à une époque récente — le secret qui donnait de la profondeur aux personnes et pouvait être un grand thème romanesque. Mais je veux rester optimiste concernant l'avenir de la littérature et je suis persuadé que les écrivains assureront la relève comme l'a fait chaque génération depuis Homère…* [1]

Que cette phénoménologie du temps, et cette césure dans l'expérience, corresponde à une réalité mesurable ou démontrable, importe finalement assez peu. Que le temps, au XIXe siècle, fût vécu comme lent et continu plutôt que rapide et saccadé à notre époque, le saurons-nous jamais, d'un savoir positif ? Il est possible que l'art et la littérature, mieux que les sciences sociales, témoignent de ces transformations de l'expérience. Ainsi, s'il faut en croire les spéculations célèbres de Walter Benjamin [2], le lyrisme moderne de Baudelaire attesterait une rupture dans l'expérience du temps : dès le milieu du XIXe siècle, l'apogée du capitalisme, l'industrialisation et le développement des métropoles auraient suscité une fragmentation de l'expérience et une transformation du régime de la mémoire. Baudelaire, telle était la thèse de Benjamin (elle est évidemment contestable, mais elle n'est pas étrangère à celle de Modiano, qui s'interroge, dans son discours de réception du Prix Nobel, sur l'impact de la transformation récente des métropoles en mégapoles sur la littérature), est le poète du choc parce que la ville moderne serait le lieu de tous les chocs. Baudelaire fut « traumatophile » (Walter Benjamin) car la modernité industrielle aurait favorisé la discontinuité et la fragmentation de l'expérience. Il est donc vraisemblable que les mutations urbaines et techniques, l'industrialisation, les grandes accélérations économiques, les processus d'uniformisation, affectent l'expérience du temps, et par voie de conséquence, la littérature, notamment quand celle-ci se donne pour objet l'anamnèse et la recherche du passé.

Ainsi, on peut avancer que l'industrialisation, le développement des techniques de télécommunication, et plus récemment la révolution numérique, donnent lieu à de nouveaux types d'expérience du temps et du souvenir. Il n'est que de rappeler, quant aux télécommunications, la place du téléphone

---

1. Discours publié par *Le Monde* : http://abonnes.lemonde.fr/prix-nobel/article/2014/12/07/verbatim-le-discours-de-reception-du-prix-nobel-de-patrick-modiano_4536162_1772031.html

2. Voir notamment de Walter Benjamin, *Charles Baudelaire*, Paris, Payot, 2002.

chez Marcel Proust, et la rêverie sur la présence spectrale, le deuil, l'absence ou l'éloignement, que suscite la voix entendue au téléphone. Il faudrait bien sûr se demander, au-delà de la rêverie proustienne sur ce nouveau médium, si le téléphone a infléchi la forme même de l'énonciation romanesque, si l'automobile ou le train ont provoqué des mutations de fond dans l'écriture poétique et romanesque, au même titre que l'image-mouvement a pu imprégner le poème dès le XIXe siècle [3].

Il est dès lors vraisemblable que la dépendance où nous nous trouvons à l'égard de l'information numérique soit en train de modifier sensiblement notre expérience du temps et notre manière de nous rapporter à autrui. Que la manière dont autrui m'apparaît soit toujours conditionnée par un « environnement techno-perceptif » a été rappelé par Stéphane Vial dans un récent article [4]. Qu'il s'agisse d'un face-à-face à la terrasse d'un café, qui requiert la technique rudimentaire d'une table, de chaises, de la lumière, et autres artefacts, ou de la manifestation de l'autre via le téléphone, autrui se présente toujours à moi à travers la médiation technique ou technologique. Si les technologies numériques représentent un bond spectaculaire dans cette manifestation de l'altérité, il n'est pas sûr, contrairement à ce que dit Stéphane Vial, que « la manière dont autrui se manifeste aujourd'hui dans le champ de l'expérience perceptive à travers les artefacts numériques » soit « radicalement nouvelle » [5]. Mais le bond, en termes d'accélération, de simultanéité et de sentiment d'ubiquité, n'en est pas moins vertigineux.

Par ailleurs, comment la mise à disposition immédiate de l'information sur la toile, notamment via un moteur de recherche aussi performant que Google, pourrait-elle ne pas provoquer une sorte de vertige et une illusion de maîtrise de l'expérience ? Illusion, sans doute, puisqu'au bout du compte, la « profondeur » est perdue, l'ombre lâchée pour la proie, si je puis me permettre de renverser le célèbre mot du fabuliste : la toile, comme les mauvaises biographies, ne nous révèle que ce qu'André Malraux appelait le « misérable petit tas de secrets ». Au fond, la part de secret n'est pas à proprement parler entamée, contrairement à ce que dit Modiano : on a simplement l'illusion d'un viol, illusion que l'ombre de soi, des autres, du passé, a disparu, que tout baigne désormais dans la lumière du jour, visible, tangible, disponible, à portée de main. Que faisons-nous lorsque nous « tweetons », ou

3. Voir Christophe Wall-Romana, *Cinepoetry : Imaginary Cinema in French Poetry*, New York, Fordham University Press, 2012.
4. Stéphane Vial, « Ce que le numérique change à autrui : introduction à la fabrique phénoménologique de l'altérité », *Hermès*, n° 68, avril 2014, p. 152.
5. *Ibid.*, p. 155.

surfons sur notre « mur » Facebook, sinon tenter désespérément d'enregistrer chaque instant de notre vie, en nous donnant l'illusion d'une saisie de l'expérience, d'une maîtrise du vécu, d'un contrôle de la diachronie ? Que faisons-nous, sinon élever un mur, un barrage pour endiguer le flux du temps ?

La démarche littéraire de Modiano a pour objet d'indiquer le secret sans le divulguer, comme l'empreinte d'un pied dans la boue indique qu'un homme est passé. Thomas d'Aquin distinguait entre la représentation par vestige (*repraesentatio vestigii*) et la représentation par image (*repraesentatio imaginis*)[6]. Représentation par vestige : empreintes, marques, pas, traces, échos, tels sont bien les objets qui constituent la trame des romans de Modiano : « Empreinte : marque en creux ou en relief. Pour Ernest et Cécile Bruder, pour Dora, je dirai : en creux. J'ai ressenti une impression d'absence et de vide, chaque fois que je me suis trouvé dans un endroit où ils avaient vécu.[7] » Je songe aussi au sentiment d'inquiétante étrangeté qu'éprouve l'écrivain en revoyant un film de 1941, *Premier rendez-vous*, comme si « le film était imprégné par les regards des spectateurs du temps de l'Occupation[8] ». Il s'agit bien de la représentation par vestige ou empreinte, plutôt que par image. Ce qui point l'écrivain, le *punctum*, comme disait Roland Barthes au sujet de la photographie, ce n'est pas le film lui-même, l'image du passé, mais bien le sentiment que la pellicule même du film aurait été imprégnée par les regards des morts. Image en creux, donc, présentation négative, comme dans l'esthétique du sublime où ne se présente que l'échec de la représentation : tel est le régime de l'apparaître du passé et de l'autre chez Modiano. Ou encore : la fulgurance de l'image dialectique chez Benjamin, cette rencontre de l'Autrefois et du Maintenant, dans un éclair.

Mais qu'en est-il de la trace, de l'empreinte, du vestige, en un temps où au Panoptique de Bentham a succédé la surveillance numérique et la « traçabilité », en un temps où tout est en principe traçable, où chacun de nos pas et de nos gestes est repérable, où disparaître, passer entre les mailles du filet, est devenu une gageure ? Un temps où « exploration » signifie non pas recherche du non encore connu, passibilité à l'inconnu passé ou futur, mais exploration de données ou, comme on dit dans le vocabulaire numérique, *data mining* ? La trace numérique est, à cet égard, le contraire même des traces qui retiennent les détectives des romans de Modiano. En effet, la traçabilité numérique « opère à la surface de l'action

6. Thomas d'Aquin, *Somme théologique*, Paris, Éditions du Cerf, 1984.
7. Patrick Modiano, *Dora Bruder*, Paris, Gallimard, 1997, p. 29.
8. *Ibid.*, p. 80.

et cherche à appréhender non pas une singularité derrière la trace mais des modèles de similarité, en vue de projeter des conduites ou des actions passibles d'intervention[9] ». En sorte que l'exploration de données, en particulier dans le contexte de la prévention du crime, mais de manière plus générale dans ce nouveau biopouvoir qu'est la surveillance numérique des corps et des âmes, conduit à « l'illusion de transformer le futur en "futur antérieur"[10] ». Pour la police numérique, tout ce qui sera aura toujours déjà été, et tout ce qui a été sera : l'inconnu est ramené au connu, l'autre réduit au même, sans promesse ni rémission. Le futur, déterminé par l'avoir été, mis à disposition de la police par voie d'algorithmes et de programmes, se ferme à la promesse, au doute, à l'incertain. L'horizon du temps est scellé. Si l'on essaie de penser ce phénomène sans précédent dans l'histoire des civilisations de l'écriture dans les catégories de l'éthique d'Emmanuel Levinas, on dira que la totalité *arraisonne* (au sens juridico-policier du mot) l'infini (de la singularité, du visage, du non thématisable). Dans la langue de Heidegger, on pourrait parler d'une mise à disposition du monde par la technique moderne ou de la « machination » comme technicisation totalisante du monde.

Au rebours de ces nouvelles techniques de contrôle et de traçage, les traces des romans de Modiano mènent à d'autres traces, indéfiniment. On pourrait dire que chez Modiano, s'il y a trace, il n'y a pas traçabilité. Tracer, retracer, dans l'univers du romancier, c'est inventer le passé et ouvrir l'horizon du futur, et non confirmer le déjà connu, ni faire le portrait-robot de l'autre comme la police numérique épuise l'infini du visage par la technique du *face recognition*. De là qu'un roman en suit un autre, car un livre ne suffit pas à percer le secret (tel n'est pas son but), autrement la recherche n'aurait plus lieu de se poursuivre. Comme un train peut en cacher un autre, il arrive qu'un secret, ou qu'un souvenir, ne soit que l'écran d'un autre secret, d'un autre souvenir, en sorte que la littérature révèle une expérience du temps et de la mémoire qui est une expérience sans fond, et que c'est précisément cette épreuve de l'indisponibilité du temps et d'autrui, qui ouvre l'horizon de l'éthique et une éthique de l'horizon — l'horizon de la rencontre ou de la retrouvaille. Il faut rappeler que le mot « horizon » signifie, en grec, la limite, mais que cette limite ou ce bord est précisément ce qui permet l'ouverture vers le non encore connu : le futur, autrui, le temps comme altérité, comme infini. Car il est de l'horizon de toujours reculer,

9. Fernanda Bruno, « Grilles de nos traces sur Internet », dans Barbara Cassin (dir.), *Derrière les grilles, Sortons du tout-évaluation*, Paris, Fayard / Mille et une nuits, 2014, p. 105.
10. *Ibid.*, p. 106.

comme une ligne asymptoptique. Autrui est mon horizon, c'est-à-dire ma limite : le moi ne peut avoir prise sur l'autre. Et par autrui il faut entendre aussi bien l'expérience du temps dans son insaisissable diachronie, que l'autre homme.

À l'égard de la révolution numérique, Patrick Modiano n'adopte pas un point de vue réactif, un point de vue qui serait déterminé par le ressentiment. Les déclamations contre Internet ou Google ne sont pas *son genre*. Modiano ne vocifère pas, c'est le moins qu'on puisse dire. Sa perspective, on pourrait simplement la qualifier de sceptique, ou, mieux, de prudente au sens philosophique du mot. Confronté au numérique, l'écrivain *attend de voir*, comme on dit, ne préjuge pas de ce qui adviendra, car, même si le romancier, pour lui, est une sorte de voyant, cela ne doit pas s'entendre au sens de la futurologie. Contrairement au futurologue ou à l'explorateur de données (à des fins de police ou de marketing) qui réifie le futur, le temps, pour Modiano, n'est pas un objet totalisable (le temps, pas plus qu'autrui, n'est jamais *ma chose*). Au bout du compte, les écrivains authentiques, pour qui l'expérience du temps, de la mémoire et d'autrui, signifie encore quelque chose, auront raison du numérique, ne laisseront pas réduire la littérature à des tweets ou à des mails, c'est-à-dire à des messages ou à de la communication instantanée, qui donne l'illusion de l'information et du savoir, l'illusion de la transparence intersubjective et de la saisie du vécu, alors que l'expérience humaine, et celle de notre être dans le temps en particulier, est l'épreuve de la brume et de l'opacité. Or c'est bien cette opacité qui est la cible du fantasme de la techno-science contemporaine et de l'ingénierie numérique, fantasme de l'élimination du bruit (la brume), c'est-à-dire du langage et du système symbolique en général et donc de la chose littéraire, c'est-à-dire, enfin, fantasme de la réduction de l'Autre à la transparence intersubjective. Ainsi des ingénieurs rêvent aujourd'hui « d'interpréter en temps réel le comportement non verbal *in situ* de notre interlocuteur [...]. Jusqu'alors opacifiée par les distorsions de la médiation symbolique manifestant notre impuissance à saisir la complexité de cet énigmatique autre, la "vérité" des messages mise à nu par l'analyse algorithmique de ses comportements informationnels ouvrirait vers une communication pleine et transparente. [11] »

Par ailleurs, le monde d'hier, selon Modiano, était un monde où résistait la part de secret, cette part d'ombre, inaccessible, qui constituait la matière

11. Voir David Pucheu, « L'altérité à l'épreuve de l'ubiquité informationnelle », *Hermès*, op. cit., p. 119.

romanesque. Part de secret, part inaccessible, part ombreuse : indisponibilité de la personne, indisponibilité d'autrui, mais aussi indisponibilité de notre propre passé (rien, à ce titre, ne m'appartient moins en propre que mon passé : il se dérobe à moi, pas moins que le passé des autres). Ainsi s'éclaire peut-être l'épigraphe qui ouvre son dernier roman : « Je ne puis pas donner la réalité des faits, je n'en puis présenter que *l'ombre*. Stendhal » (*Pour que tu ne te perdes pas dans le quartier*). On se souvient à cet égard des dernières lignes de *Dora Bruder*, enquête romanesque parallèle à l'enquête policière, c'est-à-dire enquête qui contrefait l'enquête policière tout en mimant l'enquête historique et biographique, et au terme de laquelle le secret sera sauf, tant il est vrai que, selon le mot célèbre de Jacques Derrida, « il y a dans la littérature, dans le secret *exemplaire* de la littérature, une chance de tout dire sans toucher au secret [12] » :

> *J'ignorerai toujours à quoi elle passait ses journées, où elle se cachait, en compagnie de qui elle se trouvait pendant les mois d'hiver de sa première fugue et au cours des quelques semaines de printemps où elle s'est échappée à nouveau. C'est là son secret. Un pauvre et précieux secret que les bourreaux, les ordonnances, les autorités dites d'occupation, le Dépôt, les casernes, les camps, l'Histoire, le temps — tout ce qui vous souille et vous détruit — n'auront pas pu lui voler.* [13]

Sauf le secret : il est de la littérature de résister à toutes les formes de police. Mais aussi, et cela est plus énigmatique : de sauver ce qui peut l'être du temps et de l'Histoire, par une rédemption aussi pauvre que le secret de Dora, là encore, une rédemption en mode mineur, une humble rédemption du quotidien qui rappelle la manière dont la rédemption fut pensée par Franz Rozensweig. Celle-ci « ne dénote plus le sauvetage définitif, la "fin des temps" ou, encore moins, la résurrection de qui que ce soit. Elle est "l'attente d'un bouleversement qui peut survenir à tout moment", soit un *moment de résistance* aux griffes de l'histoire quand elles se referment sur nous. [14] »

Nous ne sommes pas dans la France de Dora, Internet n'est pas la police de Vichy ; il n'en reste pas moins que nous nous soumettons bon gré mal gré à un régime de micro-surveillance, nous sommes écrasés par les grilles, les évaluations, le comptage permanent. Mais comme le suggère Barbara Cassin : « Derrière les grilles, nous ne voyons que ce que nous savons

12. Jacques Derrida, *Passions*, Paris, Galilée, 1993, p. 67-68.
13. Patrick Modiano, *Dora Bruder*, op. cit., p. 145.
14. Cité par Georges Didi-Huberman, *Images malgré tout*, Paris, Éditions de Minuit, « Paradoxe », 2003, p. 209.

déjà...[15] » Faire voir ce qui échappe aux programmes, ce que nous ne savons pas déjà, parier, surtout, sur une résistance aux formes du savoir positif ou d'un pseudo-savoir garanti par la prétendue objectivité de nos programmes et de nos grilles, voilà ce que la littérature devrait aujourd'hui prendre en charge. Et l'enquête littéraire, puisque c'est bien toujours d'enquête qu'il s'agit chez Modiano, c'est-à-dire d'*istoria* au sens le plus pur du mot, n'a de cesse de faire obstacle à toutes les opérations policières, de jeter de l'ombre sur les vies minuscules, plutôt que de griller les vrais ou faux coupables. Si donc la réinvention de Dora par Modiano est une anti-enquête policière, on aurait tort d'y voir un ouvrage d'historien ou de biographe improvisé. Ce n'est pas cela non plus. Il s'agit plutôt d'un livre de littérature, et c'est dans cette conclusion du livre que le lecteur prend conscience de son enjeu éthique : l'essentiel de l'histoire de Dora, ce sont les quelques semaines de printemps sur lesquelles nul ne sait rien, ni la police, ni l'historien, ni le romancier. L'essentiel de l'histoire de Dora, c'est son échappée belle, sa fugue. Mais si *échapper belle*, c'est éviter de justesse le danger, Dora n'y aura échappé que pendant ce laps, où elle aurait pu être sauve : mais précisément, c'est ce salut minuscule et dérisoire que l'écrivain entend sauver, inscrivant l'événement de cette échappée, ces semaines où l'on perd toute trace de Dora, où l'on ne sait plus rien d'elle, où la mémoire, l'histoire, la police, défaillent. Ce défaut d'information, cette absence de donnée, ce creux, cette vacance ou encore ce lapsus, c'est le secret de Dora, et c'est l'enjeu de la littérature. C'est aussi en quoi elle s'oppose, dans la patience et l'humilité, à toutes les techniques d'éclaircissement et de traçage, qui se révèlent toujours peu ou prou des techniques de terreur.

Si l'historien, comme disait Paul Veyne, doit remplir les blancs pour relier les accidents entre eux, l'écrivain procède inversement : plutôt que de lier, il inscrit les ruptures dans la vie et dans l'histoire. Au legato de l'historiographie ou de la biographie, il préfère le staccato temporel, les plages d'oubli, les vacances du temps. Plutôt que de rendre disponible le passé, enfin, il en explore les zones d'indisponibilité, d'inaccessibilité.

Ainsi dans *L'Horizon*, le personnage de Bosmans médite sur « certains épisodes de sa jeunesse, des épisodes sans suite, coupés net, des visages sans noms, des rencontres fugitives. Tout cela appartenait à un passé lointain, mais comme ces courtes séquences n'étaient pas liées au reste de sa vie, elles demeuraient en suspens, dans un présent éternel.[16] »

15. Barbara Cassin, *Derrière les grilles*, op. cit., p. 19.
16. Patrick Modiano, *L'Horizon*, Paris, Gallimard, 2010, p. 11.

Ce qui n'est pas lié, le « sans suite », l'inconséquent au sens rigoureux du mot, ce qui ne peut s'inscrire dans la consécution narrative d'une vie, cela demeure éternellement présent. Présent d'être, pour ainsi dire, disjoint. *Time is out of joint* : le passé qui ne passe pas s'invite dans le présent pour le dilater, ou l'imprégner. Et c'est ce passé présent qui tient lieu de moteur des romans de Modiano, qui emporte les narrateurs vers le non encore advenu (et le non-encore-passé), ce qu'il appelle énigmatiquement, j'y reviendrai, « l'horizon » :

> *Est-on vraiment sûr que les paroles que deux personnes ont échangées lors de leur première rencontre se soient dissipées dans le néant, comme si elles n'avaient jamais été prononcées ? Et ces murmures de voix, ces conversations au téléphone depuis une centaine d'années ? Ces milliers de mots chuchotés à l'oreille ?* [17]

La police numérique répondrait à Modiano que rien ne se perd dans le néant, que tout s'inscrit, tout fait trace et peut se retracer, qu'il suffit pour cela du bon algorithme, du bon logiciel. Mais le désir de trace, chez Modiano, le regret de la dissipation, de l'évaporation des voix qui faisait rêver l'Edison de Villiers de l'Isle-Adam à une machine qui eût enregistré le *Fiat lux !* de la Genèse [18], ne relève pas de la *libido sciendi* du biopouvoir numérique. Ce regret indique plutôt que les mots, les voix, les murmures sont toujours présents, que le passé ne passe pas, et qu'à l'instar des paroles gelées de Rabelais, il incombe à l'écrivain de les faire résonner. Car du passé, de la passée, du passage de la femme aimée (la passante), par exemple, doivent toujours, pour Modiano, subsister « des ondes, un écho [19] », anagramme de celle qui passa dans la vie du narrateur, Margaret Le Coz (l'écho, l'ondine Écho ?), qui imprègnent le présent. En ce sens, l'écriture de Modiano est une échographie du temps.

Le souvenir du passé indisponible, ce « présent éternel », est un peu comme le nom sur le bout de la langue : sollicitez-le par la mémoire volontaire, mémoire de l'intelligence humaine ou artificielle, il résistera à vos avances. Nulle police ne peut le sommer à comparaître. Il faut le laisser revenir, sans violence, ce souvenir aussi archaïque que le nom d'un roi médiéval à la biographie obscure et incertaine : « Mérovée. Faire semblant de penser à autre chose, le seul moyen pour que le souvenir se précise de lui-même, tout naturellement, sans le forcer. [20] »

---

17. *Ibid.*, p. 23.
18. Voir *L'Ève future.*
19. Patrick Modiano, *L'Horizon*, op. cit., p. 87.
20. *Ibid.*, p. 13. On sait peu de choses sur Mérovée. Le texte le plus ancien où Mérovée est mentionné est de Grégoire de Tours, dans son *Historia Francorum* (entre 570 et 580).

Qu'est-ce que l'horizon ? Le mot qui donne son titre au roman apparaît au plus près de cette image picturale et géométrique, « ligne de fuite », dont le sens métaphorique ou poétique est au demeurant indécidable puisque ce mot dénote en même temps la course des lignes à l'infini de l'espace et leur convergence (l'expression est sans doute contaminée par la notion de « point de fuite » ou *vanishing point* dit encore « point à l'infini », et l'on songe à ce que Maurice Blanchot aurait appelé un « rapport sans rapport ») : « Pour la première fois il avait dans la tête le mot : avenir, et un autre mot : l'horizon. Ces soirs-là, les rues désertes et silencieuses du quartier étaient des lignes de fuite, qui débouchaient toutes sur l'avenir et l'HORIZON.[21] » Si donc les rues du quartier convergent, leur point de convergence se dérobe tel un point de fuite ou point à l'infini : ce point recule indéfiniment comme la ligne d'horizon. Cette figure de la « ligne de fuite » est donc l'analogon spatial du temps, et rappelle ces corridors parallèles d'un livre de science-fiction lu par Bosmans et ainsi résumé :

> *Des gens étaient amis dans leur jeunesse, mais certains ne vieillissent pas, et quand ils croisent les autres, après quarante ans, ils ne les reconnaissent plus. Et d'ailleurs il ne peut y avoir aucun contact entre eux : ils sont souvent côte à côte, mais chacun dans un corridor du temps différent. S'ils voulaient se parler, ils ne s'entendraient pas, comme deux personnes qui sont séparées par une vitre d'aquarium.*[22]

Cette curieuse allégorie signifie que mon expérience du temps ne coïncide pas avec celle d'autrui, que je ne rencontre jamais autrui dans un rapport de coïncidence mais toujours dans un rapport sans rapport, non contigu, que je manque toujours mon rendez-vous avec l'autre. Que je viens toujours trop tard, ou trop tôt, à contretemps d'autrui, dont je suis séparé par une vitre d'aquarium. Cette allégorie signifie encore que le rapport avec autrui ne peut être fusionnel, mais seulement mélancolique, que j'ai toujours déjà perdu l'autre, et que la synchronie enfin est une fiction qui rend supportable notre existence parachronique, non pas tant solitaire que séparée.

Et encore, cette seconde occurrence de l'horizon, de la limite ou du bord :

> *D'ailleurs, était-ce vraiment elle ? Mieux valait ne pas en savoir plus. Au moins, avec le doute, il demeure encore une forme d'espoir, une ligne de*

21. *Ibid.*, p. 85.
22. *Ibid.*, p. 127-128. Il existe un livre répertorié sous le titre donné par Modiano, *Les Corridors du temps*. Il s'agit d'un ouvrage de poésie, par Hélène Dorion, publié à Trois Rivières, Québec, en 1988. Ce livre ne correspond guère au résumé de Modiano, en sorte qu'il est probable que le roman de science-fiction auquel le narrateur fait allusion soit une mise en abyme du livre de Modiano lui-même.

> *fuite vers l'horizon. On se dit que le temps n'a peut-être pas achevé son travail de destruction et qu'il y aura encore des rendez-vous.* [23]

Cultiver le doute, l'incertitude : cette vieille dame aperçue au café, est-elle l'Yvonne Gaucher d'il y a un demi-siècle ? Laisser une chance au doute, au vague de l'incertitude, c'est desceller l'horizon de la rencontre et de la retrouvaille. Si le doute porte la promesse, s'il remet le temps, s'il dit le temps de la grâce et de la rémission, la certitude, au contraire, ferme l'horizon des possibles, à savoir la littérature même. La certitude est à ce titre antilittéraire, pour autant que la littérature est le site du rendez-vous (et il faut rappeler le titre du film revu par l'enquêteur de *Dora Bruder*, *Premier rendez-vous*, film où se manifeste de manière spectrale la présence des morts dans une sorte d'ontophanie du passé : le rendez-vous est aussi bien le futur que la retrouvaille avec les fantômes : rendez-vous, c'est le moment où le moi se rend à l'autre, à l'irruption d'autrui).

Certes, la présence d'Internet est discrète dans les derniers romans, elle se résume à une ou deux évocations, d'abord lorsque Bosmans recherche, dans un « cybercafé », le nom de « Boyaval », « qu'il avait oublié — ou plutôt qui était resté "dormant", comme les noms de très anciennes familles de l'aristocratie anglaise qui disparaissent pendant des siècles parce qu'elles n'ont plus de descendants, mais ressurgissent un jour, brusquement, sur l'état civil de nouveaux venus — , ce nom, Boyaval, était reparu du fond du passé. Une météorite tombée devant lui au bout de quarante ans de chute. [24] »

« Boyaval », chu comme une météorite d'un passé obscur, toujours présent car « dormant » plutôt qu'oublié, enfoui dans la mémoire profonde et donc inoubliable. L'oubli, loin de s'opposer à la mémoire, est la condition de la réminiscence. L'oubli est le lit du souvenir : le passé y dort des siècles et attend d'être réveillé. Seconde occurrence d'Internet, à la recherche de Margaret Le Coz :

> *il avait bien essayé de taper* LE COZ, *puis* MARGARET LE COZ *sur le clavier, mais cela ne donnait rien. Dans son demi-sommeil, des phrases lui étaient revenues en mémoire, comme celles qui vous poursuivent, par bribes, les nuits de fièvre : « Alors, vous êtes née en Bretagne ? — Non. À Berlin. » Sur le clavier, il avait associé* MARGARET LE COZ *et* BERLIN. [25]

L'autre finira par lui apparaître, du moins une certaine Margaret Le Coz, libraire à Berlin : la même ? Une autre ? Ontophanie de l'autre via le dispositif

23. *Ibid.*, p. 143.
24. *Ibid.*, p. 128.
25. *Ibid.*, p. 67.

technologique, assisté de la mémoire inconsciente, celle du demi-sommeil ou du rêve, cette mémoire qui ne répond à aucune sollicitation de l'intelligence. Sa recherche numérique le conduira à Berlin. Mais l'autre n'est jamais disponible : car le roman ne se clôt pas sur des retrouvailles à proprement parler, mais sur une promesse. Sur l'ouvert, littéralement l'ouverture d'une librairie, métaphysiquement, l'ouvert de la rencontre : « Rod Miller lui avait dit qu'elle laissait la librairie ouverte très tard. [26] »

La littérature comme avis de recherche, l'écrit comme bouteille jetée à la mer, « appels de phares ou des signaux de morse [27] », ce *topos* traverse l'œuvre de Modiano. Écrire, pour lui, c'est s'adresser à autrui, l'inventer, s'attendre à son retour ou à sa venue. Dans son dernier roman, c'est laisser de subtils indices dans *Le Noir de l'été*, roman du narrateur qui met en abyme la démarche littéraire de l'auteur, pour qu'Annie Astrand entende l'appel. Et pour retrouver l'autre, cet autre fuyant, cet autre fugueur (qu'il s'agisse, là encore, d'autrui ou du passé présent), que valent les moteurs de recherche ?

> *Depuis quelques années il ne se servait presque plus de cet ordinateur sur lequel la plupart de ses recherches tournaient court. Les rares personnes dont il aurait aimé retrouver la trace avaient réussi à échapper à la vigilance de cet appareil. Elles s'étaient glissées à travers les mailles du filet parce qu'elles appartenaient à une autre époque et qu'elles n'étaient pas des enfants de chœur. Il se rappela son père qu'il avait à peine connu et qui lui disait d'une voix douce : « Je découragerais dix juges d'instruction. » Aucune trace de son père dans l'ordinateur.* [28]

Les gens louches qui peuplent les romans de Modiano depuis *La Place de l'étoile*, échappent aux dispositifs, passent à travers les mailles du filet. Les vies minuscules qui font l'objet des enquêtes roman après roman sont des vies indisponibles, intraçables, inassimilables. Nul dispositif ne permet de les subsumer.

Pour que tu ne te perdes pas dans le quartier, ce *Citizen Kane* en mode mineur, raconte le traumatisme de l'abandon du narrateur et la recherche de son *rosebud*. Pour retrouver le passé perdu, Daragane est prêt à racheter l'une des maisons d'enfance, à se livrer « lui-même à une fouille minutieuse pendant des jours et des jours. Au fur et à mesure, il arracherait les boiseries du salon et des chambres et briserait les miroirs pour voir ce qu'ils cachaient. Il partirait à la recherche des escaliers secrets et des portes dérobées. Il finirait

26. *Ibid.*, p. 171.
27. Patrick Modiano, *Pour que tu ne te perdes pas dans le quartier*, Paris, Gallimard, 2014, p. 70.
28. *Ibid.*, p. 73.

bien par retrouver ce qu'il avait perdu, et dont il n'avait jamais pu parler à personne.[29] »

Rosebud : nom inscrit sur une luge d'enfant, *ultima verba* que prononce Orson Welles, à partir desquels se met en branle la grande enquête biographique, en mode majeur, l'épopée. Vaine enquête, épopée futile : les faits biographiques et journalistiques ne donnent rien, ou si peu, pour autant que le secret, forclos, originairement refoulé, échappe à la vigilance de tous les dispositifs de savoir et de tous les radars. Le chef-d'œuvre d'Orson Welles, comme les romans de Modiano, dit l'intraçabilité de la crypte (ce « dont il n'avait jamais pu parler à personne ») par les appareils de savoir, et qu'il est de l'art de rédimer le passé perdu sans toucher au secret. « Pour que tu ne te perdes pas dans le quartier », c'est peut-être le *rosebud* de Modiano. Une phrase *punctum*, pauvre subordonnée tracée sur une page par l'écriture scolaire d'Annie, qui porte une double adresse : adresse, tout d'abord, au sens où la phrase est destinée à un « tu » ; adresse au sens topographique, c'est-à-dire point de référence, pour que l'enfant, destinataire du mot d'Annie, retrouve son chemin. Mot énigmatique qui dit tout à la fois l'abandon et la promesse de l'autre.

Bruno CHAOUAT

29. *Ibid.*, p. 125-126.

« ELLES SONT TOUT PRÈS, LES BUTTES-CHAUMONT »

Modiano, Dora Bruder, Perec

1978 : Patrick Modiano prend connaissance du *Mémorial de la déportation des juifs de France* que publie Serge Klarsfeld. « Je n'ai pas osé, à l'époque, prendre contact avec lui, ni avec l'écrivain dont l'œuvre est souvent une illustration de ce mémorial, Georges Perec », écrit-il dans *Libération* (« Avec Klarsfeld, contre l'oubli »), le 2 novembre 1994.

Pas de face-à-face Modiano / Perec, donc.

Mais cette rencontre.

Elle se fait via le double de Dora Bruder qu'est sa première incarnation narrative, l'Ingrid Teyrsen de *Voyage de noces* (1990). On retrouve dans le livre presque la même annonce, datant du même temps de l'Occupation, des couvre-feu et des rafles, que celle qui déclenche la quête de Dora quelques années après : « On recherche une jeune fille, Ingrid Teyrsen, seize ans, 1, 60 m, visage ovale, yeux gris [...]. Adresser toutes indications à M. Teyrsen, 39 bis, boulevard Ornano, Paris. »

Ingrid fugue comme Dora. Modiano invente sa vie, ses planques et refuges, ses amours — et son suicide vingt-cinq ans après la guerre. Le narrateur, double d'un Modiano virtuel, une fois de plus, évoque ses rencontres avec elle. C'est même elle qui lui transmet la coupure de journal contenant l'avis de recherche.

Un soir, le narrateur enfourche son vélo. « Une impulsion mystérieuse m'entraînait. » Il pédale vers le nord-est de Paris et, alors qu'il s'en imaginait loin, découvre la proximité des Buttes-Chaumont : « Elles sont tout près, les Buttes-Chaumont et, si je le voulais, je pourrais rejoindre en quelques minutes le 19, rue de l'Atlas, où habitait Ingrid avec son père quand elle était enfant. »

Georges Perec, début du chapitre VI de *W ou le souvenir d'enfance* : « Je suis né le samedi 7 mars 1936, vers neuf heures du soir, dans une maternité sise 19, rue de l'Atlas, à Paris, 19e arrondissement. »

Ingrid Teyrsen, Dora Bruder, Georges Perec, 19 rue de l'Atlas.

Quand Ingrid donne au double de Modiano l'entrefilet, il est écrit : « Je me souviens […] que son regard prenait une drôle d'expression, comme si elle voulait me transmettre un fardeau qui lui avait pesé depuis longtemps ou qu'elle devinait que moi aussi, plus tard, je partirais à sa recherche. » Et pour faire aboutir la recherche d'Ingrid-Dora, il fallait à Modiano en passer par Perec et les Buttes-Chaumont. Qui sont tout près.

Claude BURGELIN

MODIANO ET LE JUIF DE PEU

Chez Modiano, le devoir de mémoire n'a pas exactement les mêmes couleurs que celles qu'on lui attribue usuellement. Si sa matrice demeure historique, il est aussi plus humble et plus individuel. Mais un petit apologue nous renseignera mieux sur ce sujet qu'un long discours. L'oncle Alex dans *Livret de famille* indique au jeune homme qu'il ne peut pas, à l'instar de son père, rester « un homme de nulle part [1] », qu'« il faut essayer de trouver des racines ». Car ces deux figures paternelles n'ont « même pas un acte de naissance… une fiche d'état civil… comme tout le monde… » (157). C'est ainsi un rêve d'enracinement que caresse l'oncle en emmenant son neveu dans une plongée au cœur de la campagne française où il décide d'acheter un vieux moulin, français, avec sa nature stéréotypée, ses prés et sa rivière, français eux aussi. Mais une déconvenue les attend : le moulin, qui a été baptisé moulin Yang Tsé, est un moulin travesti. Construit par un homme qui, revenu d'Indochine, a souhaité transporter avec lui ce pays et en reproduire le cadre, il est un moulin d'Extrême-Orient. Pour l'oncle, qui « ne cherche pas à être dépaysé » (168), qui ne peut pas l'être puisqu'il est privé de toutes racines, il ne s'agit pas d'« un *vrai* moulin ». L'authentique enracinement est définitivement impossible. Cette voie est une impasse. Derrière cette fable, semble se dessiner quelque chose d'une injonction irréductible pour le futur écrivain, peut-être la mise en place de son *cogito* : rétablir, par l'écriture, les documents d'identité absents. Mais un vide persiste et signe tout au long de l'œuvre et finit par trouer le livret de famille d'un manque : celui de l'identité juive et du mot « juif ». L'inscrire, pour Modiano, c'est déjà poser une question : « J'écris juif, en ignorant ce que le mot signifiait vraiment pour mon père et parce qu'il était mentionné, à l'époque, sur les cartes d'identité. [2] » Ne négligeons pourtant pas l'imparfait de « signifiait » et la précision « pour

1. Patrick Modiano, *Livret de famille* (*LF*), Paris, Gallimard, « Folio », 1981 [1977], p. 156.
2. Patrick Modiano, *Un pedigree* (*P*), Paris, Gallimard, « Folio », 2006 [2005], p. 7.

mon père » qui, dans l'ellipse, laissent deviner que l'énigme est la même dans le présent et pour celui qui tient la plume. Le signifiant « juif » est un signifiant historique et familial vide, attaché aux documents d'identité, auquel il faudra, d'une manière ou d'un autre, faire une place dans cette écriture qui, d'un bout à l'autre, se pense comme une esthétique réinventant le livret de famille. L'histrionisme de *La Place de l'étoile* montrait déjà le débordement des significations du mot « juif », les renvoyant à leur contradiction et à leur vacuité. Le reste de l'œuvre ne l'évoquera ensuite plus que dans l'implicite, si ce n'est avec *Dora Bruder*, nouvelle façon d'écrire le livret de famille, où les mêmes questions que dans le premier roman seront posées d'une tout autre manière.

La Suisse du cœur

Pour ouvrir le dossier de la mémoire et de l'identité juives chez Modiano, il convient évidemment de revenir au commencement. Au point originel : l'Occupation. Son écriture, Modiano en fait la mémoire de l'Occupation, de sa hantise, le symptôme de son obsession. Une mémoire médusée qui est le signe d'un deuil inachevé et inachevable :

> *Je n'avais que vingt ans, mais ma mémoire précédait ma naissance. J'étais sûr, par exemple, d'avoir vécu dans le Paris de l'Occupation puisque je me souvenais de certains personnages de cette époque et de détails infimes et troublants, de ceux qu'aucun livre d'histoire ne mentionne. Pourtant, j'essayais de lutter contre la pesanteur qui me tirait en arrière, et rêvais de me délivrer d'une mémoire empoisonnée. J'aurais donné tout au monde pour devenir amnésique.* (*LF*, 116-117)

Si l'Occupation ne pourra jamais disparaître de la sorte, on est frappé de constater que l'identité juive relève de la même problématique sans pour autant le dire.

Pour comprendre ce désir entravé d'amnésie, suivons un peu plus précisément quelques étapes de cette Odyssée miniature de la mémoire. N'allons pas bien loin cependant. Pas la peine de chercher l'exotisme pour dépayser le souvenir. Car il y a la Suisse, celle où « tout était neutre », où « ni le temps, ni la souffrance n'avaient posé leur lèpre » (117). Au lieu d'immortels décors insulaires, d'infinis horizons sur l'océan, voilà un cadre atone et atemporel, un asile de premier choix pour les êtres à la dérive, les atopiques pourchassés par la mémoire et la réalité. Afin de gagner le large du souvenir, de lever le pied, de plier bagage, il y a donc, pour les pèlerins de l'oubli, cette parenthèse hors de l'Histoire et des « souffrances du siècle » (117). « J'étais heureux. Je n'avais plus de mémoire » (118), nous avoue le narrateur soulagé. « Mon amnésie s'épaississait de jour en jour comme une peau qui se durcit [...] et tout finirait par se confondre dans la brume bleue du Léman. J'avais atteint cet état que j'appelais : "la Suisse du cœur" » (118). Cette mémoire éclipsée, évidée, blanchie, c'est pourtant celle qui le précède, le devance, marche dans ses pas, celle qui s'origine dans le point zéro de l'Occupation. Dans l'esprit du lecteur, l'implicite de cette Suisse ne se laisse donc pas longtemps ignorer et passe à un plan symbolique. Cette Suisse grise, terne et surtout neutre, la voici : c'est la Suisse du désengagement, celle qui a choisi la marginalité au cours de la guerre et, partant, une effroyable complicité avec l'abjection nazie. De sorte que la « trop grande propreté » (122) de ce pays se range parmi ses « autres crimes ». Cette dégradation du lisse et du blanc est le signe de l'étiolement progressif du rêve d'amnésie du voyageur sans bagages. Croisant un dénommé Gerbauld, celui-ci reconnaît subitement D., « le personnage le plus hideux du Paris de l'Occupation » (126). « De nouveau, le passé me submergeait » (127), en conclut-il. Une première conséquence s'en déduit : il n'existe nul pays « neutre » où la mémoire pourrait recouvrer sa virginité première, se trouver neuve et lavée. La « Suisse du cœur » connaît donc aussitôt un épaississement de sa sémantique : si l'expression désigne d'abord un hospice pour les mémoires fiévreuses et lancinantes, elle signifie maintenant en direction d'un lieu de cachette pour les criminels de guerre, un lieu où c'est le monde qui oublie leur crime. C'est pour cela que le narrateur souhaite avoir avec D. une « explication », lui murmurer quelques mots sur son passé pour le lui cracher au visage. Mais c'est inutile, D. aura assurément tout oublié. Le scandale est celui-ci : si l'amnésie est refusée aux victimes et à leurs descendants, ce sont par contre les bourreaux qui en jouissent. « La mémoire elle-même est rongée par un acide et il ne reste plus de tous les cris de souffrance et de tous les visages horrifiés du passé que des appels de plus en plus sourds, et des contours vagues » (144). C'est cela toute l'abjection de notre monde qui, malgré Auschwitz dont le nom n'est jamais prononcé, court toujours le risque d'être une Suisse du cœur.

« On peut être juif et être un as de l'aviation »

Reste pourtant que l'identité juive toujours innommée pourrait elle aussi disparaître dans une Suisse du cœur. Comme l'Occupation, Modiano ne la vit pas de l'intérieur. Elle est une judéité de l'autre, que le sujet ne possède jamais tout à fait, qui lui a été transmise sans qu'il se la soit appropriée [3].

3. Sur ce judaïsme insubstantiel, qui accompagne une esthétique du persécuté, on lira Philippe Zard, « Fantômes de judaïsme. Spectres juifs chez Georges Perec et Patrick Modiano », dans *Pardès*, n° 45, 2009 / 1, p. 123-135.

Que signifient alors le mot « juif » et le fait d'être juif ? D'autant que si le sens fait défaut, c'est la place de cette judéité dans l'identité et dans l'œuvre qui relève du casse-tête. *Livret de famille* propose sur ce sujet un autre apologue. Relisons-le. Engagé pour écrire l'adaptation d'un roman, *Capitaine des Mers du Sud*, Modiano travaille avec un metteur en scène, Rollner, qui se désintéresse totalement du film si ce n'est au sujet d'une unique phrase qu'il prie Modiano de placer dans un dialogue, « bien que cette remarque n'eût aucun rapport avec l'histoire » (*LF*, 100) : « Figurez-vous qu'on peut être juif et être un as de l'aviation, monsieur ». Certes l'ancien membre de la R.A.F. tient à prendre coûte que coûte cette sorte de revanche sociale sur l'héroïsme en réaffirmant la possibilité du Juif de participer à l'Histoire de manière active et positive. Mais il y a plus. Il y a ici comme un horizon immense qui se débouche d'un seul coup, sans détour : la judéité serait une nécessité si absolue qu'elle pourrait venir exploser n'importe où, dynamiter la cohérence d'une œuvre, la ligne directrice d'une intrigue. Modiano sait pourtant que cette voie indocile est aussi une voie fragile. Qu'avec elle, on se risque dans les abords troubles de la gratuité et de l'arbitraire. Que l'affirmation péremptoire n'est qu'un sursis illusoire octroyé au malaise identitaire. Ce qui n'empêche pas Rollner d'affirmer à Modiano que, si le film est raté, peu importe puisque pour sa part il a dit tout ce qu'il avait « à dire dans ce film. TOUT » (108). Fin de l'Histoire, terminus des angoisses identitaires, apaisement des crises intérieures. Avant d'ajouter : « C'est dommage pour vous, Patrick [...]. Mais moi, j'ai dit tout ce que j'avais à dire dans ce film. Une simple phrase » (109). Il y a de quoi être interloqué. La question de l'identité juive est-elle liquidable de la sorte ? En tout cas, Modiano, lui, demeure paralysé face à quelque chose qui relève de l'énigme, du voile, de la nébuleuse, voire de la coquille vide. Parce qu'il découvre une judéité infinitésimale, parcimonieuse, résiduelle. Une judéité du moins, incapable d'être une judéité du « TOUT ». Sans qu'elle soit négligeable pour autant. Il découvre donc qu'il est, en quelque sorte, un Juif de peu.

Ce qu'on constate ainsi c'est que, même dans l'implicite, l'écrivain ne cesse, après *La Place de l'étoile*, d'interroger à nouveau sa judéité, de la cacher, de la reprendre. Ses personnages traqués, menant des vies de fugitifs, ne sont jamais identifiés comme juifs mais pourraient l'être. Pourquoi ce discours oblique, incertain, fuyant, hésitant ? C'est que l'identité juive est problématique en soi et qu'elle pose problème pour la littérature. La fiction peut-elle la dire ? L'autobiographie ? Peut-être s'agit-il finalement d'inventer un autre discours : celui du livret de famille où le mot « juif » est apparu sans prendre sens ? L'ordre du récit dans *Livret de famille* confirme ces difficultés puisque la section qui suit l'histoire de Rollner est consacrée à la recherche par le narrateur de son extrait de baptême. C'est la date même de cette cérémonie qui est incertaine, le narrateur croyant qu'il s'agit de l'été 1950 alors que l'acte officiel la situe à l'automne. Il s'agit bien sûr d'un baptême « par prudence, en pensant à la guerre précédente » (114). La juxtaposition des deux épisodes indique clairement que, si la judéité pose problème pour Rollner, à cause d'un déni social, elle pose problème pour Modiano à cause de son caractère caché, dénié et historique. La reconstitution du livret de famille ne mettra donc pas fin aux ambiguïtés mais les révélera.

Les archives du signifiant « juif »

Mais il y aura 1997 et *Dora Bruder*, comme il y avait eu une première secousse, un premier coup de balai généralisé, la grande catharsis de *La Place de l'étoile*. Simplement il ne s'agira plus de conjurer le Juif de peu par le Juif excessif, mais de creuser le sillon du moindre et du minime. Le roman, on le sait, a décidé de partir sur les traces d'une jeune fille juive disparue pendant l'Occupation dont Modiano a retrouvé l'avis de recherche dans la presse de l'époque. C'est un projet assez proche que Duras avait finalement abandonné au sujet de Theodora Kats qui n'avait peut-être « pas d'histoire du tout [4] ». Si Modiano a, comme Duras dans *L'Été 80* puis *Yann Andréa Steiner*, tenté dans un premier temps de réinventer cette personne réelle par la fiction dans *Voyage de noces* en 1990, il reprend ce projet pour le faire aboutir. Avec Dora Bruder, le récit sur la judéité change alors du tout au tout. Il n'est plus ce cri hors de toute mesure, ce dérapage sans ordre de *La Place de l'étoile*, ni ce transfert continu d'attributs qui rappellent la judéité sans vouloir l'asserter. Il se fait examen minutieux d'éléments officiels, de documents d'état civil. Car si *Dora Bruder* est une œuvre de prédilection pour le lecteur de Modiano, c'est qu'en elle se rassemblent, au cœur d'une même ambiguïté, toutes les tentations et les obsessions de l'auteur. L'œuvre examine un passé absent, dérobé, une judéité qui est à quelqu'un d'autre, que Modiano n'a pas connue : comme si, obliquement, explorant la judéité d'une autre, il inspectait enfin la sienne.

Commencée en 1988, l'enquête sur Dora prend très vite une épaisseur redoublée parce qu'elle s'extirpe du présent pour englober le passé du narrateur, qui a alors l'impression d'un brouillage entre l'hiver 1965 dont il se souvient et l'hiver 1942 que Dora a connu. Il se dit que, sans le savoir, Dora était déjà à l'époque à ses côtés : « Peut-être, sans que j'en éprouve encore une claire conscience, étais-je sur la trace de Dora Bruder et de ses parents. Ils

4. Marguerite Duras, *Yann Andréa Steiner*, Paris, Gallimard, « Folio », 2001 [1992], p. 39 et p. 40.

étaient là, déjà, en filigrane. [5] » Ce vrillement de la temporalité autorise alors les vies parallèles de Modiano et des Bruder à se rejoindre. La projection par empathie est pourtant hors de propos dans ce qui doit se garder en tant que distance. Parce que c'est justement la distance qui fonde l'objet et l'attraction qu'il exerce sur l'enquêteur. Parce que, aussi, « on ne doit pas parler à la place d'un autre » (*P*, 32). C'est donc l'impasse : Modiano ne peut parler ni pour lui ni pour l'autre. Une solution malgré tout : être, humblement, le greffier qui transcrit les éléments officiels de l'enquête. C'est pourquoi Modiano équilibre toujours l'interprétation psychologique par le poids du document, et vice versa. Il laisse aux archives leur aspect brut, il ne leur fait pas parler un langage qui n'est pas le leur. C'est l'obscurité essentielle des individus qui se garde dans cette réserve. La présence de dates, de faits historiques, de trajets, d'horaires, induit un ancrage tangible face à l'incertitude de l'objet. Le langage ne pourra donc pas, comme dans *La Place de l'étoile*, connaître les jubilations de la rhétorique puisqu'il doit s'arracher à tout investissement lyrique, poétique ou ironique qui l'éloignerait de sa matière : le document. Au contraire, seule une adhérence étroite, une *mimesis* stricte avec ce qui le constitue, pourra l'approcher de l'objet de sa quête. D'autant que Dora, objet rétif à la saisie, objet sans hérédité, sans références, ne peut se révéler que dans les limites de la perception qu'elle autorise : celles de ses blancs et de ses lacunes. L'œuvre sera donc archéologique sans pouvoir être anthologique. Elle ne pourra pas nous livrer un résultat, nous restituer une totalité : c'est le spectacle d'une investigation parcellaire et en cours qui nous est proposé. C'est donc le vide que l'œuvre récolte : « On se dit qu'au moins les lieux gardent une légère empreinte des personnes qui les ont habités. Empreinte : marque en creux ou en relief. Pour Ernest et Cécile Bruder, pour Dora, je dirai : en creux » (30). Cette réflexion, gardons-nous de la mésestimer. Osons plutôt voir en elle une prescription de lecture de toute l'œuvre. Pour une écriture du creux, du ténu. Qui trace son sillon dans celui d'autres écrits, ceux des papiers administratifs. Car au Juif de peu, il faut une écriture du peu.

La dimension historique de cette enquête, c'est alors la forme du texte, une forme elle aussi historique, qui la conditionne : déposition, rapport factuel, plus que roman [6]. Chaque aspect de l'histoire de Dora amène un éclairage plus général et documenté sur la situation des Juifs pendant l'Occupation. Avec cette écriture prédicative, avec Dora, se trace en creux une histoire de l'Occupation,

5. Patrick Modiano, *Dora Bruder*, Paris, Gallimard, 1997, p. 12. Toutes les citations suivantes, sauf indication contraire, sont extraites de cette œuvre.
6. Sur cette question, voir Laurent Douzou, « Quand la fiction vole au secours de la réalité », dans *Lectures de Modiano*, Roger-Yves Roche (dir.), Nantes, Cécile Défaut, 2009, p. 123-134.

des rafles, de la judéité à cette époque. Le registre du centre d'internement des Tourelles (114-115) introduit une liste de victimes, livrée dans sa nudité, où le nom est accompagné du numéro matricule. Modiano a en effet réussi à identifier quelques femmes croisées par Dora parmi celles qui ont été transférées des Tourelles à Drancy (118-122). De chacune, il raconte l'histoire telle qu'il a pu la reconstituer, dans une miniature qui met en abyme la démarche utilisée dans l'œuvre au sujet de Dora. Le texte se mue en tables commémoratives, en empreinte en creux, à la manière du *Mémorial de la Déportation des Juifs de France* de Serge Klarsfeld ainsi que de la pratique des *Memorbücher*, ouvrages qui établissent la liste des martyrs d'une communauté, réactualisée après-guerre [7]. Peut-on en déduire pour autant que *Dora Bruder* est un livre d'histoire ou un document historique ? Certes puisque l'œuvre rassemble des événements du passé et dessine une histoire de l'Occupation, et que la position de Modiano est aussi celle de l'historien ou du chroniqueur, dans une recherche de distance objective. Mais cette Histoire demeure éparse, incapable d'être diachronique, à cause de sa non-transmission et de la mise en question de la linéarité du temps suite à la guerre. Elle flirte avec le romanesque en s'attachant à des figures qui ne révoquent pas, par leur nature même, la notion de personnage, mais l'épousent au contraire, étroitement. C'est dans ce trouble, dans ce tremblement, presque générique, témoignant en tout cas d'une éthique de la littérature, entre le témoignage, le document historique et le roman, que *Dora Bruder* crée une nouvelle découpe dans l'Histoire. Par son caractère fragmentaire, l'œuvre dissout le temps, empêche la perception historique de se rassembler et de laisser apparaître des lignes d'interprétation systématique. Car c'est ainsi que l'Histoire est perçue par toutes les générations d'après-guerre : entourée d'un halo d'incertitude et de flou, à cause de la distance qui s'interpose entre elle et le foyer de sa perception. Comme si l'Histoire, aussi bien parce qu'elle a mis en échec la maîtrise de l'homme que parce qu'elle n'a été vécue qu'à distance, était devenue impossible à narrer, à reconstituer dans son ensemble. Comme si le sens ne résidait plus dans le macroscopique et que, même dans le microscopique, il était précaire, aléatoire, divisé, soumis au non-sens, et donc impossible à asserter. Mettant en scène l'investigation,

7. On retrouve ce principe de la liste commémorative entre autres chez Charlotte Delbo dans *Le Convoi du 24 janvier* par exemple, conçu autour de courtes biographies qui redonnent un nom et une histoire aux disparues. Sur les *Memorbücher*, voir Itzhok Niborski et Annette Wieviorka, *Les Livres du Souvenir. Mémoriaux juifs de Pologne*, Gallimard-Julliard, « Archives », 1983. On pourra aussi consulter le dossier sur la genèse de *Dora Bruder* dans *Cahier de l'Herne*, « Modiano », Raphaëlle Guidée et Maryline Heck (dir.), n° 98, 2012.

le récit compromet donc l'Histoire comme résultat ; mettant en péril l'ordre narratif, il compromet le roman comme totalité inventée.

Vers une identité inachevée

Mais Modiano reconduit aussi dans la forme de *Dora Bruder* le modèle utilisé pour les textes autobiographiques et le lieu d'inscription problématique et presque premier de la judéité : le « pedigree ». *Dora Bruder* ne viendra pourtant pas mettre un terme à la question de la judéité. Car plusieurs failles minent l'écriture de Modiano. L'une d'elles : le sauvetage de la mémoire des Juifs révèle que le livret de famille et l'état civil ont aussi leur envers noir, la fiche de renseignement. État civil signifie aussi : cases, catégories, numéros ; et donc élimination. De ce conflit de signification, où l'état civil est à la fois vital et mortel, comme dirait Perec, naissent des glissements permanents, des tiraillements incessants qui empêchent la quête documentaire de s'ériger en modalité assurée pour conduire le récit. Car c'est aussi pour se prémunir des fiches et des fichiers, ceux-là mêmes qui sont pourtant le précieux antidote contre l'oubli, que Dora ou son père ont dû détruire leur existence officielle, s'évaporer et supprimer les « reliefs », se faire des Juifs de peu, conformément somme toute au projet nazi. En la famille Bruder, Modiano retrouve de ce fait son propre dédain pour les catégories et c'est justement Dora qui échappe à ces cases puisqu'elle n'avait aucun numéro de dossier, contrairement à ses parents :

> *Peut-être Ernest Bruder a-t-il jugé qu'elle était hors d'atteinte, dans une zone franche, au pensionnat du Saint-Cœur-de-Marie et qu'il ne fallait pas attirer l'attention sur elle. Et que pour Dora, à quatorze ans, cette catégorie « juif » ne voulait rien dire. Au fond, qu'est-ce qu'ils entendaient exactement par le mot « juif » ? Pour lui, il ne s'est même pas posé la question. Il avait l'habitude que l'administration le classe dans différentes catégories, et il l'acceptait, sans discuter. Manœuvre. Ex-Autrichien. Légionnaire français. Non-suspect. Mutilé 100 %. Prestataire étranger. Juif. Et sa femme Cécile aussi. Ex-Autrichienne. Non-suspecte. Ouvrière fourreuse. Juive. Seule Dora échappait encore à tous les classements et au numéro de dossier 49091.* (49)

Mais ce sont finalement Dora et son père qui se tiennent dans un ailleurs inapprochable, ils appartiennent à la même catégorie : celle des hors-catégories. Ils sont à la fois des objets incertains et des produits d'une société historiquement située. C'est l'antisémitisme qui les voue à être sans identité et c'est pourtant ainsi qu'ils échappent à l'antisémitisme. Un double mouvement les saisit donc, celui d'une causalité et celui de son absence. Conditionnés par les persécutions de l'Occupation, Dora et le père en sont les fruits dissidents qui, en poussant à l'extrême les implications de ce déterminisme, finissent par l'annuler comme dans *La Place de l'étoile* [8]. Le Juif chez Modiano, s'il se confond d'abord avec les forces de l'Histoire, finit par s'en détacher et leur résister. C'est dans cet orbe que le narrateur définit son rôle : « les policiers des Questions juives ont détruit leurs fichiers, tous les procès-verbaux d'interpellation pendant les rafles ou lors des arrestations individuelles dans les rues. Si je n'étais pas là pour l'écrire, il n'y aurait plus aucune trace de la présence de cette inconnue et de celle de mon père » (67). L'Histoire, chaotique, brisée, retrouve ainsi une sorte de forme, un mouvement presque, celui de la résistance de la précarité identitaire à sa négation. Plongé dans l'Histoire, le Juif de peu finit par la surplomber.

C'est pourquoi le Juif de Modiano devient ici non une figure mythique, révoquée avec virulence dès *La Place de l'étoile*, mais quelque chose qui serait une sorte de *fonction* : celle de préserver, au cœur de la haine, une part de l'humanité. Mais cette humanité, qu'est-elle selon Modiano ? Aucunement une forme d'éthique ou de métaphysique, notions bien trop galvaudées dans son univers incertain. L'être de cette humanité est pauvre en couleurs : il est tout simplement gris. Il s'agit de l'essentiel vide qui construit et déconstruit nos identités. Érigée contre les Sirènes mythiques de l'identité classifiée et assurée, dont l'avatar le plus honteux a été l'idéologie nazie et vichyste, la figure du Juif de peu est celle qui recueille une fragilité et une ambiguïté qu'on a voulu éradiquer tant elles peuvent nous paraître insupportables. Mais la fonction que serait le Juif ne peut jamais se confondre avec un concept ou une théorie, ce que démontrait *La Place de l'étoile* en multipliant les discours identitaires sur la judéité pour affirmer qu'aucun n'était à même de réduire l'individu. Malgré le fossé qui sépare les esthétiques de ces deux romans, c'est bien une continuité de pensée qu'on finit par deviner. Cette fonction n'existe alors qu'en tant que personne, dans son quotidien et son caractère minuscule. Elle n'a nulle valeur paradigmatique, ce qui reviendrait à oublier son irrémédiable vulnérabilité. Elle ne réside que dans le particulier d'individus. Elle se pluralise alors d'autant plus et empêche à nouveau toute fixation ou assertion. Modiano ne fait donc nullement du Juif la figure de l'Autre, du singulier, comme ont pu le faire Blanchot ou Duras [9]. Si le Juif est

8. Nous nous permettons de renvoyer, sur cette question, à notre travail, *Écrire la judéité. Enquête sur un malaise dans la littérature française*, Seyssel, Champ Vallon, « Détours », 2015, p. 246-255.
9. Voir en particulier Maurice Blanchot, « Être juif » dans *L'Entretien infini*, Paris, Gallimard, 1969, p. 180-190, et Marguerite Duras, *Œuvres complètes*, II, Paris, Gallimard, « Bibliothèque de la Pléiade », 2011, p. 1260-1265.

historiquement ostracisé, il est rejoint par toute une cohorte de déclassés et de fantômes. Si les hommes veulent tuer le Juif et sa mémoire, c'est bien parce qu'il est aussi le même, fragile, incertain, exhibant les béances de l'être que le mythe aryen est incapable d'accepter. Assurément, ce sens n'est jamais formulé en tant que tel, brutalement. Modiano, qui vit parmi les fantômes de l'être, serait bien incapable d'un tel arrêt.

C'est alors dans la forme même de *Dora Bruder* que ce sens s'indique sans se proclamer, forme qui fait d'un échec une réussite. Car il y a, dans ce livre, une audace qui peut passer inaperçue, tant elle se confond avec le gris et le terne : celle d'un projet par avance voué à l'inachèvement. Si une sorte de faillite résulte de l'entreprise inaboutie de reconstituer l'existence de Dora, cet échec est retourné en victoire parce que le secret où Dora s'est drapée est finalement la seule chose que les autorités françaises et nazies n'ont pu lui ôter :

> *J'ignorerai toujours à quoi elle passait ses journées, où elle se cachait, en compagnie de qui elle se trouvait pendant les mois d'hiver de sa première fugue et au cours des quelques semaines de printemps où elle s'est échappée à nouveau. C'est là son secret. Un pauvre et précieux secret que les bourreaux, les ordonnances, les autorités dites d'occupation, le Dépôt, les casernes, les camps, l'Histoire, le temps — tout ce qui vous souille et vous détruit — n'auront pas pu lui voler.* (147)

L'entreprise de Modiano autour de Dora aura donc montré que si la matière même de tout examen identitaire demeure chez lui obscure et réfractaire, elle n'a pourtant pas été l'arme d'un crime. Que si elle n'a pas permis d'offrir une parenté reconstruite, elle n'a pas non plus permis d'organiser la mort. L'écrivain est donc l'antithèse de « ceux-là même qui sont chargés de vous chercher et de vous retrouver » et qui « établissent des fiches pour mieux vous faire disparaître ensuite — définitivement » (84). Il est l'enquêteur qui ne doit pas entériner la disparition. Et c'est seulement dans cette perspective que Modiano peut lui conférer, à sa manière, un rôle face à la tragédie historique. L'écrivain n'exerce ni une domination sur son objet et son destinataire, ni un magistère éthique ou prophétique, mais il est une sorte de greffier qui consigne et assemble les précieuses, mais potentiellement dangereuses, traces dissimulées et repoussées loin du regard.

Le travail de Modiano, de *La Place de l'étoile* à *Dora Bruder*, est ainsi une perlaboration du sens face au signifiant « juif », un cheminement qui conduit à la révélation que ce sens existe encore, même s'il est celui du vide et du blanc. La part irréductible de l'humain face à l'Histoire est finalement sauve, même si elle est à jamais inaccessible à tous. Si l'humain a basculé dans le néant, ce néant lui-même demeure ce qui le constitue et le fait homme, au-delà de toutes les horreurs et de toutes les négations. On se souvient de l'épigraphe de *Livret de famille*, empruntée à René Char : « Vivre, c'est s'obstiner à achever un souvenir. » L'achever : le compléter, le terminer, mais aussi le déconstruire, l'annuler. C'est dans cette double polarité, entre le vide et sa sauvegarde, que se tient la mémoire d'une identité juive qui n'existe pas comme un donné mais seulement dans sa déconstruction et reconstruction permanentes au sein de l'écriture. Si vivre, c'est achever un souvenir, le paradoxe est que vivre cette identité chez Modiano la voue à l'inachèvement.

Maxime DECOUT

PATRONYME MODIANO / PSEUDONYME MODIANO

> « Le plus éprouvé des pseudonymes, son propre nom, le Nom Propre. »
>
> Roland Barthes

« Elle avait obtenu du premier coup le bien mystérieux qui s'était toujours dérobé devant nous : un état civil. » Fin du premier épisode de *Livret de famille*. « Je » vient de déclarer en mairie la naissance de sa fille. Dès le début du chapitre, dès qu'il a été question du « Livret de famille », la sarabande du vrai et du fictif a commencé à se déployer sur ce terrain censé ignorer le faux. L'extrait d'acte de mariage paraît en règle. Sauf les lignes laissées en blanc, correspondant à « fils de » « pour ne pas entrer dans les méandres de mon état civil ». « J'ignore en effet où je suis né et quels noms, au juste, portaient mes parents lors de ma naissance. » Version *Livret de famille*, le couple se serait marié à Megève en 1944 et le père aurait pris pour pseudonyme « Jaspaard de Jonghe ».

Le lecteur est aussitôt pris dans les entrelacs de la mythologie Modiano. Pour la scène narrative, voici « je » sans lieu de naissance et avec un état civil laissé en blanc, fils d'un père pseudonyme, aux noms variables. Mais ce fils remet le temps dans ses gonds : sa fille, elle, sera détentrice de ce « bien », réputé ici « mystérieux », qui se serait « toujours dérobé devant nous » (qui, « nous » ?).

« Je » sans état civil. Le labrador Mektoub, évoqué au chapitre XII, peut se flatter, lui, d'un pedigree qui mentionne ses date et lieu de naissance « et les noms de ses parents et de ses quatre grands-parents ». Pourtant, l'identité Modiano, le livre peut l'introduire dans la trame même du texte, ainsi que diverses données de l'histoire familiale. Mais pour que se mette en place la légende Modiano, il faut que la page initiale soit ainsi arrachée ou travestie.

Une intranquillisante partie de cache-cache se propose dès lors au lecteur. Parfois, le patronyme « Modiano » s'affiche dans le texte, comme dans *Livret de famille*. De même, est épinglé çà et là le prénom (le vrai, Patrick ; un vrai d'une autre façon, Jean, son premier prénom à l'état civil ; voire un surnom enfantin, Patoche...). Dans *Vestiaire de l'enfance*, le nom du personnage paraît un évident faux nez (Jean Moreno qui se cache sous le pseudo de Jimmy Sarano). D'autres fois, c'est le père qui se trouve pseudonymisé et transformé en personnage de fiction alors que les données le concernant semblent se référer au « vrai » Albert Modiano. À maintes reprises, Modiano « anonymise » ce personnage de jeune homme à la première personne (« je »), répétitivement transformé par la narration en un double, auquel sont attribuées des données à peu près identiques. Ses rencontres, ses parcours sont à la fois imaginaires et précisément répertoriés dans son passé, en un inextricable mélange des deux registres. Tout en racontant des destins potentiels d'un Patrick Modiano virtuel, il appose sur cet irréel la griffe « Modiano », reconnaissable par les effets de redite et de rappels de son passé. On a l'impression qu'il joue à l'élastique avec son nom et son histoire, au *fort/da*, ne cessant de les éloigner pour mieux les rapprocher la page d'après et les ré-éloigner aussitôt. Il sème des cailloux blancs, il faut le chercher. Et le perdre sitôt trouvé : il est aux abonnés absents.

« Vous pouvez tout inventer. Une vie neuve. Ils n'iront pas vérifier. À mesure que vous la racontez, cette vie imaginaire, de grandes bouffées d'air frais traversent un lieu clos où vous étouffiez depuis longtemps. [1] » Mais on revient vite au « lieu clos ». Sans cesse, le lecteur a à se sentir aux prises avec ce *double bind* : c'est de moi qu'il s'agit / ce n'est pas de moi qu'il s'agit. S'installe-t-on dans un univers de fiction, on en est continûment délogé. Obstinément, Modiano colle dans la texture narrative, comme des *post-it* de rappel, des fragments de cette histoire devenue sa légende. *Accident nocturne*, roman de pure invention, voit passer au fil des pages la rue du Docteur-Kurzenne de Jouy-en-Josas, les rendez-vous avec le père au Ruc-Univers du Louvre ou au café de la Rotonde de la Porte d'Orléans, le « panier à salade » où il monte avec lui, les Tuileries de son enfance, l'accident qui lui fait faire connaissance avec l'éther, l'école de la rue du Pont-de-Lodi... Apparaissent, telles des bulles à la surface de l'eau, les noms de Biarritz, Bordeaux, Saint-Lô, la Haute-Savoie et autres repères de sa vie pour disparaître aussitôt. Dans ce roman où les dérives, les fantasmes et l'onirisme prennent toute la place, on ne sort pourtant pas de l'enclos Modiano. Ou plutôt on n'en sort que pour y faire retour quelques pages plus loin. Non pour faire un va-et-vient entre fiction et introspection, mais pour planter solidement les piquets mémoriels grâce auxquels se sont inscrits l'espace, le temps, la référence Modiano.

1. Patrick Modiano, *Dans le café de la jeunesse perdue*, Paris, Gallimard, « Folio », 2008 [2007], p. 32-33.

Sans lesquels conter une histoire deviendrait malaisé, voire impossible ? Presque toutes les fictions sont reliées, par des filaments ou des nouages plus serrés, à ce qui, à force d'être remis en scène, finit par constituer pour le lecteur l'univers Modiano. Alors même que l'auteur ne cesse de nous dire combien il doute de son existence, de la permanence des lieux et des êtres, les données de cette mythologie vraie, dite et redite au prix de menues variations, sont là pour servir de repères. Tels des amers sur l'océan, flottants mais bien arrimés.

Cette façon de s'ancrer — et le jeu de mots ici s'impose — s'encrer dans son récit est déjà là dans *La Place de l'étoile*. Dans ce livre libertaire et ravageur, en même temps que son… porte-voix ? porte-parole ? fait et contrefait le fou, Modiano a déjà mis en place la même conduite que dans ses ouvrages ultérieurs : autour de Schlemilovitch, il attire, tel un aimant, les signifiants majeurs de son histoire, le quai Conti, la Haute-Savoie, l'épisode de l'hypokhâgne de Bordeaux, etc. Le mythique Schlemilovitch entre en scène vêtu des oripeaux de son créateur. Le livre se débarrasse des contraintes du réalisme, des liens avec les espaces et les temps, mais reste attaché au paysage Modiano, à la légende Modiano désormais tissée texte après texte.

Cette perpétuelle présence des signifiants Modiano de la part d'un auteur aussi discret que secret ne laisse pas d'interroger. Ce sceau apparaît, non pas simplement en tête de l'ouvrage, mais, pourrait-on dire, dans la chair même du texte, en marquant de cette empreinte le territoire de presque tous ses livres.

L'omniprésence du père environné de ses pseudonymes, dans une bonne moitié de l'œuvre, lance et relance cette question. « Un jour de mon enfance, j'avais demandé au concierge qui était ce mystérieux "Henri Lagroua. 4e étage" — Ton père, m'avait-il répondu.[2] » Étrange baptême que cette inscription « mystérieuse » sur une boîte aux lettres. L'anecdote contresigne un destin. Albert Modiano aurait emprunté autour de 1944 sa carte d'identité à cet ami Lagroua. *Un pedigree* parle d'« autres noms » qu'aurait utilisés son père.

---

2. « 15 quai Conti », préface aux *Nouvelles peu exemplaires* (Tirésias, Paris, 2002) de François Vernet, pseudonyme d'Albert Sciaky. François Vernet, dit dans la Résistance « le Zébu », avait habité l'appartement des Modiano quai Conti et y avait laissé des livres à son nom. Dès l'enfance, Patrick Modiano se trouve environné en son logis même de traces de vies pseudonymes. Le même appartement a été loué à Maurice Sachs, pseudonyme de Maurice Eittinghausen, et auteur… d'*Alias*. Denis Cosnard, excellent connaisseur du dossier Modiano, note que dans *Le Sabbat*, Sachs publie son acte de baptême comme le fera Modiano dans *Livret de famille* (*Dans la peau de Patrick Modiano*, Paris, Fayard, 2010, p. 29). L'anecdote est reprise presque dans les mêmes termes dans *Un pedigree*, Paris, Gallimard, 2005, p. 21.

Modiano se demande même si les noms retrouvés dans ses recherches de « quelques individus » qui auraient travaillé dans le même bureau que son père, ne feraient pas partie de ses pseudonymes (« Le baron Wolff, Dante Vannuchi, le docteur Patt, "Alberto" [3] »). Pseudonymes qui auraient servi de masques protecteurs durant la guerre et de paravents pour des trafics suspects pendant et après l'Occupation.

Fils de pseudo. L'évocation de ce père attire immanquablement à sa suite des images de faux, de mensonge, de fraude. Le royaume de Danemark est ici assez pourri. S'explique aisément la destinée hamletienne du fils voué à la déréalisation, aux prises incertaines sur les espaces, les temps, la vie. Et non moins voué à quêter ce père inlassablement : « Nous voilà condamnés, orphelins que nous sommes, à poursuivre un fantôme en reconnaissance de paternité. [4] » Ce fils sans trop de substance ni de corps a pour destin de rechercher un ectoplasme, la trace fuyante de ce qui n'est pas même une silhouette : « Je me perdrai dans le dédale des rues, à la recherche de votre ombre. Jusqu'à me confondre avec elle. [5] » Programme narratif sans doute accompli tant le fils a investi l'ombre paternelle, errant avec elle, en elle, dans Paris occupé et ses bas-fonds fantomatiques.

Patronymie et pseudonymie semblent indissolublement liées, tels le pile et le face d'une même pièce de monnaie. En un étrange statut : l'écrou premier de la nomination est comme desserré, le point de capiton fondamental ne retient qu'à demi les fils qu'il devrait retenir. L'écrou est là, visible, dévissé sans être retiré : le personnage qui incarne le « je » narratif est par intermittence aux prises avec diverses figures de la déstabilisation ou même de la psychose, et Modiano ne se prive pas de lui faire faire des glissades du côté du vertige. Mais dans ce dévalement, il y a toujours du jeu. Le personnage sait reprendre pied et revenir (et nous avec lui) aux sûrs parapets. La folie n'est jamais précipice chez Modiano. On en reste à une dérive contrôlée, un effleurement de l'irréel qui permet de désintriquer lieux et temps. Des virtualités s'explorent, des lieux se confondent, des portes s'ouvrent, en particulier celles qui donnent accès à des passés de crime faussement dépassés.

De cette singulière relation entre patronymie et pseudonymie, une des traces les plus évidentes est l'avalanche de noms propres que subit tout lecteur d'un livre de Modiano. Ouvrir *La Ronde de nuit*, sans dépasser la deuxième page, c'est déjà avoir rencontré Lionel de Zieff, Lydia Stahl,

3. *Un pedigree,* op. cit., p. 22.
4. Patrick Modiano, *Les Boulevards de ceinture*, Paris, Gallimard, « Folio », 2000 [1972], p. 154.
5. *Ibid.*, p. 179.

Pols de Helder, Costachesco, Jean-Farouk de Méthode, Gaétan de Lussatz, Odicharvi, Simone Bouquereau, Irène de Tranzé, les Chapochnikoff et autres fêtards dansant au-dessus des salles de torture. Bien des noms évoqués dans la suite des romans apparaissent comme des métonymies ou des avatars du pseudonyme paternel (et des temps où ce pseudo a servi d'identité à son père). Ils sont assez souvent des rappels presque effacés de personnages diversement crapuleux de la période de l'Occupation. D'autres arrêtent par leur étrangeté sonore (Koromindé, Kovnovitzine, Witt von Nida…) ou la bizarrerie de leur agglomérat (Moreau-Badmaev, Condé-Jones…) — indiquant des histoires d'exils, de frontières passées on ne sait comment, des couplages curieux, bref du mystère apparent. Abondent les noms liés à l'univers de la grande délinquance puisés dans l'histoire des faits divers des années trente à soixante-dix. Se profilent ainsi des liens entre patronyme et délit, entre pseudonyme et machinations troubles ou criminelles. Liens qui peuvent demeurer masqués à la première lecture (les parties de cache-cache se jouent en bien des coups chez Modiano). En général seule l'exégèse a su les rendre visibles [6].

« Je leur ai dit qu'en dépit de mes faux papiers […], j'étais JUIF. [7] » Au milieu de la ronde des pseudos, ce point fixe. Ce vrai nom ? Pour son entrée fracassante sur la scène littéraire, Modiano se désigne ainsi, insolemment, sardoniquement. *La Place de l'étoile* impose l'omniprésence et l'omnipotence de Raphaël Schlemilovitch (seul cas sans doute dans toute l'œuvre de Modiano d'un patronyme référé uniquement à la culture yiddish et à l'histoire littéraire [8]). Seul un écrivain d'origine juive pouvait avoir pareille liberté et pareille impudence dans le maniement des propos antisémites qui émaillent le livre. De cette affiliation [9], il fait son étoile, à l'image du personnage de *Rue des Boutiques obscures* se découvrant « Stern » à la fin du livre.

---

6. Un exemple parmi bien d'autres. La Jacqueline Beausergent que « je » tente avec obstination de retrouver au long d'*Accident nocturne* tant il voit en elle la fusion d'une amante idéale et d'une mère protectrice, doit son nom à la complice d'un truand de l'après-guerre. Sur toutes ces allusions à l'univers du crime, voir le travail de Denis Cosnard ou les diverses contributions du chercheur anglais Alan Morris.
Et Modiano ne déteste pas les *private jokes*. L'Alfredo Gangotena de la page 106 de *Rue des Boutiques obscures* est le nom d'un ami d'Henri Michaux (Paris, Gallimard, « Folio », 1991 [1978]). Le sous-préfet Roquevillard de la page 117 de *Villa Triste* doit son nom à un roman d'Henry Bordeaux (Paris, Gallimard, « Folio », 1991 [1975]). Etc.
7. Patrick Modiano, *La Place de l'étoile*, Paris, Gallimard, 1968, p. 121-122.
8. Un *schlemihl* est dans la tradition yiddish un malchanceux qui endure avec patience son sort. *Peter Schlemihl* d'Adalbert von Chamisso (1814) conte l'histoire d'un homme qui a vendu son ombre au diable.
9. Affiliation liée seulement à la branche paternelle, puisque sa mère est d'origine flamande.

Reste qu'il est difficile de lire sans perplexité *La Place de l'étoile.* Notamment quand se manifestent les rapports conflictuels ou le ressentiment de l'auteur à l'égard de sa judéité [10]. Mais on pressent aussi que, sous la charge, se liquident d'autres comptes que ceux réglés avec Céline, Drieu et autres « Rabatête ». Derrière les jeux menés train d'enfer avec les pseudonymies, les masques et l'esprit de vengeance, on trouve toujours le même tournoiement. Tout se passe comme si le nom [11], qui le situe comme descendant de rabbin, était contaminé ou recouvert par la pseudonymie paternelle. Maurice Sachs, Raphaël Schlemilovitch, Albert Modiano, Swing Troubadour, Princesse de Lamballe [12]… Pseudos du père ou de ses doubles, noms de scène du fils ou de ses doubles, même « tour de passe-passe » ? « On oublie très vite ses origines, vous savez ! », dit Sachs à Schlemilovitch, « Un peu de souplesse, que diable ! on peut changer de peau à loisir ! de couleur ! Vive le caméléon ! [13] » Sitôt grattées les pseudonymies griffonnées en palimpsestes sur le nom d'origine, en réapparaissent de nouvelles. Le dossier patronyme / pseudonyme reste un dossier ouvert.

Au terme de l'errance parmi tant de noms et d'adresses subsiste, têtu, un questionnement, demeurant ici souvent implicite ou à peine formulé : qu'y a-t-il, qui y a-t-il à chercher sous un nom ? que traîne par-devers lui un nom propre ? De quel mensonge ou distorsion est-il à la fois l'insigne et le masque ? Au fil des quêtes racontées, le tournoiement autour de la patronymie et de ce qu'elle voile ou révèle devient, à un moment ou un autre, pôle magnétique. *Rue des Boutiques obscures* déploie l'histoire d'un amnésique à la recherche de son vrai nom. Plus généralement, le personnage qui est le pion principal avancé sur l'échiquier narratif, évidé de son histoire, se cherche, rencontre après rencontre, une mémoire, des traces, une identité : de quoi remplir son nom. « Un nom ne peut se promener sans un corps à traîner », écrit Gérard Pommier [14]. Sans doute est-ce cette incarnation que Modiano fait rechercher (tout en la

10. « C'est vrai que je suis par moment antisémite… », reconnaît alors le jeune auteur (interview dans *Le Figaro littéraire*, 5 mai 1968, reproduit dans le livre de Denis Cosnard, *op. cit.*, p. 51).
11. Modiano fait coller les origines de ce Schlemilovitch au nom ashkénaze aux siennes, elles, séfarades : « Moi, Raphaël Schlemilovitch, dont le grand-père n'avait vraiment rien de commun avec Maurras, Chack et Béraud. Rabbin. Très loin d'ici. Salonique. » (*La Place de l'étoile*, op. cit., p. 57).
12. Ces deux dernières appellations sont celles entre lesquelles virevolte le personnage de *La Ronde de nuit.*
13. Patrick Modiano, *La Place de l'étoile*, op. cit., p. 30.
14. Gérard Pommier, *Le Nom propre, fonctions logiques et inconscientes*, Paris, P.U.F., 2013, p. 170.

fuyant…) à ce personnage de double de peu de chair et de trop de doutes, en saturant ses fictions des signifiants de sa légende et en les tatouant littéralement d'une multitude de noms propres.

Mais les êtres entrecroisés ne restent que des noms inscrits sur des listes, des annuaires ou dans le registre mémoriel qu'il s'est constitué. Le marquage par un patronyme (rarement un simple prénom) leur sert de tenant-lieu de corps et de rappel d'une histoire plus ou moins brouillée. D'autant que ce nom se révèle souvent un pseudonyme, une identité usurpée, lestée d'un secret, mémoire de fraude ou de crime. Ces personnages-noms ne font que passer sans acquérir une consistance, parfois sans avoir le moindre rôle dans l'histoire racontée [15], tout en faisant retour dans le livre suivant. Les mêmes (tel l'éternel Pacheco, si souvent croisé) ou pas les mêmes : de toute façon, des ombres, métonymies d'un secret indéfiniment relancé.

« Les noms finissent par se détacher des pauvres mortels qui les portaient et ils scintillent dans notre imagination comme des étoiles lointaines. [16] » Un nom, une étoile qui cherche sa place ? et devient étincelle romanesque ? De la part de l'auteur de *La Place de l'étoile*, l'image donne à penser. De roman en roman se raconte ou plutôt se récite, rassurante berceuse ou interrogation muette, cette déclinaison de noms propres, de noms de rues, évoquant laconiquement des silhouettes, quelques mots, un vague signe distinctif — jusqu'au roman suivant qui reprendra ailleurs la même et inlassable poursuite d'un impalpable, d'un souvenir ou d'un objet par avance perdu. Poursuite, quête du père en ses mille et un faux noms. Et plus encore, de ce que peut donner un père et qui semble ici indéfiniment se dérober : un nom, un vrai, qui ne se démultiplie pas [17], et pas un pseudo.

Un patronyme dévissé, entraînant dans son lâcher prise identité indécise, dissolution des frontières, espaces qui se mêlent, temps qui s'interpénètrent. C'est grâce à ce déblocage que Modiano a fait accomplir au roman une sorte de révolution « en pente douce » (peu de romans de lui où il n'y ait, sollicitante, une rue en pente douce). Milan Kundera, dans *L'Art du roman*

---

15. Ainsi le deuxième chapitre d'*Accident nocturne* voit passer un Malgache du curieux nom de Katz-Kreutzer qui, après avoir été évoqué sur une dizaine de lignes, disparaît de l'intrigue : « Je ne sais rien de lui. D'autres détails… Il s'agissait toujours de gens que j'avais croisés et à peine entrevus, et qui resteraient des énigmes pour moi. » (Paris, Gallimard, « Folio », 2005 [2003], p. 36-37).
16. *Un pedigree*, op. cit., p. 21.
17. D'un personnage parmi bien d'autres, Henri Marignan, il est dit : « il me semble même qu'il fut une des multiples incarnations de mon père. » (*Livret de famille*, Paris, Gallimard, « Folio », 1981 [1977], *op. cit.*, p. 28).

suggérait que, pour renouveler des procédures fatiguées, le roman obéisse à quatre appels : ceux du temps, du rêve, du jeu, de la pensée. Modiano a su s'affranchir des barrières des temps, dégrafant la chronologie, superposant les moments (et offrant ainsi d'autres lectures de notre histoire récente). Il a laissé le rêve organiser le récit, désorganiser les certitudes, ouvrir les barrières. Il a introduit dans ses intrigues ou ses personnages du jeu, des défaillances du serrage qui leur permettent des libertés inattendues. Et jouer ainsi avec les noms, les références, les masques a fait s'ouvrir sans cesse de nouvelles arrière-scènes ou arrière-cours. Enfin, il nous contraint d'ouvrir et renouveler notre intelligence des êtres, notre perception des lieux et des moments : en donnant à la porosité (des individus, des impressions, des instants) cette place essentielle, embrumant la notion d'identité, laissant la fiction devenir chemin vers des vérités mal dicibles ou des doutes parfois plus féconds que nos certitudes.

Albert Modiano aura transmis à son fils une identité vacillante, un patronyme étrangement arrimé, et lui a fait vivre cette jeunesse triste et abandonnée que relate *Un pedigree*. Mais le roman français peut lui être singulièrement reconnaissant.

❖

Francis Jansen est la figure centrale de *Chien de printemps*. Ce photographe très ectoplasmique ne songe qu'à photographier la présence de la disparition avant de lui-même disparaître. Il représente une figure paternelle, faite de tact, de confiance muette et de quelques suggestions initiatiques (pour réaliser des photos « d'une précision extrême », il convenait de « prendre les choses en douceur et en silence sinon elles se rétractent », belle définition de l'art poétique de Modiano). Or, le « je » narrateur, toujours ce jeune homme anonyme et flottant qui a pour seul point fixe le projet d'écrire, narre un rêve nocturne au terme duquel il « s'appelait Francis Jansen ». Première superposition fusionnelle d'identité à laquelle en succède une autre à la dernière page du livre : Jansen, ayant demandé son acte de naissance, se voit attribuer celui d'un autre Francis Jansen, déporté en Italie en 1944 et mort dans des circonstances inconnues. D'où chez lui un vertige, l'amenant à accepter une « vérité » seulement pressentie : « un frère, un double est mort à notre place à une date et dans un lieu inconnus et son ombre finit par se confondre avec nous ». Coagulent ainsi dans ce double fantasme le désir d'acquérir un nom qui le légitime (en devenant un écrivain aux pouvoirs semblables à ceux de Jansen) et le besoin (la nécessité ?) de mêler à ce destin un « frère » mort appelé à être cette absence présente tout au long de l'œuvre qui en justifie la forme et les enjeux. On pense bien sûr à Rudy dont Modiano s'est attribué tout un temps la date de naissance. Et infiltrée dans l'image (absente) de Rudy, à celle de Dora Bruder et des victimes de la déportation. Au fantôme du père errant entre ses pseudos se mêle celui de ce pseudo jumeau portant le même patronyme, voué à devenir pour son frère cette ombre toujours présente, à laquelle plusieurs des premiers textes ont été dédiés.

Une des constantes dans les parcours que fait « je » ou son double reste son projet affirmé, frappant eu égard à la faiblesse identitaire du personnage, de vouloir devenir écrivain. *Un pedigree* se clôt sur l'acceptation du premier roman par Gallimard. On reste songeur devant ce passage de *Fleurs de ruine* où « je » — toujours lui — dit commencer son premier livre : « Ce n'était pas une vocation ni un don particuliers qui me poussaient à écrire, mais tout simplement l'énigme que me posait un homme que je n'avais aucune chance de retrouver, et toutes ces questions qui n'auraient jamais de réponse. [18] » Faute de pouvoir adresser une lettre au père, approfondir l'énigme de son histoire de mensonge et de fuite. Seule façon de le trouver ?

L'énigme a fait naître l'écrivain, celui qui va en toute certitude inscrire au haut de chacun de ses livres le nom « Patrick Modiano ». Les histoires de pseudonymes, d'identités usurpées et de vies sans accroches ne seraient-elles plus dorénavant que de la matière narrative ? Si l'expression « fonds de commerce » n'avait pas des connotations péjoratives, on voudrait l'employer. C'est à partir de ce « fonds » quasi inépuisable qu'il a commerce avec nous. Désormais rejeton Gallimard (parrains : Queneau, Malraux et même Morand, des noms au prestige littéraire assuré…), Patrick Modiano, dont la vie, dit-il, ressemble à « un jardin à la française », a conquis, parce que fils de la littérature, un patronyme, ce patronyme qu'honorera le prix Nobel. Le voici inscrit dans l'annuaire officiel des grands écrivains. Paradoxale trajectoire pour cet éternel Hamlet en proie aux tourments (et délices ?) de la pseudonymie ?

Claude BURGELIN

18. Patrick Modiano, *Fleurs de ruine*, Paris, Seuil, « Points », 1995 [1991], p. 86.

POURQUOI NOUS NE SOMMES PAS SEULEMENT DU « PRÉSENT »

Entretien avec Henry Rousso

Historien et chercheur au CNRS, Henry Rousso a participé à la création de l'Institut d'histoire du temps présent (IHTP). Il a d'abord travaillé sur l'histoire de la Seconde Guerre mondiale et de l'après-guerre, notamment dans un ouvrage fondateur : Le Syndrome de Vichy *(Seuil, 1987). Il a aussi étudié l'histoire de la mémoire collective et des usages du passé, un champ qu'il a contribué à créer. Il est l'un des premiers à avoir souligné l'importance de l'œuvre de Modiano dans notre perception de l'histoire de l'Occupation.*

Maxime DECOUT. — *Avec* Le Syndrome de Vichy, *vous avez montré comment les œuvres constituent des signes qui, sans avoir tous la même portée, témoignent d'une société, de sa mémoire et de ses tabous, mais aussi comment elles participent à son orientation. Celles de Modiano ont eu dans cette perspective une place déterminante pour plusieurs historiens. Pouvez-vous nous expliquer quand vous les avez découvertes et le rôle qu'elles ont joué pour vous ? La façon dont elles ont orienté, ou peut-être modifié, votre regard d'historien ?*

Henry ROUSSO. — J'ai lu pour la première fois Patrick Modiano à la fin des années soixante-dix, alors que j'entamais une thèse sur l'histoire de l'Occupation. Le sujet me taraudait depuis quelques années, sans doute depuis mes premières lectures d'enfance où je me passionnais déjà pour l'histoire de la Seconde Guerre mondiale — un phénomène que j'observe aujourd'hui, un demi-siècle plus tard, avec la même acuité chez les jeunes. À dire vrai, le premier contact fut un peu indirect, par la lecture de l'« interrogatoire » auquel le jeune écrivain venait de soumettre son aîné Emmanuel Berl, une figure du monde intellectuel et littéraire parisien des années 1930-1940 [1]. Ce texte a exercé une grande influence sur moi par le ton très direct des questions, par les réponses qui sonnaient tantôt comme une sorte de confession d'un grand esprit fourvoyé dans le pétainisme des débuts, tantôt comme un manque persistant de lucidité à l'égard de ce que fut l'expérience fasciste ou parafasciste française. Il y avait là, en germe, une série de questions auxquelles la société française tout entière était déjà peu ou prou confrontée. J'ai par la suite découvert le film de Louis Malle, *Lacombe Lucien* (1974), dont Patrick Modiano avait coécrit le scénario. Ce fut un autre moment important car, là encore, la nature du récit sur l'Occupation tranchait avec ce qu'on pouvait lire dans la littérature la plus répandue d'alors : que ce soient les ouvrages de Robert Aron [2], ceux d'Henri Amouroux [3], ou encore les études de l'historiographie française qui découvrait à peine le travail de Robert Paxton, traduit en 1973 [4] ; que ce soit la tonalité des discours sur l'expérience résistante, à droite comme à gauche, encore marqués par une forme de componction officielle, même si les effets de 68 commençaient à fissurer les mythologies politiques de l'après-guerre. Ce n'est qu'après, sans doute au début des années quatre-vingt, que j'ai commencé véritablement à lire les premiers romans de Modiano, d'abord *La Place de l'étoile* (1968), ensuite *La Ronde de nuit* (1969) et *Les Boulevards de ceinture* (1972). Je les ai lus avec un regard d'historien car j'y trouvais, avec des mots que j'aurais été incapable d'articuler ainsi, l'hypothèse de ce que je pressentais être un passé obsessionnel à l'échelle de la collectivité, et qu'exprimait avec un talent à nul autre pareil un écrivain né après la guerre et mon aîné d'à peine une petite décennie. Sans forcer le trait, ni chercher à tout prix la réponse attendue, je pense que ces lectures ont, en effet, grandement influencé ma manière d'écrire sur la période de Vichy. Elles n'ont pas modifié mes impressions premières puisqu'elles ont, sinon formé, du moins étroitement accompagné mes premières hypothèses. Et elles m'ont sans doute encouragé

---

1. Emmanuel Berl, *Interrogatoire, par Patrick Modiano*, suivi de *Il fait beau, allons au cimetière*, Paris, Gallimard, « Témoins », 1976.
2. Robert Aron, *Histoire de Vichy, 1940-1944*, avec Georgette Elgey, Paris, Fayard, 1954 et *Histoire de l'épuration*, Paris, Fayard, 4 vol., 1967-1975.
3. Henri Amouroux, *La Vie des Français sous l'Occupation*, Paris, Fayard, 1961 et le premier volume de sa *Grande histoire des Français sous l'Occupation* : *Le Peuple du désastre : 1939-1940*, Paris, Robert Laffont, 1976.
4. Robert Paxton, *La France de Vichy, 1940-1944*, traduit de l'américain par Claude Bertrand, préface de Stanley Hoffmann, Paris, Seuil, 1973 [1re édition : New York, 1972].

à me lancer, en parallèle à l'étude de la période de Vichy proprement dite, dans l'histoire de sa mémoire, une entreprise qui, au début des années quatre-vingt, pouvait sembler quelque peu étrange tant nous étions encore loin d'avoir pris pleinement conscience que les sociétés occidentales d'alors étaient entrées dans l'ère de la mémoire.

— Vous avez été l'un des premiers à affirmer que Modiano anticipait sur une prise de conscience collective de l'importance de l'Occupation. De ce fait, ne pourrait-on pas penser aussi qu'à sa manière il pratique une nouvelle façon d'écrire l'histoire, celle du temps présent, que vous avez analysée dans La Dernière Catastrophe *?*

— À dire vrai, avec le recul, je pense que Patrick Modiano a fait plus qu'anticiper le renouveau des questionnements sur la période de l'Occupation qui émerge dans les années soixante-dix et va se muer dans la décennie suivante en véritable anamnèse, en particulier du génocide des juifs : il a pleinement participé à ce mouvement de réinterprétation, sans doute déjà amorcé dans la société française — et même dans tous les pays d'Europe occidentale qui avaient été confrontés directement au nazisme —, et il a contribué à lui donner sa tonalité particulière en jetant non pas une lumière soudain crue sur le passé, à la manière de certains cinéastes de l'époque (Marcel Ophuls, Costa-Gavras), ni en proposant de nouvelles grilles de lecture analytiques, à la manière des historiens, mais en jouant une autre partition, en offrant des personnages au profil moins tranché que les figures dominantes et un peu archétypales des années 1950-1960, surtout du cinéma : le valeureux résistant, le lâche collabo, l'attentiste peureux, le crémier profiteur, le petit trafiquant de marché noir, même s'il ne faut pas tomber dans la caricature et garder en mémoire que la littérature populaire des années 1945-1970 qui aborde la période recèle de grandes richesses à la fois littéraires et historiques — je pense par exemple à un roman aujourd'hui oublié, qui m'avait passionné à l'époque : *Les Forêts de la nuit*, de Jean-Louis Curtis, prix Goncourt 1947. Avec Modiano, du moins dans ses premiers romans, on entre dans « le chien et loup », une expression favorite de la mode rétro, on pénètre dans un univers à l'humour un peu halluciné, on découvre ou redécouvre des juifs persécutés mais on croise aussi des juifs interlopes, sympathiques et douteux à la fois, dans un irrespect aux antipodes de la victimisation conformiste des années qui vont suivre. Pour autant, cette écriture ne relève pas de l'irrévérence gratuite, elle est une manière d'alerter le lecteur sur la nécessité qu'il y a d'aborder cette période de grand chaos avec le regard du fou shakespearien, avec une certaine liberté de ton qui semble précisément risquée eu égard au sujet traité : *La Place de l'étoile* est tout sauf un livre annonçant le « devoir de mémoire », même si des romans ultérieurs de Modiano sont plus proches de cette posture, comme l'un de ses chefs-d'œuvre, *Dora Bruder* (1997), un texte plus respectueux et plus empathique à l'égard des souffrances endurées durant la Shoah. Il y a donc sans conteste chez Patrick Modiano une sensibilité très forte non seulement à l'histoire et au passé récent, mais plus encore à la manière de la traduire en mots, en écriture, en narration — c'est presque un truisme s'agissant d'un des plus grands écrivains de sa génération. Il y a, tel que je peux en juger, une préoccupation profonde pour la « contemporanéité », c'est-à-dire le degré de proximité qui nous lie aux générations qui nous précèdent immédiatement et avec lesquelles nous pouvons partager un même temps biologique sans pouvoir partager leurs expériences, surtout si elles ont été paroxystiques.

— Pourtant Modiano ne représente pas la Seconde Guerre mondiale, encore moins le génocide. Son univers trouble et incertain est loin des grandes fresques historiques ou des témoignages sur la déportation. Son écriture cherche au contraire à fissurer les grands mythes collectifs, dont le « résistancialisme », comme pourrait le faire l'historien. Mais en même temps, ses œuvres ne sont pas des livres d'histoire alors même que le détail et l'archive y ont toute leur place. Pourrait-on dire qu'elles recourent à une sorte de micro-histoire ? Quelle serait alors la spécificité de son rapport à l'Histoire et à la mémoire en regard d'autres écrivains qui lui sont contemporains ?

— La première chose que je dirai est que, contrairement à d'autres écrivains plus jeunes ayant investi le terrain de la Seconde Guerre mondiale dans les deux dernières décennies, Patrick Modiano a écrit sans réellement se référer ou s'inspirer de la littérature historiographique. D'une certaine manière, il précède la nouvelle vague d'historiens qui vont s'intéresser, à compter des années soixante-dix, à ces questions et ouvrir de nouveaux chantiers. Cela signifie qu'il créé son propre univers historique, fondé sur des témoignages, des souvenirs transmis, une culture diffuse traduisant la présence continue mais lacunaire de la mémoire de cette période depuis la fin de la guerre. « Devant les silences de nos parents, nous avons tout deviné, comme si nous l'avions vécu », déclare-t-il le 7 décembre 2014, lors de son discours de réception devant l'Académie suédoise[5]. C'est une situation très différente de celle

5. Voir le texte complet : <http://www.magazine-litteraire.com/actualite/verbatim/patrick-modiano-certains-episodes-mon-enfance-ont-servi-matrice-mes-livres-08-12-2014-133994>, consulté le 5 février 2015.

d'un Jonathan Littell qui, lui, s'est très directement inspiré de l'historiographie la plus récente du nazisme pour construire l'univers narratif des *Bienveillantes* (2006) — jusqu'à oublier parfois sa dette et voir en l'historien celui qui « n'a pas droit au bond intuitif, à la sympathie imaginative » comme il le dit, un brin présomptueux [6]. Pour prendre un autre exemple, Laurent Binet, qui a écrit avec *HHhH* (2010) l'un des romans les plus stimulants ayant pour cadre la Seconde Guerre mondiale, va encore plus loin puisqu'il met littéralement en scène l'historien dans cette interrogation sophistiquée sur les méandres de la narration historique. Dans les deux cas, l'histoire des historiens, celle d'une connaissance argumentée, fondée sur des sources fiables du passé est essentielle à la création littéraire, et ces écrivains traduisent à leur manière la place importante qu'a prise l'histoire savante dans les sociétés contemporaines confrontées à la question des séquelles des grands événements récents : guerres, génocides, etc. [7]

En second lieu, au vu d'une œuvre aujourd'hui majeure, Patrick Modiano ne m'apparaît pas vraiment comme un « écrivain de la mémoire », une formule souvent utilisée pour décrire ses premiers textes, inappropriée si l'on pense à la nostalgie, à la manière d'un Proust, ou quelque peu pompeuse si l'on entend par là un porteur de la flamme du souvenir. Je le vois plutôt aujourd'hui comme un écrivain travaillé au corps par le mystère que constitue dans toute expérience humaine, collective ou individuelle, la présence lancinante et dérangeante non du passé en tant que tel, non pas de l'Histoire comme grand récit collectif, mais d'un ensemble épars de bribes, de traces, de souvenirs fugitifs, décousus, de temps antérieurs auxquels il nous revient de donner un peu de sens et de cohérence. La quête du passé, ce n'est pas seulement la quête des origines, la recherche des racines, la volonté de mettre un point initial à une identité qui se cherche — c'est le propre même des identités dans le monde d'aujourd'hui —, ou de découvrir le « secret » explicatif d'une vie. C'est aussi comprendre pourquoi nous ne sommes pas seulement du « présent », contrairement à l'idée en vogue comme quoi nous vivons une époque « présentiste », et donc contraints de composer avec un « avant » ou un « ayant-été » qui continue de travailler en nous, même si nous prétendons vivre l'instant ou nous tourner vers le futur. Le passé, chez Modiano, échappe constamment à la compréhension, à la rationalité, à l'interprétation que permet l'archive, c'est-à-dire la trace conservée, retrouvée et exploitée. De

6. Jonathan Littell, Pierre Nora, « Conversation sur l'histoire et le roman », *Le Débat*, n° 144, mars-avril 2007, p. 25-44.
7. Cf. Marc Dambre (dir.), *Mémoires occupées. Fictions françaises et Seconde Guerre mondiale*, Paris, Presses Sorbonne Nouvelle, 2013.

Dora Bruder à son dernier roman, *Pour que tu ne te perdes pas dans le quartier*, le passé est constamment un mystère, et un mystère douloureux, non seulement parce qu'il y a un traumatisme historique ou individuel, mais parce que sa présence même constitue une souffrance souvent inexplicable. En ce sens, je le vois plus comme un écrivain du traumatisme que de la mémoire, si tant est, bien sûr, qu'il y ait une différence…

— Comment comprenez-vous alors l'impact si fort que ses œuvres ont pu avoir sur le public, bien que l'écrivain soit toujours demeuré discret, voire furtif, loin des grandes scènes médiatiques ?

— Je ne sais pas vraiment répondre à cette question, pas plus que je ne sais comment mesurer réellement l'influence qu'un écrivain peut avoir sur l'imaginaire de ses contemporains. Lors de l'attribution du Nobel, j'ai reçu quantité de messages d'amis ou collègues étrangers (je ne parle pas des spécialistes) n'ayant jamais lu une ligne de lui et me demandant quel roman lire en premier… On a vu des réactions similaires en France où son nom était certes connu mais son œuvre réelle sans doute moins, comme en témoigne la réaction de la ministre de la Culture bien en peine de citer un titre… Je pense qu'il y a surtout un effet de proximité avec le problème public majeur qu'a constitué le débat autour de l'Occupation depuis trente ans et, de ce point de vue, le nom de Modiano est associé à celui de Paxton ou de Klarsfeld, même si on ne sait pas toujours très bien quelle est la singularité propre de chacun de ces auteurs. D'une certaine manière, je pense — j'espère — que le Nobel va être l'occasion de découvrir ou redécouvrir l'immense écrivain qu'il est et de ne plus voir ses écrits comme de simples pièces du puzzle agité de notre mémoire nationale.

Henry ROUSSO

Propos recueillis par Maxime Decout

DU NÉON AU CARNET D'ADRESSES

Modiano, archiviste de l'écrit ordinaire de l'après-guerre

« J'avais pénétré dans la zone la plus obscure de Paris. »
Patrick Modiano, *Dora Bruder*

Que peut la littérature pour la connaissance de l'histoire sociale de l'écriture ? Si les travaux en génétique textuelle sur des corpus d'auteur des XIXe et XXe siècles notamment ont mis en évidence des pratiques graphiques socialement partagées, nous voudrions ici montrer comment l'œuvre romanesque de Patrick Modiano constitue un formidable terrain d'enquête pour l'anthropologue de l'écriture lorsqu'il s'intéresse, comme c'est notre cas, aux écrits personnels, domestiques ou urbains. Épigraphiste et archiviste sensible des appartements, des immeubles et des villes de notre modernité, Modiano porte un regard aussi intense qu'expert sur les signes dont les paysages de nos vies sont habités.

I

Karlheinz Stierle, dans son grand livre sur Paris [1], entendait rendre compte de la conscience que la ville a d'elle-même ; s'inscrivant dans la filiation de Walter Benjamin et de son ouvrage sur les passages, il isolait une série d'œuvres littéraires participant de « cette expérience de Paris » : des tableaux de Mercier aux romans de Balzac et de Victor Hugo, d'Eugène Sue et d'Alexandre

1. Cf. Karlheinz Stierle, *La Capitale des signes. Paris et son discours*, Paris, MSH, 1993-2001 ; voir le remarquable compte-rendu de Judith Lyon-Caen, « Karlheinz Stierle, *La Capitale des signes. Paris et son discours* », *Revue d'histoire du XIXe siècle*, 2002-25, « Le temps et les historiens » http://rh19.revues.org/document446.html.

Dumas, d'Edgar Poe, aux poèmes d'Alfred de Vigny, Gérard de Nerval et enfin Baudelaire ; tous écrivaient à ses yeux successivement Paris et contribuaient à cette histoire du mythe urbain et à son langage.

Patrick Modiano pourrait très bien s'inscrire dans cette lignée dessinée par Stierle ; l'auteur de *La Place de l'étoile* a en effet fait de la Capitale non seulement le cadre mais aussi l'objet de la majorité de ses romans. Il y a ainsi une cartographie des lieux parisiens dans l'œuvre de Modiano, à commencer par exemple par le quartier Picpus dans le 12e arrondissement.

Pour autant le Paris qu'écrit Modiano est un lieu perdu comme il le dit lors d'un entretien avec Jérôme Garcin dans *Le Nouvel Observateur* en septembre 2007 : « Le Paris où j'ai vécu et que j'arpente dans mes livres n'existe plus. Je n'écris que pour le retrouver. Ce n'est pas de la nostalgie, je ne regrette pas du tout ce qui était avant. C'est simplement que j'ai fait de Paris ma ville intérieure, une cité onirique, intemporelle où les époques se superposent et où s'incarne ce que Nietzsche appelait "l'éternel retour". Il m'est très difficile maintenant de la quitter. » En cela, Modiano partage avec le Georges Perec de la *Tentative d'épuisement d'un lieu parisien* un véritable souci d'archiviste. Annelies Schulte Nordholt, suivant Philippe Lejeune, rappelle que Perec « pendant des séances d'une heure et demie à deux heures, allait observer et noter tout ce qu'il voyait, [...] noter, dans l'ordre de leur apparition, les passants, les véhicules — autobus, voitures, fourgons de livraisons — jusqu'au vol des pigeons sur la place. [2] » Si la pratique de Modiano n'a pas ce systématisme, il y a tout au moins un effort certain pour faire de la ville et singulièrement de la rue un terrain d'enquête romanesque : « Je me livre à de longs vagabondages où je note, muni d'un carnet, presque maniaquement tout ce qui m'a frappé : pas de choses précises — je ne fais pas de réalisme — mais des indications d'atmosphère. Tantôt il s'agit de l'ancienne adresse de telle star du muet, découverte en feuilletant un vieil annuaire de cinéma, et que j'ai été vérifier sur place. Tantôt une entrée d'immeuble ou une cage d'ascenseur, qui m'a frappé à cause d'une certaine luminosité. Chaque fois, je note : Avenue Kléber — Style de l'édifice — caractéristiques de la lumière… Je possède des cahiers entiers remplis de numéros d'immeubles. Inutile de savoir s'il s'est réellement passé, il y a trente ou quarante ans, un drame à cet endroit. Il suffit que je puisse l'imaginer. Alors, rentré chez moi, si par chance je tombe, en vérifiant dans le Bottin l'identité des habitants de

2. Annelies Schulte Nordholt, « Georges Perec : topographies parisiennes du flâneur », dans *RELIEF*, vol. 2, n° 1, « Paris, lieu de mémoire », mars 2008, ISSN : 1873-5045, p. 66-86, http://www.revue-relief.org.

l'immeuble, sur quelque nom un peu extravagant, mon imagination se met tout de suite à broder. [3] »

Or, dans cette archive sensible de la ville que Modiano produit, les écrits exposés [4] occupent une place importante : les romans sont parsemés d'affiches, plaques, placards, pancartes, enseignes et autres panneaux et graffitis. Nous voudrions ici essayer de montrer comment, dans cette œuvre, l'écrit exposé n'est pas seulement omniprésent mais y joue un rôle essentiel. Il ne s'agit pas d'interroger ces écrits en opposition aux écrits personnels mais bien comme participant de la même culture graphique. Dans *Une jeunesse*, par exemple, l'attention de Modiano à la matérialité se manifeste à l'égard de toute une série d'objets écrits, aussi bien s'agissant :

- d'une carte postale : « Au dos de la carte, ces simples mots : With kind regards from GUY [5] ».
- d'une enveloppe : « Sur la table de la salle de séjour, une grande enveloppe. Son prénom y était écrit à l'encre rouge. »
- d'une coupure de presse : « Collé au bas de l'article, le gros titre d'un journal : CHANTAIN DE BEJARDY ACQUITTÉ AU BÉNÉFICE DU DOUTE. [...] Le mot *doute* était souligné de deux traits à l'encre rouge et ponctué de trois points d'exclamation à l'encre rouge également, qu'une main nerveuse avait tracés en trouant le papier, à coup sûr la main de Bauer. »
- d'un insigne porté par un personnage : « Il montra à Odile et à Louis de petits insignes triangulaires où on lisait : JEUNESSE-ÉCHANGES, et les fixa lui-même sur leurs manteaux, le sac bleu et la valise. »
- d'une affiche : « Sur le mur du fond une affiche aux couleurs blanc et bleu ciel [...]. Et il était écrit : VACANCES EN ENGADINE. »
- de l'enseigne d'un café : « Elle contemplait l'enseigne lumineuse : CAFÉ DES SPORTS ».
- de l'enseigne d'un magasin : « Au-dessous de *Chez Mary Bakradzé*, écrit en lettres majuscules, on lirait : "Mode-Fashion", comme Odile l'avait admiré au fronton d'un magasin du quartier Saint-Honoré. »
- de la plaque d'une maison : « La plaque de bois où il était écrit en caractères blancs : SUNNY HOME. »

3. Propos recueillis par Jean-Louis de Rambures, dans un entretien paru dans *Le Monde* le 24 mai 1973.
4. Voir Armando Petrucci, *Jeux de Lettres. Formes et usages de l'inscription en Italie, 11e-20e siècles*, traduit de l'italien par Monique Aymard, Paris, Éditions de l'École des Hautes Études en Sciences Sociales, 1993.
5. Patrick Modiano, *Une jeunesse*, Paris, Gallimard, « Folio », 1985 [1981]. Les citations figurent respectivement p. 143, 54, 176, 121, 46, 94, 104, 10, 180.

- et même de ces graffitis d'un genre si singulier que sont les écrits dans le béton : « Sur le macadam, rapiécé comme un vieux tissu, sont inscrites des dates pour indiquer les coulées de goudron successives, mais peut-être aussi des naissances, des rendez-vous, des morts. »

Il faut donc ici entendre la notion de « culture graphique » au sens de Roger Chartier, à savoir, « pour chaque société, l'ensemble des objets écrits et des pratiques qui les produisent ou les manient — cette catégorie invite à comprendre les différences existant entre diverses formes de l'écrit, contemporaines les unes des autres, et à inventorier la pluralité des usages dont l'écriture se trouve investie. [6] » Comment procéder pour appréhender cette culture graphique ? Nous nous proposons de suivre le programme de Roger Chartier dans *Inscrire et effacer* qui l'amenait à examiner pour la période moderne le *Don Quichotte* de Cervantès ou l'*Hamlet* de Shakespeare, afin de « comprendre comment certaines œuvres se sont emparées de la “culture graphique” de leur temps, ou du moins de certains de ses éléments, pour faire de l'écrit la matière même de l'écriture [7] ».

Ainsi, comme nous voudrions tenter de le montrer à présent, en est-il chez Modiano des enseignes lumineuses et de ce dispositif d'écriture si singulier et si historiquement repérable qu'est le néon. Notre démarche s'inscrit dans l'approche pragmatique développée par Béatrice Fraenkel [8] ; il s'agit de penser l'objet d'écriture, d'en opérer la description matérielle la plus précise mais de s'intéresser aussi à l'acte d'écriture qui le produit et surtout à ses effets. Autrement dit, ce qui saisit dans l'œuvre de Modiano n'est pas l'objet néon mais ce qu'il provoque dans l'espace urbain qui est aussi ici, on l'a dit, l'espace romanesque [9].

---

6. Voir Roger Chartier, *Inscrire et effacer. Culture écrite et littérature (XIe-XVIIIe siècle)*, Paris, Gallimard / Seuil, « Hautes Études », 2005, p. 8.
7. *Ibid.*
8. C'est l'approche développée au sein de l'équipe Anthropologie de l'écriture (IIAC, EHESS) : Peut-on parler d'actes d'écriture pour qualifier des situations où « écrire c'est faire » ? La théorie austinienne des actes de langage peut-elle servir de point de départ à l'élaboration d'une anthropologie pragmatique de l'écrit ? Considérant diverses situations d'écriture et de lecture impliquant des actes spectaculaires (graffitis politiques) ou banals (pose d'une plaque de nom de rue), on tente d'identifier des familles d'actes d'écriture. Le dialogue entre approche ethnographique des pratiques et analyse des énoncés souvent très particuliers qui forment les écritures exposées, amène à revoir l'importance des coordonnées spatiales. Le rôle du « site » et de la position spécifique des écrits dans l'environnement urbain semble pertinent dans la construction de la signification des énoncés, souvent asyntactiques et dépourvus de déictiques. Voir l'article fondateur de Béatrice Fraenkel, « Actes d'écriture : quand écrire c'est faire », *Langage & Société*, n° 121-122, 2007 / 3-4, p. 101-112.
9. Pour une approche très différente des enseignes lumineuses, voir le roman de Bruce Bégout, *L'Éblouissement des bords de route*, Paris, Verticales, 2004.

II

Modiano, dans nombre de ses romans, introduit des objets écrits qui participent de la construction d'une enquête policière qui doit beaucoup à ce que Carlo Ginzburg désigne comme le paradigme indiciaire [10]. Le lecteur, par le narrateur, accède à un ensemble d'informations infimes, et bien souvent de nature graphique, qui lui donnent l'impression de saisir, dans le brouillard du passé, un fragment tangible, non pas un morceau de réel rescapé du temps mais des clés possibles d'appréhension sensible de ce qui s'est passé.

Cette construction d'une énigme progressivement levée à partir de traces laissées a pour visée non la résolution du mystère mais la production d'une atmosphère, d'une ambiance dirait Béatrice Fraenkel. Dans cette entreprise, les documents administratifs (carte d'identité, livret d'identification, cartes en tout genre) jouent le rôle le plus remarquable : l'omniprésence de ces objets de contrôle et de surveillance des identités n'est évidemment pas étrangère au fait que l'Occupation allemande habite nombre de romans de Modiano et qu'aux yeux de l'auteur, ces objets incarnent cette période.

Il y a ainsi un véritable dépliement d'archives administratives, de l'acte de naissance au livret de famille et autres documents qui inscrivent le sujet dans l'institution sociale. Dans cette déclinaison de la culture graphique de l'après-guerre, l'écrivain fait aussi une généreuse place aux écritures personnelles. Elles jouent en miroir avec les documents administratifs. Un mot inscrit, une carte de visite avec quelques mots, viennent répondre à la précision du document officiel, comme pour soudain le « flouter ».

Si les lettres et autres écrits personnels sont présents, les écrits de l'espace public le sont au total beaucoup plus mais sans faire l'objet de développements importants. Le nom des rues et des lieux de la ville est sans nul doute l'une des caractéristiques du style Modiano. Il y a ainsi toute une cartographie qui superpose à la fois stations de métro, noms de rues et de places. « Place de l'Étoile » est d'abord une inscription sur une plaque dans un lieu particulier de la ville qui est aussi un panneau et un quartier sur la carte. Le romancier prend bien soin de décrire en détail chacune de ces inscriptions dans l'espace urbain et dresse ainsi une typologie précise qui distingue ces objets en fonction du support — papier, carton, planchette de bois, plaque de marbre, mur, vitre — mais surtout en fonction de la lettre et de son inscription. Ici effacée, là en

10. Voir Carlo Ginzburg, « Spie. Radici di un paradigma indiziario », dans A. Gargani, *Crisi della ragione. Nuovi modelli nel rapporto tra sapere e attività umane*, Turin, G. Einaudi, 1979, p. 56-106 ; traduction française : « Signes, traces, pistes. Racines d'un paradigme de l'indice », *Le Débat*, n° 6, 1980, p. 3-44.

caractère rouge vif ou de teinte brunâtre, ailleurs en arc de cercle, la matérialité du signe est décrite avec précision à la manière d'un Ed Ruscha lorsque l'artiste américain s'intéressa à certains objets écrits et en fit un inventaire photographique : couleurs des signes, techniques utilisées...

L'écrit urbain (de celui de la cage d'escalier de l'immeuble aux panneaux autoroutiers) est porteur d'une histoire que Modiano restitue par la description de la façon dont il a été tracé et dont il est aujourd'hui lisible : ce que cet écrit provoque à sa rencontre. La notion de saillance, chère à la sociologie, joue ici à plein. Modiano met en lumière avec cette typologie une échelle de saillance : de l'écrit qui échappe à toute forme d'appréhension à celui qui vous saute aux yeux... à ceux qui clignotent comme s'ils indiquaient une présence / absence.

III

Dans cette approche sensible du paysage urbain, l'enseigne lumineuse a un statut particulier. Les enseignes lumineuses participent bien sûr de la mise en enquête et de la production de l'ambiance mais relèvent aussi et surtout d'une fonction qu'évoque à plusieurs reprises Modiano lors d'entretiens :

> — *Vous dites vouloir rendre aux choses leur magnétisme ? Qu'entendez-vous par magnétisme ?*
>
> — C'est trouver une sorte de surréalité à des choses banales, à des décors. Comme une rue qui, objectivement, n'a aucun intérêt.
>
> — *Pourquoi rechercher cette surréalité ?*
>
> — Parce que j'ai l'impression que la vraie réalité de cette chose se trouve dans cette surréalité. Il y a une sorte de phosphorescence qui ne vient pas forcément de moi mais qui vient de la chose elle-même.
>
> — *Toute votre démarche de romancier est là : donner aux choses, aux gens, leur poids d'existence « magnétique » ou « phosphorescente ».*
>
> — Oui, souvent, avant d'écrire, il y a une sorte de rêverie, mais la rêverie ne peut s'appliquer qu'à des choses très précises : des lieux ou des personnes. J'ai besoin de choses très réelles pour pouvoir exprimer le côté somnambulique de cette époque. [11]

Cette phosphorescence, les enseignes lumineuses l'incarnent presque littéralement à l'image de celle du bout de la rue Notre-Dame-de-Lorette, rouge, puis verte, puis bleue : LA TOMATE / STRIP-TEASE / PERMANENT qui apparaît plusieurs fois dans *Un cirque passe*. Il convient ici de rappeler ce qu'est un néon. La technique des lampes néon a été développée au début

11. Entretien avec Laurence Liban, *Lire*, octobre 2003.

du siècle [12] ; il s'agit d'un procédé utilisant le néon, un gaz noble découvert en 1898 par William Ramsay et Morris Travers en Grande-Bretagne, et déchargeant à des courants normaux une couleur rouge orangée caractéristique. Inventées en 1910 par le chimiste Georges Claude, les lampes néon ont très vite été utilisées dans la publicité mais aussi pour la signalisation car présentant une très faible consommation, alliée à une longue durée de vie et un avantage visuel indéniable. Elles ont été depuis quelques années seulement reléguées avec l'invention des LEDs, les diodes électroluminescentes qui présentent une résistance plus grande encore et surtout des possibilités chromatiques très grandes.

Par cette attention aux enseignes lumineuses Modiano rend aussi hommage au cinéma noir américain des années 40-50, des films de William Wyler ou Otto Preminger, *La Rue sans issue* (1937) mais surtout *L'Homme au bras d'or* (1955) où le néon du restaurant-*diner* fréquenté par les dealers vient comme matérialiser la tentation. Par ailleurs, avec ces objets, Modiano inscrit son écriture de la ville dans celle de ses prédécesseurs, surréalistes ou non. Faire référence à ces usages de la ville passe par exemple par la mention d'un Brassaï qui fut l'un des premiers à les photographier dans son célèbre album *Paris de nuit*. Dans l'édition du journal *Le Temps* datée du 30 janvier 1933, Émile Henriot ne termine-t-il pas sa critique du livre de Brassaï par ces mots : « On imagine volontiers un de nos petits-fils feuilletant plus tard à son tour ce recueil d'images exactes et s'émouvant de sa poésie. C'est du réel des choses les plus quotidiennes qu'est fait, à la longue, le charme étrange du passé [...]. Photographes de 1933, c'est pour l'an 2000 que vous travaillez : on vous y trouvera bien du talent. » Et Modiano d'écrire sur et à partir de ces photographies en 1990 un ouvrage intitulé *Paris tendresse* qui reprend nombre de ces clichés, à commencer par celui du boulevard du Montparnasse de nuit.

IV

On sait que Brassaï publie *Paris de nuit*, album de 62 clichés, en décembre 1932 [13]. Hongrois, établi à Paris à partir de 1924 où il est journaliste correspondant, Brassaï, confronté à une demande d'illustration de ses textes, décide

12. Voir, pour un développement technique du procédé, Michael F. Crowe, « Neon Signs : Their origin, use, and maintenance », *APT Bulletin*, « Preserving What's New », vol. XXIII, n° 2, 1991, p. 30-37.

13. Je renvoie ici à l'article remarquable de notre collègue de l'université de Bruxelles, Danielle Leenaerts, dont la lecture a été particulièrement féconde pour nous : « Photographier la ville : le cas de *Paris de nuit*, de Brassaï (1932) », *Équinoxes*, n° 5, Printemps / Été 2005. http://www.brown.edu/Research/Equinoxes/journal/Issue%205/eqx5_Leenaerts_apropos.htm.

de prendre lui-même des photographies. Celles-ci lui offrent de nouvelles opportunités professionnelles mais aussi d'inédites possibilités de description de la ville. À partir de 1930, l'écrivain-photographe se met à saisir la nuit parisienne au quotidien. On sait aujourd'hui que c'est de la rencontre en 1932 de Charles Peignot, directeur de la revue *Arts et Métiers graphiques*, que lui présenta le directeur du magazine *Vu* auquel Brassaï collaborait, qu'est né le livre que Paul Morand préfaça sans l'accord du photographe. Le parcours du piéton nocturne que propose Brassaï à son lecteur, donne à voir un tableau de Paris composé des monuments, des lieux de divertissement, mais aussi des hommes au travail et des femmes prostituées.

La lumière artificielle est, avec Paris, l'héroïne du livre. Selon Danielle Leenaerts, il s'agit en effet pour le photographe de donner du quotidien une perception autre, « de partir de la réalité la plus familière pour l'investir d'un sens nouveau [14] ». Nul hasard, estime cette chercheuse, que Brassaï considère Goethe comme son maître à penser, précisément pour cet attachement au monde des objets.

Modiano est héritier en cela de Brassaï : dans son *Paris tendresse* [15] il dit sa dette et publie un texte qui est à la fois la reprise des thèmes du photographe et de son propre univers. Cette proximité est telle qu'il avoue avoir cru reconnaître son père sur certaines images, « à cause des cheveux noirs plaqués en arrière et brillantinés ». L'écrivain, dans son texte, cite aussi longuement les lettres secrètes que s'envoyaient avant-guerre, par l'intermédiaire de la poste restante, des amants parisiens, correspondances clandestines qu'il dit avoir trouvées dans deux boîtes de chaussures dans une chambre mansardée de la rue de Châteaudun. Mais Modiano termine cette évocation du monde de Brassaï en signalant que « certaines de ces photos nous ramènent à la lisière de notre mémoire et réveillent les images et les odeurs de l'enfance ». *In fine*, il commente un cliché montrant un jeune garçon dessinant à la sauvette un graffiti : « Beaucoup plus tard, s'il revient sur les lieux, il ne retrouvera rien. »

Dans cette double évocation réside peut-être l'intérêt de Modiano pour les écritures exposées, et singulièrement pour les enseignes lumineuses. Les écrits présents et absents, par leur incessant clignotement, diraient le statut de la lettre, de l'écrit qui s'inscrit sur un support mais aussi sur le bloc de cire de nos mémoires.

Philippe ARTIÈRES

---

14. *Ibid.*
15. Brassaï, Modiano, *Paris tendresse*, Paris, Éditions Hoëbeke, 1990.

L'ANGLETERRE DANS *UNE JEUNESSE*

Traduit en allemand par Peter Handke, romancier autrichien qui a vécu longtemps en France, à qui Modiano dédiera plus tard *Du plus loin de l'oubli*, son deuxième opus « anglais » [1], *Une jeunesse* [2] est le roman de Modiano qui doit peut-être le plus à son mentor, Raymond Queneau, à commencer par le nom (et l'allure) d'un de ses personnages principaux, Odile, clin d'œil au roman éponyme de Queneau où une jeune fille de ce nom sème la zizanie dans un cercle d'artistes d'avant-garde calqué sur les surréalistes [3]. À mi-chemin entre la fantasmagorie de sa première trilogie romanesque et les livres plus rêveurs de sa maturité, *Une jeunesse*, narré assez exceptionnellement chez Modiano à la troisième personne, nous présente un univers assez glauque où de tout jeunes gens (Odile et son compagnon Louis ont à peine vingt ans) servent de proie à des adultes manipulateurs ayant chacun un passé assez trouble. Ces figures de « grandes personnes » fragiles et enfantines ont le plus souvent un nom commençant par la lettre B (détail qui cadre avec une dimension kafkaïenne d'*Une jeunesse* — peut-être avant tout le Kafka de cet extraordinaire roman d'apprentissage transculturel, *Amerika ou le disparu* [4]) : Brossier, Bellune, Bejardy, Bauer, et leur homologue britannique, Axter, directeur d'une école de langues près de Bournemouth, dont le nom *devrait* commencer par un B, puisque le nom de *Baxter* est assez commun, tandis que le nom d'*Axter* ne semble pas attesté. Ces personnages étranges, quadragénaires en général,

1. Cet article fait pendant à notre « Le Londres de Modiano : *Du plus loin de l'oubli* » dans Maryline Heck et Raphaëlle Guidée (dir.) *Patrick Modiano, Les Cahiers de l'Herne*, Paris, 2012, p. 67-77.
2. Paris, Gallimard, « Folio », 1985 [1981]. Nous renvoyons à cette édition.
3. Raymond Queneau, *Odile* [1937], dans *Romans*, I, Paris, Gallimard, « La Pléiade », 2002.
4. Franz Kafka, *Amerika ou le Disparu* [1927], tr. Bernard Lortholary, Paris, Flammarion, 1988. On pense aussi à la trilogie de Beckett avec ses Molloy, Moran, Malone, Macmann etc.

sont à la fois maléfiques et pathétiques, et le passé qu'ils traînent avec eux renvoie non pas à l'Occupation mais à la période assez sombre de l'après-guerre, celle de la guerre dite froide.

Brossier récolte (ou drague) Louis au moment de sa « quille » (fin du service militaire) dans le paysage pluvieux de Saint-Lô, ville reconstruite après sa destruction par les bombardements anglais de la seconde guerre, et pilote ensuite le jeune homme, comme Vautrin le jeune Lucien de Rubempré sous la Restauration, dans le Paris encore noirâtre du début des années soixante. Bellune (de son vrai nom Georg Bluene (38)), compositeur d'opérettes, notamment *Les Roses d'Hawaii*, dans la Vienne des années trente, survivant à Paris après la guerre comme agent d'une maison de disques, rencontre Odile au *Palladium* lors du passage du chanteur Vince Taylor, sosie franco-anglais d'Elvis Presley — né en Angleterre, Vince Taylor (1939-1991) a fait sa carrière essentiellement en France, où il incarne les débuts des *sixties*, en frère aîné de Johnny Halliday et d'Eddy Mitchell. Par le truchement de son ami Bejardy, Brossier fournit à Louis un petit emploi dans un garage ; Bellune cherche à mettre Odile sur la voie d'une carrière de chanteuse en lui faisant enregistrer sur un « souple » *La Chanson des rues* (dont l'enregistrement par Jean Sablon en 1936 a été choisi récemment par Modiano dans une émission sur France Culture consacrée à ses rapports avec la chanson)[5]. Les chemins de Louis et d'Odile se croisent dans un buffet situé « dans le passage suspendu qui relie la gare Saint-Lazare à l'Hôtel Terminus », où chacun des deux a remarqué auparavant une affiche représentant un skieur dans une grande étendue de neige, avec la légende VACANCES EN ENGADINE. Se retrouvant seule après le suicide de Bellune, Odile revient sur les lieux d'une aventure sordide qu'elle a vécue quelques jours auparavant : contrôlée par un policier aux manières grossières qui a saisi son passeport, elle a dû servir d'« appât » dans l'arrestation d'un pervers. Ce dernier s'apprêtait à la violer dans sa voiture, une Citroën DS, au moment où la police est survenue pour le pincer en flagrant délit. Le policier, « un gros blond », ayant déniché des traces du passé criminel de la mère d'Odile dans les archives judiciaires, explique à la jeune femme que tout le monde se retrouve tôt ou tard à Saint-Lazare, « lieu le plus bas de Paris » (50). Mais tout en étant malfamée, et maléfique, la gare Saint-Lazare sera pour Odile et Louis le point de départ de leur *vita nova* dans ce roman « lazaréen ». Se croisant dans ce lieu « suspendu », où Louis est venu accompagner Brossier lors de son départ en train pour des missions mystérieuses (on trouvera l'équivalent

5. Émission, « Modiano et la chanson », France Culture, 11 octobre 2014.

avec le personnage de Van Bever — encore un nom en « B » — dans *Du plus loin de l'oubli*), Odile et Louis se souviendront de l'affiche représentant le paysage alpin lorsqu'ils auront trouvé le moyen de se soustraire à l'emprise des « fausses » grandes personnes pour commencer leur propre vie d'adultes.

En effet, l'incipit proleptique du roman se situe dans une station des Alpes françaises, quinze ans après la rencontre à Saint-Lazare où ils ont uni leurs destins, au moment d'un nouveau tournant dans leurs vies. Au bout de quinze ans (ces périodes précises : dix, quinze, trente, trente-cinq ans, sont familières aux lecteurs des romans de Modiano où elles renvoient à l'univers mythique des contes — en général on n'apprend rien sur ce qui s'est passé dans les périodes quasiment « vides » qui séparent ces points de repère), Louis et Odile sont prêts à s'inventer de nouveaux rôles. Odile fête son trente-cinquième anniversaire (*nel mezzo del cammin…*) au moment de la fermeture du « home d'enfants » dont ils se sont occupés ensemble pendant une douzaine d'années. Cette scène fait boucle avec la fin du roman où Odile et Louis décident de descendre vers la côte d'Azur après s'être emparés d'une grosse somme d'argent qu'ils étaient censés convoyer en Suisse — commandités, pour la deuxième fois, par Bejardy, au service duquel ils avaient déjà traversé la Manche, en faux membres d'un groupe scolaire, pour remettre un paquet au directeur d'une école de langues située près de Bournemouth. Si nous relisons le début du roman, nous comprenons qu'au bout de quelques années de vadrouille le couple était revenu près d'Annecy (où Louis, comme Modiano, a passé une partie de sa jeunesse) et avait investi de l'argent dans la création d'un « home d'enfants » comme il en existe beaucoup dans les Alpes, accueillant de jeunes pensionnaires pendant les vacances, par exemple pour des classes de neige. Louis avait tenu à donner un nom anglais — et ensoleillé — à leur création, et c'est donc le *Sunny Home* qui ferme ses portes au moment de l'anniversaire d'Odile. L'idée que la création d'un foyer où les enfants sont choyés et protégés serait une action réparatrice, voire salvatrice, de la part de Louis et Odile, au sortir des années sombres de leur propre enfance, est soulignée par l'enlèvement du plâtre du bras d'un enfant : « le bras avait jailli, intact » (11).

❖

Quel est donc le rôle du voyage en Angleterre qui occupe le centre d'*Une jeunesse* comme ce sera le cas dans *Du plus loin de l'oubli* ? Je voudrais insister sur deux éléments qui semblent caractériser les séquences anglaises dans les deux romans. D'abord une densité dans le détail qui semble refléter la teneur autobiographique de ces séquences et leur conférer une tonalité nostalgique et affective intense. Deuxièmement, le fait que dans le cas de ces deux séquences le lecteur, et surtout le lecteur averti, se trouve confronté à des données historiques importantes, liées à l'Angleterre du début des années soixante [6].

Dans *Une jeunesse* le bref séjour de Louis et Odile à Boscombe College dans un faubourg de Bournemouth est traité d'une manière à la fois précise et loufoque, vraisemblable et grotesque. Ayant reçu un ordre de mission dans le bureau de « Jeunesse-Échanges franco-anglais », situé près de la Bourse à Paris, des mains d'un certain A. Stewart, un octogénaire anglais qui fait figure de parrain — il a connu, dit-il, le père de Bejardy —, le jeune couple, se faisant passer pour cousins, se joint à une douzaine de jeunes Français issus de milieux aisés. Faux étudiants, Odile et Louis restent en retrait dès la traversée Le Havre-Southampton. Veillant sur le sac bleu contenant cinq cent mille francs, ils observent avec détachement les péripéties habituelles des groupes scolaires : flirts, baisers chronométrés, abus d'alcool (un membre d'une chorale basque vomit dans son béret de velours noir). Une ambiance qui rappelle le film-culte de Michel Lang, *À nous les petites Anglaises* (1976), sert d'arrière-fond tout au long de leur séjour. Lors de leurs flâneries autour de Fisherman's Walk, ils se baignent et fréquentent un parc d'attractions où ils observent le chahut des « Teddy Boys » vêtus de cuir noir. Ils font la connaissance d'une jeune Anglaise portant elle aussi un blouson de cuir mais que les « Teddy Boys » tiennent à l'écart comme une pestiférée. Un soir, elle leur montre une vingtaine de gourmettes, enfilées sur une chaîne autour de son cou, gravées des prénoms « des Français qu'elle avait aimés à Bournemouth, la nuit, sous la jetée » (140).

À leur arrivée, Louis et Odile apprennent qu'ils seront logés dans l'enceinte de Boscombe College plutôt que dans une famille, au grand

6. Je rappelle que dans *Du plus loin de l'oubli* il s'agit du Londres de l'époque du scandale « Profumo » (1963) où les coucheries de jeunes filles « on the make », Christine Keeler et Mandy Rice-Davies, avec des hommes de la « High Society » britannique (Profumo, Secrétaire d'État à la Guerre, avait couché avec Keeler alors qu'elle était aussi la maîtresse d'un espion soviétique) avaient entraîné démissions, disgrâces et suicides, et défrayé la chronique pendant quelques mois au moment où un vent nouveau (décolonisation, Beatles, Carnaby Street, etc.) allait transformer les mœurs anglaises. Le roman de Modiano fait intervenir surtout, aux côtés de personnages de jeunes filles ressemblant à Keeler et à Rice-Davies, le racketteur Peter Rachman qui a fait fortune en se servant de familles d'immigrés comme locataires pour pouvoir acheter à bas prix des quartiers entiers sinistrés par le « Blitz » et y bâtir un empire immobilier. En créant « son » personnage, Modiano s'intéresse en particulier au fait que Rachman était un juif polonais rescapé d'un camp de travail où il avait subi de rudes épreuves qui l'auraient marqué à vie. Voir Michael Sheringham, art. cit.

dam du chef de groupe, Gilbert. Cheveux en brosse et très grosses lèvres, détail répété plusieurs fois, Gilbert se livre à des manœuvres ridicules pour garder son statut d'« ancien », se targuant de rapports privilégiés avec le directeur, M. Axter (qui n'en a cure), fumant la pipe comme lui, et allant jusqu'à porter un kilt écossais pour montrer son assimilation aux mœurs britanniques ! Un homme étrange portant une casquette à carreaux propose au jeune couple des billets de faveur pour des séances de cinéma dans le faubourg de Christchurch à côté de Boscombe College. Lors des projections, l'homme qui, dans leur souvenir (et celui de Modiano aussi peut-être), se disait « *detective cinema* », guide les rares spectateurs à leur place et fait les cent pas dans la travée, s'asseyant de temps en temps à des places différentes. N'assistant pas aux cours d'anglais, et se démarquant des véritables participants de « Jeunesse-Échanges » dont l'adolescence est « heureuse, propre et sûre d'elle-même » (136), Louis et Odile vivent une sorte d'idylle, imaginant qu'ils pourraient oublier Paris et commencer une nouvelle vie (138), étape qu'ils franchiront lors de leur seconde « mission » pour Bejardy.

Michael Axter héberge le jeune couple à un étage nouvellement aménagé de sa maison, dans une chambre mansardée « aux murs blancs, dépourvue du moindre meuble » où ils coucheront sur un matelas à même le plancher, type d'installation précaire et provisoire qu'on rencontre souvent chez Modiano. Se conformant à première vue au stéréotype du quadragénaire anglais vu de l'étranger — blond, cheveux frisés, lunettes à monture d'écaille, veste de tweed, pipe — Axter semble être resté très près de son enfance. Éternel collégien ayant successivement poursuivi ses études au Dartmouth Royal Naval College et au Trinity College de Cambridge, il a ensuite choisi de transformer l'ancienne villa de ses parents « en collège, le seul moyen pour lui de conserver une maison qui lui rappelait tant de souvenirs d'enfance » (137). Axter vaque aux besognes ménagères, prépare les repas en l'absence de sa femme, et se plaît à ranger minutieusement les vêtements du couple, geste qui lui rappelle Trinity College, affirme-t-il.

Dans une scène centrale (141-146), Axter invite Louis et Odile à prendre l'apéritif en compagnie de deux femmes — son épouse et une de ses amies, dont la description fait penser à un couple de lesbiennes (142) — et de son vieux camarade Harold Howard, version hyperbolique d'Axter : « colosse roux au visage taché de son […], chandail grenat […], veste de tweed […], pantalon de velours vert très ample » (142). Les deux femmes, d'une froideur gênante, font figure de marâtres aux côtés de ces quadragénaires aux allures de jumeaux, avec leurs minauderies de collégiens et leur gestuelle (jeux de pipe, boutades) quasi synchronisée (144). (L'Angleterre d'*Une jeunesse* n'est pas sans rappeler celle des BD, Tintin ou Blake et Mortimer.) C'est dans le cadre de cette comédie sociale que l'Histoire se glisse subrepticement. Une remarque admirative de Louis à propos d'une gravure ancienne au mur du salon, représentant *Le Départ pour le collège*, suscite ce commentaire de la part d'Axter : « C'est triste aussi [...]. Moi, figurez-vous, il m'arrive encore de rêver que je dois partir pour le collège... À mon âge, vous vous rendez compte... » (142). Or son ami Howard, qui survient à l'instant, « est un ancien camarade [de Dartmouth] et de Trinity College » (142), et Axter l'entraîne, avec Louis et Odile, à l'écart des femmes pour lui annoncer une nouvelle « à voix basse, *en français* [je souligne] » : l'arrivée d'une carte postale de « Guy Burgess », « notre grand aîné de Dartmouth et de Cambridge », comme il le précisera un peu plus tard au jeune couple. « Stupéfait », Howard « passe machinalement la carte postale à Louis » qui s'aperçoit qu'elle représente un jardin public à Moscou, et porte au dos un simple message :

> *With kind regards*
> *from*
> *GUY* (143)

Si le lecteur peut inférer que, sur le coup, Louis n'y voit que du feu, il est précisé que : « Bien des années plus tard, au *Sunny Home*, Louis lisait les aventures de Burgess et de ses amis, et ce nom, Guy Burgess, suffisait pour lui faire retrouver toute l'atmosphère de Bournemouth, les rhododendrons, la plage de Boscombe, la fraîcheur du lierre, le *detective cinema* [...] » (143). En effet, c'est au cours des années soixante-dix que les activités des « Espions de Cambridge » avaient refait surface dans l'actualité, pour devenir le sujet de nombreux articles de presse, de rumeurs, mais aussi d'évocations dans divers médias. En 1979 cela devait entraîner la disgrâce d'Anthony Blunt, historien d'art renommé, grand spécialiste de Poussin, et surnommé le « quatrième homme ». Blunt et Guy Burgess, comme leurs amis Maclean et Philby, avaient été recrutés par le NKVD dans les années trente, avec d'autres garçons de bonne famille sensibles aux ravages de la grande crise économique (« The Depression »), lorsqu'ils faisaient leurs études à Cambridge, certains au splendide Trinity College. Homosexuels pour la plupart, ils avaient préservé les habitudes de clandestinité et d'intimité masculine qui avaient caractérisé leurs « public schools » ainsi que le milieu des meilleurs collèges de Cambridge où certains d'entre eux avaient appartenu à la fameuse société secrète des *Apostles* (Apôtres). Personnage hautement romanesque dont la figure devait inspirer plusieurs œuvres de fiction, Burgess avait été obligé de faire défection avec un autre diplomate, Donald Maclean, sorti comme lui de Cambridge, en mai 1951, mais à l'opposé de son ami, Burgess n'avait jamais pu s'adapter à la vie soviétique ; il sombra dans l'alcoolisme et mourut en 1963. Bien renseigné sur la matière (sans doute depuis l'époque des lectures dont il fait crédit à Louis), Modiano fait dire à son personnage, Harold Howard : « *Wonderful old boy !* Il doit être malheureux là-bas », à quoi son ami Axter réplique que « Guy a toujours voulu être malheureux ». Et Axter propose au jeune couple, comme à Harold, de trinquer à la santé de Guy, « gravement » en ce qui le concerne ; avec désinvolture dans le cas d'Odile, qui s'exécute « en riant » (144).

Amalgame de faits divers, de rumeurs, de mythes, mais aussi de réalités souvent meurtrières, la « matière » des espions de Cambridge fait figure, dans *Une jeunesse*, d'équivalent du monde trouble de l'Occupation dans nombre d'autres romans de Modiano. D'autant plus que, selon l'optique du romancier, cette matière possède le grand avantage de combiner : d'abord, une véridicité historique, manquant toutefois de netteté et se prêtant à toutes sortes d'interprétations et d'affabulations (qu'on pense au cycle de romans de John Le Carré centré sur le personnage de George Smiley) ; deuxièmement, sur le plan des relations humaines, une dynamique où figurent d'une manière saillante les relations entre jeunes adultes et leurs aînés charismatiques et corrupteurs ; troisièmement, une tendance, chez ces aînés, à demeurer leur vie durant pris dans les filets de l'enfance. Mais si Axter et Harold sont restés à certains égards de grands enfants, ce sont aussi des hommes dangereux, complices avec Bejardy dans une histoire crapuleuse, sans doute de blanchiment d'argent. Ils ont beau, comme le font Axter et Howard, admirer le charme innocent des jeunes gens, cela ne les empêche pas de les mettre en péril (en les utilisant comme des pions à l'instar de la police avec Odile dans la scène de Saint-Lazare). Modiano indique bien la froide violence de leur regard : « La lumière de la lampe éclairait violemment Odile et Louis [...]. Axter et Harold les observaient. Deux papillons immobiles, cloués sur un tissu et contemplés par des amateurs » (144). Dans un cycle de filiations néfastes où se trouve contrarié le libre épanouissement des individus, les deux hommes au charme britannique braquent sur Odile et Louis un regard manipulateur analogue à celui dont ils subirent l'emprise lorsqu'ils étaient adolescents. Au collège puis à l'université, ils ont en effet été victimes de prédateurs, comme autrefois Guy Burgess, victime lui aussi de ses propres aînés dans l'univers clos de ces clans masculins, aussi destructeurs des possibilités humaines que les pires familles bourgeoises.

Dans un roman dont le fil conducteur, comme souvent chez Modiano, est le désir de sortir du monde étouffant des figures parentales et des institutions (collège, armée) qui les ont en quelque sorte relayées, l'auteur d'*Une jeunesse*, en puisant dans ses souvenirs d'adolescent, trouve dans l'univers anglo-saxon un corrélat concret qui fournit un véritable ancrage historique, en dehors des situations fictives. Si Louis est scruté par Axter, Harold et consorts, il les observe aussi, et le passage par l'Angleterre, même s'il n'en comprendra que des années plus tard les véritables enjeux, représente une étape essentielle vers la libération que constituera sa décision de fuir avec l'argent de la seconde opération de blanchiment commanditée par Bejardy. Cette décision aura pour cadre Annecy, lieu des tristes années de collège qui s'étaient égrenées, avec celles de caserne, comme « neuf années de pluie et de chiottes à la turque qu'on pouvait compter sur les doigts de la main » (181). Avant d'y arriver, il aura fallu pour Louis, fort de son expérience anglaise, qui aura été elle aussi, il faut le souligner, celle d'une libération relative, que les écailles lui tombent davantage des yeux, processus facilité par l'enquête qu'il mènera, dès son retour en France, pour en savoir plus sur Brossier et Bejardy.

Au fil de leurs rencontres renouvelées, Louis s'aperçoit que Brossier perd de plus en plus pied face au réel, s'accrochant toujours davantage à une vie de faux étudiant, hantant l'univers factice de la Cité universitaire dont les pavillons de divers pays constituent une sorte de monde en miniature, en compagnie de sa copine « exotique », l'Éthiopienne Jacqueline Boivin. Comédien raté, Brossier a beau vouloir rompre avec Bejardy, les ressources intérieures lui manquent pour se forger une identité sur de nouvelles bases, et il continuera de graviter dans un monde de simulacres où « le cartable qu'il tenait sur ses genoux, son survêtement de sport et sa qualité d'étudiant […] ne suffisaient pas à le protéger contre le temps qui passe et l'indifférence du monde » (160).

Quant à Bejardy — « un aventurier » selon son complice anglais, Axter, qui prévient Louis contre lui —, son passé est plus que trouble. Assassin, en 1946, d'un certain Parker, trafiquant de surplus américains, Bejardy avait été acquitté de justesse. Cet épisode de sa vie sera révélé par l'entremise d'un autre loser sinistre, Bauer. C'est grâce au chien de ce dernier, un Irish setter répondant au nom de Guy (comme Burgess), que Louis et Odile font par hasard la connaissance de cet ancien illustrateur des programmes de music-halls des années trente. Il vit désormais chez sa mère, avenue Junot, et se laisse infuser par ses souvenirs. Découvrant qu'il avait eu autrefois son atelier dans le deux-pièces que Brossier a déniché pour Louis et Odile rue Caulaincourt, Bauer invite le couple à arroser cette coïncidence chez lui, et au cours de la soirée il les encourage à feuilleter un album de photos méticuleusement protégées sous des feuilles de plastique. Alors que Bauer compare ces photos à « des vagues qui sont venues se briser au fur et à mesure » (174), Louis s'aperçoit avec étonnement que l'une d'elles montre Brossier et Bejardy vingt ans plus tôt. Au sujet du premier, qui ressemble physiquement à l'acteur Roland Toutain, Bauer affirme qu'il l'aurait « envoyé suivre des cours d'art dramatique » (172) — information qui recoupe une déclaration antérieure de Brossier à Louis (63) ; quant à Bejardy, Bauer a conservé une coupure de presse relatant les circonstances de son acquittement, relique dont il fait cadeau à un Louis très ému par cette découverte. De retour chez lui, Louis lit attentivement ce document, que Modiano reproduit (ou plutôt invente) dans son intégralité. Montrant Bejardy (et Brossier qui figure en qualité de témoin) sous un aspect peu reluisant, il constitue sans doute un élément permettant aux jeunes gens de passer outre à des liens qui les entravent, même s'il n'est pas sûr qu'ils seront à l'abri des retours du passé (de quel personnage de Modiano pourrait-on dire cela ?). La coupure elle-même, préservée dorénavant par Louis, ainsi qu'une photo Polaroid prise par Bauer pour commémorer leur soirée, seront à l'avenir des traces susceptibles, comme toute trace, de refaire surface un jour.

Michael SHERINGHAM

POLITIQUE DU STYLE
L'exemple de Modiano

« Presque rien. Comme une piqûre d'insecte qui vous semble d'abord très légère. Du moins c'est ce que vous vous dites à voix basse pour vous rassurer. Le téléphone avait sonné vers quatre heures de l'après-midi chez Jean Daragane, dans la chambre qu'il appelait le "bureau" [1] » : l'*incipit* mallarméen du dernier roman de Patrick Modiano, réduisant à « presque rien » l'amorce de la fiction — bel et bien énoncée *sotto voce* — tout en imposant l'évidence formelle de la construction de la phrase, dont la grammaire se déploie progressivement, semble ironiquement jouer d'un *leitmotiv* critique. Autant dire que la matière de la fiction le cède ainsi d'emblée, et de la façon la plus ostensible, à l'émergence rythmique d'une diction — d'une « petite musique », en somme.

Or, cette dénomination critique, pour usuelle qu'elle soit devenue, n'est pourtant pas anodine, empruntée à un Louis-Ferdinand Céline sous le signe duquel s'est justement faite l'entrée en littérature de Patrick Modiano [2]. On se propose dès lors de prendre au sérieux l'insistance de ce *topos*, pour tenter de redonner, aussi distinctement que possible, à la « petite musique » des romans de Modiano ses harmoniques politiques.

❖

De fait, après l'outrance stylistique de *La Place de l'étoile*, la deuxième manière de Patrick Modiano se caractérise par une claudication légère de la

1. Patrick Modiano, *Pour que tu ne te perdes pas dans le quartier*, Paris, Gallimard, 2014, p. 11.
2. Sur le pastiche célinien (« Dans le même journal, le docteur Bardamu éructait sur mon compte [...] ») qui ouvre, après celui de Lucien Rebatet, *La Place de l'étoile*, le premier roman publié (en 1968) de Modiano, voir notamment les analyses de Nelly Wolf (*Proses du monde. Les enjeux sociaux des styles littéraires*, Villeneuve d'Ascq, Presses Universitaires du Septentrion, 2014, p. 236-237) et de Maxime Decout (*Écrire la judéité. Enquête sur un malaise dans la littérature française*, Seyssel, Champ Vallon, 2015, p. 248).

phrase, discrètement rompue par la cadence brisée des hyperbates ; ainsi dans tel passage de *Dora Bruder* : « L'extrême précision de quelques détails me hantait : 41 boulevard Ornano, 1m 55, visage ovale, yeux gris-marron, manteau sport gris, pull-over bordeaux, jupe et chapeau bleu marine, chaussures sport marron. Et la nuit, l'inconnu, l'oubli, le néant tout autour. [3] »

Si l'on souhaite élaborer ici une lecture politique de cette facture stylistique, il ne saurait pourtant s'agir de rabattre directement l'histoire des formes littéraires sur celle des sociétés, dans la mesure où le mode d'intervention de telles causalités externes paraît difficilement concevable : hormis le cas, qu'on espère tératologique, des prescriptions esthétiques édictées par un dictateur-artiste, on voit mal quel pourrait bien être l'impact stylistique, formellement descriptible, d'un fait ou d'un événement politique, ressortissant par nature à un ordre radicalement hétérogène. Le postulat, inverse, d'une autonomie absolue de l'histoire de la culture n'apparaissant pas plus satisfaisant — quelle pratique humaine pourrait, en tant que telle, entièrement échapper à l'Histoire politique et sociale ? — il semble raisonnable de trouver un moyen terme, c'est-à-dire de déterminer les médiations capables de situer dans l'Histoire les représentations linguistiques, en l'occurrence littéraires.

Or, l'Occident antique a précisément pensé une telle catégorie médiane, associant à parts égales art verbal et souci politique : il s'agit, bien entendu, de la rhétorique — une alliance du discursif (voire du littéraire) et du politique qui s'est justement incarnée dans la France de la Seconde Guerre mondiale puis de la Cinquième République en une figure exemplaire : celle du général de Gaulle [4].

Cet ordre gaullien du discours n'engage pas simplement l'exercice d'une autorité énonciative, que la remarquable éloquence du Général confisquerait à son profit [5], mais encore celui d'une autorité proprement narrative — à la manière, pré-rhétorique cette fois, des maîtres de vérité de la Grèce archaïque [6] — vu l'emprise sociale, après-guerre, du Grand Récit d'une France globalement, sinon totalement, résistante [7]. (Ceci, du reste, ne suppose nullement de

3. Patrick Modiano, *Dora Bruder*, Paris, Gallimard, « Folio », 1999 [1997], p. 53.
4. Sur la figure de De Gaulle ainsi comprise, voir Roland Barthes, « De Gaulle, les Français et la littérature » [1959], *Œuvres complètes*, éd. Éric Marty, Paris, Seuil, 2002, t. I, p. 994-996.
5. Sur l'éloquence de De Gaulle, voir Thierry Herman, *Au fil des discours. La Rhétorique de Charles de Gaulle (1940-1945)*, Limoges, Lambert-Lucas, 2009 ; sur le style du Général, voir Gilles Philippe, *Le Rêve du style parfait*, Paris, PUF, 2013, p. 144-156.
6. Voir Marcel Detienne, *Les Maîtres de vérité dans la Grèce archaïque*, Paris, Presses Pocket, 1995 [1967].
7. Voir Olivier Wieviorka, *La Mémoire désunie. Le Souvenir politique des années sombres, de la Libération à nos jours*, Paris, Seuil, 2010 (et en particulier, sur la scénographie de la mythologie gaullienne, p. 62).

souscrire au « mythe du grand silence » à l'égard d'Auschwitz, dont le livre de François Azouvi a bien montré le caractère absolument infondé [8] — proprement mythique, donc, à la différence de ce qu'il est convenu d'appeler, depuis les travaux de Henry Rousso, le « syndrome de Vichy [9] ».)

S'inventent alors d'autres régimes de la prose, travaillant de diverses façons à contester, en en défaisant la vraisemblance, la puissante harmonie des grandes orgues de l'éloquence du Chef : à la parade excessive, histrionesque, de *La Place de l'étoile* [10] — *avatar* grotesque du grand style du pouvoir — succède le renoncement volontaire à l'éclat stylistique : contre l'emprise qui assigne sa fin à l'exercice verbal du pouvoir — et contre la violence qu'elle emporte — s'énoncera dès lors, en sourdine, une « blancheur [11] » feutrée, où l'effacement [12] aussi bien que le brouillage énonciatifs (ainsi de la succession des monologues dans *Dans le café de la jeunesse perdue*) dissolvent les contours de la voix narrative.

Si l'on ne saurait trop souligner la modestie de cette « politique de la littérature [13] », tout juste capable de tuer symboliquement le Père en déplaçant dans la sphère intime (les improbables pères de famille qui hantent les romans de Modiano) la contestation d'une autre figure paternelle, celle du chef de l'État [14], le caractère évidemment « restreint » de cette « action »

8. « […] la connaissance de ce qu'a été le génocide des Juifs, du moins dans ses traits essentiels, *précède* l'immense entreprise historiographique accomplie dans les décennies suivantes. […] C'est [avec *Le Chagrin et la Pitié*] que la mémoire de Vichy rencontre la mémoire du génocide et qu'elle commence à l'envelopper dans l'idée de "l'oubli" où elles auraient sombré l'une et l'autre depuis la Libération » (François Azouvi, *Le Mythe du grand silence. Auschwitz, les Français, la mémoire*, Paris, Fayard, 2012, p. 154 et 281-282). Si bien qu'en somme : « Paradoxalement, le mythe d'un grand silence se développa au moment même où le génocide, au terme d'un long travail souterrain, trouvait accès auprès du plus grand nombre » (Laurent Douzou, « Deux relectures iconoclastes de la mémoire de l'Occupation en France », *Critique*, n° 798, 2013, p. 902).

9. Henry Rousso, *Le Syndrome de Vichy*, Paris, Seuil, 1987.

10. Sur le feu d'artifice stylistique et énonciatif que propose la facture de ce premier roman, voir notamment Nelly Wolf, « L'écriture blanche ou l'oubli », dans Nelly Wolf (dir.), *Amnésies françaises à l'époque gaullienne (1958-1981). Littérature, cinéma, presse, politique*, Paris, Classiques Garnier, 2011, p. 141-142.

11. Sur la notion barthésienne d'« écriture blanche » (définie dans *Le Degré zéro de l'écriture*), voir notamment l'ouvrage collectif dirigé par Dominique Rabaté et Dominique Viart, *Écritures blanches*, Saint-Étienne, Publications de l'université de Saint-Étienne, 2009.

12. J'emprunte cette notion à Gilles Philippe, « Effacement énonciatif et pragmatique des textes sans locuteur », dans Ruth Amossy (dir.), *Pragmatique et Analyse des textes*, Tel Aviv, Presses de l'université de Tel Aviv, 2002, p. 17-34.

13. J'emprunte l'expression à Jacques Rancière, *Politique de la littérature*, Paris, Galilée, 2007.

14. Dans les termes de Barthes : « Ce qui a désorienté dans l'avènement du général de Gaulle, c'est qu'il constitue un changement moins politique qu'idéologique […]. L'interprétation politique des faits […] semble en quelque sorte subsumée sous une interprétation mythique : il y a abdication générale des fils entre les mains d'un Père, mouvement qui définit bien d'autres mythes actuels du peuple français » (« Sur le régime du général de Gaulle » [1959], *Œuvres complètes*, op. cit., p. 985).

— comme le voulait Mallarmé [15] — n'interdit pourtant pas, s'agissant de représentations, la démesure de son ambition : ce que désigne la réfraction de la voix de Dante par la prose de Debord, dans l'épigraphe de *Dans le café de la jeunesse perdue*, n'est rien de moins que la question, tout ensemble métaphysique et politique, de la condition humaine : « À la moitié du chemin de la vraie vie, nous étions environnés d'une sombre mélancolie, qu'ont exprimée tant de mots railleurs et tristes, dans le café de la jeunesse perdue [16] ».

On ne s'attardera pas cependant sur ces aspects idéologiques, pas plus que sur le vacillement énonciatif qui vient d'être mentionné, pour insister plutôt sur le motif de l'oubli — motif proprement poétique en ce qu'il croise matériau fictionnel (d'ordre thématique, si l'on veut) et résonances méta-textuelles dans la mesure où l'oubli qui fait la teneur de l'expérience des personnages de Modiano paraît réfracter au sein de la fiction celui, plus que probable, du lecteur de récits cultivant à ce point leur indistinction réciproque [17].

Le choix critique peut surprendre : il est certain que le thème de l'oubli, qui constitue assurément l'un des *leitmotive* des romans de Modiano, a été bien souvent commenté. On voudrait cependant y revenir à nouveaux frais — du moins l'espère-t-on — pour interroger sa nature proprement temporelle.

De fait, si l'on accepte de *situer* (en un sens point trop éloigné de celui que Sartre donnait à ce vocable) l'écriture de Patrick Modiano au sein d'un « moment gaullien de la littérature française [18] » — dont l'empan dépasse largement la durée factuelle de la vie politique du Général — en regard duquel elle élaborerait ses formes propres, l'oubli apparaît comme un élément décisif d'une telle économie discursive.

Précisons. Soutenir que la grandiloquence du pouvoir ressortit à l'ordre du mythe (au sens de Barthes) signifie, en l'occurrence, que les contenus du Grand Récit gaullien doivent être pratiquement irréfutables. La contestation du régime narratif dominant ne pourra dès lors qu'user des modes indirects du contournement, prenant en particulier pour objet son ancrage temporel.

---

15. Stéphane Mallarmé, « L'action restreinte », « Quant au livre », *Divagations* (1897), *Igitur. Divagations. Un coup de dés*, Paris, Gallimard, « Poésie », 1987, p. 253-258.
16. Patrick Modiano, *Dans le café de la jeunesse perdue*, Paris, Gallimard, « Folio », 2014 [2007], p. 7 ; *L'Enfer* de Dante s'ouvre par ces vers : « Au milieu du chemin de notre vie / je me retrouvai par une forêt obscure / car la voie droite était perdue » (*La Divine comédie. L'Enfer*, trad. Jacqueline Risset, Paris, GF-Flammarion, 1985, p. 25).
17. Sur ce point, voir Bruno Blanckeman, *Lire Patrick Modiano*, Paris, Armand Colin, 2014 [2009], p. 51-52.
18. Je me permets ici de renvoyer à mon article « Peut-on parler d'un moment gaullien de la littérature française ? », dans Nelly Wolf (dir.), *Amnésies françaises à l'époque gaullienne*, op. cit., p. 145-158.

Tout récit repose en effet sur une articulation chronologique, définissant ainsi la condition de possibilité de l'exercice du pouvoir narratif [19] — de façon d'autant plus évidente ici qu'il s'agit d'une récriture mythique de l'Histoire, la matière du Grand Récit forgé par le Père étant elle-même d'ordre temporel : c'est un récit du passé, qui propose à ses destinataires une certaine mémoire nationale.

Puisque le mythe échappe, par vocation, à la réfutation directe, sa remise en cause ne se dira, le cas échéant, qu'au prix d'un détour psychologique : le saut métonymique qui substitue, au récit lui-même, la faculté (mémorielle) qui en supporte l'existence. Défaisant ainsi l'économie temporelle du mythe, l'oubli acquiert un sens politique : autant dire que la mémoire (littéraire) de l'après-guerre ne peut être, par nature, qu'une mauvaise mémoire. C'est pourquoi les romans de Modiano sont des livres de fuites — oubli de l'Occupation dans *Voyage de noces* puis *Dora Bruder* (le premier constituant une préfiguration fantomatique du second, qui prend en effet la forme, en 1997, d'une enquête historique explicite [20]), de la guerre d'Algérie dans *Villa Triste*… De cette occultation prolongée de l'Histoire procède directement l'inconsistance des êtres et des choses qui fait la tonalité propre de l'œuvre [21], métaphoriquement déclinée en un réseau du vide, du blanc, de l'absence [22] — dont la prééminence est ainsi désignée par Modiano lui-même : « À moins que la ligne d'une vie, une fois parvenue à son terme, ne s'épure d'elle-même de tous ses éléments inutiles et décoratifs. Alors, il ne reste plus que l'essentiel : les blancs, les silences et les points d'orgue. [23] »

Au-delà de cette poétique de la mémoire défaillante — que l'on retrouverait aussi bien à l'œuvre dans les livres de Georges Perec, auquel Modiano est

19. Sur ces questions, voir Paul Ricoeur, *Temps et Récit*, Paris, Seuil, trois volumes, 1983-1985, ainsi que Louis Marin, *Le Récit est un piège*, Paris, Minuit, 1978.

20. Sur ce diptyque, voir Michael Sheringham, « Le dispositif *Voyage de noces — Dora Bruder* », dans Roger-Yves Roche (dir.), *Lectures de Modiano*, Nantes, Cécile Defaut, 2009, p. 243-266.

21. *Dora Bruder* confère cependant à cet oubli de l'Histoire une valeur plus positive, en lui substituant *in fine* l'intimité du secret de la fugue adolescente : « J'ignorerai toujours à quoi elle passait ses journées, où elle se cachait, en compagnie de qui elle se trouvait pendant les mois d'hiver de sa première fugue et au cours des quelques semaines de printemps où elle s'est échappée à nouveau. C'est là son secret. Un pauvre et précieux secret que les bourreaux, les ordonnances, les autorités dites d'occupation, le Dépôt, les casernes, les camps, l'Histoire, le temps — tout ce qui vous souille et vous détruit — n'auront pas pu lui voler » (*Dora Bruder*, op. cit., p. 144-145).

22. Sur ces questions, voir notamment (au sein d'une abondante bibliographie) Dominique Meyer-Bolzinger, « Investigation et remémoration : l'inabouti de l'enquête chez Patrick Modiano », dans Christelle Reggiani et Bernard Magné (dir.), *Écrire l'énigme*, Paris, Presses de l'Université Paris-Sorbonne, 2007, p. 231-239.

23. Patrick Modiano, *Voyage de noces*, Paris, Gallimard, « Folio », 2000 [1990], p. 54.

volontiers comparé [24] — la contestation de l'ordre même du temps prend dans la part la plus récente de son œuvre une importance remarquable, à laquelle la référence explicite, et récurrente, à l'« Éternel Retour [25] » — fût-il très éloigné de son ancrage nietzschéen [26] — donne une consistance mythique.

L'Éternel Retour, en repliant sur elle-même la linéarité chronologique, signifie en effet une suspension temporelle où la confusion des époques ne saurait procurer que l'oubli. Interdisant de ce fait toute performance narrative, il frappe en particulier d'inanité la mythification de l'Histoire. Au plan stylistique, outre les phénomènes, fréquents, de « surimpression » littéraire (pour le dire avec les mots de l'auteur [27]) — ainsi de l'épigraphe de *Dans le café de la jeunesse perdue*, déjà citée, où l'*incipit* de *L'Enfer* de Dante se trouve récrit par Debord — c'est notamment l'emploi légèrement dissonant des temps verbaux qui figurera de tels grincements temporels : « À partir de maintenant, j'avais le pressentiment qu'elle ne pourrait plus jamais venir me chercher. J'étais trop loin. Une angoisse m'envahissait que j'essayais de contenir et qui m'empêchait de respirer. Jeannette a rapproché son visage du mien [28] » ; « Le soir, elle l'avait emmené dans sa chambre, et il la regardait remplir une valise avec des vêtements. Il craignait qu'elle ne le laisse seul dans la maison. Mais elle lui avait dit que demain ils iraient tous les deux à Paris » ; « Le dernier jour, elle quittait souvent le jardin pour téléphoner et elle paraissait inquiète. Ils sont assis l'un en face de l'autre sous une véranda, et il la regarde faire une réussite. Elle penche la tête et elle plisse le front [29] »… La liste pourrait être longuement poursuivie.

En 1997, *Dora Bruder* prend d'ailleurs le soin d'expliciter la portée politique de tels jeux temporels : dans la France de l'après-guerre, le déni de

---

24. Voir notamment Maryline Heck, « La fabrique du souvenir : mémoire réelle et mémoire fictive dans *W ou le Souvenir d'enfance* de Georges Perec et *Dora Bruder* de Patrick Modiano », *Texte* (Toronto), n° 41-42, 2007, p. 123-149.

25. « Encore aujourd'hui, il m'arrive d'entendre, le soir, une voix qui m'appelle par mon prénom, dans la rue. […] Pas seulement le soir, mais au creux de ces après-midi d'été où vous ne savez plus très bien en quelle année vous êtes. Tout va recommencer comme avant. Les mêmes jours, les mêmes nuits, les mêmes lieux, les mêmes rencontres. L'Éternel Retour » (*Dans le café de la jeunesse perdue*, op. cit., p. 115 ; voir également p. 72, 143 et 157).

26. Cependant mentionné (*Dans le café de la jeunesse perdue*, op. cit., p. 143). « L'expression a toutefois perdu chez Modiano de sa superbe nietzschéenne », écrit Bruno Blanckeman (*Lire Patrick Modiano*, op. cit., p. 154).

27. « Alors, tout se brouille dans votre esprit, le passé, le présent, le futur, par un phénomène de surimpression » (Patrick Modiano, *L'Herbe des nuits*, Paris, Gallimard, « Folio », 2014 [2012], p. 85) ; « Il était en présence d'un palimpseste dont toutes les écritures successives se mêlaient en surimpression et s'agitaient comme des bacilles vus au microscope » (*Pour que tu ne te perdes pas dans le quartier*, op. cit., p. 109)…

28. *Dans le café de la jeunesse perdue*, op. cit., p. 94.

29. *Pour que tu ne te perdes pas dans le quartier*, op. cit., p. 134 et 145.

l'Occupation ne constitue rien d'autre que l'envers des Trente Glorieuses (« […] nous étions heureusement dans une époque anodine, inoffensive, une époque que l'on a appelée par la suite "les Trente Glorieuses" [30] »). Le feuilleté temporel complexe qui ouvre le livre (prolongeant, à la toute fin du XXe siècle, les motifs des romans précédents) — « Il y a huit ans, dans un vieux journal, *Paris-Soir*, qui datait du 31 décembre 1941, je suis tombé à la page trois sur une rubrique : "D'hier à aujourd'hui" [31] » — paraît ainsi fixer le projet d'une archéologie de la modernité consumériste, aboutissant à en dénoncer l'ancrage dans le temps trouble des années quarante. La reprise du motif baudelairien de l'instabilité du « paysage parisien » — « la forme d'une ville / Change plus vite, hélas ! que le cœur d'un mortel », disait « Le Cygne » — devenu ici véritable amnésie urbaine, se charge, au-delà de la portée politique que lui donnait déjà le poème de Baudelaire, d'une signification sociologique précise : « On avait tout anéanti pour construire une sorte de village suisse dont on ne pouvait plus mettre en doute la neutralité » ; « Plus de cinquante ans ont passé. On a construit une autoroute, rasé des pavillons, bouleversé le paysage de cette banlieue nord-est pour la rendre, comme l'ancien îlot 16, aussi neutre et grise que possible [32] ». Aux lieux singuliers de l'Occupation (la rue des Jardins-Saint-Paul, Drancy) s'est substitué l'espace *indifférent* des Trente Glorieuses.

C'est dire que le brouillage temporel qu'Éric Chevillard reproche ironiquement à *Pour que tu ne te perdes pas dans le quartier* [33] élabore en fait un dispositif politique, où l'évanescence du réel et des personnages représente un épuisement mimétique — explicitement revendiqué comme tel par l'épigraphe stendhalienne de ce dernier roman (« Je ne puis pas donner la réalité des faits, je n'en puis présenter que *l'ombre* [34] ») — qui paraît signifier, davantage que l'effritement d'un réel devenu fantomatique, une fatigue du discours lui-même. S'exerce bien là une « action restreinte » de la littérature, dont la retenue — ou devrait-on dire la pudeur ? — suffit en somme à dénoncer, dans l'évidence de sa facture singulière, les formes voyantes de l'assurance — qui est aussi une arrogance stylistique — de l'éloquence mythique du pouvoir.

---

30. *Dora Bruder*, op. cit., p. 70.
31. *Ibid.*, p. 7 (c'est l'*incipit* du livre).
32. *Ibid.*, p. 136 et 142.
33. « Cette remémoration [de Jean Daragane], qui le ramène à son enfance, est elle-même trouée d'autres flash-back, si bien que, à défaut de se perdre dans le quartier, le lecteur ne sait bientôt plus quelle heure il est ni en quel temps il se trouve. […] Plusieurs époques se superposent » (Éric Chevillard, « Créateur d'ambiance », *Le Monde des livres*, vendredi 3 octobre 2014, p. 10).
34. *Pour que tu ne te perdes pas dans le quartier*, op. cit., p. 9.

❖

On a tenté dans ces quelques pages, au sujet de l'œuvre de Patrick Modiano, de faire l'épreuve d'une herméneutique stylistique externe — très proche, en cela, de la démarche iconologique pratiquée par nombre d'historiens de l'art (ainsi de Millard Meiss définissant à partir de critères résolument non mimétiques un style de la Peste noire dans la peinture florentine et siennoise du XIVe siècle [35]) — prolongeant en somme au plan de la facture des textes (soit des faits stylistiques, pour le formuler de façon plus technique) la lecture politique de la littérature proposée par Jacques Rancière [36].

Ce n'est pas à dire que cette optique interdise de percevoir tels enjeux proprement esthétiques : en l'occurrence, le motif de l'oubli, actif (comme on l'a vu) à plusieurs plans — thématique, intertextuel, métatextuel, poétique (au sens où son économie particulière semble déterminer la composition de certains romans) — confère à l'œuvre entier de Modiano, ainsi surdéterminé, une consistance esthétique d'autant plus forte que *leitmotive* et remplois rendent poreuses les frontières entre les différents textes qui le constituent. Répondant en somme parfaitement au modèle, fixé par le Romantisme d'Iéna, de l'œuvre d'art unitaire et close, l'œuvre de Modiano suppose par conséquent un auteur également conforme à la figure du Grand Écrivain : c'est bien ce qu'a très exactement reconnu, avec tout l'éclat institutionnel possible, le jury du prix Nobel.

Christelle REGGIANI

35. Millard Meiss, *La Peinture à Florence et à Sienne après la Peste noire : les arts, la religion, la société au milieu du XIVe siècle*, trad. Dominique Le Bourg, Paris, Hazan, 1994 [1964].
36. Voir notamment *Politique de la littérature*, op. cit.

PORTRAIT DE L'ARTISTE EN DOGUE MÉLANCOLIQUE

Si les lecteurs de Patrick Modiano aiment retrouver de récit en récit un art de la ritournelle et de la reprise, une insolite alliance entre ressassement et variation, la publication d'*Un pedigree*[1] institue pourtant l'écrivain en maître des métamorphoses. Sans doute parce que ce court récit de filiation d'une sèche factualité infléchit l'ensemble de l'œuvre et la redonne à lire dans une perspective nettement autobiographique, plus sûrement parce que l'écrivain semble à première vue délaisser sa défroque humaine pour mieux avouer son versant animal : « Je suis un chien qui fait semblant d'avoir un pedigree » (*UP*, 831). Et ce premier aveu, qui ouvre pour ainsi dire la scène judiciaire de cette autobiographie, est l'entame d'un singulier bestiaire où le chow-chow le dispute au caniche et incite le lecteur à traquer les figures canines dans l'œuvre de Patrick Modiano. Pour dire les troubles périodes de la Seconde Guerre mondiale, il lui suffit de noter que c'est une « [d]rôle d'époque entre chien et loup » (*UP*, 835) ; pour allégoriser la servitude amoureuse, voilà un amant en train de suivre celle qu'il aime « comme un gros caniche » (*UP*, 837). Et s'il faut dire son admiration pour un écrivain aimé, inutile de rien ajouter à cette remarque : « Queneau aimait beaucoup les chiens » (*UP*, 882).

C'est cette figure animale que je voudrais à mon tour traquer tout au long de l'œuvre de Patrick Modiano. Traquer d'ailleurs ou pister, sinon flairer ? Car le lecteur a besoin à cette occasion de flair pour retrouver la piste de l'animal, être aux aguets et suivre ses traces. Et d'abord en songeant à cet autre récit autobiographique de Georges Simenon, *Pedigree* : la proximité des titres n'est pas fortuite ni le patronage du romancier belge aux atmosphères brumeuses et aux troubles ambiances. Et d'autant moins fortuite que son personnage récurrent, Maigret, est fréquemment animalisé : son flair bien

1. Abréviations utilisées : UP, *Un pedigree*, Paris, Gallimard, « Quarto », 2013 [2005] ; VT, *Villa Triste*, Paris, Gallimard, « Quarto », 2013 [1975].

sûr, sa placidité ou sa massivité, placent le commissaire dans un espace intermédiaire entre l'homme et l'animal. La métamorphose canine accentue surtout la capacité de l'individu à être un pisteur ou un traqueur sans comparaison, attentif aux signes discrets et aux imperceptibles symptômes, que la rationalité humaine laisse trop souvent échapper : Walter Benjamin avait, on le sait, fait du chien au flair aiguisé, solitaire dans ses divagations urbaines, l'allégorie même du chercheur et du penseur infatigable. L'œuvre de Patrick Modiano, qui s'élabore à la lisière du roman policier et lui emprunte nombre de ses figures, trouve ainsi dans la silhouette du chien un totem de prédilection. Car le romancier a dit plus d'une fois l'envie, sinon la nostalgie de pouvoir écrire des romans policiers à la façon de Georges Simenon [2]. Ses récits sont autant d'enquêtes menées à la poursuite de silhouette perdues, peuplées de personnages de romans noirs, mais sans résolution, sans que les pièces du puzzle s'emboîtent.

Pourtant la métaphore animale sollicite moins dans son œuvre le goût actif de l'enquête qu'elle n'offre la passion d'une plainte. La douleur sans mots du chien fait de lui une figure souffrante privilégiée sinon une allégorie de l'abandon, susceptible de prendre sur elle le chagrin de tous et le malheur de chacun. Si la comparaison est sans surprise, comme l'a souligné Claude Burgelin, puisque c'est celle du chien abandonné — *Chien perdu sans collier* —, elle a le mérite de faire le procès, non sans colère, de la négligence des hommes, de la malveillance de la société et de l'absence des parents : « Parce qu'on ressent cette intensité d'une plainte au-delà des mots, cette image du chien victime de la cruauté humaine garde, pour banale qu'elle soit, toute son énergie, sa force de colère. [3] » Tout ensemble figure autobiographique et modèle épistémologique, le chien fait donc également signe vers des enjeux éthiques et esthétiques : dire une souffrance sans mots et inventer une écriture qui tente de s'aventurer en deçà du langage, par des effets de surimpression et de reprises, de refrains ou de ritournelles, c'est tout un art de l'atténuation ou de l'écriture à mi-mots, où se lit le désir de faire « chantonner certains mots, inlassablement, sur un air de berceuse » (*VT*, 68).

Ce portrait de l'écrivain en chien abandonné, en animal sans pedigree, s'inscrit dans le long défilé des chiens malheureux que l'œuvre de Patrick Modiano ne cesse de décliner. Christine Jérusalem les a soigneusement

---

2. Voir notamment le récent entretien qu'il accordait à Nathalie Crom pour *Télérama* : « Entretien avec Patrick Modiano », *Télérama*, n° 3377, 1er octobre 2014, p. 6-10.
3. Claude Burgelin, « De quoi se plaindre ? comment se plaindre ? Une lecture de *La Petite Bijou* », dans Roger-Yves Roche (dir.), *Lectures de Modiano,* Nantes, Éditions Cécile Defaut, 2009, p. 60.

consignés : dans *Un cirque passe*, *La Petite Bijou* ou *Accident nocturne*, elle a montré combien la figure animale faisait toujours signe vers l'expérience malheureuse de l'abandon ou de l'enfance saccagée [4]. Pourtant cette lignée ou cette meute de silhouettes animales ne serait pas complète sans un singulier animal, au centre pour ainsi dire de *Villa Triste*. Une citation de Dylan Thomas, auteur d'un *Portrait of the Artist as a young Dog*, ouvre ce roman traversé par un bien étrange dogue mélancolique, mais d'« une mélancolie limpide » (*VT*, 172), et qui exorcise, comme on le verra, à force de quadrilles et d'élégance, les ritournelles de la plainte et la hantise de l'abandon.

Entre la ville en ruines et le décor endormi

Villa Triste avait pourtant tout pour incarner cet art de la plainte, tant le roman semble dès les premières pages emboîter le pas aux mots de Baudelaire : « La forme d'une ville / Change plus vite, hélas ! que le cœur d'un mortel. » Car le livre s'ouvre sur une cartographie désenchantée d'une petite ville balnéaire, sur un catalogue des changements et des bouleversements que le temps lui a fait subir : après des années d'absence, le narrateur, Victor Chmara, revient et échoue à retrouver les lieux de la mémoire, défigurés par le temps.

> *Ils ont détruit l'hôtel de Verdun. C'était un curieux bâtiment, en face de la gare, bordé d'une véranda dont le bois pourrissait. Des voyageurs de commerce y venaient dormir entre deux trains. Il avait la réputation d'un hôtel de passe. Le café voisin, en forme de rotonde, a disparu lui aussi. S'appelait-il café des Cadrans ou de l'Avenir ? Entre la gare et les pelouses de la place Albert Ier, il y a un grand vide, maintenant.* (*VT*, 67)

Dans ce temps suspendu, sans repère temporel ni avenir possible, le narrateur se lance dans la litanie des ruines et place résolument son projet mémoriel sous le signe d'un grand vide : une lacune troue la ville et semble hanter de manière lancinante la mémoire. Dominique Rabaté situe à juste titre ce roman de 1975 dans un tournant de l'œuvre, qui connaît alors une inflexion proustienne [5] : comme il le souligne, au lieu du miracle du temps retrouvé, Patrick Modiano relance une quête interminable d'un passé à jamais perdu et qui ricoche de roman en roman. « Nous avons été les derniers

---

4. Christine Jérusalem, « L'Éternel Retour dans l'œuvre de Patrick Modiano. *Portrait of the Artist as a young Dog* », dans Roger-Yves Roche (dir.), *Lectures de Modiano*, op. cit., p. 87-98.

5. Dominique Rabaté, « Le temps infiniment perdu », *Magazine littéraire*, « Patrick Modiano », n° 490, 2009, p. 80-81 et « Revisitant *Villa Triste* », dans Roger-Yves Roche (dir.), *Lectures de Modiano*, op. cit., p. 221-240.

témoins d'un monde » (*VT*, 69) : tel pourrait être le mot d'ordre à la fois éthique et esthétique de l'œuvre de Patrick Modiano, qui a fait des vestiges mélancoliques et des ruines de la mémoire sa matière.

Et néanmoins, *Villa Triste* entonne également un tout autre refrain et obéit à une tout autre rengaine qui fait pièce, me semble-t-il, aux tonalités lancinantes de la plainte et à l'amertume de l'abandon. Quelque chose comme une frivolité consentie ou un culte de l'anodin que l'on élève comme un barrage résolu contre la mauvaise conscience et la culpabilité historique, le goût d'une sensualité superficielle qui recouvre délicieusement la sidération des abîmes :

> *Non, surtout, ne rien savoir du sort du monde. Ne pas aggraver cette peur, ce sentiment de catastrophe imminente. Ne s'intéresser qu'aux choses anodines, la littérature, le cinéma, le music-hall. S'allonger sur les grands « transats », fermer les yeux, surtout se détendre. Oublier.* (*VT*, 73)

Tel est bien le charme de la Villa Triste et de l'ensemble du roman : instaurer une atmosphère de flottement et de lenteur, d'ensommeillement résolu, de paresse et de nonchalance, à force de frôlements amoureux et de rêves de cinéma, comme une façon d'artificialiser la tragédie qui pointe toujours. En somme, cultiver « le charme factice d'une station thermale, tout ce pauvre décor d'opérette où finit par s'endormir de tristesse un très vieux pacha égyptien en exil » (146). Telle pourrait être une autre lecture de l'ouverture de *Villa Triste*, qui placerait le roman sous le signe non pas des ruines et des vestiges, mais du flottement, de l'inconsistance et des amours inabouties, restées à l'état de rêverie : comme un scénario que l'on projette mentalement sur la réalité, mais que l'on répugne à concrétiser, dans un décor artificiel où chacun semble jouer un rôle, vivre sous pseudonyme, rêver sa vie. Les désirs de cinéma d'Yvonne ou les mondanités ridicules de la Coupe Houligant sont de telles distractions, auxquelles personne ne croit vraiment sinon comme un moyen de prolonger nonchalamment une rêverie un peu languissante. Si Victor Chmara peine tant à retrouver les lieux de la mémoire, c'est que le passé avait déjà l'inconsistance d'une théâtralité légèrement mondaine ou un peu surjouée, et qu'en revenant des années plus tard, il se trouve face au décor d'un théâtre désaffecté dont les acteurs auraient tiré la révérence.

L'ÉPAGNEUL ET LE DOGUE

Il y aurait ainsi dans ce récit de Patrick Modiano deux affects contradictoires à l'œuvre : une sombre mélancolie qui a fait de la plainte et du goût des ruines son obsession, dans une litanie un peu complaisante du malheur ; une « mélancolie limpide » (*VT*, 172), qui sait avec lucidité les malheurs du siècle, mais préfère enchanter le désespoir par des rêveries anodines et de spirituelles élégances. Ces deux affects, *Villa Triste* les rassemble et les confronte à travers l'opposition entre deux figures animales. Car ce roman prolonge et concentre le bestiaire canin de l'œuvre : on croise à nouveau un chow-chow ou un caniche, comme souvent à la lisière de l'humain, soit que l'animal imite les individus, dans leurs démarches ou leurs attitudes, soit que l'homme s'hybride et s'animalise. Et dans ce bestiaire foisonnant, les figures antagonistes de l'épagneul et du dogue.

Un homme à tête d'épagneul prolonge en effet la cohorte des chiens solitaires que l'on croise depuis *La Petite Bijou* ou que l'on retrouvera dans *Un pedigree* : il concilie tout à la fois la tristesse, l'abandon et une plainte qui s'énonce comme en deçà du langage.

> […] *un monsieur à moustaches fines et tête d'épagneul qui donnait l'impression d'avoir été abandonné là. À travers le brouhaha des conversations, je l'entendais pousser par instants des hoquets brefs qui ressemblaient à des aboiements.* (*VT*, 74)

> *Il a marché vers moi et s'est arrêté. Je savais qu'il voulait me dire quelque chose mais les mots ne passaient pas. J'ai cru qu'il allait pousser son aboiement, cette plainte douce et prolongée que j'étais sans doute le seul à entendre* […]. *Il restait là, les sourcils froncés, la bouche entrouverte, faisant des efforts de plus en plus violents pour parler. Ou bien était-il pris de nausées et ne parvenait-il pas à vomir ?* (*VT*, 98)

L'animalisation cocasse tient à distance la figure : on sait que la mélancolie a partie liée au mutisme et que les mélancoliques ont comme un bâillon sur la bouche. Mais ce silence spirituel et cette aphonie de l'âme qu'anatomise la clinique de la mélancolie, Patrick Modiano les change avec malice en un hoquet ou une nausée. Pourtant cette silhouette un peu cocasse n'en reste pas moins un emblème esthétique : inventer une plainte en deçà du langage, comme une berceuse seulement fondée sur les intonations et les sonorités d'une énumération, telle est bien l'esthétique du romancier, mais que le portrait animalisé ressaisit avec un soupçon critique de ridicule et de grotesque. Le pathétique en est allégé.

À l'épagneul triste, le romancier oppose dans *Villa Triste* la figure du dogue mélancolique. Le chien et la mélancolie, on le sait, ont bien des affinités électives, depuis le lévrier roulé en boule aux pieds de l'ange de Dürer : le chien a en effet partie liée avec le mélancolique, tant il est le familier des savants, des lettrés et des prophètes[6]. William Marx lui a d'ailleurs consacré un chapitre dans sa

6. Sur la figure du *canis dormitans* dans la gravure de Dürer, voir Raymond Klibansky, Erwin Panofsky et Fritz Saxl, *Saturne et la mélancolie*, Paris, Gallimard, « Bibliothèque illustrée des Idées », 1989 [1964], p. 498.

Vie du lettré : cette figure animale qui accompagne le lettré n'est pourtant pas une figure domestique, mais désigne la part de sauvagerie et de violence inhérente au lettré et au commerce des livres. À travers la compagnie du chien, le lettré donne à lire sa part d'inhumanité, en rêvant d'un « désert à quatre pattes » ou d'un « ermitage portatif » [7]. Et Jean Clair nous a rappelé la place importante, dans le tableau clinique du mélancolique, de ce que l'on appelait « la folie louvière », qui saisit le malade et le plonge dans une sauvagerie solitaire : ce cas spécifique de lycanthropie estompe la fragile frontière entre l'homme et la bête [8]. Le dogue de *Villa Triste*, à qui l'on fait la lecture, s'affirme ainsi comme un double du narrateur et plus profondément encore de l'écrivain.

À la différence de l'épagneul, ce dogue se caractérise, comme tout mélancolique, par ses contradictions et par sa plasticité même qui le rend changeant sinon insaisissable, comme lorsque le narrateur tente pour la première fois de le décrire :

> *Un chien était allongé à ses pieds. Il bâillait et s'étirait de temps en temps. Un dogue allemand, immense et lymphatique avec des taches noires et blanches. Vert, roux, blanc, noir. Cette combinaison de couleurs me causait une sorte d'engourdissement.* (*VT*, 77)

C'est cette contradiction même que l'on retrouve dans l'ethos du mélancolique, qui oscille en permanence entre abattement et exaltation, passivité et colère, somnolence et vigilance. Tour à tour, ce dogue est un sphinx attentif (*VT*, 88, 117) ou un rêveur paresseux (*VT*, 91), un être infernal au souffle brûlant (*VT*, 84) ou un veilleur miséricordieux (*VT*, 112). La cyclothymie règne sur son caractère, comme dans celui du narrateur capable de passer en un instant de l'enthousiasme à l'engourdissement. Cette cyclothymie, le dogue l'éprouve sans doute au plus haut degré :

> *Le chien marchait devant, de plus en plus las. Quelquefois il s'asseyait au milieu de l'allée et il fallait crier son nom : « Oswald », pour qu'il consentît à poursuivre son chemin. Elle m'a expliqué que ce n'était pas la paresse mais la mélancolie qui lui donnait cette allure nonchalante. Il appartenait à une espèce très rare de dogues allemands, tous atteints d'une tristesse et d'un ennui de vivre congénitaux. Certains même se suicidaient. J'ai voulu savoir pourquoi elle avait choisi un chien d'humeur aussi sombre.*

7. William Marx, *Vie du lettré*, Paris, Éditions de Minuit, « Paradoxe », 2009, p. 87.
8. Jean Clair, « Aut deus aut daemon. La mélancolie et la folie louvière », dans *Mélancolie, génie et folie en Occident*, Paris, Réunion des Musées nationaux / Gallimard, 2005, p. 120-127.

> — *Parce qu'ils sont plus élégants que les autres, m'a-t-elle répliqué vivement.*
>
> [...] *Le chien nous précédait à une vingtaine de mètres. Il n'avait plus rien de sa langueur habituelle et marchait d'une manière altière, la tête dressée, faisant quelquefois de brusques écarts et dessinant des figures de quadrille à la manière des chevaux de carrousel.* (*VT*, 82)

La lassitude nonchalante oscille avec de brusques déploiements d'énergie et des figures de danse saugrenues : comme le mélancolique qui oscille entre abattement et exaltation, le dogue est une silhouette sans cesse tiraillée, contrastée ou contradictoire. Mais quelque chose fait le lien entre lassitude nonchalante et quadrilles grotesques, c'est une capacité d'élégance : une élégance que l'on oppose à l'ennui de vivre, quelque chose qui permet de vivre avec *style* ou à la manière d'un dandy la catastrophe de l'histoire, comme un funambule au-dessus du désastre. Nonchalance et paresse, élégance et stylisation du malheur : ce sont les remèdes mêmes que le narrateur oppose aux menaces de la guerre d'Algérie, dans un mélange contradictoire de désir rêveur et de cocasserie satirique. C'est là une veine de Patrick Modiano, quelque chose comme sa « mélancolie limpide », qui prend heureusement de temps en temps ses distances avec les plaintes de l'abandon : pour dire les malheurs, avec un peu de malice hautaine, le temps de quelques quadrilles, et mieux les enchanter avec élégance et légèreté, avec voltes et virevoltes.

À rebours des figures de la plainte, des litanies de l'abandon, ce dogue mélancolique offre le remède d'une élégance lucide : la passion de l'anodin qui anime bien des récits de Patrick Modiano n'a rien à voir avec une frivolité détachée. Le goût des vêtements, l'attention aux voitures et aux étoiles éphémères du cinéma sont une manière de résistance rêveuse et nonchalante à ce que la plainte peut avoir de pathétique : il s'agit d'enchanter l'ennui et d'exorciser le désastre de l'histoire, par une célébration lucide de l'anodin. Et de troquer les aboiements plaintifs d'un épagneul contre les quadrilles d'un dogue.

Laurent DEMANZE

LE CINÉ-ROMAN FAMILIAL DE MODIANO

Dès l'enfance, Patrick Modiano a connu le monde du cinéma par sa mère, l'actrice Luisa Colpeyn, et par les relations de son père, comme le producteur Sacha Gordine [1], prince émigré russe comptant dans sa filmographie *Dédée d'Anvers* d'Yves Allégret (1948) et *La Ronde* de Max Ophüls (1950). Le jeune Modiano devient cinéphile [2], rédige des critiques de films. Plus tard, Louis Malle fera appel à lui pour le scénario de *Lacombe Lucien* (1974). Pour la trame de *Rue des Boutiques obscures*, où un amnésique enquête sur son propre passé, il s'inspire d'un film de Mankiewicz, *Quelque part dans la nuit* [3] (1946). Enfin, au fil des romans qu'il se met à écrire, ses personnages se rendent souvent au cinéma, et vont de préférence voir un « vieux film [4] », voire « un très vieux film [5] » : films d'aventures, comme *Le Prisonnier de Zenda* [6] de Richard Thorpe (1952) ou *Les Contrebandiers de Moonfleet* [7] de Fritz Lang (1955) ; western, comme *La Reine de la prairie* [8] d'Allan Dwan (1954) ; comédie, comme *Vacances romaines* [9] de William Wyler (1953). Dans *Villa Triste*, paru en 1975, le lecteur est ramené en 1961 avec l'affiche du cinéma Le Régent qui annonce une dizaine de films [10], représentatifs de la « qualité française » (*Le Capitaine Fracasse* de Pierre Gaspard-Huit et *Le Bois des amants* de Claude Autant-Lara), du cinéma d'auteur (*L'Année dernière à*

1. Denis Cosnard, *Dans la peau de Patrick Modiano*, Fayard, 2010, p. 116.
2. Modiano a évoqué ses premiers souvenirs cinématographiques dans l'émission *Cinéma Cinémas* en 1990. Il est filmé dans l'ancienne salle du cinéma qu'il fréquentait, transformée en supermarché.
3. Dans un entretien avec Sylvain Bourmeau pour *Libération* le 10 mai 2013, Modiano dit en effet : « C'est un film de Mankiewicz qui m'a donné l'impulsion. »
4. Patrick Modiano, *Livret de famille*, Gallimard, « Folio », p. 199.
5. Patrick Modiano, *Villa Triste*, Gallimard, « Folio », p. 54. Le film en question est *La Dolce Vita* de Fellini (1960).
6. *Ibid.*, p. 135.
7. Patrick Modiano, *Du plus loin de l'oubli*, Gallimard, 1996, p. 33.
8. Patrick Modiano, *Un cirque passe*, Gallimard, 1992, p. 104.
9. Patrick Modiano, *Livret de famille*, op. cit., p. 192.
10. Patrick Modiano, *Villa Triste*, op. cit., p. 25-26.

Marienbad d'Alain Resnais et *La Nuit* d'Antonioni) et même de la série B, comme *Le Cercle vicieux* de Max Pecas, interprété notamment par la mère de Modiano. Le cinéma revient au roman familial. Rien d'étonnant donc si c'est dans *Livret de famille* que l'écrivain évoque le septième art avec le plus d'insistance.

Sa quatrième de couverture présente *Livret de famille* comme « Quatorze récits où l'autobiographie se mêle à l'imaginaire ». Le lecteur trouvera en fait quinze chapitres, soit quinze récits autonomes qui dressent un portrait éclaté de la famille du narrateur. Sur ces quinze chapitres, seuls trois ne font aucune référence au cinéma. Les autres se contentent d'une simple mention, comme le film *Autant en emporte le vent* de Victor Fleming (1939) dans le chapitre I, ou développent plus amplement le sujet, comme l'histoire d'un film imaginaire, *Captain Van Mers du Sud*, au chapitre VII. Alors que dans ses entretiens Modiano parle volontiers de la Nouvelle Vague et de réalisateurs italiens comme Antonioni ou Fellini [11], le cinéma présent dans ses romans est plus particulièrement le cinéma hollywoodien et, en tout cas, un cinéma de patrimoine, où le passé joue la même fonction que dans les souvenirs de famille. Ainsi les parents du narrateur de *Livret de famille* sont sans cesse comparés à des acteurs américains et incarnent même le couple le plus glamour de Hollywood puisque sa mère ressemble à Vivien Leigh [12] et son père à Clark Gable [13], les deux célèbres stars d'*Autant en emporte le vent*.

Le motif de la ressemblance avec un acteur est un leitmotiv des livres de Modiano, de *La Place de l'étoile* où le narrateur a (peut-être) le physique de Gregory Peck [14] à *Un pedigree* où un personnage secondaire est le sosie de David Niven [15]. On retrouve ce jeu dans *Livret de famille*, qui multiplie les doubles des figures parentales dans d'inépuisables variations. Avec « ses cheveux bruns » et sa « moustache fine », le père n'évoque pas seulement Clark Gable mais aussi « l'aviateur américain Howard Hughes » [16], célèbre pour avoir été producteur et réalisateur à la firme RKO, dont il deviendra propriétaire de 1948 à 1957. Au chapitre IX, le narrateur rencontre le chanteur Henri Seroka, dont le nom rappelle le pseudonyme du père de Modiano pendant l'Occupation, Henri Lagroua. Or, ce Seroka est le « sosie d'Errol Flynn [17] ». Dans *Villa Triste*,

11. Patrick Modiano, « Ce que je dois au cinéma », dans *L'Herne*, *Modiano*, 2012, p. 235-236.
12. Patrick Modiano, *Livret de famille*, op. cit., p. 50.
13. *Ibid.*, p. 16. Le narrateur indique que son père ressemble au personnage de Rhett Butler, interprété par Clark Gable.
14. Patrick Modiano, *La Place de l'étoile*, Gallimard, 1968, p. 65 et 113.
15. Patrick Modiano, *Un pedigree*, Gallimard, 2005.
16. Patrick Modiano, *Livret de famille*, op. cit., p. 207.
17. *Ibid.*, p. 131.

le narrateur s'intéressait déjà à cet enfant terrible de Hollywood, célèbre pour ses conquêtes féminines et son goût pour l'alcool qui devait le faire vieillir et disparaître prématurément, et passer de la gloire à la chute en suivant la ligne définie par le titre d'un de ses films : *Too Much, Too Soon* [18]. Le narrateur y racontait la mort légendaire de l'acteur. Flynn est sur le point de succomber à une crise cardiaque. À ses côtés, sa jeune amie cherche un cendrier pour sa cigarette. Flynn a juste le temps de lui désigner « la gueule ouverte d'un léopard empaillé [19] ». L'anecdote fait penser à une épitaphe qui résume la vie en quelques mots : ce trophée d'un animal sauvage n'est-il pas le symbole du vieil acteur ? Plus loin, le roman superpose aussi discrètement l'image d'Errol Flynn à celle du père du narrateur en prêtant à ce dernier une liaison avec l'actrice américaine d'origine mexicaine Lupe Velez, qui se suicida en 1944 [20]. Or, dans ses mémoires, Flynn se souvient d'avoir eu aussi une aventure avec elle.

Un chapitre entier de *Livret de famille* est consacré à Errol Flynn à travers l'acteur imaginaire Bruce Tellegen. Le patronyme est emprunté à celui d'un acteur du cinéma muet qui mit fin à ses jours en 1934 [21]. Mais tout ce qu'on apprend sur Tellegen est inspiré de la vie d'Errol Flynn. « Il excellait dans les films d'aventures et de cape et d'épée, incarnant Lagardère, Quentin Durward et le Mouron Rouge avec une telle fougue et un tel charme qu'ils lui valurent aussitôt une grande popularité », rappelle le narrateur [22]. Ces personnages de Paul Féval, Walter Scott ou Emma Orczy sont des transpositions des grands rôles de justiciers chevaleresques interprétés par Flynn, de Robin des Bois (*Les Aventures de Robin des Bois* de Michael Curtiz, 1938) au corsaire Geoffrey Thorpe (*L'Aigle des mers* du même Michael Curtiz, 1940). En s'inspirant de cette légende et de ces rôles nobles et héroïques, le narrateur construit une figure mythique du père montré « sous les traits d'une pureté immaculée que venait souiller la vie et désespérer la méchanceté des hommes [23] ». La formule est ambiguë car si elle décharge l'homme de sa responsabilité, il n'en reste pas moins déprécié. Le narrateur insiste encore en soulignant que, dans ses rôles, Tellegen « luttait souvent sans succès contre le mal et même avec un certain masochisme puisqu'il y avait toujours dans ses films une scène où

---

18. Il s'agit d'*Une femme marquée*, d'Art Napoleon, où Flynn joue le rôle de John Barrymore.
19. Patrick Modiano, *Villa Triste*, op. cit., p. 125.
20. *Ibid.*, p. 130.
21. Il s'agit de Lou Tellegen. Né aux Pays-Bas, il fit une carrière aux États-Unis et se suicida en 1934.
22. Patrick Modiano, *Livret de famille*, op. cit., p. 101.
23. *Ibid.*, p. 101-102.

il était sauvagement torturé… On disait qu'il aimait ces scènes-là.[24] » Les scènes en question se retrouvent dans la filmographie de Flynn : esclave dans *Captain Blood* de Michael Curtiz (1935), galérien dans *L'Aigle des mers*, condamné à des coups de fouet dans *À l'abordage* de George Sherman (1952). Tellegen interprète des personnages purs (« missionnaire[25] ») et plus troubles (« explorateur, navigateur solitaire », comme Errol Flynn avant d'être acteur). Plus tourmentés qu'on aurait pu le croire, ces personnages font écho aux questions que s'est toujours posées Modiano sur l'attitude de son père pendant l'Occupation, associé au marché noir et obligé de se cacher sous un pseudonyme pour échapper à la déportation. L'une des scènes récurrentes des romans de Modiano est d'ailleurs celle de l'arrestation du père par la Gestapo et de sa mystérieuse évasion[26].

La deuxième partie de la carrière de Tellegen reprend aussi fidèlement celle d'Errol Flynn. On y retrouve le refus d'accepter l'âge et le goût immodéré pour la vodka. Il commence à « rédiger ses souvenirs de jeunesse, ce temps où il menait une vie aventureuse en Afrique et en Nouvelle-Guinée et où il naviguait sur un petit bateau, le *Tasmanian*[27] ». Flynn a bien possédé et piloté des goélettes (notamment le *Zaca*, sur lequel fut tourné *La Dame de Shanghai* d'Orson Welles, en 1947[28]), est né en Tasmanie, a voyagé en Nouvelle-Guinée pour y trouver de l'or et y faire commerce de coprah. Les mémoires de Tellegen restent toutefois inachevés car il « n'était pas foutu de tenir un stylo[29] », à l'inverse du narrateur qui est mandaté pour rédiger un scénario, et dont les facilités à écrire lui permettront même de le bâcler[30]. De même, Flynn n'a pas écrit lui-même ses mémoires (*Mes 400 coups*[31]), rédigés en réalité par l'écrivain Earl Conrad[32]. Il est cependant l'auteur de deux romans (*Princes de la bourlingue*[33] et *L'Épreuve de vérité*). En tout cas l'évocation du destin de Tellegen, qui le fait passer du jeune premier flamboyant à un vieux beau usé par les excès, maintenu dans un corset de

24. *Ibid.*, p. 102.
25. *Ibid.*, p. 101.
26. *Ibid.*, p. 127.
27. *Ibid.*, p. 106.
28. *La Dame de Shanghai* est un film noir tiré d'un roman de gare comme *Captain Van Mers du Sud* est tiré d'un mauvais roman d'une collection populaire.
29. Patrick Modiano, *Livret de famille*, op. cit., p. 106.
30. *Ibid.*, p. 99.
31. Errol Flynn, *Mes 400 coups*, Olivier Orban, 1977.
32. Thierry Beauchamp, préface à *L'Épreuve de vérité* d'Errol Flynn, Le Serpent à plumes, 2009 (roman paru en 1946 aux États-Unis), p. 19-20.
33. Errol Flynn, *Princes de la bourlingue*, Éditions Ouest-France, 2003. Flynn est aussi l'auteur de nombreux articles pour le magazine de cinéma *Photoplay*.

cuir, touche au genre de la vanité et reprend les méditations du narrateur de *Villa Triste* sur ces vies d'étoiles filantes : Errol Flynn, Lupe Velez, Marilyn Monroe, les starlettes Belinda Lee et Bella Darvi.

Tellegen finit par prendre le narrateur pour confident. Ce schéma reprend celui de *Rue des Boutiques obscures*, où le protagoniste recherche le confident de John Gilbert, un acteur du cinéma muet dont la carrière et la vie font penser à celles d'Errol Flynn par son image de séducteur, son alcoolisme et sa fin prématurée [34]. Tellegen égrène alors solennellement des banalités et des platitudes comme : « … il est très difficile de vivre avec une femme » ou : « … la jeunesse, la gloire et la santé n'ont qu'un temps [35] ». On retrouve dans ces conseils stéréotypés le ton de la lettre qu'envoie le père de Modiano à son fils dans *Un pedigree* [36]. Le père apparaît souvent comme un homme d'apparence plutôt banale, mais auréolé d'un passé mystérieux et romanesque. Le recours au cinéma et à la mythologie hollywoodienne permet de retrouver la splendeur passée dans un homme ordinaire. Ainsi, au chapitre X de *Livret de famille*, un personnage surnommé « le Gros », un bonhomme usé, projette-t-il au narrateur et à sa maîtresse une vieille bande d'actualités le montrant jeune. C'est l'ex-roi Farouk d'Égypte, l'un des alter egos du père, et sur l'écran il devient « très beau, très svelte et très grave [37] ». Le narrateur conclut : « Ce jeune homme plein de promesses, c'était le Gros. » De même, au chapitre XII, le vol des bobines du *Loup des Malveneur* de Guillaume Radot (1943) permettrait de retrouver le visage de Harry Dressel, une autre incarnation du père. On retrouve une scène semblable au début du chapitre consacré à *Captain Van Mers du Sud* : entré dans une salle de quartier, le narrateur assiste à la projection de ce film dont le générique se présente comme « les pages d'un agenda qui tournent lentement [38] », comme un livre, ou un album de famille.

L'évocation de la mère passe aussi par le prisme du cinéma. Le chapitre IV de *Livret de famille* est entièrement consacré à cette mère et à ses débuts cinématographiques à Anvers, au studio de la Pyckestraat surnommé l'« Hollywood anversois [39] ». Le narrateur affirme qu'elle a été la « très jeune vedette » des films « charmants » [40] du réalisateur belge Jan Vanderheyden, tournés entre 1939 et 1941 : *Cet homme est un ange*, *Janssens contre Peeters*, *Janssens et Peeters*

34. Patrick Modiano, *Rue des Boutiques obscures*, Gallimard, 1978, p. 67.
35. Patrick Modiano, *Livret de famille*, op. cit., p. 106.
36. Patrick Modiano, *Un pedigree*, op. cit., p. 77-78.
37. Patrick Modiano, *Livret de famille*, op. cit., p. 152.
38. *Ibid.*, p. 94.
39. *Ibid.*, p. 46.
40. *Ibid.*, p. 46 et 48. Luisa Colpeyn s'appelait alors Louisa Colpijn.

réconciliés et *Bonne chance, Monique*. En réalité, elle ne tint dans ces « “comédies” flamandes [41] » que des rôles mineurs. On apprend plus loin qu'elle quitte la Belgique, gagne Paris où elle travaille pour la Continental-Films, la filiale française de la firme allemande UFA, dirigée par les nazis. Elle y rédige les intertitres des films destinés aux Pays-Bas. Ce résumé est conforme à la version que Modiano en donnera aussi dans *Un pedigree* [42]. Cependant la fiction se greffe sur la réalité car ce chapitre IV évoque surtout un projet imaginaire de film, *Swimmers and Detectives*. La mère du narrateur est présentée à deux producteurs juifs, les frères Openfeld, qui lui proposent de tourner dans un film à la Esther Williams, *Swimmers and Detectives*, « prétexte à plongeons et à ballets aquatiques ». En effet la vedette en serait Willy den Ouden, championne de natation olympique de Hollande. L'un des deux producteurs, Félix Openfeld, avec ses « cheveux noirs lustrés » et sa « moustache fine » [43] ne serait-il pas un nouvel avatar du père ? Le projet de film avorte car la Belgique est envahie par les Allemands et les frères Openfeld sont contraints de s'expatrier. Le lecteur reconnaît ici une uchronie, car dans la mesure où le dernier film tourné avec Vanderheyden est *Bonne chance, Monique*, qui date de 1941, il est impossible que la jeune actrice soit sollicitée par les Openfeld au moment de l'invasion allemande, le 10 mai 1940, comme le texte le rappelle [44]. En tout cas, l'itinéraire des deux frères évoque, dans le cinéma français, celui des frères Hakim, producteurs de *Pépé le Moko* de Julien Duvivier (1937) ou de *La Bête humaine* de Jean Renoir (1938) et que l'Occupation contraignit à fuir pour Hollywood. Après guerre, ils reviendront produire des films comme *L'Avventura* d'Antonioni (1960) ou des films de Chabrol. Comme pour *Captain Van Mers du Sud* [45], où le narrateur est contacté sans trop savoir pourquoi par le producteur imaginaire Yvon Stocklin (et dont l'appartement vide semble celui du producteur réel Charles Lumbroso, rescapé d'Auschwitz [46]), l'histoire de *Swimmers and Detectives* est une suite de hasards. Le début du tournage tombe le jour de l'invasion allemande. Les frères Openfeld sautent dans un taxi pour la gare de Bruxelles. Ils comptent prendre le train à destination de Lisbonne, et proposent à la mère du narrateur de l'emmener avec eux. Celle-ci hésite puis décide de rester. Cette attention portée aux caprices du destin et aux possibles se retrouve

41. Patrick Modiano, *Un pedigree*, op. cit., p. 10.
42. *Ibid.*
43. Patrick Modiano, *Livret de famille*, op. cit., p. 50.
44. *Ibid.*, p. 51.
45. On remarque d'ailleurs que le film est tiré d'un roman intitulé *Capitaine des mers du Sud*. Son titre s'est changé en *Captain Van Mers du Sud* « en raison d'une coproduction à majorité anglo-hollandaise ».
46. Patrick Modiano, « Ce que je dois au cinéma », *op. cit.*, p. 238.

dans l'évocation de starlettes, déclinaisons de la figure maternelle. Ces destins tragiques ou pathétiques semblent être des paraboles sur ce qu'a été la vie de la mère et ce qu'elle aurait pu être.

La première de ces starlettes est liée aussi au père. Il s'agit de Hella Hartwich, actrice d'origine juive allemande à la vie obscure, compagne un temps du réalisateur Billy Wilder et ne figurant que dans un seul film, *Aventures en Engadine*, de Max Obal (1932). Le narrateur de *Livret de famille* la mentionne car elle était avec son père au moment de son arrestation par la Gestapo et de son évasion [47]. Au chapitre IX est évoquée une autre malchanceuse, l'amie du narrateur avec laquelle il assiste au film de l'ex-roi Farouk, Claude Chevreuse. Celle-ci est venue à Rome pour « faire carrière dans le cinéma » mais elle devra se contenter de rester strip-teaseuse. On peut ajouter à ces gloires éphémères le personnage de Bella F., la vedette de *Captain Van Mers du Sud* qui « avait été, à dix-sept ans, le type même de ces starlettes qui posaient devant les photographes pendant le festival de Cannes [48] ». Son nom évoque celui de Bella Darvi, dont le narrateur de *Villa Triste* va jusqu'à faire une parente, l'appelant « [sa] cousine Bella Darvi [49] ». Ailleurs, Modiano dit l'avoir croisée en précisant qu'elle « a connu une fin tragique [50] ». En effet, Bella Darvi, restée célèbre au cinéma pour un seul rôle, dans *L'Égyptien* de Michael Curtiz (1954), s'est suicidée en 1971. Comme Bella F. dans *Captain Van Mers du Sud*, elle avait la passion du jeu. Enfin, on évoquera Flory Francken, fille du peintre Nardus, qui n'a fait que graviter dans le milieu du cinéma. Le narrateur l'imagine de façon romanesque, se promenant nue dans le parc de son père. Selon lui, elle épouse l'acteur américain d'origine japonaise Sessue Hayakawa [51]. Ce dernier s'est bien retrouvé à Paris pendant l'Occupation où il a joué dans *Macao, l'enfer du jeu* de Jean Delannoy en 1942 mais ne semble avoir été marié qu'à une seule femme, la comédienne Tsuru Aoki, en 1914. Flory Francken était aussi liée avec l'actrice Dita Parlo et son amant le Dr Fuchs, l'un des dirigeants du bureau d'achat au marché noir « Otto » [52]. *Livret de famille* précise qu'elle a été arrêtée à la Libération, accusée d'être « une espionne boche [53] ». Le jeu de correspondances entre ces personnages culmine au dernier chapitre, lorsque le narrateur, à Nice, pense à sa sœur Corinne.

---

47. Patrick Modiano, *Livret de famille*, op. cit., p. 127.
48. *Ibid.*, p. 102.
49. Patrick Modiano, *Villa Triste*, op. cit., p. 39.
50. Patrick Modiano, « Ce que je dois au cinéma », *op. cit.*, p. 239.
51. *Ibid.*, p. 193 et 202. Un double négatif de l'acteur apparaît en collaborateur dans *La Ronde de nuit* : « Ferdinand Poupet, dit "Paulo Hayakawa", courtier d'assurance » (*La Ronde de nuit*, Gallimard, « Folio », p. 126).
52. Patrick Modiano, *Un pedigree*, op. cit., p. 18.
53. Patrick Modiano, *Livret de famille*, op. cit., p. 205.

Modiano n'a eu qu'un frère, Rudy, disparu en 1957 et auquel il dédie un certain nombre de ses romans. Mais ce qu'il dit de sa sœur imaginaire Corinne semble plutôt être une ultime variation sur le thème de la starlette car elle connaît le même sort que Flory Francken : « Ma pauvre sœur Corinne, que la Sécurité militaire française avait arrêtée en Italie, était enfermée tout près d'ici, Villa Sainte-Anne, avant qu'on ne la conduisît à la prison puis à l'hôpital Pasteur. [54] » Ces détails désignent ici Corinne Luchaire [55], fille du patron de la presse collaborationniste Jean Luchaire, fusillé à la Libération. Cette jeune actrice blonde se fait remarquer au cinéma dans des films comme *Prison sans barreaux* de Léonide Moguy (1937) mais mène une vie mondaine aveugle pendant l'Occupation, fréquentant Charles Trenet mais aussi Otto Abetz, l'ambassadeur d'Allemagne, au point qu'elle sera surnommée « la Maîtresse des nazis [56] ». À la fin de la guerre, elle fuit à Baden-Baden et Sigmaringen avec d'autres, dont Louis-Ferdinand Céline. Elle sera emprisonnée, jugée et condamnée à dix ans d'indignité nationale, mais mourra à vingt-huit ans de tuberculose. Ce destin tragique semble avoir fasciné Modiano parce qu'il lui permet de réfléchir à « un certain monde trouble du Paris de l'Occupation [57] » et au rôle ambigu de ses propres parents. La hantise des camps d'extermination sous-tend le texte car le paragraphe consacré à la « sœur Corinne » se clôt par cette phrase lapidaire : « Et à Paris, les rescapés des camps attendaient en pyjama rayé, sous les lustres de l'hôtel Lutetia. » Corinne Luchaire figure d'ailleurs dans d'autres livres, comme *Les Boulevards de ceinture* où elle apparaît sous le visage d'Annie Murraille [58]. Modiano lui fait interpréter un rôle dans un film imaginaire au titre éloquent : *Nuit de rafles* [59]. On la retrouve dans le film *Lacombe Lucien* avec le personnage de Betty Beaulieu qui, elle, n'hésite pas à assister de façon sadique aux interrogatoires des résistants par les miliciens. Dans le chapitre II de *Livret de famille*, il était fait allusion à une actrice au destin semblable, l'Italienne Luisa Ferida [60], qui fréquenta une « Villa Triste », lieu de torture sous le fascisme. *Villa Triste* de Modiano évoque d'ailleurs son amant, Osvaldo Valenti [61]. Elle sera fusillée avec lui à la Libération.

54. *Ibid.*, p. 214.
55. Voir Denis Cosnard, *op. cit.*, p. 136 et Wrona, Carole, *Corinne Luchaire. Un colibri dans la tempête*, La Tour verte, 2011, p. 131-132.
56. *Ibid.*, p. 161.
57. *Ibid.*, p. 163.
58. Ce personnage est aussi inspiré par Annie Mouraille, actrice membre de la Cagoule qui posa une bombe sous le lit du ministre du Front populaire Marx Dormoy (Denis Cosnard, *op. cit.*, p. 77).
59. Patrick Modiano, *Les Boulevards de ceinture*, Gallimard, 1972, p. 77.
60. Patrick Modiano, *Livret de famille*, op. cit., p. 31.
61. Patrick Modiano, *Villa Triste*, op. cit., p. 47.

Ces vies tourmentées nourrissent la réflexion de Modiano sur la période de l'Occupation et le rôle du hasard dans les choix individuels. La figure de la starlette est particulièrement révélatrice car elle illustre la difficulté à exister vraiment, entre anonymat et célébrité, entre réel et rêve. De *La Ronde de nuit* à *Voyage de noces*, les personnages de Modiano donnent l'impression d'être des passagers clandestins, d'assister derrière un écran au film de leur vie. Ils apparaissent comme des fantômes en mal d'incarnation. Leur volonté d'identification à des acteurs pourrait alors représenter la tradition juive selon laquelle le modèle précède l'essence, l'identité nécessitant un récit fondateur. La Bible est ici remplacée par une certaine mythologie cinématographique, qui fait partie d'une mémoire collective et familière. Ainsi le narrateur de *Livret de famille* peut-il reconnaître ces icônes comme famille d'accueil et se constituer peu à peu un arbre généalogique imaginaire. Comme le lui rappelle Georges Rollner, le réalisateur de *Captain Van Mers du Sud*, « le cinéma est une grande famille [62] ».

François SOUVAY

62. Patrick Modiano, *Livret de famille*, op. cit., p. 108.

COUPS DE FOUDRE POUR *LE COUP DE LUNE*

Simenon, Robbe-Grillet, Modiano

Dans une étude déjà ancienne, qu'avait bien voulu recueillir la revue *Textyles* [1], j'avais raconté une scène mémorable, faisant s'affronter, à la télévision française, Robbe-Grillet, qui venait d'écrire *Le Miroir qui revient*, et Modiano, qui publiait *Quartier perdu.* Si ma mémoire est bonne, cette émission de Bernard Pivot, dans la série *Apostrophes*, date de 1985 et elle a certainement été archivée à l'I.N.A. Agressif et bien arrogant, Robbe-Grillet somma Modiano de s'expliquer sur son aphasie apparente, et sur son amnésie présumée. À la fin de l'émission, Bernard Pivot chercha à faire dire au cadet de bonnes paroles à l'intention de son grand aîné. Le fondateur du Nouveau Roman avait-il influencé l'auteur de *La Place de l'étoile* ? Celui-ci répondit que les romans de Robbe-Grillet ne lui avaient paru ni nouveaux ni difficiles : il avait lu avant des romans bien plus novateurs, bien plus perturbants comme *Le Coup de lune* de Simenon [2]. Ravalé au rang de suiveur timide du populaire Simenon, Robbe-Grillet en resta interdit et sans voix. L'aphasique, avec ses bredouillis d'où avait fusé le trait qui tue, avait cloué le bec au grand communicateur. Modiano attestait bien ainsi le coup de foudre, éclairant et sidérant, pour le roman de 1933. Il suggérait aussi une confrontation fort éclairante entre *Le Coup de lune* (1933) et *La Jalousie* (1957). Certes, on doit, on peut aimer

1. Jacques Lecarme, « Les romans coloniaux de Georges Simenon », *Textyles*, n° 6, Bruxelles, 1989, p. 179-189.
2. Quand Modiano publie son premier livre, il a pu lire de Robbe-Grillet, *Les Gommes* (1953), *Le Voyeur* (1955), *La Jalousie* (1957), et aussi voir *L'Année dernière à Marienbad* (1960). Mais il peut aussi les avoir *refusés.* Sur l'influence durable de Simenon sur Modiano, voir de Jacques Lecarme, « Les cinq voies de l'autobiographie simenonienne », *Traces*, n° 11, 1999. Nous avons essayé dans diverses études de montrer que Simenon, et à sa suite Modiano, ont fort bien pratiqué l'« autofiction », ainsi baptisée en 1977. Les *Trois Crimes de mes amis* en constitue un chef-d'œuvre précurseur.

tout Simenon, car il partage avec Maupassant une curieuse impossibilité de rater un roman ou une nouvelle, en somme de manquer son coup. Mais on peut, pour le seul *Coup de lune* chercher les traces de coups de foudre à la lecture propres à la lecture passionnelle, tout en réservant les droits de la lecture critique (on hésitera à dire « scientifique », car de tels romans ne seront jamais des objets froids). Ainsi le modeste intervenant d'aujourd'hui, qui avait joué sans le savoir le rôle de Timar, dans l'Afrique postcoloniale, il y a trente-cinq ans, a éprouvé un coup de foudre assez analogue à celui qu'auront exprimé, avant Modiano un André Gide, mais aussi Serge Gainsbourg, auteur d'un très beau film, *Équateur*, inspiré du roman de Simenon [3].

Dans ce roman d'aventures, qui appartient à l'horizon du « roman colonial », pour en retourner toutes les figures, il y a bien le noyau d'un roman policier, dont l'enquêteur serait le naïf Timar [4], bien plus que le commissaire de Libreville. On a donc tué Thomas, le « boy » africain, et dans quelles conditions ? En fait, il n'y a aucune énigme : le monde blanc, tout petit monde, sait que c'est Adèle, et qu'il faut d'urgence trouver un faux coupable noir à condamner. Reste qu'on ne comprend pas pourquoi Adèle est allée tuer Thomas, qui aurait menacé de la faire chanter. Il aurait révélé au mari et patron d'Adèle qu'elle avait couché avec le premier venu et nouvel arrivant, Joseph Timar ? Eugène en serait alors devenu fou furieux ? Mais elle couchait épisodiquement avec tous les clients du bistrot et avec tous les notables... Le mobile ne tient guère. On voit mal comment a été montée la fabrication du faux coupable : Adèle était assez bien informée pour aller remettre elle-même le revolver du crime au chef du village nègre. Finalement, on se convainc qu'Adèle, la gentille Adèle, a tué un Noir, mais que l'important est, bien plus, qu'une Blanche ne soit pas inquiétée pour le meurtre d'un Noir, la solidarité des Blancs impliquant son impunité. La fin du roman ajoute à l'incertitude un processus de déréalisation. On ne sait si le Noir, après l'éclat public de Joseph Timar, a été condamné ou acquitté. On ne sait s'il était ou non le père de la vierge noire qui s'est offerte, le long du fleuve, à Joseph Timar. On ne sait pas non plus si Adèle, associée à l'ancien coupeur de bois Bouilloux, devenu le propriétaire de l'Hôtel Central, va devenir elle aussi une riche exploitante de bois exotique.

---

3. Sur *Équateur* de Gainsbourg, on pourra lire de Bernard Alavoine, « D'*Équateur* de Gainsbourg à *Coup de lune* d'Eduardo Mignogna », dans *Traces*, n° 13, Liège, 2002. Bernard Alavoine confronte le film de Gainsbourg à un téléfilm réalisé en 1999 et diffusé sur ARTE en 2000.

4. Joseph Timar désigné dès la première page du roman (G. Simenon, *Romans,* t. I, Paris, Gallimard, « Bibliothèque de la Pléiade », 2003, p. 321), semble aussi naïf et crédule que son saint patron, et programmé par son patronyme, pour le trimard et pour le martyre. L'onomastique fictive suggère bien une vocation christique.

On se demande pourquoi Adèle a d'emblée fait l'amour avec le jeune Timar, puisqu'elle ne pouvait savoir alors que l'oncle de Timar était en mesure de lui obtenir une dérogation pour la plantation espérée. Le narrateur n'use jamais de la focalisation interne sur Adèle, qui permettrait de deviner ce qu'elle pense et ce qu'elle projette. Certes on sait d'elle que sous sa robe de soie noire elle ne porte pas de dessous, qu'elle sort avec des bottes souples et un casque colonial, que sa peau est très blanche et très douce, et qu'elle ne refuse jamais son corps aux hommes qui, tous, la désirent : Vénus des moustiquaires, amante universelle de la colonie, mais aussi conquérante des richesses coloniales. On est bien loin du roman policier, à moins que, selon la célèbre formule de Malraux (à propos de *Sanctuaire* de Faulkner[5]), on y voie l'intrusion de la tragédie grecque. L'Afrique équatoriale convient fort bien à un tragique porté à l'incandescence.

Pour décrire la modalité de ce récit, on recourra à un oxymore : l'irréalisation dans l'hyper-réalisme. On n'a jamais mieux décrit la décomposition de l'Européen en Afrique équatoriale sous la double influence du soleil et de son antidote, l'alcool anisé. Sous les yeux des Africains, les administrateurs et les exploitants se détruisent à qui mieux mieux, en accélérant un processus de mort inhérent au système colonial. L'histoire comme le récit doivent aboutir à l'ultime formule de Timar : « *L'Afrique, ça n'existe pas.* » Au terme, plus rien n'existe, ni la rationalité de Timar, tout à fait disloquée, ni celle de la colonisation française, ni celle d'une hypothétique culture noire de résistance[6]. Même le corps d'Adèle, qui est tout ce qu'a touché (mais pas conquis) Timar, existe de moins en moins, jusqu'à prendre l'allure d'un mirage. L'Afrique a été une saison en enfer, avec remontée de l'Achéron. Timar en sort comme un mort-vivant, conscient de n'être plus tout à fait un être réel.

La dynamique narrative repose sur des déplacements très ralentis, avec des stations involontaires et des faux départs. On peut y voir six séquences.

1. Timar débarque à Libreville et descend à l'Hôtel Central. Au lieu de rejoindre le poste prévu de la Sacova, il s'y arrête, interminablement.

2. Après l'initiative d'Adèle d'obtenir la « transmission » de la concession Truffaut, Timar remonte le fleuve, dans une pinasse à moteur, jusqu'à la

5. La préface de Malraux à la traduction française de Faulkner est d'abord publiée en 1931 dans *La Nouvelle Revue française*.

6. Cependant nous nous dissocions tout à fait de Benoît Denis et de Jean-Louis Dumortier qui voient dans « L'Heure du nègre » un « racisme larvé » (G. Simenon, *Romans*, op. cit., p. 1383). La thèse, appliquée au *Coup de lune*, serait plus encore tendancieuse. C'est au prix d'une illusion rétroactive et d'anachronismes sournois qu'on fait aujourd'hui, certes de bonne foi, un procès de racisme inconscient à des antiracistes incontestables des années trente (Sartre, Simenon, Gide). Au mieux, on pointe des stéréotypes sans pouvoir en tirer des interprétations claires. Pour tout le reste, la notice de Benoît Denis est irréprochable et pénétrante.

plantation. Alcoolisé, fiévreux, quasi comateux, Timar ne maîtrise ni ne dirige rien. C'est le capitaine noir à la bouche édentée qui mène la pinasse au poste reculé.

3. À l'arrivée dans la concession, coup de dengue, coup de barre et coup de lune mettent Timar K.O., c'est-à-dire hors-jeu. Pendant son coma, le contremaître grec Constantinesco prend en main les deux cents esclaves noirs et le travail de l'okoumé. Timar ne sort de l'hébétude que pour noter les trahisons d'Adèle : visite de Bouilloux chargé des messages du procureur, départ d'Adèle pour Libreville sur la pinasse, enlevée à Timar.

4. Enfin, l'homme berné se révolte. Il réquisitionne une pirogue et treize rameurs. Au village, qu'il a déjà visité à l'aller, il va participer à une fête indigène et s'offrir une belle Noire, qui l'avait déjà attiré.

5. Le procès d'Adèle, à Libreville, donne lieu à un beau scandale. Timar compatit avec les faux coupables noirs, dénonce Adèle, rompt le pacte de la communauté blanche. Ce coup de folie lui vaut l'internement, vite suivi de l'expulsion.

6. Timar, aliéné et paranoïaque, est expulsé de la communauté européenne : sur le paquebot qui le ramène en France, il répète obstinément que « ça n'existe pas ».

Hormis deux coups d'éclat, dus à l'égarement, Timar reste toujours passif, désemparé, vaguement conscient de son incapacité à comprendre la vie coloniale et à déjouer ses pièges. C'est un enfant candide dans un monde de brutes, de poivrots et de garces, représentation assez fidèle du personnel colonial français. Par cette passivité illimitée et par sa fuite dans la bulle alcoolique, Timar, dépourvu d'initiative et de riposte, inverse totalement la figure du héros-aventurier. Victime d'un entourage oppressif, il est capable de violence éphémère et de révoltes inabouties, sensible à l'injustice d'un complot purement raciste des colonisateurs. On aurait peine à trouver plus démuni, moins avisé que ce fils de famille inadapté, neveu d'un (futur) sénateur de La Rochelle. Prosaïquement il est le souffre-douleur de la colonie, religieusement il est le saint-innocent qui renvoie la communauté à sa sauvagerie éthylique : à celle-ci, tout ce qui est humain est étranger.

Mais en même temps, Joseph Timar est rigoureusement le seul, dans le système colonial[7], à manifester un sentiment élémentaire de justice ; le seul, lors du procès, à essayer de crier la vérité, à savoir que la Blanche a tué à coups de revolver le jeune Noir et que le vieux Noir est un faux coupable piégé par la

7. On rappellera ici l'article de Jean-Paul Sartre : « Le colonialisme est un système », publié dans *les Temps modernes*, en 1958, repris dans *Situations*, V — *Colonialisme et néocolonialisme*, Paris, Gallimard, 1965.

femme blanche, qui a fait trouver chez lui l'arme du crime, après l'y avoir déposée. Dans cette nouvelle affaire Dreyfus du Gabon, aucune voix ne s'élève pour défendre le vieux Noir, sauf le naïf débarqué, le puceau de la colonie, l'ahuri à rembarquer expéditivement pour la métropole. Perçu comme un Judas par les Blancs du Gabon, Timar devient un Christ, chargé d'affronts et d'insultes, qui ne connaîtrait pas bien son message évangélique. Il répète en effet que « *l'Afrique, ça n'existe pas* » alors qu'un Messie prophétique attesterait que la colonie française n'a jamais existé en droit et en valeur, que l'Afrique française disparaîtra, et que les temps de la fin sont arrivés. C'est bien cette autre version de la prophétie qui est induite par le finale de ce roman si peu colonial.

En rendant le protagoniste si faible, le romancier en fait une figure emblématique de la décolonisation, celle-ci n'étant pas une révolte de la conscience morale ou politique, mais un processus entropique de décomposition et de perversion. Timar en effet est complice de tous les crimes coloniaux : il participe aux razzias sexuelles, mollement il est vrai ; il use de son oncle-notable pour se faire céder illégalement une concession ; en proxénète, il utilise les deux cent mille francs d'Adèle, gagnés au trottoir ou au comptoir, on ne sait ; il use de son statut de Blanc pour s'imposer à une vierge noire, sans que sa conscience en soit troublée ; à la différence du Bardamu célinien, il s'immerge dans l'alcool, et cède aux délires de l'Afrique fatale aux Blancs, car finalement le colonialisme se sera dissout dans l'alcool. C'est bien l'itinéraire d'une chute, avec les tourments croissants de la mauvaise conscience qui se souvient des rites et des sacrements. Joseph est scrupuleux mais l'alcool lève les inhibitions et lui fait surmonter ses scrupules pour le laisser dans une léthargie anxieuse : plus dure sera la chute et avec elle le calvaire ou la Passion. Presque tous les « romans durs » de Simenon racontent l'histoire d'une dégringolade ou d'une déchéance, avec parfois cette note ambiguë d'une crucifixion qui serait aussi ascension [8]. *Le Coup de lune* est bien le royaume de la psychose : psychose collective du système colonial, à base de paranoïa, de mégalomanie et de sadisme, psychose de Timar, paranoïaque jaloux à la limite de l'autisme, psychose narcissique d'Adèle, dont l'*hybris* est fort lubrique. En recourant au texte fondateur de Freud sur la psychose paranoïaque, on dirait que l'Afrique est peuplée de « Présidents Schreber » persuadés d'avoir un anus relié au soleil par d'innombrables rayons [9].

---

8. Le meilleur exemple de cette ambivalence serait sans doute *La Neige était sale* (1948). De tels personnages, chez Simenon, doivent beaucoup à Dostoïevski.

9. Cf. Sigmund Freud, *Cinq psychanalyses*, traduction française, Paris, P.U.F., 1966, « Remarques psychanalytiques sur l'autobiographie d'un cas de paranoïa (Le Président Schreber) », p. 263-324.

L'emprise invincible de Timar le nul sur les lecteurs vient assurément d'une configuration de l'imaginaire érotique (fort proche des essais de Freud sur la sexualité déjà traduits en 1933), lié aux expériences personnelles de Simenon, que le lecteur de 1933 ignorait heureusement, mais que nous connaissons bien par le corpus autobiographique. Tout se joue sur le clivage et la connexion de la maman et de la putain, et se complique du couple antinomique de la Blanche et de la Noire. Adèle apparaît comme une figure maternelle idéale : elle sert à boire et à manger, elle dresse le lit, elle soigne le malade, inaltérablement tendre. C'est une mère virginale, puisque sur sa peau très blanche et très douce, aucune souillure ne laisse de trace. Sous la lumière de la lune, son corps reste immaculé comme celui d'une vierge d'ivoire. Toujours tendre, elle n'est jamais sexuellement ardente, ni sensuelle, ni orgasmatique, quoiqu'en disent certains commentateurs. Par ailleurs (et le lien n'est pas surprenant) elle est la putain idéale, la *bonne pute* dont rêvent les héros de Romain Gary, figure d'une mère miraculeuse qui transgresserait innocemment la prohibition de l'inceste. C'est aussi une putain exceptionnelle : elle ne se fait pas payer en espèces et se prête gratis aux désirs des hommes, ne leur disant jamais le non qui désespère. Avec Timar, elle a l'initiative et la persévérance, tour à tour garde-malade, infirmière, compagne de nuit, gestionnaire... La fusion presque parfaite de la mère et de la putain achoppe sur le fait que la mère appartient à son seul fils, et la putain à tous les hommes (sauf à son mari). Adèle, femme d'affaires avisée, inverse la tendance, car elle a tous les hommes, ne se prêtant à eux que pour en retirer, à moyen terme, ressources et bénéfices. Timar sait sans doute au fond de lui-même que la femme blanche est froide, même sous l'équateur et plus encore l'aventurière blanche. Le récit rend compte d'un changement progressif de l'objet du désir : ce n'est plus la courtisane blanche, mais la vierge noire brûlante, statue d'ébène cachant son feu secret. Il y a bien, à la remontée du fleuve, un coup de foudre pour la jeune Noire, à la descente, une étrange nuit de noces dont on ne sait si ce n'est qu'un arrangement tribal. Le désir de Timar n'est plus passif comme avec Adèle, mais résolument actif. Le romancier, classiquement, fait l'ellipse sur la nuit d'amour entre le jeune Charentais et la Vénus africaine. L'autobiographe, plus tard, sera plus disert et moins persuasif[10].

10. Dans les *Mémoires intimes*, dans les *Dictées*, le narrateur se plaît à manifester sa préférence sexuelle pour la femme noire. C'est assez naturel pour qui a eu le privilège d'une liaison passionnée avec Joséphine Baker. Mais on peut, littérairement, préférer le non-dit au dit, ou au ressassé.

Le Coup de lune a-t-il engendré *La Jalousie* ?

Si l'on veut bien prolonger la suggestion bredouillée jadis par Patrick Modiano, et si l'on veut bien ignorer les abîmes qui séparent les deux entreprises romanesques, on admettra qu'entre *Le Coup de lune* et *La Jalousie*, se manifeste une concordance musicale et spéculaire, découlant sans doute de ce « roman colonial » qui a imposé un fantasme originaire de l'Afrique à l'imaginaire collectif. Dans *Le Coup de lune*, la narration elle-même se figure et se met en scène, avec le chœur des pagayeurs et leur choreute, jouant sur une répétition obsédante et des variations infimes, capables de susciter les réactions euphoriques du groupe en action [11]. La chorégraphie rythmée, répétitive, inéluctable de ces mêmes pagayeurs accompagne un chant narrativisé, où passent des échos des *negro spirituals*, de *rag-times* et des *blues*, en vogue dans les années vingt et trente [12]. Du coup le roman opère une mise en abyme doublée d'une *ekphrasis*, puisque le chant collectif noir est conçu comme le modèle esthétique qui s'impose à l'ensemble du roman. Le thème musical africain redouble la narration d'une aventure en Afrique (il vaudrait mieux dire une *mésaventure*) et cette poétique simenonienne de la répétition assidue rejoint la grande aventure musicale d'alors : le jazz comme mélopée, comme litanie, mais surtout comme accomplissement de l'art nègre et de l'âme nègre. Simenon réussit ici une extraordinaire diégétisation du thème musical et chorégraphique. Sa prose, pour l'occasion, abandonne le régime de la grisaille contrôlée, pour celui de la phrase modulée, assurant une section rythmique et produisant les sortilèges discrets de la mélopée (tel est le terme repris avec insistance par le romancier). Il emploie beaucoup, pour narrer la descente du fleuve, le terme *alternative*, dans le sens *d'alternance*, qui s'applique fort bien au schème musical sous-jacent à la narration même. Pour que ce schème soit orchestré, il faut sans doute le pouvoir initiatique d'une descente du fleuve, et la mise hors-jeu de la partenaire féminine, Adèle. Par des moyens purement langagiers, Simenon a réussi ici une mélodie noire fabuleuse, digne des plus belles réussites contemporaines de Duke Ellington [13].

Vingt-cinq ans plus tard, en 1957, Alain Robbe-Grillet avec *La Jalousie* donne un anti-roman colonial dont la réécriture inversée des stéréotypes

11. Cf. *Le Coup de lune,* chapitre X, dans G. Simenon, *Romans*, op. cit., p. 401-406.
12. On peut penser au grand succès du chanteur noir Paul Robeson, « *Ol' Man River* » ou à « *No more worries* », évoqué dans *L'Église* de Louis-Ferdinand Céline (1933).
13. En 1966, à Dakar, nous avons vu Duke Ellington, au Festival des arts nègres, allumer une cigarette à l'entracte, au Théâtre Daniel-Sorano. Comme Simenon est méconnu comme artiste créateur en raison de sa fécondité, Duke Ellington, même en Afrique noire, n'était pas mis à sa juste place de musicien fondateur.

rappelle fort bien *Le Coup de lune* qui serait plutôt un roman anticolonialiste. Dans le matériau référentiel, on retrouve les mêmes notations du soleil, de la chaleur, de l'alcool, des plantations exotiques, des boys inévitables. La thématique majeure est celle de l'enlisement du petit Blanc dans le cauchemar alcoolique et jaloux que Freud a théorisé comme psychose exemplaire. Robbe-Grillet met en ondes tout un dispositif acoustique : le chant du Noir, mélopée répétitive, se fait entendre de l'autre côté du bungalow, musique avec paroles vernaculaires, donc incompréhensible aux acteurs européens. Mais il devient un poème énigmatique, fonctionnant comme un miroir métatextuel de la narration même, impliquant le même jeu de répétition et de silences pratiqué par Simenon dans *Le Coup de lune*. Un *blues* vernaculaire redouble en énigme et en miroir une histoire passablement inintelligible. Certes *La Jalousie* trouve son leitmotiv dans un mille-pattes halluciné, mais *Le Coup de lune* a ses mouches tsé-tsé, ses moustiques qui apportent la dengue, redoutable maladie endémo-épidémique. Une négresse y « fixait un point précis du mur, près de l'horloge, là où il y avait la tache d'une mouche écrasée [14] », de même que, tout au long de *La Jalousie*, le narrateur fixe la tache polymorphe du mille-pattes écrasé sur le mur. Il y a peut-être plus d'hallucinations repérables chez Simenon que chez Robbe-Grillet. Car le premier circule mieux que le second dans les délires et les fantasmes.

L'Afrique de Simenon est un cauchemar non-climatisé, celle de Robbe-Grillet une géométrie variable aux angles durs.

Restent les jalousies, ces volets à lamelles mobiles horizontales — qui ont fourni au nouveau roman de Robbe-Grillet son titre et son principal dispositif optique. Chez Simenon, aussi, les intérieurs sont protégés du soleil par des jeux de lamelles qui dispensent des stries de lumière et ménagent des surfaces d'ombre. Un érotisme exténué baigne des pièces toujours un peu trop exposées au soleil, comme les pages d'un livre, striées par les caractères typographiques, sont toujours un peu trop brillantes. Pour passer de la jalousie comme fenêtre à la jalousie comme passion, on dira que celle-ci est l'unique pulsion de Timar. Dès son contact avec Adèle, ouverte à tout colon, asservie à aucun, il tombe dans la tentation absurde d'exiger l'exclusivité sur une femme qu'il aime précisément pour sa disponibilité universelle. Roland Barthes a bien montré que la jalousie était une quadruple stupidité [15]. C'est cependant la plus tyrannique et la plus performative, puisqu'elle seule peut pousser à l'action le léthargique Timar. Robbe-Grillet, si l'on en croit son épitexte à *La Jalousie*,

14. G. Simenon, *Le Coup de lune*, *Romans*, op. cit., p. 424.
15. Roland Barthes, *Fragments d'un discours amoureux*, Paris, Seuil, 1977.

a voulu mettre au centre du roman un personnage absent, réduit à une voix insistante, celle d'un mari jaloux, obsessionnel, redoutable descripteur. On ne s'est guère interrogé sur l'efficacité narrative du projet. Seul Maurice Blanchot, à très juste titre, écarte la présence d'un mari jaloux, foyer optique de la narration, et suppose une voix spectorale, inlocalisable, inidentifiable, qui régnerait sur le récit [16]. C'est bien l'indice que Robbe-Grillet n'a pas su rendre sensible au lecteur la présence-absence du mari jaloux. On conclura, expéditivement, que Simenon, mieux que Robbe-Grillet, déconstruit le roman réaliste par des redoublements spéculaires et par des extensions oniriques, et qu'il déstabilise aussi l'univers colonial (ce à quoi Robbe-Grillet a peut-être travaillé, si l'on en croit l'étude de Jacques Leenhardt). L'énigme du *Coup de lune* — roman aussi spontané qu'est concerté *La Jalousie* —, c'est que la fonction irréalisante et la fonction réaliste s'y accroissent de concert sans s'annuler réciproquement.

De l'influence présumée de Simenon sur Modiano

Dans l'œuvre si riche et si peu monotone de Patrick Modiano, il existe un curieux redoublement. Ingrid Teyrsen, l'héroïne assez pitoyable de *Voyage de noces* (1990), suicidée dans un hôtel de Milan, aura eu le même destin que Dora Bruder, héroïne du récit ainsi intitulé de 1996. À la différence de celle-ci, la jeune fille juive disparue dans les camps, elle aura été sauvée par un gentil raté, Rigaud, pour connaître le triste destin d'une actrice également ratée. Le héros narrateur, Jean B., beaucoup plus jeune, l'a croisée à divers moments de sa vie. Documentariste-conférencier, il est fatigué de son métier, de ses voyages, de sa femme Annette qui le trompe gentiment avec ses camarades. Il se cache dans un hôtel de la Porte Dorée, et se livre à une vague enquête biographique sur Ingrid et Rigaud, qui se sont rencontrés à Paris, bien sûr sous l'Occupation, car chez Modiano les années quarante et les années soixante, diffractées dans les années quatre-vingt, modulent un jeu de répétition entre des générations successives de mères abandonnées et d'enfants perdus.

On pourrait certes s'interroger sur la forme de l'enquête policière, combinée à une quête inverse de la mémoire, dans ce remarquable roman, et le comparer à certains *Maigret*, comme *M. Gallet décédé*. On préférera ici rapprocher l'itinéraire du héros-narrateur de celui de Timar. Chez Jean B., comme chez Ingrid, toutes les modulations et les variations de la perte se font en décalé, car

16. Maurice Blanchot, *Le Livre à venir*, Paris, Gallimard, « Folio », 1986 (reprise des Chroniques et recherches publiées dans la *N.R.F.*).

le narrateur s'applique à se suicider socialement, comme son amie s'est suicidée effectivement. Rigaud, l'objet de l'enquête, se voit imité par l'enquêteur, dans sa vie même. Les deux hommes, faibles, persévérants, appliqués, auront échoué à sauver ou à aider une femme. Ils ne seront même pas parvenus à lui faire pardonner leurs existences. Ces monogames malheureux pavent leur enfer d'une éternelle bonne volonté. Le seul recours, c'est de raconter leur histoire, en s'obstinant à achever un souvenir [17]. On voit le rapport avec Simenon. Au point de départ, un homme de bonne volonté, sans qualité, sans notoriété, sans ambition démesurée, entame son chemin, gagne-petit qui se satisfait de peu. Cette sérénité se joue toujours sur un fond d'anxiété fondamentale. Le monde n'est jamais un objet de conquêtes, mais une source de catastrophes. La crainte de l'effondrement pèse sur ces héros fragiles. Chez Modiano, ils investissent souvent sur des carrières promises à la dégringolade : l'exploration donnant lieu à une projection de diapositives dans des cinémas provinciaux, la littérature, le théâtre en tournée, la photographie, les feuilletons radiophoniques. Mais Timar, en partant pour la colonie en 1930, obéit au même scénario fitzgeraldien : les temps de l'empire colonial français sont condamnés, on est à trente ans des indépendances.

C'était déjà le scénario des grands romans de Simenon. Pour citer un manuel publié en 1970, j'écrivais alors que dans l'après-guerre, au milieu de romanciers doutant de leur pratique, « les puissances du roman s'exercent avec souveraineté » dans *Trois chambres à Manhattan*, *Lettre à mon juge*, *La neige était sale*, *La Mort de Belle*, *Les Complices*, *En cas de malheur* [18]. Plus de quatre décennies après, je ne renie pas cette sélection, mais je m'étonne de voir à quel point elle illustre le principe fitzgeraldien de la vie comme processus de démolition. Sans doute, dans les années 1945-1960, le scénario de l'échec, de la fêlure et de la chute semble s'accuser : les hasards de la Continental et de la *Nouvelle Revue française*, les événements tragiques de Christian, le cadet calamiteux, la menace (injuste mais plausible) de l'épuration, ont été un coup de tonnerre dans le ciel radieux de la réussite parfaite selon le monde. Clouzot, qui a été le scénariste des *Inconnus dans la maison*, sera l'objet d'une interdiction professionnelle en 1945, si injuste que Sartre la dénoncera avec vigueur [19]. À Clouzot comme à Simenon, on a fait payer bien cher des succès artistiques trop visibles. Plus que jamais, l'univers de

17. L'épigraphe de *Livret de famille* (1977) de Patrick Modiano est une citation de René Char : « Vivre, c'est s'obstiner à achever un souvenir ».
18. Cf. Jacques Bersani, Michel Autrand, Jacques Lecarme et Bruno Vercier, *La Littérature en France depuis 1945*, Paris, Bordas, 1970.
19. Cf. *Les Temps modernes*, n° 1, octobre 1945, « À la Nafka ».

Simenon sera celui des perdants, des *losers* et des *has been*. J'aurais dû d'ailleurs, en 1970, saluer les fruits amers de l'exil américain (même si Simenon le présente comme la conquête du Nouveau Monde) : *La Fuite de Monsieur Monde*, *Au bout du rouleau*, *Le Fond de la bouteille*, *La Boule noire*. Les titres sont assez éloquents. Mais on aurait du mal à trouver un personnage plus modianesque que M. Hire, ce contemporain de Timar.

L'influence spécifique du *Coup de lune* se repère particulièrement dans *Voyage de noces*, quand un explorateur des contrées lointaines s'exile dans un hôtel proche du Musée des colonies et du Zoo de Vincennes. Pour le cadre exotique, on pensera plutôt à *Vestiaire de l'enfance* (1989), mettant en scène un amnésique réfugié à Tanger, lieu indéchiffrable et décoloré. L'écriture simenonienne est plus nette que jamais dans *Des inconnues* (1999) et *La Petite Bijou* (2001), récits au féminin, parisiens et banlieusards, attentifs à l'infra-ordinaire. Parfois un exilé revient, vingt ans après, à son point de départ : Ambrose Guise, auteur de romans policiers anglais, se souvient qu'il a été vingt ans plus tôt Jean Dekker (*Quartier perdu*, 1984). Le déplacement topographique, fondamental chez Simenon, devient chez Modiano, essentiellement chronologique : on se retrouve dans un monde qui n'a plus aucun rapport avec celui que l'on a quitté, on est totalement étranger au nouveau cours des choses, on aménage sa marginalité dans des enquêtes policières ou des recherches littéraires, également incertaines. Les jeunes gens et les jeunes filles, narrateurs de ces récits, aiment à dire qu'ils n'auraient jamais dû quitter les années soixante. Joseph Timar, lui, n'aurait jamais dû quitter les Charentes ! Il y serait devenu un notable du genre Raffarin, revu par Claude Chabrol. Mais il n'aurait pas échappé à la fatalité de l'effondrement psychique ou social, comme tous les notables, qu'ils soient simenoniens ou modianesques. Au-delà d'une humanité anonyme, pénétrée de sentiments d'infériorité, il faudrait montrer chez Modiano le choix progressif d'une écriture sobre et grise à quelques miroitements près. Il l'a effectué trop radicalement peut-être avec *Une jeunesse* (1980), son seul roman hétérodiégétique, qui nous avait paru être une réécriture trop fidèle de Simenon, proche du faux indiscernable. Il l'a accompli, au mieux, dans un livre qui n'est plus un roman, mais l'entrecroisement d'une biographie et d'une autobiographie, *Dora Bruder* (1996). Simenon, lui-même, aimait ces œuvres-limites qui brouillent les frontières de la fiction et de la véridicité.

Jacques LECARME

THÉÂTRE MODIANO

Chute et rebond d'un enfant de la balle

Le dramaturge Patrick Modiano a très tôt rêvé son existence : « J'avais toujours écrit des pièces parallèlement aux romans, mais je les laissais traîner dans les tiroirs. [1] » En cela il rejoint les plus grands romanciers du XIXe siècle, Balzac, Flaubert et Stendhal, avatars malheureux de Molière, qui se contenteront finalement de l'écriture romanesque. Le statut d'écrivain de théâtre à succès n'est plus dans les années soixante synonyme de consécration littéraire. Modiano jeune homme, qui aspire à la polygraphie artistique — composition de chansons, écriture de scénarios —, est un enfant de la balle. Fils d'une comédienne de boulevard, il connaît très tôt les coulisses et les loges des théâtres où elle joue. Dès lors, on admet la précocité de sa profonde fascination pour la figure de l'actrice et le monde du spectacle. L'ami de Françoise Dorléac, Catherine Deneuve et Françoise Hardy, qui deviendra le père de la chanteuse Marie Modiano, peuple son univers romanesque d'acteurs et d'actrices, plus généralement d'artistes ; il multiplie les références aux arts du spectacle dans ses textes en prose, dont l'un, *Un pedigree*, a connu le succès sur la scène du Théâtre de l'Atelier [2]. Dit par Édouard Baer comme une longue réminiscence, sur un plateau entièrement nu à l'exception d'un bureau, d'une chaise et de quelques feuillets, le spectacle est conforme à la tendance contemporaine visant à « faire spectacle de tout », selon la formule d'Antoine Vitez, à commencer par du texte non dramatique.

❖

Un premier texte dramatique, que Patrick Modiano élabore au tout début des années soixante-dix, n'a guère été gratifiant pour lui. D'abord

1. France Inter, 17 mai 1974.
2. Joué et adapté par Édouard Baer en juillet 2008 au Théâtre de l'Atelier.

intitulée *Has been*, puis rebaptisée un mois avant la première *La Polka*, cette pièce a été jouée en 1974, grâce à Marie Bell qui la retient pour le Théâtre du Gymnase, qu'elle dirige depuis 1962. La première représentation [3], donnée le 15 mai 1974 devant un parterre d'amis, reçoit un accueil encourageant. Preuve de son attrait pour l'écriture de théâtre, Patrick Modiano, très ému, suit timidement le spectacle, caché dans les coulisses. Malheureusement, ce premier succès est de courte durée : la pièce ne trouve pas son public et les critiques sont sévères. *La Polka* est rapidement retirée de l'affiche. Pour Patrick Modiano la déception est grande ; il parlera d'un véritable « désastre » [4]. Recherchant sans doute une revanche après cet échec, il réitère l'expérience en recyclant *La Polka*, neuf ans plus tard, dans une nouvelle pièce intitulée *Poupée blonde*, publiée en collaboration avec l'illustrateur Pierre Le-Tan qui dessine la couverture de ses romans dans leur édition de poche depuis *Villa Triste* (1975) et qui fut également son complice dans la réalisation de *Memory Lane* (1980). Avec *Poupée blonde*, a-t-on affaire à une œuvre qui puisse répondre à l'appellation de « pièce de théâtre » ? Le texte de la pièce, soit les indications scéniques et les discours dialogués des personnages, est intégré dans un livre qui se présente comme un programme de théâtre fictionnel, où figurent divers documents tels des publicités, des croquis des comédiens, des dessins scénographiques, des costumes des personnages…

Quel chemin parcourt Patrick Modiano de *La Polka* à *Poupée blonde*, d'un échec théâtral à la fiction d'un programme de théâtre intégrant un texte dramatique singulier, qui étonne et intéresse ? L'auteur semble avoir tenté d'abord de mettre en scène littéralement son univers personnel, si bien acclimaté au genre romanesque, à travers une dramaturgie qui ne parvient pas à le restituer, incomprise du public et des critiques, qui n'y voient que faiblesses. Grâce à l'original dispositif à travers lequel il recycle son premier échec, neuf ans plus tard, il dépasse les erreurs sur lesquelles la première version dramatique avait buté, pour aboutir à un objet étrange et paradoxal défiant les catégories.

D'une macabre Polka à une Poupée triste

La Polka n'est pas une tentative de Patrick Modiano pour fuir ses obsessions personnelles par le recours à un mode d'expression artistique autre que le roman. L'argument de la pièce pourrait être celui d'un roman

3. Elle a été créée au Théâtre du Gymnase, à Paris, le 15 mai 1974, dans une mise en scène de Jacques Mauclair, avec notamment Marc Dudicourt, et Jean Leuvrais.
4. *France-soir*, 12 septembre 1975.

modianesque. Les six personnages — trois féminins, trois masculins — sont, selon le metteur en scène Jacques Mauclair, des « gens qui se retrouvent après vingt ans d'absence et s'aperçoivent qu'ils ne font plus partie des vivants [5] ». Ces retrouvailles nostalgiques, où ils se remémorent leur passé flamboyant, ont lieu dans un appartement vide et sombre autour de l'un d'entre eux, un médecin radié, qui va mourir, peut-être par suicide au gaz. Ces personnages désenchantés par leurs compromissions et leur existence médiocre « tressautent » une dernière fois avant de « se perdre dans le noir [6] », commente Modiano.

Poupée blonde reprend le même type de situation et de personnages. Trois femmes et trois hommes, qui ont connu le succès à vingt ans grâce à un titre que leur groupe, les Peter-Pans, interprétait, se retrouvent à la faveur du rêve de l'un d'eux. La filiation avec les personnages de *La Polka* est évidente. Comme une hantise interne à l'œuvre, revient en particulier un médecin radié pour trafic de drogue, et ayant couché autrefois avec la fiancée de son meilleur ami. Les noms des personnages de *Poupée blonde* gardent l'empreinte de ceux de la macabre polka et celui de Geneviève Werner est même intégralement conservé. D'autres réminiscences se font jour dans les éléments construisant la représentation scénique : un même costume de tennis structure la silhouette d'un personnage masculin de *La Polka* et de *Poupée blonde*, le même vide des appartements où se déroulent les rencontres s'impose dans les scénographies respectives telles que souhaitées par l'auteur…

L'appartenance de ces divers éléments à l'univers de Patrick Modiano et à sa mise en réseau de thèmes, noms, personnages, décors, mémoires, ne fait pas de doute. Reviennent des personnages récurrents dans l'univers modianesque comme celui de l'homosexuel Félix Decaulaert de *Poupée blonde*, la parenté étant accentuée à travers *Quartier perdu* (1985) où le narrateur passant dans un lieu de drague homosexuel remarque « une ombre en costume de Peter Pan [7] ». Des lieux importants dans la géographie de Patrick Modiano réapparaissent, comme le chalet autrichien où commence *Poupée blonde* qui rappelle celui où se réfugient des personnages de *Rue des Boutiques obscures*. Les thèmes dramaturgiques obsessionnels redoublent ceux des romans : la jeunesse perdue et ses rêves endeuillés, l'oubli et la mémoire, la hantise des lieux. Les deux « pièces » (que nous désignerons ainsi par commodité) donnent une vision repoussante de la vieillesse et ce d'autant que dans

5. *Ibid.*, p. 17.
6. *Ibid.*
7. Patrick Modiano, *Quartier perdu*, Paris, Gallimard, « Folio », 1988 [1984], p. 181.

Poupée blonde, Aldo, quinquagénaire, est confronté à sa propre jeunesse dans une scène que l'on dirait inspirée d'un colloque sentimental verlainien : il rencontre en rêve Louise, la jeune femme qui l'a aimé et qui s'est suicidée à vingt ans. Le néant de la vie d'Aldo se mesure à ce regard autrefois aimant, qui ne le reconnaît plus. Finalement identifié, le survivant fait part à l'ancienne fiancée de son existence inconsistante. C'est à peine s'il trouve encore un divertissement à traîner dans les grands magasins. Mettant en scène sa propre disparition, Aldo s'assied à une table de café pour commander une menthe à l'eau et s'éclipse aussitôt pour observer la table et le verre abandonnés, traces de sa propre disparition. Le personnage organise son propre théâtre macabre. Loin d'associer cheveux blancs et sagesse, le temps qui passe accentue les névroses. Le Guy de *Poupée blonde*, qui continue à ne pas assumer d'être un fils de famille, reste hanté par le bruit d'un moteur diesel annonçant l'arrivée d'un personnage qui le terrorise. La fuite du temps transforme les personnages en fantômes de leur propre jeunesse. Teufteuf le joyeux plaisantin de leurs vingt ans est désormais une « vague silhouette grise [8] » revue par hasard dans le métro. Les ravages du temps sont tels qu'Aldo et Louise, amoureux à vingt ans, ne se reconnaissent plus. Phénomène récurrent chez Modiano, seul un parfum, celui que portaient les membres des Peter-Pans, persiste de façon inexplicable, unique accès sensible au passé, avec, il est vrai, la mélodie de la chanson *Poupée blonde*, même si Guy et Geneviève peinent à l'identifier.

Le parfum et la chanson rappellent donc, seuls, le passé. Par ailleurs, le charme de l'autrefois est relativement mis à mal par la remontée de secrets qui contrarient toute tentative de naïve idéalisation. Même si les raisons du suicide de Louise ne sont pas élucidées, on apprend que son fiancé Aldo voyait en secret celle de Guy, son meilleur ami. Le conte de fée s'inverse. La chaleureuse cabane en Autriche où Guy et Geneviève se sont réfugiés se transforme dans le rêve d'Aldo en un chalet naufragé sur lequel tombe une neige incessante, métaphore récurrente de l'ensevelissement chez Modiano. Avant d'entrer dans l'oubli neigeux des mémoires, le spectre de l'Histoire ne cesse de faire tapisserie dans les lointains de ces pièces. Leurs univers sont cryptés, marqués par des allusions à la Seconde Guerre mondiale, en particulier la terreur inexplicable associée au bruit du moteur diesel dans *Poupée blonde*. L'Histoire coloniale hante également les fictions à travers l'évocation de Saigon. Elle suggère l'irréversibilité du temps perdu, la nostalgie ironique d'une Arcadie évanouie.

Le mécanisme d'une écriture résurgente qui se fait jour dans les pièces englobe aussi la remontée de la littérature en forme de clin d'œil :

8. Patrick Modiano, *Poupée blonde*, Paris, P.O.L., 1983, p. 66.

on évoque lourdement *Vingt ans après* de Dumas et la chanson *Poupée blonde* est présentée comme « l'hymne national de leur groupe », en hommage au Proust d'*Un amour de Swann.*

Les œuvres dramatiques et les romans de Modiano relèvent du même projet, ainsi défini par l'auteur lors de son discours à Stockholm : « Mais c'est sans doute la vocation du romancier, devant cette grande page blanche de l'oubli, de faire resurgir quelques mots à moitié effacés, comme ces icebergs perdus qui dérivent à la surface de l'océan. »

Les paradoxes périlleux d'un théâtre d'ombres

Si on oublie un moment l'empreinte maternelle, certes profonde, pourquoi Modiano aurait-il souhaité se risquer à l'épreuve du théâtre ? Les propos de certains critiques, qui ne se contentent pas de lui reprocher son humour noir, rébarbatif pour le public, sont sévères :

> *Le moins que l'on puisse dire est que le regard de Modiano sur le théâtre est peu approfondi. D'aucuns verront peut-être là l'expression d'une rancœur chez celui qui, en 1974, se risqua à écrire et à faire jouer une pièce,* La Polka, *que la critique éreinta !* [9]

En explorant l'écriture dramatique, Patrick Modiano se lance dans une expérience paradoxale qui, du moins lors de sa première tentative, ne sera guère récompensée. Que va chercher au théâtre un auteur qui dit ne pas aimer la théâtralité, préférant les actrices de cinéma qui en sont dépourvues ? La théâtralité est cependant très présente dans son œuvre, moins à travers son style que parce que ses romans campent nombre de personnages d'acteurs, souvent médiocres et ratés, et plus généralement des figures en mal d'identité qui jouent des rôles et se déguisent [10]. Selon Modiano, « le théâtre est magnifique quand on le lit [11] » ; il laisse ainsi entendre que l'épreuve de la scène, soit la théâtralité telle que la définit Roland Barthes — « le théâtre moins le texte » — ne peut qu'être cruelle envers le texte pur. Cependant, à ses yeux, le cinéma, art du spectacle comme le théâtre, se rapproche davantage du roman que ce

---

9. Thierry Laurent, *L'Œuvre de Patrick Modiano : une autofiction,* Lyon, Presses universitaires de Lyon, 1997, p. 110.
10. On lira avec profit l'étude « *Poupée Blonde* : un onirisme théâtral et auto-ironisant », par Dervila Cooke, dans *Reverberations : Staging Relations in French since 1500*, « Mélanges en l'honneur du professeur Rick Caldicott », Dublin, University College Dublin Press, 2008, p. 180-190.
11. Frédéric Bonnaud, « Cannes et d'autres lieux de mémoire. Entretien avec Patrick Modiano et Catherine Deneuve après le festival de Cannes », *Les Inrockuptibles*, n° 103, mai 1997, p. 9.

dernier. On peut y « chuchoter » alors que la théâtralité fait que « les voix sont trop portées [12] ». Patrick Modiano semble avoir une conscience aiguë des moyens d'action propres à chaque mode d'expression artistique. De fait, l'imagination ne fonctionne pas de la même façon dans le roman et au théâtre, voire au cinéma, car les formes de projection s'avèrent différentes pour les spectateurs de théâtre, ceux de cinéma ou les lecteurs. Le théâtre suppose une matérialisation ou, au moins, une évocation sur scène d'un univers qu'on représente, qu'il soit fictionnel ou non. Il est une expérience collective, sensible, une présence éphémère et irréversible, alors qu'un roman mobilise une imagination qui n'a, en principe, pas de support visuel ou sensible autre que celui de l'écriture sur du papier et qu'il peut être relu, interrompu, repris au gré du lecteur, solitaire.

Patrick Modiano expérimente donc avec *La Polka* puis avec *Poupée blonde* un art où l'incarnation fait figure d'enjeu majeur. L'action de chaque pièce repose sur des dialogues entre des personnages bien définis, auxquels des comédiens sont censés donner corps sous le regard des spectateurs. L'auteur conçoit les décors des actions et les décrit précisément dans ses indications scéniques. Enfin, l'entreprise d'incarnation et de visualisation qu'est le théâtre reste sensible dans le livre *Poupée blonde*, où les images occupent une grande place. Mais si l'entreprise s'avère paradoxale, c'est bien parce que Modiano veut donner corps à son univers familier, tel qu'il est représenté dans ses romans. Or cet univers se caractérise par sa dimension spectrale et par un processus de disparition toujours à l'œuvre, que l'écriture cherche à saisir.

Chez Modiano, le théâtre est donc pris entre deux mouvements contradictoires : un processus d'incarnation et une tendance à la dématérialisation et à la déréalisation des personnages et des espaces. Le début de la pièce *Poupée blonde* s'ouvre sur l'intérieur d'un chalet de montagne où le thé et ses accessoires — « table, toasts, confitures, etc. [13] » — sont au centre de l'espace, puis cèdent progressivement la place à l'intérieur sans meubles d'un appartement parisien désolé rappelant les vides des lieux modianesques comme dans *Villa Triste*. La pièce utilise fréquemment le procédé de la voix off, qu'elle soit entendue par le spectateur alors que le corps du comédien a disparu de la scène, ou qu'il s'agisse de voix qui dialoguent dans le noir. La mise en scène est censée jouer sur le caractère plus ou moins perceptible des silhouettes : Modiano note pour régler l'apparition du fantôme de Louise, morte il y a longtemps : « D'abord on la distingue à peine [14] ».

12. *Ibid.*
13. Patrick Modiano, *Poupée blonde*, op. cit., p. 19.
14. *Ibid.*, p. 41.

La dématérialisation de l'univers sensible s'accompagne d'une déréalisation. Le monde perd sa consistance. Modiano imagine une utilisation des lumières et du noir, parfois des changements de décor, pour marquer le passage d'une strate temporelle à une autre — soit de la quarantaine des Peter-Pans survivants, sur laquelle s'ouvre la pièce, à leurs vingt ans et à leur cinquantaine que fait revenir le rêve d'Aldo —, ou d'un lieu à un autre, soit du chalet autrichien à l'appartement parisien où ils vivaient tous ensemble. Ces jeux scéniques indiquent également un changement de niveau de réalité puisque nous entrons dans l'immatérielle rêverie du personnage d'Aldo, qui se trouve représentée sur scène. « Désormais tout doit donner l'impression d'un rêve. [15] »

Le spectateur potentiel se retrouve donc face à des fantômes qui côtoient des survivants, rêvés, en des retrouvailles improbables et tristes, rappelant la rencontre d'Ulysse avec les ombres des morts dans l'*Odyssée*. Difficile de s'assurer du degré de réalité de personnages souvent traités de spectres, de fantômes, de somnambules [16]. De même dans *La Polka*, on ne distingue guère en fin de compte si les personnages présents autour de celui qui agonise sont réels ou s'ils reviennent hanter la mémoire du mourant. Leur dimension spectrale est vue comme une faiblesse parce qu'ils sont perçus par comparaison avec des schémas plus traditionnels de personnages, dont la réussite réside en leur épaisseur réaliste et leurs linéaments psychologiques. Dans un article intitulé « Au rendez-vous des fantômes », Pierre Marcabru regrette ces personnages qui semblent « danser dans le vide [17] ». Le critique des *Échos* écrit dans son commentaire de *La Polka* : « malgré un art évident du dialogue, Patrick Modiano n'a pas su animer ses personnages tournant comme des fantômes autour d'un courant d'air [18] ». Le reproche de « manque d'épaisseur » de ces personnages revient en effet souvent.

Les incohérences visuelles se multiplient : comment admettre dans *Poupée blonde* que le personnage d'Aldo ne change pas d'aspect pour le spectateur potentiel, même si à certains moments de la pièce, il est censé avoir vingt ans et à d'autres quarante ou cinquante ? Il neige en plein mois d'août [19] comme si la scène était à l'intérieur d'une boule à neige. Les strates temporelles se percutent, finissant par annuler la chronologie : la faillite du père de Guy

15. *Ibid.*, p. 33.
16. *Ibid.*, respectivement p. 26, 28 et 101.
17. Pierre Marcabru, « Au rendez-vous des fantômes », *Le Journal du dimanche*, 26 mai 1974, p. 11.
18. *Les Échos*, 24 mai 1974, p. 10.
19. Patrick Modiano, *Poupée blonde*, op. cit., p. 107.

semble s'être produite il y a cent ans, Félix en tournée en Allemagne est mort dans un bombardement, mais ce n'était alors plus la guerre ! Le spectateur doit comprendre et admettre qu'il entre dans la logique d'un rêve. Il faut croire que les conventions scéniques pensées par Modiano pour donner au public les codes de ces changements de réalité n'ont pas été efficaces. Cette confusion a de fait perturbé le public de *La Polka*, un critique remarquant que cette pièce n'avait « aucun succès, même d'estime » : « Partant d'une image déjà peu théâtrale — un médecin calqué sur le docteur Petiot qui se suicide au gaz pendant que défilent devant lui les spectres de son passé —, l'auteur n'arrive ni à créer une tension dramatique, ni à surmonter la difficulté qu'il y a à rendre sur scène les glissements temporels et l'onirisme inhérents à sa conception du monde. Cette tentative de théâtralisation d'une vision essentiellement intérieure échoue et, de l'aveu de l'auteur lui-même, la pièce est "un véritable désastre". [20] »

Cette dramaturgie de la disparition laisse cependant toute sa place à la « petite musique » caractéristique de Modiano. Tout au long de *Poupée blonde*, la mélodie de la chanson revient régulièrement avec des nuances et des intentions variées [21]. Les dialogues construisent des échos rythmiques grâce à des systèmes de reprises de mots et de répliques qui établissent aussi des ponts entre les différents degrés de réalité et les strates temporelles. Modiano parvient à reproduire ce qu'il vise dans ses romans, comme il s'en explique dans le discours de Stockholm : « Et puis, en ce qui concerne la musique, il s'agit souvent pour un romancier d'entraîner toutes les personnes, les paysages, les rues qu'il a pu observer dans une partition musicale où l'on retrouve les mêmes fragments mélodiques d'un livre à l'autre, mais une partition musicale qui lui semblera imparfaite. Il y aura, chez le romancier, le regret de n'avoir pas été un pur musicien et de n'avoir pas composé *Les Nocturnes* de Chopin. »

L'art théâtral s'accommode pourtant des revenants, des spectres et des morts. Mais il semble que Modiano n'ait pas réussi à inventer un langage dramatique adéquat à la restitution scénique de son univers personnel, qui trouve mieux à s'exprimer dans le genre romanesque. Son théâtre reste trop aristotélicien, trop traditionnel, trop calqué sur le modèle dramaturgique du boulevard pour traduire son monde. La forme peu innovante de ce théâtre, et peu adaptée à son projet, ne manque pas d'attirer négativement l'attention de certains critiques. Philippe Sénart remarque : « Est-ce que, dans *La Polka*,

20. Cité par C.W. Nettelbeck, P. Hueston, *Patrick Modiano, pièces d'identité*, Paris, Lettres modernes, 1986, p. 53.
21. Patrick Modiano, *Poupée blonde*, op. cit., p. 44, 49.

il aura réussi à donner congé à ses obsessions ? M. Modiano, nouveau venu au théâtre, les expose trop complaisamment devant un public de boulevard qui ne le connaît pas encore, pour qu'on puisse le penser. [22] »

Animée par le projet proche d'un retour scénique sur le passé, Marguerite Duras, elle, est parvenue à transposer avec succès son roman d'inspiration autobiographique *Un barrage contre le Pacifique* (1950), dans une pièce, *L'Éden Cinéma* (1975), au prix d'une rupture nette avec la dramaturgie traditionnelle, notamment grâce à l'intervention de voix off et de passages narratifs plus ou moins choraux, dans lesquels s'insèrent des scènes jouées. Duras crée alors une écriture d'un genre nouveau qui se démarque, contrairement à celle de Modiano, d'une dramaturgie aristotélicienne.

Les chimères de la Poupée blonde

Avec le livre intitulé *Poupée blonde*, Patrick Modiano trouve la parade à l'échec de *La Polka* et à ce qui pourrait être considéré comme les faiblesses dramatiques de la pièce *Poupée blonde*. Le livre *Poupée blonde* n'est pas seulement un texte dramatique, ce dernier se trouvant intégré à un programme de théâtre fictif, ce qui en fait un livre-objet, une chimère qui en change la portée et la nature. *Poupée blonde* relève de la pièce de théâtre, puisque l'ouvrage intègre le texte d'une pièce portant ce titre. Mais d'une part on constate qu'elle n'est pas vraiment destinée à la scène par son auteur, et que d'ailleurs elle n'a été jouée qu'une fois [23] ; d'autre part, elle est encadrée par dix-neuf pages de dessins de Pierre Le-Tan qui représentent, entre autres, l'équipe artistique de la pièce, les auteurs réels de l'ouvrage et l'auteur fictif de la pièce, la directrice du théâtre, le théâtre…, ainsi que des publicités de cabaret et de produits de luxe dans le style des années quarante ou cinquante, le texte de la pièce comportant par ailleurs des croquis intercalaires de costumes et de décors. La part illustrative de l'ouvrage est donc importante ; elle permet au lecteur d'orienter son imagination à propos des traits des comédiens, de leurs costumes, de la disposition scénique. Le livre procède certes du paradoxe évoqué précédemment. Les dessins donnent à la pièce comme représentation une forme concrète, tout en la dématérialisant, puisqu'ils l'inscrivent dans une fiction, soit dans un monde autre que celui du lecteur. En effet, avec la complicité de Pierre Le-Tan, Patrick Modiano joue ici à inscrire le texte dramatique au

22. « La revue théâtrale », *Nouvelle Revue des deux mondes*, juillet-août 1974, p. 181.
23. Une adaptation de *Poupée blonde* a été présentée en juin 2008 à Amsterdam par l'atelier Coup de théâtre ! avec le titre de *Le Petit Train*, sous la direction d'Emmanuelle Favreau, avec Philippe Boisseau, Viviane Cassagne, Thomas Flambeaux, Stéphane Fructus, Catherine Nael et Rachel Papo.

sein d'une véritable fiction dans laquelle des fragments de réalité seront identifiables par le lecteur, de sorte qu'il sera incité à réévaluer le statut de toutes les données fournies. Si le nom de l'auteur putatif de la pièce, Pierre-Michel Wals, et celui de la directrice du théâtre, Simone Paul-O'Donnell, sont inventés parmi d'autres, ceux de Patrick Modiano et de Pierre Le-Tan figurent sous leur portrait, en première page : « Patrick Modiano et Pierre Le-Tan présentent *Poupée blonde* de Pierre-Michel Wals » ; le programme précise que la musique est de Hugues de Courson, qui, dans la réalité, a collaboré avec le Patrick Modiano auteur de paroles de chansons. L'écrivain joue littéralement avec le lecteur. Si le nom de la directrice du théâtre est inventé à partir de celui de Marie Bell, qui avait permis les représentations de *La Polka*, il semble être authentifié par un portrait dessiné attribué à Jean Cocteau qui le lui aurait dédicacé en hommage. La pièce tourne au roman. Patrick Modiano enlève au texte dramatique son statut de simple pièce de théâtre pour en faire l'élément d'une fiction, qui se raconte pour une part par des dessins, pour une autre par un texte dramatique. De fait, *Poupée blonde* a été reclassé dans la collection « Points roman » du Seuil alors que le texte avait d'abord figuré au rayon « théâtre ». Cette chimérique *Poupée blonde* brave les frontières entre imaginaire et réel, sérieux et parodie, fiction et autobiographie.

L'espace scénique est en effet intéressant, même si la pièce n'est pas représentée. Imaginé par l'auteur puis par le lecteur, illustré par des croquis intégrés au programme, il rend sensible des problématiques privilégiées de Modiano. Ainsi, le recours fréquent aux voix désincarnées hors scène, le jeu sur les lumières et les ombres matérialisent l'absence, la disparition ; ils en saisissent visuellement et auditivement le mouvement. Pris dans l'éphémère de la représentation réelle ou imaginée, le personnage est là, puis il ne l'est plus. L'art du théâtre étant fortement lié au temps, il renforce l'expression de la puissance destructrice de ce dernier. Enfin, l'espace limité matériellement traduit peut-être les limitations des existences modianesques qui se heurtent au passé et à ses fantômes, incapables de quitter vraiment la scène de leurs vingt ans.

Le dispositif chimérique interdit la lecture de la pièce au premier degré. Volontairement, Patrick Modiano accentue le côté « rétro » du texte grâce au voisinage de publicités et de dessins empruntant au style graphique d'une époque révolue. Les didascalies soignées de la pièce, comme on pouvait les trouver dans le théâtre des années quarante et cinquante, les séquences dignes du boulevard comme la scène de ménage entre Guy et Geneviève [24], relèvent d'un théâtre que d'aucuns jugeront parmi les plus usés, mais Patrick

24. Patrick Modiano, *Poupée blonde*, op. cit., p. 32-33.

Modiano affiche ce côté « vieillot », le renforce pour couper l'herbe sous le pied des critiques et donner à sa pièce, comme à l'ouvrage, la dimension d'une autoparodie. *Poupée blonde* est bien un pastiche littéraire qui imite la comédie psychologique à succès des années trente à cinquante, comme les pièces de Steve Passeur. Le titre *Poupée blonde* évoque une certaine conception de la femme, à la fois *pin-up* et femme-enfant, tout en faisant un clin d'œil à l'actualité, car le succès de France Gall, *Poupée de cire poupée de son*, écrit par Serge Gainsbourg, qui triomphe au concours de l'Eurovision en 1965, n'est pas loin. Les clins d'œil au boulevard abondent, en particulier à travers l'adultère bourgeois de Jacqueline qui trompe son mari avec des moniteurs de ski [25]. La notation de la directrice fictive du théâtre qui salue la « petite musique [26] » de Pierre-Michel Wals, l'auteur fictif, renvoie évidemment à Patrick Modiano, dont le travail romanesque est souvent qualifié par cette formule. Et la reproduction d'un dessin dédicacé imitant à la perfection ceux de Jean Cocteau, mort depuis vingt ans au moment de la parution de l'ouvrage, n'est pas en reste.

Poupée blonde permet, semble-t-il, également, l'affichage d'une dimension autobiographique, que le dispositif ironique facilite. Le nom de la mère de Patrick Modiano, Luisa Colpeyn, figure dans la distribution [27] parmi d'autres noms, dont certains renvoient à des comédiens qui ont existé et travaillé entre 1930 et 1960, et qui se sont compromis avec les forces d'Occupation. Enfin, l'ouvrage fournit un portrait de l'auteur fictif avec sa mère âgée dans un dessin où figure le portrait du père, tronqué mais présent [28]. Patrick Modiano règle ainsi ses comptes avec les critiques négatives de *La Polka*, avec sa mère dont il esquisse un portrait mitigé, rappelant indirectement sa figure trouble. La poupée blonde a mal vieilli.

Ludique et amer, l'ouvrage *Poupée blonde* est une belle revanche sur l'échec de *La Polka* mais aussi un geste d'adieu au cinéma, au théâtre, à la chanson [29], d'un créateur qui n'aura qu'un seul succès dans ce dernier registre, avec le titre *Étonnez-moi Benoît*, interprété par Françoise Hardy, comme les Peter-Pans n'auront qu'un seul tube, *Poupée blonde*. Patrick Modiano arrête la chanson en 1970 et dit adieu à l'univers maternel, pour suivre sa propre voie, celle du roman.

Catherine DOUZOU

25. *Ibid.*, p. 100.
26. *Ibid.*, p. 5.
27. *Ibid.*, p. 17.
28. *Ibid.*, p. 4.
29. C'est aussi l'interprétation de Denis Cosnard, *Dans la peau de Patrick Modiano*, Paris, Fayard, 2010, p. 174.

ALBUMS POUR LA JEUNESSE (PERDUE)

La littérature pour la jeunesse est le plus souvent une « littérature sans auteurs » selon l'expression de Marc Soriano : le public auquel elle est destinée ne prête pas forcément attention aux signatures, et les parents qui achètent les livres se fient plutôt aux éditions et aux collections. Pourtant, la frontière a toujours été poreuse entre la littérature pour adultes et l'autre : au XIXe siècle, Hetzel fait appel aux plus grands écrivains de son temps pour collaborer à ses éditions destinées à la jeunesse. Aujourd'hui, où le secteur « Jeunesse » est un des piliers des maisons d'édition, nombre d'auteurs de littérature « blanche » se tournent vers la littérature pour enfants ou adolescents, quitte à changer parfois de signature, comme l'a fait notamment Antoine Volodine dont les livres pour la jeunesse, parus à l'École des Loisirs, sont signés Manuela Draeger ou Elli Kronauer. Dans le cas de Patrick Modiano, trois textes sont destinés à un jeune public, les deux premiers formant le début d'une série potentielle (*Une aventure de Choura, Une fiancée pour Choura*) qui s'est toutefois arrêtée à deux, et un troisième assez différent des premiers (*Catherine Certitude*). Ces trois récits sont certes à part des romans, par le public visé, par la langue, par la matérialité même du texte et de ses illustrations, mais entretiennent néanmoins avec l'œuvre des rapports assez étroits. On tentera d'interroger ces rapports, ainsi que l'adéquation de ces livres à leurs lecteurs potentiels et les problématiques mises en jeu. Sans pouvoir examiner l'ensemble de l'œuvre, il peut être utile de regarder de plus près quelques romans dont la parution est contemporaine de celle des textes pour la jeunesse : *De si braves garçons* (Gallimard, 1982), *Dimanches d'août* qui paraît la même année qu'*Une aventure de Choura* (1986) et *Remise de peine* qui paraît la même année que *Catherine Certitude* (1988), en faisant l'hypothèse d'une convergence entre les romans et les textes pour la jeunesse. Mais sauf exception, il ne sera pas fait allusion à la biographie « réelle » de Patrick Modiano, uniquement aux biographèmes des romans.

Le narrateur de *De si braves garçons* est dans un pensionnat pour des « enfants du hasard et de nulle part [1] » : le directeur, qui porte le nom improbable de M. Jeanschmidt, veut habituer ses pensionnaires « aux bienfaits d'une discipline et au réconfort d'une patrie [2] », projet qui, vu leurs noms (basque, arabe, écossais, irlandais, persan, espagnol, grec…), semble d'autant plus nécessaire qu'il est peu plausible. Tous sont quelque peu en perdition, que ce soit le narrateur, qui a fugué « à la recherche de quelque chose [3] », ou son ami Michel qui, à la rubrique « Profession des parents » a écrit « Trafic d'influences [4] ». Situation et personnages offrent un fonctionnement « en miroir avec certains passages du récit de soi ultérieur, *Un pedigree*, dans lesquels l'écrivain raconte comment son propre père trouvait tout naturel que le jeune adolescent errât dans les rues de Londres et que sa mère ne s'en inquiétât pas [5] ». Le roman comporte aussi une soi-disant comtesse polonaise affublée d'une petite fille qu'elle néglige, et d'un nom incertain, comme tous les noms : « Paris devenait dangereux [...] Bijou ne s'appelait pas Bijou, Sonia ne s'appelait pas Sonia, mais moi je ne m'appelais pas Lenormand [6] », de même que le prétendu milliardaire brésilien est un chauffeur. Enfance délaissée, pensionnat sinistre, parents absents et / ou mêlés à de louches trafics, noms en perpétuelle métamorphose : autant de motifs qu'on va retrouver, plus ou moins élaborés, dans les trois récits. Or, les histoires d'enfant trouvé / perdu, mélange de *Sans Famille*, d'*Oliver Twist* ou de *Jane Eyre*, ont valeur universelle, ce qui fonde leur efficacité, même si le lecteur ne dispose pas d'équivalent dans sa propre biographie : Marthe Robert a bien montré combien les figures de l'Enfant trouvé et du Bâtard distribuaient l'essentiel des grands récits occidentaux [7]. En revanche, le motif du nom (faux nom, nom d'emprunt, nom transformé, le tout lié aux avatars des personnages), déjà présent dans les premiers romans, est plus spécifique à Modiano : on y reviendra à propos de *Catherine Certitude* où il est plus développé que dans les *Choura.*

Une aventure de Choura [8] est le premier album pour enfants publié par Patrick Modiano, et illustré par son épouse, Dominique Zehrfuss. Il paraît

1. Patrick Modiano, *De si braves garçons*, Paris, Gallimard, 1982, p. 11.
2. *Ibid.*, p. 12.
3. *Ibid.*, p. 13.
4. *Ibid.*, p. 33.
5. Bruno Blanckeman, *Lire Patrick Modiano*, Paris, Armand Colin, 2009, p. 93.
6. Patrick Modiano, *De si braves garçons*, op. cit., p. 74.
7. Marthe Robert, *Roman des origines, origine du roman*, Paris, Grasset, 1972.
8. Patrick Modiano, *Une aventure de Choura*, avec des illustrations de Dominique Zehrfuss, Paris, Gallimard, 1986.

la même année que *Dimanches d'août* : histoire de fuite, de disparitions, d'un diamant volé, de trafics divers, *a priori* rien de commun avec l'histoire de Choura. Ce nom [9] ne nous est pas inconnu. Le prof de gym de *De si braves garçons* avait un chien nommé Choura, lui s'appelait Kovnovitzine, c'est plus compliqué, et on peine à imaginer ce que ce nom serait devenu si K. avait eu affaire à l'employé d'état-civil de *Catherine Certitude*. Ce nom compte quatre lettres communes avec celui de Victor Chmara de *Villa Triste*, un faux nom, ce qui ici est la moindre des choses. Dans *Villa Triste* passait aussi un dogue allemand prénommé Oswald, mais notre Choura est un labrador. Sur la couverture de l'album, on le voit allongé dans sa baignoire en train de lire. Un chien donc, mais habillé (sauf quand il est dans sa baignoire), se tenant debout sur ses pattes arrière, doté de parole et même alphabétisé : convention courante dans les récits ou bandes dessinées pour la jeunesse, où les « contes d'animaux » sont attestés depuis Perrault. Et, comme tout animal anthropomorphe, il est porteur de significations ou de messages élaborés, consciemment ou non, par son auteur : « Toute créature appartenant au "bestiaire" de Modiano ne lève réellement qu'un coin du voile ; ainsi se révèle la nature mythique du chien : celle du double de l'Enfant trouvé, qui le raccompagne fidèlement vers ses origines rêvées et paradisiaques. [10] »

Choura est-il orphelin ? En tout cas ses maîtres, M. et Mme Vervekken, ne semblent pas être des substituts de parents bien affectueux. Et donc Choura s'évade dans la lecture. Rousseau conseillait pour Émile la lecture du *Robinson Crusoe* parce que c'était non pas un roman, mais une histoire vraie, qui devait être « tout à la fois l'amusement et l'instruction d'Émile », ajoutant « Je veux que la tête lui en tourne ». Or, Choura a la tête tournée par *Le Mouron rouge* — une lecture qui ne devait plus guère être courante chez les enfants et adolescents des années quatre-vingt : il s'agit d'un roman d'aventures situé pendant la Révolution française, et écrit du point de vue des aristocrates — l'auteur est d'ailleurs une baronne Orczy, Hongroise écrivant en anglais, et pour une fois ce n'est pas un faux nom ni un titre de courtoisie, contrairement à la « comtesse polonaise » de *De si braves garçons*. Qu'est-ce qui attache tant Choura aux aventures du *Mouron rouge* ? C'est une histoire « vraie » ou en tout cas plausible, située dans un temps historique précis, avec un héros positif qui met son courage au service

9. Diminutif en russe du prénom Alexandre, le mot fait aussi penser à l'argot **chourer* (voler).
10. Paul Gellings, « Patrick Modiano, de Choura à Bobby Bagnard », *La Nouvelle Revue française*, n° 554, 2000, p. 233.

d'une juste cause, dans un univers manichéen. Peut-on imaginer que le jeune Patrick M., doté de parents intermittents, ballotté de pensions en familles d'accueil dans un univers plein d'incertitudes, se soit sinon identifié au héros, du moins projeté dans ce monde aux polarités bien définies, plus enviable que le sien ? Cette lecture appartient en tout cas plutôt à sa génération.

La passion de Choura pour la Révolution française côté aristocrates l'amène à solliciter la permission d'aller voir un film qui se passe à l'époque du *Mouron Rouge* :

> *Monsieur Vervekken m'a dit :*
> *— Je n'aime pas beaucoup que tu ailles au cinéma, Choura. Mais comme c'est un film sur l'histoire de France, je te donne mon autorisation.*
> *— Merci, monsieur Vervekken.*
> *Et madame Vervekken, qui était très économe, m'a dit :*
> *— Tu n'oublieras pas, Choura, de demander une place demi-tarif. Les chiens ont droit au demi-tarif.*
> *— Oui, madame Vervekken.*

L'avarice de madame Vervekken et la soumission de Choura nous frappent moins que ce rappel bizarre : « les chiens ont droit au demi-tarif », mais les chiens ordinaires vont-ils au cinéma ? Pourtant Choura insiste à diverses reprises sur le fait qu'il est un chien, et un chien comme les autres : « J'essaie de monter la pente avec mes skis et ce n'est pas facile… Ce n'est pas facile pour un homme, et c'est encore moins facile pour un chien. » « Je ne sais pas pourquoi il m'arrive à moi tant d'aventures, car je suis un chien comme tous les autres chiens. [11] »

Le film bouleverse Choura :

> *J'étais si ému de voir ce film que je suis resté à la séance suivante.* […] *J'étais très heureux de faire la connaissance de la belle reine Marie-Antoinette, et de son mari, le bon roi Louis XVI. À la fin, je sanglotais quand Marie-Antoinette montait sur l'échafaud.*
> *Monsieur et madame Vervekken ont été fâchés que je rentre si tard du cinéma.*

La punition ne tarde pas : il va être mis en pension. « Et moi, je n'osais pas leur répondre que mettre un chien en pension, c'était idiot. Un chien doit rester à la maison pour la garder. » Il est sauvé, au mépris de toute vraisemblance, par la baronne Orczy (laquelle est morte en 1947, l'année de la naissance de Rudy) : touchée par la lettre de fan qu'il lui a envoyée, elle

11. Phrase finale d'*Une fiancée pour Choura*, Paris, Gallimard, 1987. L'album n'est pas paginé.

l'engage comme secrétaire. Il ne sait pas taper à la machine, aucune importance — dans *Une fiancée pour Choura*, il aura appris — et il la suit à Monte-Carlo où il aura surtout des occupations mondaines. La baronne Orczy va être pour Choura la « bonne mère », présente et attentive, qui lui a manqué jusqu'ici [12]. Et elle le protégera lors de la brève réapparition des Vervekken dans *Une fiancée pour Choura*.

Dans le second volume, la baronne emmène Choura aux sports d'hiver. Il fait la connaissance de Flor de Oro, une jeune chienne noire. Tous deux sympathisent, et le maître de Flor de Oro, un riche Sud-Américain, président de la république de Santo-Rosario, propose à la baronne de les fiancer. Une péripétie inquiétante se profile : les Vervekken annoncent leur arrivée par télégramme. Choura est terrorisé, mais la baronne le rassure : « N'ayez pas peur. Vous n'avez plus rien à faire avec ces gens-là. [...] Nous partons ce soir pour Santo-Rosario. » Le texte se termine sur l'image idyllique des deux fiancés sur un balcon nocturne, où Choura rêve de son futur mariage et de devenir « peut-être président ». L'histoire, on le voit, est simple, plus encore que dans le premier livre, mais comporte en sous-main des références sophistiquées, ainsi le nom de Flor de Oro, dont on peut apprendre qu'une Flor de Oro historique était la fille du dictateur Trujillo, et l'épouse de Porfirio Rubirosa, personnage à la fois historique (1909-1965) et romanesque, qu'on a vu passer également dans *La Place de l'étoile*, *Rue des Boutiques obscures*, *Quartier perdu*, et qui était l'ami anachronique de la baronne Orczy (rappel : 1865-1947) dans *Une aventure de Choura* [13]. De telles références échappent évidemment au jeune lecteur : « On voit que rien dans les thèmes ni dans les références ne destine *Une aventure de Choura* et *Une fiancée pour Choura* à de jeunes lecteurs. [14] »

Pourtant, un certain nombre de traits montrent que Modiano a eu le souci de profiler les histoires de Choura selon certains critères de la littérature de jeunesse. S'il y a, on l'a dit, peu de péripéties (la rencontre avec la future fiancée, la menace du retour des Vervekken), Choura, qui d'ordinaire est un chien très sage et ne fait jamais de bêtises, fait une farce. La farce, bien

12. Comme l'a noté Christian Donadille, dans « Patrick Modiano et la littérature d'enfance : de l'autre côté du miroir », dans John E. Flower (dir.), *Patrick Modiano*, Amsterdam, Rodopi, 2007.
13. « Figure centrale des deux récits » pour l'auteur du blog « In girum imus nocte et consumimur igni » (http://ingirum.blogspirit.com) du 23 juin 2007 (consulté le 14 février 2015), Rubirosa n'apparaît pourtant pas dans *Une fiancée pour Choura*, à moins qu'il ne soit le président de la République de Santo-Rosario, maître de Flor de Oro.
14. *Ibid.*

anodine, est la seule occurrence qui l'inscrirait dans la lignée des petits héros fripons comme le *Struwelpeter* ou les *Katzenjammer Kids* : peut-être est-ce le signe que Choura, délivré de ses méchants maîtres et rassuré par sa protectrice, peut régresser et devenir l'enfant qu'il n'était pas. Sur le plan de la forme, le texte est destiné à des enfants qui ont commencé l'apprentissage de la lecture : l'emploi des temps et des modes est normé, la syntaxe est simple, formée surtout de propositions indépendantes, le lexique évite les mots rares. On en trouve un seul, « rumba », qui est expliqué par le contexte : « Flor de Oro m'apprend une danse de son pays qui s'appelle la rumba. » Mais cette écriture ne témoigne-t-elle pas d'une conception bien restrictive de ce que doit être un livre pour enfants ? Dès 1980, *La Belle Lisse Poire du prince de Motordu* [15] jouait avec des mots poétiquement déformés, et est devenu un classique de la littérature enfantine, qui inspire nombre de déclinaisons [16]. Quant aux illustrations, particulièrement importantes dans ce registre, l'image est en belle page, et occupe la totalité de la page, le texte, en regard, occupe en général le tiers de la page, voire moins. Rien ne permet de déterminer si l'un préexiste à l'autre, mais, formellement, l'image est présentée comme première : « Voilà l'hôtel où je vais habiter », « le monsieur en turban vert, à côté de nous, est un hindou », « Ce grand bâtiment, c'est le palais… » Les décors sont soignés : l'hôtel, somptueusement années trente (couloir, chambre de Choura, hall, salle de bal) fait penser à L'Hermitage de *Villa Triste*, le palais du président de Santo-Rosario évoquant plutôt l'architecture stalinienne ou les arcades de Chirico. « Si Dominique Zehrfuss n'égale pas Pierre Le-Tan [17] dans la fusion avec le texte, son travail (qui rappelle un peu celui de Régis Franc [18]) convient tout à fait à l'atmosphère déréalisée des deux récits de Modiano. [19] » D'autres récits destinés à un jeune public jouent davantage sur la partition texte-image, sur l'invention graphique, voire sur l'intervention potentielle du lecteur [20], depuis le classique *Max et les*

15. Pef (texte et dessins), *La Belle Lisse Poire du prince de Motordu*, Paris, Gallimard, « Folio Benjamin », 1980.
16. Comme par exemple Elsa Valentin et Ilya Green, *Bou et les 3 Zours*, Le Puy-en-Velay, L'atelier du poisson soluble, 2008, réécriture très inventive du conte *Boucle d'or*, ou Olivier Douzou, *Les Aventures d'Alexandre le gland*, Arles, Éditions du Rouergue, 2012.
17. Allusion à *Memory Lane* et *Poupée blonde*, avec des dessins de Pierre Le-Tan (1981, 1983).
18. L'auteur entre autres de la série de bande dessinée *Le Café de la plage*.
19. Blog « In girum imus nocte et consumimur igni » du 23 juin 2007 (consulté le 14 février 2015).
20. « L'auteur aimerait préciser qu'aucun lapin n'a été dévoré pour réaliser ce livre. Cet album est une œuvre de fiction. Les lecteurs plus sensibles pourront donc opter pour la fin que voici : Par chance, ce loup est végétarien, alors ils partagent une tartine de confiture… » (Emily Gravett, *Les Loups*, Paris, Éditions Kaléidoscope, 2005).

maximonstres [21] jusqu'aux plus récents *La Malédiction des maths* [22], *La Nuit des Zéfirottes* [23], *ZZZZ...ZZZZ* [24], *Les Loups* [25], *Véro en mai* [26] et bien d'autres.

La quatrième de couverture d'*Une fiancée pour Choura* annonçait : « Une nouvelle aventure d'un chien romanesque et libre, où plane encore une fois l'ombre du *Mouron rouge.* » De fait, Choura, à l'avant-dernière page de l'album, tape à la machine sous la dictée de la baronne Orczy, on peut donc imaginer qu'en l'absence définitive (toujours 1865-1947) de la vraie baronne, Modiano aurait envisagé de continuer *Le Mouron rouge,* ou en tout cas, de donner de nouvelles aventures à Choura, ce dont témoigne Dominique Zehrfuss : « On pensait que ce serait comme *Tintin*, qu'il y en aurait quinze autres, "Choura se remarie", "Choura grand-père", "Choura aviateur", mais bon, ça s'est arrêté, ce n'était pas un drame. [27] » Les auteurs auraient-ils rêvé du succès de *Martine* [28], une série aussi plébiscitée qu'implacablement conventionnelle ? Sans connaître les raisons précises de cette suspension, peut-on conclure que seule la notoriété de Modiano avait au départ permis la publication ? « Ce sont des albums paradoxaux [...]. Patrick Modiano n'eût-il été Patrick Modiano, aucun éditeur sensé n'aurait édité ces deux livres. Non qu'ils fussent mauvais ou simplement sans intérêt, mais ils ne s'adressent assurément pas à qui ils semblent être destinés. [29] » Un panel restreint certes [30] auquel *La Fiancée de Choura* fut soumis l'a poliment apprécié, mais a trouvé que c'était « un peu bébé ».

21. Maurice Sendak, *Max et les maximonstres*, Paris, L'École des loisirs, 1963.
22. Jon Scieszka et Lane Smith, *La Malédiction des maths*, Paris, Seuil, 1997.
23. Claude Ponti, *La Nuit des Zéfirottes*, Paris, L'École des loisirs, 2006.
24. Philippe Corentin, *ZZZZ...ZZZZ*, Paris, L'École des loisirs, 2007.
25. Emily Gravett, *Les Loups*, op. cit.
26. Yvan Pommaux et Pascale Bouchié, *Véro en mai*, Paris, L'École des loisirs, 2008.
27. Dominique Zehrfuss, interview dans *Elle*, 6 octobre 2003, dans *Le Réseau Modiano*, lereseaumodiano.blogspot.com, consulté le 15 février 2015.
28. Gilbert Delahaye puis Jean-Louis Marlier pour le texte, Marcel Marlier pour les illustrations : soixante albums parus entre 1954 et 2014 aux éditions Casterman. *Martine à la ferme, Martine à la plage, Martine fait du camping*... « Personnalité nunuche, univers doux et mielleux [qui] cantonnent les petites filles à un rôle domestique », « vision très conservatrice de ce que devrait être le rôle d'une femme » (Sandra Nelson et Gaël Aymon, interrogés par Émeline Le Naour, « Des auteurs jeunesse poussent Martine à la retraite », *Le Figaro Madame*, 27 janvier 2014.) La série a suscité des parodies érotiques (*Martine dominatrice*...).
29. Blog « In girum imus nocte et consumimur igni », fermé le 25 avril 2008, archives disponibles (consulté le 14 février 2015.)
30. Lysandre, huit ans, Solveig, sept ans.

Catherine Certitude[31], écrit en collaboration avec Sempé, est le plus élaboré des trois. Est-ce parce que la voix narrative est portée par une petite fille et pas par un chien ? parce que Modiano ne s'efforce pas à l'écriture rudimentaire que l'on est censé proposer aux enfants, mais écrit « pour de bon », comme il écrit ses romans ? Autre raison possible, l'initiative est venue de Sempé : « Je dis à Patrick : "Voilà, c'est une petite fille, elle est myope, elle porte des lunettes, elle s'appelle Catherine Certitude, et elle veut être danseuse. Tu te débrouilles avec ça et on y va." [...] L'idée du personnage était venue de ma fille, qui maintenant s'appelle Inga, mais qui à l'époque se prénommait Catherine, et qui était très décidée. [...] J'étais ami avec Patrick, mais j'étais aussi, bien sûr, un lecteur de ses romans. C'est pour cela que je lui ai proposé de faire un livre. Son univers est très différent du mien, mais c'est justement ce qui me semblait intéressant.[32] » La relation entre l'image et le texte est également différente de ce qu'elle était dans *Choura* : pas de partition nette, les dessins de Sempé sont tantôt en pleine page, tantôt intégrés au texte, parfois en noir, parfois en couleurs. Le comble du mixage est atteint à la page 81 où sont juxtaposés, de bas en haut : un dessin en noir (Catherine dans son lit), un dessin en couleurs (le rêve de Catherine, dans une bulle) et sept lignes de texte (le récit par le père de sa première rencontre avec la mère).

Catherine est contemporain de *Remise de peine*, dédié à Dominique Zehrfuss, où l'on retrouve des thèmes déjà familiers au lecteur : les parents absents, le père impliqué dans des affaires suspectes, les enfants confiés à des amis sympathiques mais qui finissent par disparaître, laissant les gendarmes expliquer aux enfants que leurs gardiens étaient eux aussi mêlés à des trafics. *Catherine* brouille les cartes : le père est présent et affectueux, mais lui aussi a des activités douteuses. La fillette entend l'associé du père lui rappeler ses ennuis judiciaires, voit le père discuter avec « des hommes bruns avec des moustaches et de vieux pardessus » (30), assiste à des livraisons nocturnes : un fac-similé de bon de livraison, avec un joli effet de réel, établit la liste de matériels hétéroclites, dont on imagine qu'ils sont tombés du camion. Le père, dans sa jeunesse, a peut-être été quelque peu gigolo : « En ce temps-là, Catherine, j'étais un jeune homme assez bien de sa personne, et pour gagner un peu d'argent de poche... » Ici le parent qui a acheté le livre pour son enfant s'inquiète, mais il est exclu que, dans une collection pour la jeunesse, la phrase soit complétée comme le parent s'y attend, et de fait :

31. Sempé et Patrick Modiano, *Catherine Certitude*, Paris, Gallimard, 1988. Les références seront données dans le corps du texte.
32. Sempé, « À propos de *Catherine Certitude* », dans Maryline Heck et Raphaëlle Guidée (dir.), *Cahier de l'Herne, Patrick Modiano*, 2012, p. 47.

« … j'avais voulu faire de la figuration au Casino de Paris » (80). C'est là qu'il rencontre sa future épouse, future mère de Catherine, elle est danseuse, il doit la porter, la fait tomber, et comme dans toute bonne comédie, ce loupé la fait rire [33]. Ils se marieront mais se sépareront assez vite, sans divorcer (le divorce est pourtant attesté en littérature jeunesse [34]) : elle va poursuivre sa carrière en Amérique, où ils la rejoindront des années après.

Si Catherine traverse avec bonne humeur les trafics et mésaventures de son père, c'est entre autres grâce à ses lunettes : « Les contours des gens et des choses perdaient leur acuité, tout devenait flou, les sons eux-mêmes étaient de plus en plus étouffés. Le monde, quand je le voyais sans lunettes, n'avait plus d'aspérités » (9-10). Parfois, son père est associé à l'expérience : « J'avais ôté mes lunettes, et papa avait ôté les siennes. Tout était doux et brumeux autour de nous. Le temps s'était arrêté. Nous étions bien » (14). Cette volonté de voir flou est reprochée au père par son associé : « Vous n'avez pas le courage de voir le monde tel qu'il est…Vous devriez remettre vos lunettes… » (18). Mais a-t-on envie de voir le monde tel qu'il est ? Catherine en tout cas, lors des cours de danse, affirme : « Si je voyais normalement sans lunettes, je danserais beaucoup moins bien. C'est un avantage » (46). Mais pour une fois, le dessin de Sempé contredit le texte, ou peut-être suggère légèrement que la petite fille se fait des illusions : au bout d'une rangée de six petits rats qui tendent gracieusement la jambe gauche en avant, Catherine seule tend la jambe en arrière… (47). Elle prend encore une pose de danseuse sur la mystérieuse photographie — dessinée — où figurent aussi son père et une inconnue : le père, interrogé, répond évasivement. Cette photographie fait écho à toutes les photographies évoquées dans *Les Boulevards de ceinture*, *Rue des Boutiques obscures*, *Chien de printemps*… et peut-être surtout *Dora Bruder*. Si elle n'inquiète pas vraiment l'enfant, c'est que Catherine, même si sa mère est partie, n'est pas une enfant abandonnée : son père, on l'a dit, est très présent, tendre, enfantin lui aussi, et sa mère leur écrit toutes les semaines. Mais le récit comporte néanmoins une figure d'enfant abandonnée, c'est Odile, du cours de danse ; ses parents ne viennent jamais la chercher à la sortie, c'est une gouvernante à l'air sévère qui l'attend (57). Et elle et ses parents disparaissent du jour au lendemain, sans payer les leçons de danse (74) : leur nom et même leur adresse ne se trouvent pas dans l'annuaire. Disparus sans laisser de traces, pas même un nom.

33. Cette rencontre évoque la rencontre réelle entre Albert Modiano et Louisa Colpeyn, qui dansait dans des music-halls.

34. *Cf.* par exemple, publié la même année que *Catherine Certitude*, Alain Royer et Odile Herrenschmidt, *Les Sept Femmes de mon papa*, Paris, Le Livre de poche, 1988.

Or, le titre met en avant un nom, celui de l'héroïne qui est aussi la narratrice, mais il indexe aussi une question [35]. Ce nom « clair et français » de Certitude n'est pas le nom d'origine, c'est « quelque chose comme : *Tscerstistscekvadze*, ou *Chertchetitudjvili* » (25). Un employé d'état-civil ennemi des complications a proposé au père de simplifier, et celui-ci a accepté. Le jeune lecteur s'amusera sans doute de cette transformation, d'autant qu'il aura eu bien du mal à épeler les premiers patronymes. Le lecteur adulte, lui, songera qu'un nom ne va jamais de soi. Comme l'a bien vu Claude Burgelin dans *Les Mal Nommés* [36], chacun de nous entretient un rapport complexe à son nom, à la fois « nom propre », personnel, et qui rattache à un collectif, parenté, communauté, nation... Mais dans le nom apparaît aussi l'ancrage de l'histoire : le nom juif comme sentence de mort oblige à une interrogation radicale sur l'identité. Perec le rappelle : « lorsque la plus élémentaire prudence exigeait que l'on s'appelle Bienfait ou Beauchamp au lieu de Bienenfeld, Chevron au lieu de Chavranski, ou Normand au lieu de Nordmann... [37] » Mais même lorsqu'il ne s'agit pas d'une pseudonymie imposée par l'histoire, tout nom peut être vécu comme nom d'emprunt, peut devenir pour le sujet « ce combat avec une sorte d'occupant intérieur, qui aurait pris ses quartiers entre patronyme et pseudonyme [38] ». Si le nom de Modiano n'est pas un pseudonyme, toute son œuvre, depuis le faux nom inscrit en 1942 sur l'acte de mariage de ses parents (*Livret de famille*), réitère la question du nom « propre » : et *Catherine Certitude* le rejoue dans sa tonalité spécifique « pour enfants ». Vers la fin du livre, le père révèle à Catherine que sa prof de danse, Galina Dismaïlova, s'appelle en réalité Odette Marchal, qu'elle n'est pas du tout russe mais originaire de Saint-Mandé... Mais il se refuse à la démasquer : « Je ne pouvais pas lui faire ça… Il faut la laisser rêver, elle et ses clients… » (83). Au final, le nom de « Certitude » est une jolie antiphrase, rien n'est certain dans cet univers. « Une des motivations essentielles que j'ai d'écrire : retrouver quelque chose de très précis, mais un seul élément, tout le reste étant nimbé d'incertitude. [39] »

---

35. « Un nom est un mystère en soi que PM essaie de percer. Plus sa consonance est pittoresque, plus il le répète d'une manière incantatoire, comme une mélopée, et il devient emblème… » Dominique Zehrfuss, « P. M. », art. cité.
36. Claude Burgelin, *Les Mal Nommés. Duras, Leiris, Calet, Bove, Perec, Gary et quelques autres*, Paris, Seuil, « La Librairie du XXIe siècle », 2012.
37. Georges Perec, *W ou le souvenir d'enfance*, Paris, Denoël, 1975, p. 51. Des exemples analogues figurent dans Nicole Lapierre, *Changer de nom*, Paris, Gallimard, « Folio Essais », 2006 [1995].
38. Claude Burgelin, *op. cit.*, p. 317.
39. Propos recueillis par Maryline Heck, *Le Magazine littéraire*, n° 490, octobre 2009, p. 65.

Catherine a une enfance heureuse, qui n'est pas celle de Choura, qui n'est pas non plus celle de Modiano, mais qu'il aurait peut-être aimé connaître, ou peut-être seulement raconter : « J'ai regretté de ne pas avoir pu écrire un livre dans lequel j'aurais parlé d'une enfance harmonieuse, comme je l'avais aimé chez certains écrivains russes. Ainsi *Autres rivages* de Nabokov, où l'enfance est une sorte de paradis perdu. [40] »

Anne ROCHE

40. *Ibid.*, p. 67.

Paris, métro Tolbiac, hiver 2014

Eugène Savitzkaya
Photo Marie André

EUGÈNE SAVITZKAYA

L'OISEAU RARE

Il faut bien l'avouer, Eugène Savitzkaya est un drôle d'oiseau. La biographie de l'auteur, quoique biaisée et recomposée de manière parfois fantasque dans l'œuvre, a son sens et son importance. S'il est né à Liège en 1955, ses racines se trouvent plutôt en Europe orientale. Sa mère a vu le jour dans les environs de Smolensk, aux confins de l'Ukraine, de la Biélorussie et de la Russie avant d'émigrer avec ses parents en Sibérie. Après la Deuxième Guerre mondiale, elle se retrouve en Belgique, dans l'espoir de partir en Amérique, mais un premier mariage malheureux avec un Flamand la fixe en Wallonie. C'est là qu'elle rencontrera son deuxième mari, originaire de la région de Cracovie. Celui-ci a d'abord travaillé dans les charbonnages liégeois avant que la silicose ne contraigne la famille à déménager en Hesbaye, à la campagne. Est-ce la raison pour laquelle l'auteur, au milieu d'une foule d'autres bêtes, tant son engouement pour le règne animal sous toutes ses formes est réel, apparaît volontiers dans ses textes sous les noms de plume les plus divers ? Il y est tantôt simple peintre des peuples célestes (*La Disparition de maman*), tantôt merle bègue (*Fou civil*), tantôt encore coucou vivant dans le nid d'autrui (*Fou trop poli*). Quoiqu'il ait choisi en tant qu'écrivain d'utiliser le nom russe, à désinence féminine, de sa mère, il s'est même produit, dans ce dernier ouvrage, le temps d'une page, en héron, « du nom de son père », parce que c'est ce que signifie son patronyme en polonais.

Dans son œuvre narrative, on pourrait distinguer chez Savitzkaya deux veines distinctes. La première donne à lire des récits dans lesquels l'imagination règne en maître : *La Traversée de l'Afrique* (1979), *La Disparition de maman* (1982), *Les morts sentent bon* (1984) ou *Célébration d'un mariage improbable et illimité* (2002)… Ce sont des sortes de contes cruels et merveilleux avec rois, armées, bouchers, mariés, enfants entre eux, errants divers et plus ou moins humains, menteurs, tueurs, et trépassés ressuscitant le cas échéant. La deuxième série se veut davantage marquée par la vie de l'auteur mais nous y sommes cependant très loin de l'autobiographie ou du journal intime classiques. Le pacte de confiance entre l'auteur et son lecteur y est perpétuellement pulvérisé par le même imaginaire extravagant que dans la première série, et le récit s'y développe de façon bien trop oublieuse des conventions réalistes pour que l'on pense sérieusement à l'autofiction. Malgré tout *Mentir* (1977) relate selon des procédés qui lui sont propres la maladie de sa mère. *Sang de chien* (1988) évoque l'envie d'aller au Mexique de cette femme et les promenades à bicyclette de son époux polonais. *Marin mon cœur* (1992) et *Exquise Louise* (2003) célèbrent quant à eux la naissance des deux enfants d'Eugène Savitzkaya. *En vie* (1995) raconte l'existence au quotidien d'une famille et *Fou civil* (1999) renvoie à la séparation et au déménagement du narrateur qui célèbre à sa façon ses cinquante ans dans *Fou trop poli* (2005).

Fraudeur [1], qui paraît aujourd'hui après dix ans de silence romanesque, frappe par son extraordinaire parenté avec les précédents — ce qui n'exclut en aucune façon qu'on puisse le lire indépendamment des autres. Ce nouvel opus appartient à la deuxième série, celle des « fous », et l'adjectif sert à qualifier le personnage principal du récit, appelé lui aussi « le fou ». Ce roman donne l'impression qu'il pourrait s'enchaîner immédiatement au précédent *Fou trop poli* (« Dans le ventre en accordéon de la travailleuse, il y avait un trésor » est la dernière phrase du livre paru en 2005, et celui-ci commence par : « S'étant frotté la tête contre un pubis poilu, le fou se promène la tignasse en pétard […] »). Le fou fraudeur, cultivant ce jardin souvent décrit dans les autres volumes, se remémore quelques phrases de sa mère décédée, qui l'obsèdent. Lui, « déjà vieux cheval de trait », ainsi qu'il se définit (mais il faudrait peut-être préciser le sens de ce « trait » auquel il fait allusion), revient, entre sa brouette héritée de son père et son engrais naturel (bouse, crottin, merde) sur le tout jeune homme qu'il a été durant l'été de ses « quatorze ou quinze ans », en 1969, année de la maladie et de la disparition de sa mère. Comme dans ses autres romans, il n'y a pas d'intrigue dans *Fraudeur*. Il n'y a pas d'intrigue, mais il y a une rumination, une cogitation sans cesse reprise et reformulée au fur et à mesure qu'il avance dans ses souvenirs...

Coincée dans cette campagne wallonne marquée par le déclin agricole, la mère demeure alitée dans la chambre. Elle ne cesse de dormir, de remuer ses pensées, de rêver éveillée. Elle ne se lève plus, ne se nourrit plus, ne s'habille plus. Pour l'aider, le père la fournit en bananes (déjà mentionnées dans *Mentir* et *Sang de chien*), fruits exotiques qui expriment cet ailleurs auquel elle aspire, mais qui à force de ne pas être consommés dégagent en mûrissant une odeur

1. Éditions de Minuit, 2015.

entêtante, écœurante. Jusqu'au jour où elle mord « la main qui avait prêté serment à l'Ordre », celui des Médecins, sans doute, mais pas seulement. C'est à ce moment-là qu'elle est emmenée dans « une camionnette noire ».

Mentir, le premier roman, évoquait déjà la dépression de la mère dépérissant de se sentir bloquée dans cette campagne hesbignonne, elle qui rêvait de Santander ou de Calcutta. L'auteur a soin d'ailleurs de reprendre dans ce nouveau récit une phrase, la première, de *Mentir*, « ces fleurs ne sont pas pour moi ». Mais *Mentir* était le livre de l'enfermement de la mère. *Fraudeur* apparaît comme le livre de la sortie du fils, de sa seconde naissance. Impressionné sans doute par le comportement et la nudité de celle qui l'a enfanté et ne trouvant de réconfort ni auprès de son père qu'il surnomme même, une fois, « l'ogre de Cracovie » (peut-être parce qu'il le tient pour responsable de la décision d'internement), ni parmi les habitants des environs qui les considèrent comme de parfaits étrangers, le narrateur sort de chez lui, sort de lui et s'ouvre aux murmures, aux manifestations du monde. Le monde, rural pour lui, est pourtant montré tel qu'il est, dans sa réalité sans fard. Les lapins y reçoivent la vitamine B1 dont ils ont besoin, la formule chimique idéale du foin est développée sur sept lignes et les animaux s'y nourrissent aussi de leurs déjections. Les paysans du cru n'ont jamais vraiment accepté ces Russes qui ne mangent pas de moules. Mais cela ne peut empêcher l'expression poétique de la douceur d'un tronc d'arbre ou de la chaleur d'un pelage profond. Il faut souligner ici le rôle dévolu aux odeurs. Les notations olfactives sont nombreuses, précises, évocatrices quand elles concernent les végétaux et les animaux, et le fou narrateur a cette délicatesse d'éviter de caresser les bêtes afin de ne pas les imprégner de son odeur. Il y a même une scène où il se frotte de terre et de feuilles mortes avant de s'immobiliser pour mieux s'ouvrir ainsi au spectacle de la vie dans une clairière — ce qui remet, comme souvent chez cet écrivain, l'homme à sa place. Il y a à ce propos une déclaration d'amour à « une poulette malade, au ciboulot dérangé » aussi hilarante que brutale par sa fin, quand le père, se rendant compte de ce qui se passe, la tue et la lui sert dans son assiette. Tout cela nous vaut des notations très sensuelles, rédigées dans une prose d'une incroyable souplesse, privilégiant l'enchaînement de phrases très courtes comme autant de perceptions sensorielles fugaces, vivaces, mais qui peuvent être suivies par une tournure tout à coup plus longue, pleine de ces circonvolutions — jusqu'à l'anacoluthe parfois — exprimant la beauté âpre, contradictoire et malgré tout cohérente, de ce coin de campagne.

À ce premier mouvement en correspond un autre, celui de la mère quand elle vivait en Russie soviétique. Ce mouvement-là non plus ne peut être chronologique, lié comme il l'est à la mémoire de l'enfant et à ce que sa mère a bien voulu lui raconter. Ce sont des éclats, de courts chapitres qui scandent en contrepoints inattendus le premier récit. On y apprend la rudesse de la vie de la tante dans le Donbass, puis on voit une jeune femme attendant un bateau sur la Volga, une petite fille jouant avec ses amies non loin du Dniepr, une demoiselle nageant dans les eaux transparentes du lac Baïkal, etc. Il est aussi fait allusion à un voyage en Transsibérien effectué plus tard par le narrateur sur les traces de sa famille, voyage pendant lequel il observe par la fenêtre des fermes, des animaux de basse-cour qui le ramènent ou non à la Belgique, à sa mère, « sur les traces d'une femme aujourd'hui disparue et dont la voix nous hante ». Voulant raconter comment il a pris son envol, c'est sa mère qu'il retrouve à nouveau, mais au moment où elle aussi s'éloigne du lieu de son origine…

Ce sont les pages les plus étonnantes qui s'expliquent ainsi, par le récit profond de *Fraudeur*. Les lignes ahurissantes consacrées par exemple à la façon de préparer des pirojki ou des pommes de terre en robe des champs doivent se lire, même si cela n'est jamais explicité, dans la perspective des problèmes alimentaires de la mère. En fait, l'ouvrage raconte comment celui qui va devenir « le fou », comme sa mère peut-être, mais autrement, fraude d'abord avec ses propres sentiments. Cerné par la mort qu'il sent partout, en tout, et jusque dans les chaumes qu'il foule, « tuyaux mélodieux décapités », le jeune homme en sortant de chez lui croit répondre à l'appel de l'été, de l'extérieur. Chemin faisant, pourtant, il se rapproche, on le comprend progressivement, d'un lieu-dit déjà évoqué dans *Sang de chien*, entouré de ces bouleaux aussi communs en Belgique qu'en Russie, le « bois des tombes », deux mystérieux tumulus recouvrant on ne sait quoi. Car « rien ne naît, tout se conçoit et tend à l'extinction », ainsi que l'affirme le narrateur peu avant la fin, dans une réécriture passablement pessimiste d'Anaxagore, semble-t-il…

Dans la dernière page, le garçon, qui avait voulu grimper au sommet d'un arbre « parce qu'il n'y a que là-haut qu'il pourra enfin respirer, réfléchir posément, se reposer de sa mauvaise nuit, oublier sa mère », fait une chute. La dégringolade aurait pu être mortelle, mais quand « il revient à la vie », dit le texte dans une sorte de renaissance qui ne doit plus rien à la biologie, « un hérisson savoure avec force bruits de salive le cadavre d'un oiseau de l'espèce des corvidés ». C'est sur ce dernier mot que le livre se termine, et sur cette conviction que le corps se vide, que notre « substance » nous quitte.

Fraudeur semble moins peuplé d'oiseaux que les récits de « fous » précédents, mais en réalité il n'en est rien. Ici le héros n'est certes pas un héron, il n'est pas non plus un coucou, ou un merle bègue, quoique la narration prenne soin de préciser que le fou fraudeur a les os légers et qu'il aime les volatiles. Il « lui est arrivé de caresser sans respirer le plumage des perdrix perchées sur les branches basses des sureaux », la nuit, ou, le jour, de prendre sa « nourriture comme les oiseaux, une nourriture énergétique et légère », installé sur la fourche d'un arbre, jusqu'à ce que ses « intestins se révoltent ». Il écoute un pic dans la forêt, et le salue car « le pic frappe où il veut le bois mort ou l'aubier à moitié vif et en extrait les larves des scolytes typographes. [...] Est-il belge ou russe, ce pic noir de génie, ce poète sonore qui pioche selon le rythme requis [...] ». Mais cet oiseau dont on parle ici entretient une troublante homographie avec l'outil du père qui « pioche avec son pic la silice des charbonnages. » (Et celui qui avait été maintes fois présenté comme le redoutable « mineur, faucheur, éleveur et vidangeur des fosses » s'épaissit ici de toutes les trahisons dont il a été victime, de la part du roi des Belges, du pape « présanctifié » ou de l'ingénieur en chef qui ont fait de lui un homme diminué, malade). Ce sont les énigmes de la vie que pioche ici le narrateur, au son de son pic noir nourri par les « scolytes *typographes* ». Mais le pic est un frère, et lui est plutôt ce corvidé dont le lecteur se délecte, à l'instar du hérisson.

Conçu ainsi, en zigzag, le récit passe perpétuellement du coq à l'âne, ou plus précisément du pic noir ou du corbeau à l'être humain. Ce ne sont qu'histoires parallèles, micro-analepses ostentatoires, prolepses aussi souvent claironnées qu'erronées en ce sens que la narration, s'étant orientée autrement, ne nécessite plus de préciser ce qui était censé l'être. Tout l'art de Savitzkaya consiste à faire tenir ensemble et sans effort apparent les différents morceaux de cet univers éclaté par la douleur et recombiné dans ce livre avec une vraie science des renvois subtils, des oppositions secrètes, des allusions discrètes et efficientes. Méditant sur son histoire, le fou parvient dans les dernières pages à ce constat qui est une vraie sagesse : « L'espoir prolonge et aggrave la misère humaine, seul est heureux celui qui a perdu tout espoir. » On pense alors que cela aurait pu être formulé par un philosophe antique, mais c'est écrit et pensé ici, maintenant, par un homme plongé dans une expérience littéraire qui ne ressemble à aucune autre et qu'il poursuit de livre en livre avec cette constance qui fait la cohérence d'une œuvre.

C'est ce ton que nous retrouvons dans les poèmes d'*À la cyprine* (dont le titre est emprunté à « Cypris », nom chypriote de la déesse Aphrodite), qui paraissent en même temps aux Éditions de Minuit. Les textes sont peut-être plus marqués par la chimie et aussi par une drôle d'alchimie, pas si fréquente, mêlant le sexe et le rire, mais c'est bien la même inspiration : « Que ne se dresse cette plume / que tu vas me tailler / que ne s'ouvre cette fleur / que je vais te cirer / d'une abeille je suis / le porteur d'eau / ou le merle qui merlotte après / sa merlette ». Décidément, Eugène Savitzkaya est un drôle d'oiseau !

Thierry ROMAGNÉ

LES LIVRES SONT DES LIEUX OÙ TOUT ARRIVE

Entretien avec Eugène Savitzkaya

Dans En vie, *publié en 1994, le narrateur déclare : « Il est nécessaire d'entretenir des rapports amicaux avec les rats. Ils creusent en nous des terriers profonds. » Et il ajoute ensuite : « Leur cheminement est semblable au cheminement de la pensée qui revient sur elle-même, se replie et avance par zigzags. » Ce qui est décrit ici est assez emblématique de l'ensemble du travail d'Eugène Savitzkaya, écrivain né à Liège en 1955 d'un père polonais et d'une mère russe. Celui-ci a développé depuis quarante ans maintenant un univers qui se donne d'un bloc à chaque volume, qui déstabilise nos habitudes de lecture et qui cependant nous retient par sa cohérence au milieu même des zigzags qui le constituent. Un monde traversé par l'exil de ses parents, les secousses des familles, les convulsions de nos vies d'hommes, l'incessant resurgissement de nos traumas immémoriaux... Une œuvre forte, certes, construite par une personnalité aussi intempestive que singulière, mais où souffle une belle folie, une façon toute particulière d'arpenter ce que l'on pourrait appeler son espace littéraire, mi-récit, mi-poème, sans être cependant de la prose poétique ou des poèmes en prose. Une exception, donc.*

Thierry Romagné. — *La folie semble être une question importante à vos yeux. Si l'on s'en tient aux titres de vos livres, le mot même de folie apparaît déjà dans* La Folie originelle *(1991), puis dans* Fou civil *(1999) et dans* Fou trop poli *(2005). Qu'est-ce que la folie, selon vous : le résultat de la tentative de vivre avec les autres ? Le principe d'une écriture surgissant inopinément ?*

Eugène Savitzkaya. — Il n'y a pas d'écriture inopinée. Elle naît chaque fois d'une matière, matière visuelle, sonore, olfactive, de la mémoire personnelle ou collective. *La Folie originelle* est avant tout l'enseigne de l'ancien établissement d'un marchand de grains à Liège. Cette enseigne représente un homme monté sur une mule et portant sur son dos un sac volumineux. Il s'agit d'un bas-relief en pierre portant les mots « À la folie originelle ». Pour ce qui concerne *Fou civil* et *Fou trop poli* : le poète Jacques Izoard m'avait envoyé en guise de vœux de nouvel an une liste des fous et des folles de Rabelais. Il me proposait de me reconnaître dans cette liste.

— Donc, en tant que telle, la folie ne vous intéresse pas ?

— La folie peut m'intéresser si elle est productrice de matière, créatrice de forme nouvelle. Je songe ici aux artistes de l'art brut, de ce qu'on nomme aujourd'hui par une volonté générale d'euphémisme art différencié. Il s'agit, en fait, d'un art qui ne s'aligne pas sur des canons artistiques, qui n'entre pas dans les courants à la mode, qui ne réagit pas aux dogmes culturels. Il crée des objets que le milieu culturel n'attend pas, n'a pas prévus. Quant au déraisonnable, je crois qu'un écrivain a le droit, la liberté de concevoir diverses logiques pour ses personnages et les péripéties qui leur adviennent ne doivent pas forcément être en rapport avec le réalisme social. Les livres sont des lieux où tout arrive, des lieux cosmogoniques, théophaniques, que sais-je.

— À ce propos, ce qui frappe le lecteur, c'est que vos textes en prose, contrairement aux récits de conception courante, démarrent tous ex abrupto, sans commencement classique, sans « exposition ». On a également l'intuition qu'ils expriment de moins en moins une fin, une clôture, une reprise conclusive. Ne reste qu'un « milieu », et encore : un milieu peu évolutif lui aussi, qui ne raconte pas vraiment la transformation d'un état en un autre ; plutôt, encore une fois, une série de zigzags.

— Comme je le disais précédemment, ce qui me tient à cœur dans l'écriture, c'est de brasser une matière, de la sculpter, d'en tirer diverses formulations. C'est un travail qui a cours depuis de longues années et qui est d'une certaine façon d'une seule pièce dont chaque livre est une forme possible, une proposition langagière et formelle. Ce brassage de matière se fait à toute heure du jour et de la nuit. La création se passant dans la vie même, en dehors également de toute volonté d'édition ou de production. C'est une manière de vivre, en mélangeant les actes et les réflexions.

— D'emblée, votre écriture a été placée sous le signe de la mémoire. Mais d'emblée également, vous semblez avoir été conscient du peu de fiabilité des souvenirs. Pourquoi, dans ces conditions, s'appuyer sur la mémoire ?

— La mémoire individuelle étant une sorte de témoin des événements passés, événements familiaux ou sociaux, il me semble indispensable de l'utiliser en tant que matériau créatif, ses imperfections apportant des éléments nécessaires à l'élaboration de diverses fictions.

— En quoi ces imperfections, justement, vous paraissent-elles nécessaires ?

— En cela qu'elles permettent d'envisager de multiples réalités.

— Dans la mesure où vos livres évoquent des histoires étrangères à un univers réaliste, des histoires où des personnages meurent par exemple et sont encore là, vivants, quelques pages plus loin, peut-on parler d'univers onirique ?

— Il ne s'agit pas du tout d'un univers onirique, mais avant tout d'une construction langagière et sonore. Le mieux serait peut-être de donner un exemple. Je veux dire que le son est pour moi aussi important et même plus important que le sens. Et la forme, plus que le contenu. La langue française est pour moi un magnifique instrument musical. Mes premiers textes étaient écrits en fonction de lectures publiques, de performances sonores. Aujourd'hui, j'entends d'abord ce que je vais écrire. L'écrit est d'abord dans ma bouche, il commence là.

— Vous reprenez parfois, dans plusieurs récits différents des personnages qui portent les mêmes noms : autrefois Débora, par exemple, dans Les Couleurs de boucherie *et* Bufo, bufo, bufo, *ou Raphaël, présent dans les deux livres précédemment cités et dans* La Disparition de Maman. *Plus récemment, on pourrait citer Marin ou Louise, que l'on retrouve dans* En vie, Fou trop poli, Marin mon cœur *et* Exquise Louise. *Pourquoi ?*

— Les personnages apparaissant dans les textes plus anciens, par exemple, *Les Couleurs de boucherie*, sont des noms propres choisis au hasard pour leur structure sonore. Tandis que Marin ou Louise sont les noms des enfants portraiturés au sein de livres-portraits ou de livres-journaux de bord.

— On a dit — vous-même vous l'avez affirmé dans un récapitulatif de votre vie — que vos textes, en tout cas les premiers publiés, se comprenaient dans une logique, une inspiration surréaliste. Mais avec le recul, c'était plutôt Artaud qu'Éluard, non ?

— L'influence surréaliste n'est qu'une des influences subies (vers quinze, seize ans). Puis il y a eu la rencontre avec l'œuvre de Jean Genet et la lecture bouleversante de *Tombeau pour cinq cent mille soldats* de Pierre Guyotat... J'ai abordé l'œuvre de Jean Genet par son texte *Le Condamné à mort* et j'ai été bouleversé par la force amoureuse de ce poème et par la prise de position radicale de Genet par rapport à la justice, à la société, à la France, au racisme. *Tombeau pour cinq cent mille soldats* m'a procuré une lecture quasi organique. J'ai l'impression que c'est un livre qui m'a blessé physiquement, quasiment traumatisé.

— Les textes de ce qu'on pourrait appeler cette première époque dans votre œuvre proposent une vision du monde et de l'homme dans le monde comme un ensemble d'excrétions, de sudations, d'humeurs... C'était ainsi que vous voyiez l'être humain, alors ?

— J'ai été, très tôt, conscient de ce que c'était qu'un corps : une organisation d'éléments divers, éphémères, palpables et odorants. Je me suis donc souvent écrit naissant dans le sérum nourricier et le sang. C'était une sorte d'exercice prénatal.

— Vos personnages, ensuite, semblent se détacher de cette logique aqueuse, de ces filaments et donc du monde, des autres. C'est aussi le moment où la folie pourra apparaître dans les titres, non ?

— J'ai toujours aimé varier les plaisirs, changer de manière, de forme, d'approche de la langue.

— Avant que l'ennui menace ?...

— Oui, contre l'ennui, la lassitude, le savoir-faire. Parce que je préfère toujours explorer, découvrir. Par ailleurs, j'ai beaucoup de mal à envisager la folie selon la logique occidentale. Le mot me plaît en tant qu'épouvantail des normes.

— Quelle que soit la forme qu'ils empruntent ou qu'ils s'approprient, vos textes ont en commun cette curieuse caractéristique d'être peu situables

dans l'espace et le temps. Même quand des engins du monde moderne apparaissent, ce sont des armes ou des camions sans âge, jamais neufs, jamais rutilants. Cela correspond à une volonté d'imaginer des récits les plus universels possibles ?

— Cela participe chez moi d'une sorte de dénigrement presque machinal des objets manufacturés de l'industrie occidentale. Leur ridicule me saute aux yeux dès que ces objets vieillissent et s'usent.

— *On n'insiste peut-être pas assez sur les deux veines plutôt différentes qui caractérisent votre œuvre : la première, post-surréaliste peut-être, et la seconde, que l'on n'ose qualifier d'autofictionnelle, mais qui exprime plus directement les coups et les contrecoups de votre propre vie : votre mère, sa mort, la naissance de vos deux enfants, votre séparations, etc. Êtes-vous d'accord avec cette façon de voir ?*

— J'ai toujours rechigné à me mettre dans la position de commentateur scientifique de mon travail ou du travail d'autrui. Mon implication totale dans les divers processus de création m'a toujours empêché de faire le bilan de mon activité ou simplement de me retourner sur les traces de ma démarche. Sans doute y a-t-il eu diverses époques, diverses préoccupations et toutes sortes d'expériences marquantes que mon organisme a dû digérer et transformer selon ses possibilités. Mais ma vie ou celle de mes proches est pour moi une matière objective. Je m'exprime en tant que spécimen humain dont les péripéties, les avatars, appartiennent à l'espèce.

— *Que pensez-vous de la façon dont Rodolphe Burger a utilisé vos textes (« Unlimited Marriage », « Ode au paillasson », ou encore « EST ») ? Souhaiteriez-vous multiplier ces expériences ?*

— Me réjouit depuis toujours le chant, la voix humaine dans la musique. Je suis très heureux de la forme que Rodolphe Burger a donnée de ces fragments de textes. J'espère qu'il en utilisera d'autres et que nous ferons un jour quelque chose en duo.

— *Dire le texte est important ?*

— Dire le texte c'est lui donner corps.

— *Le narrateur de* Fou civil *déclare en substance qu'il est un travailleur indépendant et assisté dont le but premier est de chercher des formulations adéquates à son humeur, au temps, à l'air, à sa position dans l'espace. Reprenez-vous à votre compte cette affirmation ?*

— Absolument.

— *Vous ne semblez pas particulièrement préoccupé par l'idée d'atteindre un vaste public. Pour qui écrivez-vous ?*

— Écrire est pour moi avec bien d'autres activités physiques, un exercice de sensibilisation et de mobilisation de tous mes réceptacles sensitifs, une exploration rapprochée des modalités de la vie et de ses multiples réalités. J'adresse mes livres à mes proches ainsi qu'aux inconnus.

Eugène SAVITZKAYA

Propos recueillis par Thierry Romagné

AVEC OU SANS LES HABITS DU *FOOL*

Quelques notes sur Eugène Savitzkaya

« Le poète est maçon, il ajuste des pierres, le prosateur cimentier, il coule du béton », disait Pierre Reverdy. Mais entre le poème assimilé à une construction en pierres sèches et la coulée d'une prose qui deviendrait fluviale dans le cas du roman, il est des œuvres qui semblent se soustraire à ces catégories. Comme si le mouvement de l'écriture inventait sa propre forme et la trouvait par surprise, sans idée préconçue.

Ce fut sans doute le cas lorsque Eugène Savitzkaya, après les poèmes de *Mongolie, plaine sale*, écrivit *Mentir* (1977), un livre qu'il voulait consacrer à sa mère, sans y parvenir par les moyens de la poésie. L'impossibilité du poème fut le creuset d'une forme nouvelle. Dans un entretien avec Antoine de Gaudemar, Savitzkaya s'est expliqué sur le titre de son livre : « Je l'ai appelé *Mentir* parce que cette forme était immédiatement un mensonge. Vouloir dire le vrai est illusoire. » Mensonge aussi que l'appellation « roman » qui figure depuis lors sur la couverture de nombre de ses livres. Dans une conversation avec Stéphane Michalon enregistrée lors de la parution d'*Exquise Louise* (2003), à son interlocuteur qui lui demandait si cette œuvre ne relevait pas davantage de la poésie que du roman, Savitzkaya répondit : « La question du genre est une question que je ne me suis jamais vraiment posée. Quand je reprends mes notes, je m'applique à donner au livre une forme, sans trop me soucier de savoir à quoi elle ressemble. [...] *Louise* est peut-être de la poésie, ou ce qu'on voudra d'autre : "Roman", c'est juste l'étiquette. »

Nous sommes dans une zone d'incertitude quant à la forme. Incertitude heureuse, féconde, aussi troublante qu'une maladie dont les sécrétions deviendraient littérature. Car l'œuvre de Savitzkaya ne s'élabore pas selon les critères et les principes d'une construction : tout se passe au contraire comme si elle était physiologiquement secrétée. On imagine que les sécrétions sont ensuite triées, assemblées en grappes et distribuées en séquences selon un art du montage qui sait aussi pratiquer les coupes et mettre au rebut, si l'on en croit le sous-titre de *Marin mon cœur* (1992) : « Roman en mille chapitres dont les neuf dixièmes sont perdus ».

On pourrait parler de *prose de poète* dans la mesure où les événements de langage ont chez Savitzkaya une intensité comparable à celle que nous offre un poème, dans la mesure aussi où cette prose se déploie sur les crêtes de l'imprévisible, dans la mesure enfin où la vision du monde qui la sous-tend a peu d'inclination pour la psychologie romanesque et beaucoup d'affinités avec les zones de la psyché où prirent corps les mythes, les vaticinations des sibylles et les plus anciens poèmes. On pourrait sans doute ajouter que si cette prose s'émancipe du poème sans rejoindre le roman, c'est que par instinct elle perçoit dans ce dernier une sphère adulte, à laquelle Savitzkaya oppose tacitement la dissidence de l'enfance. Valery Larbaud déjà l'avait suggéré, l'enfance n'est pas seulement un âge de la vie, elle est chez certains un ressort poétique et politique permanent. « Laissez-moi reprendre mon enfance là où j'en étais », écrivait l'auteur de *Gwenny-toute-seule*. « Mon enfance est mon seul avenir, mon seul but véritable et cohérent », dit Savitzkaya.

Si l'on pénètre dans la matière même de ses œuvres en prose, il apparaît qu'elles naissent selon deux axes, deux pressions complémentaires dont le gradient peut varier d'un livre à l'autre. Il y a d'une part l'attention, l'observation, la juste acuité du regard, le tendre équilibre terrien, d'autre part l'invention, l'envoûtant festin de paroles, la folle ébriété d'une danse de mots, les excrétions verbales dignes d'un rite sacrificiel ou d'une parade nuptiale. D'un côté un matérialisme privilégiant les données sensibles, et particulièrement tout ce que la main peut toucher, tout ce qu'elle peut faire aussi — jardiner, cuisiner, caresser, écrire, etc., c'est-à-dire relier entre elles « les parties du monde, la terre avec le ventre, la bouche avec l'anus, l'assiette avec la cuvette des latrines et l'alphabet avec le cœur du bois » —, de l'autre une âme païenne qui s'en remet à l'énergie des mots, à leur vide actif qui recèle une puissance d'engendrement. Cette énergie semble être captée par l'écrivain dans une constante proximité de la langue et du corps, comme si s'accordaient immédiatement leurs rythmes profonds. Sous cet aspect aussi, la prose de Savitzkaya jaillit non loin des sources du poème. Reverdy écrivait : « Pour le poète, non seulement c'est le mot qui précède et guide l'idée, mais c'est même le son qui précède et appelle le mot, la source première étant au surplus le rythme ». Le rythme est si essentiel chez Savitzkaya qu'il en vient parfois à s'exhiber comme tel. Ce sont alors des énumérations psalmodiées, ou ces litanies de questions qui se déploient en longues volées dans *Célébration d'un mariage improbable et illimité* (2002). Questions posées par le chœur de la corporation des bouchers qui marie ses enfants, mais aussi par les mouches, les abeilles, les merlettes et les feuilles bruissantes.

Comme dans les contes et les fables depuis le *Pañcatantra*, dira-t-on. Il est vrai que l'on trouve chez Savitzkaya cette inestimable fraîcheur de l'archaïque qui a toujours innervé une part essentielle de la modernité. Mais il y a plus. Cet écrivain qui n'a donné nul roman d'apprentissage, semble en revanche n'avoir eu de cesse de désapprendre. Avec délicatesse, il a su se rendre sauvage. Du coup, il déhiérarchise crûment, appliquant un principe égalitaire à toutes les créatures et à l'entière réalité, car à ses yeux chaque chose participe au concert général. S'il sort du cercle psychologique, devenu avec le temps un véritable caveau pour la littérature, c'est qu'il prête la même attention et pour ainsi dire la même dignité ontologique à l'être humain et à la touffe d'orties, au jardinage et à l'écriture, au parfum de la rose et à l'odeur du torchon de cuisine, à la panthère et au cloporte ou à ce rat dont la toison « est plus belle et plus chaude que la robe des plus beaux chevaux, et plus fine que la chevelure des petits enfants ». Ce que l'on a coutume de placer dans les sphères du noble et du trivial, du suave et du répulsif, du grand et de l'infime, est spontanément ramené sur des plans contigus. Il n'y a rien de moins bourgeois que cette littérature où rien ni personne n'est subalterne.

Que Savitzkaya écrive à partir d'une expérience de vie ou depuis l'étrange puissance motrice du vide initial, qu'il fabule en funambule ou qu'il fasse danser des particules autobiographiques dans le soleil de la langue, son blason porte cette devise : « Commençons par ne parler de rien, nous finirons par tout dire ». Dans *Fou trop poli* (2005), il se met en scène sous les traits d'un jardinier ivre de mots, qui va et vient de son potager, miniature du monde, à cet autre cosmos qu'est son dictionnaire : « À force de fréquenter les lettres, le fou est devenu eumolpe. Il gribouille et gribourie dans la vigne des caractères en frisettes, en épingles, en scolex appropriés aux circonstances apparemment funestes selon les dires des voix de presse, participant au gribouriage général, confondant les fils graphiques et les fils des araignées. » Dans ce passage qui est comme une réduction homothétique de tout un versant de son écriture, le « gribouilleur » nous oblige à nous munir d'une prothèse érudite, en l'occurrence un vieux Larousse en maints volumes, pour savoir exactement ce qu'il est advenu du fou. *Eumolpe*, apprend-on alors, désigne deux créatures, dans l'ordre du mythe et de la réalité, de l'infiniment grand et du minuscule : il s'agit d'une part d'un personnage légendaire, fils de Poséidon et de Chioné, qui fut à la fois poète, devin, guerrier, prêtre, législateur et qui institua les Mystères d'Éleusis, et d'autre part d'un petit coléoptère phytophage que l'on employait autrefois comme élément de parure dans la bijouterie et la plumasserie. Le fou, attiré par toutes les professions mais qu'aucune ne tente, finit par se dire que « le métier d'eumolpe semble le plus accessible ». Où l'on voit que la folie des grandeurs et la tendresse pour l'infime se percutent et s'embrassent, ramenées sur le même plan puisque contenues dans un même mot, en parfaite conformité avec la poétique du jardinier-écrivain.

Savitzkaya compare parfois, fût-ce de manière implicite, l'écriture à un fil. Un fil qu'il faut tirer et suivre à la fois : « Cette phrase, comme elle vient je la tire autant que comme je la tire elle vient. » Le processus peut trouver son image dans l'évocation d'un fil d'araignée, voire d'un fil de salive. Et c'est peut-être un aspect essentiel de la fonction de la littérature et de son rapport au monde qui s'imprime en filigrane dans cette peinture d'un nouveau-né baveur, Marin, le fils d'Eugène Savitzkaya : « La bave sort d'une fontaine qui semble heureusement intarissable, car le monde est tellement sec qu'il faut sans cesse tout humecter. La bave coule sur son plastron qu'elle lave et amidonne et sur ses vêtements qu'elle rend plus souples et plus doux, lustrés comme la fourrure des loutres, huilés comme le plumage des paons et fumants comme la robe des chevaux. Elle redonne au bois du plancher sa couleur d'origine, en souligne les méandres et en accentue les courbes de niveau. Elle lie le sable le plus fin en fondant ses grains, fertilise la terre en réunissant les fragments du terreau et en mélangeant les ferments. Il n'existe pas de meilleur mortier que celui à la composition duquel il aura donné un peu de son suc secret d'hirondelle. La bave fait briller et nourrit ce qui commençait à ternir. Son odeur sans pareille et ses nombreuses vertus attirent à la ronde fourmis manquant de sucre, papillons affaiblis, limaces blessées par le sel, abeilles d'une saison sans fleurs et chats avides. Elle désaltère mieux qu'aucune autre substance, car elle contient en justes quantités du sel, du soufre et du nectar. Elle enchaîne en un seul fil tous les objets, les englue et les rend visibles ou invisibles à sa guise. » Exercice : remplacez la première et la dernière occurrence du mot *bave* par le mot *poésie*.

À propos de deux livres que Savitzkaya a consacrés à ses enfants, *Marin mon cœur* et *Exquise Louise*, Nathalie Quintane a parlé de « mignardises ». On se frotte les yeux, puis l'on se dit qu'une sorte de réflexe pavlovien a dû jouer, qui associe l'enfance à quelque mièvrerie, à des pastels fades ou à d'écœurantes sucreries. Rien de tel chez Savitzkaya. Dans *Marin mon cœur*, par exemple, le regard embrasse la présence de l'enfant avec une objectivité qui bascule imperceptiblement dans la fable, celle du nain et du géant, de sorte que le texte fait surgir à son horizon, puis dans son immanence même, ce qui n'est rien moins qu'une recréation du monde, par la reconfiguration de nos codes de perception. On sait depuis le *Richard II* de Shakespeare — mais on ne cesse de l'oublier — que tout chagrin véritable a vingt reflets. Le jeune Marin en distingue déjà deux : « Marin connaît la grande et la petite tristesse. La première ne peut se résoudre. La deuxième ne se résout que par le bain de larmes. Le bain de larmes vivifie, lave les entrailles et promet une grande clarté. » Et puis, comme le clame Conspuate dans *La Folie originelle* (1991) : « Qu'il soit dit. Qu'il soit écrit. Qu'il soit démenti. Et cela dans la même seconde. » Il suffit d'une seconde pour qu'un regard usé tombe comme une peau morte. L'écrivain est toujours susceptible de revêtir les habits du *fool*. Sa prose épiphanique nous donne des yeux neufs.

Jean-Baptiste PARA

CAHIER DE CRÉATION

ANGELIKA KLÜSSENDORF

Faim

Katharina était allongée sur le lit de la suite Marilyn Monroe ; dans ces lieux Tony Curtis et Jack Lemmon, travestis en Joséphine et Daphné, s'étaient une fois battus pour Sugar « Kane » Kowalczyk. Elle ne s'était jamais imaginée pouvoir un jour prendre son petit-déjeuner dans cette pièce où Marilyn s'était verni les orteils et avait inventé les histoires de ses films, et elle se demandait si ce n'était pas un trop grand numéro pour elle.

Un an auparavant, elle était allée à un gala de danse à Dresde dans une robe cousue par sa mère, et cette nuit-là, le mur était tombé.

Les jours, les semaines et les mois d'après avaient conduit à une gigantesque pagaille. Ses amis voulurent voyager, certains interrompirent leurs études, d'autres les arrêtèrent complètement. Katharina étudiait la zoologie à Berlin et cela ne lui vint pas à l'esprit de suspendre ses études ne serait-ce qu'un seul semestre. Il arriva un moment où les maisons, les places et les rues de sa ville natale lui semblèrent avoir été dépouillées de leurs derniers restes de couleurs. Sa mère avait un travail posté en tant qu'infirmière en chef dans un hôpital, et son père était concierge dans l'école primaire du coin ; elle était fille unique. Katharina n'avait jamais réfléchi à sa famille, elle lui paraissait être comme les fondations stables de sa petite maison familiale de plain-pied — dont le toit devait être soudainement recouvert de nouvelles tuiles turquoise, alors qu'il n'était pas abîmé. Dans le couloir, des montagnes de catalogues, de bons découpés et de publicités s'entassaient, lus et triés consciencieusement par ses parents, comme s'il s'agissait de documents de première importance.

C'est lors d'une excursion en bateau sur le lac de Wannsee, à Berlin, qu'elle avait rencontré Steffen. Un homme en costume, élancé, aux yeux clairs, entièrement chauve, qui se tenait au bastingage et ne la quittait pas des yeux. C'était un jour de tempête, le ciel était d'un bleu pétrole vif, le bateau tanguait. Lorsqu'elle mit pied à terre, elle l'entendit siffloter derrière elle une chanson enfantine : *Wenn ich ein Vöglein wär'*.

Plus tard, il dirait que c'était le coup de foudre, mais dans les premiers temps déjà, elle s'était habituée à ce qu'il lui fasse constamment la cour. Steffen était dentiste et venait juste de reprendre le cabinet de ses parents. Les dents de Katharina avaient besoin d'urgence d'un traitement correctif et il lui recommanda de régler cela après leur voyage de noces.

Ils étaient arrivés la veille en tant que couple en lune de miel. La chambre réservée donnait directement sur la mer, lit *Queen-Size* inclus, c'était le cadeau de mariage que lui offrait Steffen ; même la plage de sable blanc de Californie s'étendait à ses pieds. Sur les écrans passaient en continu des films de Marilyn Monroe. Elle essaya de montrer à son mari à quel point elle était joyeuse et reconnaissante, mais sans y parvenir : malgré ses nouvelles lunettes, elle était aveuglée par le soleil, une chasse d'eau gargouillait sans cesse et elle avait mal à la tête. En vérité, elle était surtout intimidée par tout ce faste ; elle se sentait cernée par d'innombrables malentendus et avait en quelque sorte l'impression de ne pas être dans le bon film.

La femme de chambre venait à l'instant d'entrer dans la suite et faute de comprendre son anglais, Katharina ne fit que murmurer encore et encore « *sorry* » en haussant les épaules avec embarras, pendant que la femme de chambre gardait son sourire qui laissait voir une petite canine pointue. Katharina se sentait comme une usurpatrice quand elle essayait de parler anglais. Elle avait été l'élève favorite de sa professeure de russe.

Depuis le début de la matinée, Steffen visitait un aéroport militaire à la périphérie de la ville. C'était seulement après leur mariage qu'il lui avait parlé de sa passion pour le domaine militaire et les avions de combat, d'une voix enrouée, comme s'il confessait un péché. Cela n'eut pas d'importance pour elle, mais elle trouvait amusant qu'il en ait fait tout un secret.

À son retour, au lieu de l'accueillir, elle resta allongée sur le lit *Queen-Size*, repensa à la femme de chambre et une sensation de gêne traversa de nouveau ses membres. Par la fenêtre ouverte s'engouffrait une odeur amère d'algues venue de la mer, elle se leva et alla dans la salle de bain. Le miroir doré recouvrait toute la surface du mur, elle observa son ventre légèrement arrondi, ouvrit le robinet situé au-dessus d'une gigantesque baignoire sur pied. À côté, sur le guéridon en marbre, se trouvait un seau argenté contenant du champagne bien frais. Elle n'arrivait pas à se souvenir à quand remontait la dernière fois où elle avait bu de l'alcool. Elle regagna la suite, observa l'écran qui diffusait les films de Marilyn et entra dans l'immense dressing où flottait une odeur de lavande et de vieux journaux. Elle ferma les yeux et s'imagina qu'il faisait nuit. Ensuite, elle retourna dans la salle de bain et referma le robinet de la baignoire. Katharina envisagea un instant d'ouvrir la bouteille de champagne, au lieu de cela, elle s'allongea sur le lit. Elle regarda la télévision : Sugar était en train de jouer de l'ukulélé et cherchait en même temps son millionnaire.

Ces derniers temps, Katharina éprouvait une faim presque douloureuse et se sentait comme un animal vorace. À cause de son accent, Steffen commandait à manger à sa place. Katharina se demandait si son appétit était devenu encore plus grand ici, en Amérique, parce qu'elle avait, ces deux derniers jours, énormément mangé : Burger avec sauce barbecue, Cheeseburger, Double-Crispy-Chicken-Burger, elle était même venue à bout du Giant-Burger. Après le petit-déjeuner, pendant que Steffen partait se doucher, elle mangeait les restes de son assiette à lui, et réussissait ensuite presque à chaque fois à le persuader de commander un strudel aux pommes et de la crème glacée Häagen-Dazs. Katharina avait tenu à ne manger que dans sa chambre d'hôtel ; au restaurant, elle n'arrivait pas à avaler une seule bouchée, elle s'y sentait comme un chien bâtard se promenant au milieu de ceux du roi. Les Américaines, avec leurs belles dents blanches, étaient pour Katharina des créatures tout droit venues d'un autre monde : elles portaient la cuillère à leur bouche avec tant d'assurance, commandaient avec la plus grande sérénité leur Coca-Cola light et en plus de cela, elles mâchaient, parlaient et buvaient en même temps.

Elle ferma les yeux et ne pensa plus à rien. La musique lui semblait lointaine et elle se sentit alors sombrer lentement dans le sommeil.

Lorsqu'elle rouvrit les yeux, il faisait déjà sombre. Sur l'écran, on pouvait toujours voir Marilyn qui barbotait dans la mer avec les autres membres de son orchestre féminin. Katharina se sentait étouffée par tout ce cinéma autour de Marilyn ; d'ailleurs, pourquoi était-elle là, se demanda-t-elle, qu'avait-elle à voir avec la maîtresse bien roulée d'un président américain ? Elle éteignit le téléviseur et se tourna de côté.

Lorsque Steffen entra dans la chambre, elle fit semblant de dormir. C'est seulement lorsqu'elle sentit son visage au-dessus d'elle qu'elle ouvrit les yeux et plongea son regard dans les verres sombres de ses lunettes.

« Faim, dit-elle, j'ai assez d'appétit pour un dindon, entier évidemment, un gros steak serait également le bienvenu, de la choucroute, des saucisses et de la glace à la fraise en pot. » D'un coup d'œil réjoui, elle nota à quel point Steffen se donnait de la peine pour obtenir un sourire de sa part.

Steffen lui commanda un Giant-Burger qu'elle engloutit avec avidité.

Lorsqu'ils traversèrent le hall de l'hôtel, Katharina portait son nouveau costume, couleur lilas, avec une ceinture à franges à la taille. Il lui plaisait encore après l'avoir acheté, mais elle avait cependant l'impression d'être endimanchée d'une façon ridicule. Les regards scrutateurs des autres clients rendaient sa démarche lourde et il lui semblait être fixée de tous côtés par les yeux de Marilyn dont les photos recouvraient par douzaine les murs du hall.

« Le Bûcheron d'argent », dit-elle avec surprise en s'arrêtant devant l'image. « Que fait-il là ? »

Steffen l'observa avec incompréhension.

« Il est tiré du livre pour enfants de mon cours de russe », ajouta-t-elle.

« Comment ça en russe ? », demanda Steffen en regardant le dessin de plus près.

« Il est écrit par un auteur russe », rétorqua-t-elle.

Katharina s'était attendue à tout en Amérique, mais pas à son livre pour enfants favori. C'était le premier événement qui la rendait joyeuse ici.

Steffen accueillit son excitation avec un sourire en coin moqueur. « Ce Russe, dit-il, a juste tout pompé à un Ricain. Ce livre, tous les enfants le connaissent ici : *Le Magicien d'Oz*. » Ensuite, il lui fit un résumé de l'intrigue du livre ; il s'agissait en effet de l'histoire qu'elle connaissait.

Katharina avait des souvenirs très précis du livre. Elle l'avait lu bien des années auparavant, mais *Le Bûcheron d'argent* lui était encore très familier, elle pouvait se rappeler chaque détail de ses aventures. Elle se disait que cela n'avait pas d'importance de savoir qui était l'auteur du livre — quoi qu'il en soit, ils avaient lu dans leur enfance la même histoire. Lorsqu'elle essaya d'expliquer cela à Steffen, il l'observa avec étonnement. « *Easy going*, dit-il, tu dois apprendre à être *easy going*. »

Le lendemain matin, ils louèrent une voiture et roulèrent en direction de la Sierra Nevada. Le vacarme de l'hôtel et l'éternel « *I Wanna Be Loved By You* » devinrent un écho lointain. Ils venaient de quitter la ville, lorsque Steffen se mit à fredonner exactement cette mélodie. Katharina ferma les yeux. Elle lui aurait fait bouffer tout son *easy going* et, pendant un instant, elle s'imagina être de nouveau à la maison, sans lui.

Elle s'enfonça dans son siège et croisa les bras sur sa poitrine. La lumière était blanche et éblouissante, elle avait mal aux yeux. Katharina s'endormit pendant le reste du trajet. Lorsqu'elle se réveilla, elle ne sut pas aussitôt où elle était. La nuit était tombée et Steffen dit quelque chose qu'elle ne comprit pas. Après quoi, il gara la voiture au bord d'un chemin de sable. Il descendit du véhicule et s'étira de tous côtés. Katharina le suivit lentement, chaque pas lui demandait de l'énergie. Cette perte de repères lui donnait le vertige. Mais ensuite, elle aperçut la mer de sable, le silence s'étendait jusqu'à la limite rouge du ciel et elle réussit à entrevoir comment la Terre avait pu être lorsqu'elle était encore inhabitée.

Steffen la prit dans ses bras, la serra fortement et chuchota : « Ça en jette, hein ? »

Voulait-il lui vanter les mérites du désert, comme s'il l'avait créé rien que pour elle ? Elle sentit battre le sang dans ses oreilles, le sable tout autour d'elle commença à tourner, ses genoux lâchèrent et elle tomba.

Elle se réveilla dans un petit motel. Steffen était assis à côté d'elle au bord du lit. Il lui tenait la main. Il disait qu'ils avaient dû rester cinq bonnes minutes dans le désert et que c'était très certainement un record.

Leur voyage de noces les mena ensuite à New York. La compagnie aérienne avait proclamé une semaine mexicaine et pendant le vol Katharina mangea des enchiladas au fromage, des tortillas, des chili-burritos et des chips au guacamole, avec cela elle avait bu plusieurs bouteilles de Coca-Cola. Captive de son épouvantable faim, elle avalait toute cette nourriture avec un sourire impassible.

Arrivés à New York, c'est à peine si elle pouvait se déplacer. Elle fut surprise de voir que sa robe la serrait aux hanches. Respirer la fatiguait. Elle sentit la nausée la submerger et lorsque Steffen fit signe à un taxi, elle vomit en plein milieu de la rue en direction de Downtown.

Traduit de l'allemand par Virginie Mourany

Née en 1958 en Allemagne de l'Est, Angelika Klüssendorf est une écrivaine très sensible à la question de l'enfance et de la construction de soi dans l'ancien bloc de l'Est. Elle a publié plusieurs recueils de nouvelles à ce sujet, dont Amateure *paru en 2009 aux éditions S. Fischer. C'est de ce livre qu'est tirée la nouvelle « Faim ». Son roman* Das Mädchen *(Kiepenheuer & Witsch, 2011) a été traduit en français sous le titre* La Fille sans nom *(trad. François et Régine Mathieu, Presses de la Cité, 2015). Angelika Klüssendorf a reçu en 2014 le prestigieux prix Hermann Hesse.*

PABLO MONTOYA

Accord d'ombres

Josquin des Prés

Où sont passées les heures de la joie et la douleur ? Cette croisée des chemins qui faisait de moi l'unique survivant de ton naufrage. Où est donc la grande vacance de l'air, le tunnel secret, cette barque fragile qui nous menait vers des contrées étrangères ? Où te trouver lorsque mes pas ont parcouru les sentiers ? Ceux qui restent à connaître sont effacés, et ceux qui peut-être existent sont faits d'illusions qui ne sont plus les miennes. Mon cœur gît privé de sang. C'est une créature sans abri. Je contemple la lumière naissante et l'autre, qui est celle de la disparition des choses. Mais mon corps doit se relever. Saisir la plume. La tremper dans l'encrier. Écrire la musique qui te cherche et jamais ne te trouve.

Pachelbel

Qui vit dans les accords du clavecin ? Qui passe dans les violons ? Qui finit toujours au commencement ? Le temps, l'espace, moi. Et dans la triade nulle fissure.

Marin Marais

Je touche les cordes comme si je sentais la rosée sur des feuilles ocre dont le revers mène vers la chute et la couleur fixe les dégradations. Je les touche comme si j'effleurais un soleil qui meurt lentement d'une chambre à l'autre.

Et la tristesse que laisse son départ est celle du désir assouvi. Je les touche en croyant qu'elles recèlent une pluie et un vent sans nom, fixés au rêve qui me transfigure. Je saisis encore une fois l'archet. Et les choses deviennent plus périssables, plus spectrales, plus profondément aimées. Je joue un air qui me délimite sans paroles. La pénombre d'un couloir. La tiédeur d'une peau inoubliée. L'agitation joyeuse finalement atteinte. Ce lieu qui se dépouille instantanément de l'espace. Tout conjure dans l'oubli. Je suis et je demeure tant que sonne la viole.

Mozart

La diligence traverse les dernières prairies de Salzbourg. Je ferme les yeux et j'entends les sons qui flottent dans l'air. Ils ne cherchent pas à ce que mes mains les figent dans un schéma de tonalités. Ils s'aperçoivent que leur essence est éphémère, et que moi je suis fait d'une matière encore plus brève. Les arbres s'immiscent sous mes yeux à peine entrouverts. Ils font partie d'une illusion tramée avec la lumière du printemps. Je tambourine des doigts sur mes genoux. Et j'entonne une mélodie avec laquelle j'aimerais mourir si tant est qu'un jour la mort soit aussi mienne. L'univers, j'hasarde en me laissant glisser sur un toboggan rapide, n'est qu'un grand dessin fait de fugacités fortuites. Et je souris, heureux, moi qui suis un musicien terrestre, face à cette soudaine gloriole du cosmos. Au dehors, le Génois qui cingle les chevaux, un amateur de gravelures, chante l'amour qui tout autour de nous s'étend.

Beethoven

Je veux entendre déployée la gamme des sons. L'entendre comme si c'était le rayonnant accueil que me réservait la vie. La voix de l'enfant dans les sentiers du parc. Celle de mes domestiques qui m'appellent. À nouveau goûter la chaleur d'une exclamation jeune à la tombée du soir. Entendre le grincement des diligences au petit matin. Ou le vol d'un oiseau qui coupe la nuit en biais. Posséder l'arbre. Avec mes tympans lécher le sourd grondement de ses racines. La ramure arrêtée dans l'air, atteindre avec elle le cœur de la musique. Mais je suis sourd. Condamné à un bourdonnement creux. Tous ceux qui proclament que le silence est l'expression originelle de la vérité sont des menteurs. Que ne donnerais-je pas pour entendre encore une fois le son. Le modeler dans son présent tumultueux. Et ne pas me laisser dévorer par ce moule sans langage qui me hante. Devant le silence je tâtonne. Comme un aveugle face au ravin.

Franz Gruber

La musique est un flocon de neige qui tombe d'un arbre sans feuilles. Et les bouches soufflent pour que cette pureté ne touche pas la terre. Et devienne parmi nous bourbe, putréfaction, puis plus rien.

Tchaïkovski

Saint-Pétersbourg, vu depuis la fenêtre, est un visage sans fin qui déambule entre les palaces et les rues, et descend, avec son haleine glaciale, sur les berges de la Neva. À chaque coin de rue on empile les cercueils avec leurs morts gelés. Les poitrines des moribonds tentent de conserver le feu. Et ceux qui sont encore en bonne santé persistent dans la vie, comme si leur ardeur les rendait fous. Moi je m'agrippe à l'image de ton corps. Aux forêts de peupliers qui nous offrirent le parfum rouge sous les nuits fébriles. À ta parole, seul réconfort dans l'abandon. À ta bouche capable d'apaiser la constante sécheresse. Et je me demande pourquoi tu es si fuyant. Pourquoi tu débouches sur le vide. À présent que j'avale le poison, j'entends à nouveau le halètement de nos souffles après l'étreinte. Tel celui des cordes qui s'évanouissent à la fin de ma symphonie. Comme ces adieux que je fais à la ville et à ton ombre.

Debussy

Au clair de lune tout est évasion. Même sous des allures de permanence. Je déambule à travers les sentiers de la forêt. Et je crois penser, évoquer et tramer l'avenir depuis un présent à peine perceptible. J'oriente mes pas vers la rencontre de cet autre que je désire. Et il y a des empreintes diffuses comme une résonance de la brume. La vie s'écoule. Le feuillage d'arbres dont un arpège efface le contour. Le chant d'un oiseau dont le vol est une ébauche de sons. Le vent qui se cache entre mes paumes tremblantes. Sous les lueurs du piano advient la révélation. Puis la stupeur lorsque la musique n'est plus. Et le silence, qui est l'absence de ton image.

ALBAN BERG

Suspendu dans les fumées il délimite l'horizon. Son regard est forgé par des nuits sans fond où tout se dit dans une langue de pierres écroulées. Nous croyons dormir lorsque le fracas de ses ailes nous précipite dans l'éveil. Nous sommes nus comme lui, sans défense comme sa plainte dépourvue de voix. Sa figure, que nous apercevons parfois sur le faîte des plus hautes toitures, est formée de vestiges, d'astres abolis. Ses yeux nous convoquent avec la catastrophe. Fulgurant, telles des flaques où paraissent des lumières orphelines, il fait aussi preuve de retenue. Il ne parle presque pas. Et quand il parle ses lèvres sont immobiles, à rien ne sert de déchiffrer ses paroles. Nous aimerions qu'il soit notre héritage. Pouvoir le palper comme une exhalaison qu'on aime. Mais la vision de son vol nous signifie l'angoisse. Il sillonne les jours et les nuits comme un étrange présage. Une comète égarée au milieu de la solitude. Tournant encore et encore autour de nous. Étrangère à toute prière.

MESSIAEN

Des becs rutilants qui prolongent les constellations. Les regards de minéral inentamé. Je suis la concavité que leurs vols cherchent. Demeure de leur divine essence. Le vase étroit qui peut les contenir. L'univers est un trou sans fond. Seule la lumière peut l'affronter. Une traînée infinie d'oiseaux me reçoit. Les étoiles nous signalent la voie.

LIGETI

Que la terre se reconnaisse dans le magma de sa vacuité. Je sais la clarté comme je sais l'insu. Le calme et la terreur. Pureté sans mesure qui cerne les branchages secoués d'un rêve. Pas un mot où la douleur soit l'accalmie. Personne pour palper l'espace de la mortification. La plainte se dilue dans la mémoire de la substance qui flue. Je sais la transparence et l'opacité. Que la feuille parvienne à la quiétude sans abandonner la chute. Tous les êtres forgés dans le son et la lumière.

ARVO PÄRT

Le silence. Dans les fissures que laissent les instants. Dans l'humide enceinte des églises. Immiscé dans le sommeil des oiseaux et des poissons. Retenant la chute des grandes eaux. Je le poursuis avec la patience d'un moine. Jusqu'à le capturer. Résonne alors mon humble immortalité.

Traduit de l'espagnol (Colombie) par Christophe Barnabé

LES NOTES INDISCRÈTES DE PABLO MONTOYA

« La musique n'est pas indiscrète et lorsqu'elle se lamente, elle ne dit pas pourquoi. [1] » Ces mots d'Alexis, le jeune musicien que Marguerite Yourcenar met en scène dans son roman éponyme visent juste. En effet, si la musique peut être perçue comme un langage, il est certain que celui-ci n'est pas, comme les mots, lesté d'un sens qui lui préexiste ; elle demeure donc perpétuellement *ouverte* à l'interprétation (musicale, bien sûr, mais aussi celle des sens et de l'esprit qui la reçoivent). La musique semble toujours vraie tant elle paraît apte à nous parler sans vraiment dire. Les poètes ont toujours été particulièrement sensibles à cette qualité de la musique ; comme de tout ce qui ce qui se passe de mots, ils ont cherché à s'en approcher par la parole. Mais peut-on vraiment écrire sur la musique ?

Dans *La Musique inconnue* de Jean-Michel Maulpoix, on lit ceci : « Les propos que l'on tient sur la musique m'ont toujours semblé singulièrement insipides, la langue s'avérant incapable de parler distinctement de cet art qui sollicite la métaphore et englue toute critique. Il faut écrire autour de la musique, ou vers elle, tout étourdi par la rumeur de souvenirs diffus [...]. [2] » Cette dernière phrase semble parfaitement convenir pour décrire les proses poétiques que l'écrivain colombien Pablo Montoya (Barrancabermeja, Colombie, 1963) a rassemblées sous le titre *Accord d'ombres* [3], dont je donne ici quelques fragments en traduction. Le recueil est constitué de poèmes en prose qui portent tous comme titre le nom d'un compositeur, et sont organisés chronologiquement selon l'époque à laquelle ont vécu ces musiciens. Ainsi, le premier texte du livre est « Venantius Fortunatus » et l'ouvrage s'achève sur « Leo Brouwer ». Entre les deux, l'auteur nous propose un parcours qui traverse mille cinq cent cinquante ans d'histoire de la musique, en passant par Guillaume de Machaut, Monteverdi, Lully, Sainte Colombe, Couperin, sans omettre Bach, Haydn, Mozart et Beethoven, puis Schubert, Brahms et Mahler, ou encore Schönberg et Webern, pour en arriver à Messiaen, Ligeti, Pierre Henry ou Arvo Pärt. Au total, pas moins de soixante-quatre compositeurs sont ainsi présents dans l'ouvrage et dressent une singulière fresque de la musique à travers le temps et les âmes.

Avant de poursuivre, il convient tout d'abord de signaler que la musique est présente à peu près partout dans l'œuvre de Pablo Montoya. Et ceci s'explique peut-être d'abord parce que ce poète, essayiste, romancier et auteur de nouvelles est aussi musicien. Après avoir fait des études de musique à Tunja, il poursuit des études de lettres à Bogotá, puis obtient son doctorat à Paris-III avec une thèse sur la musique dans l'œuvre d'Alejo Carpentier [4]. Actuellement professeur de littérature à l'université d'Antioquia en Colombie, il continue régulièrement d'écrire et de publier. Son œuvre, qui compte déjà presque une vingtaine d'ouvrages, comporte des essais tels que *Música de pájaros* (*Musique d'oiseaux*, sur la musique) ou *Un Robinson cercano* (*Un Robinson proche*, sur dix auteurs français du XXe siècle) ; des romans comme *Lejos de Roma* (*Loin de Rome*, où il évoque l'exil d'Ovide, à la façon du Virgile de Hermann Broch, ou l'Hadrien de Marguerite Yourcenar), *Los Derrotados* (*Les Vaincus*) ou encore récemment *Tríptico de la infamia* (*Triptyque de l'infamie*, qui met en scène trois peintres européens du XVIe siècle). Pour ce dernier ouvrage, Pablo Montoya vient de se voir attribuer le prestigieux prix Rómulo Gallegos. Mais il faut aussi, à mon sens, mettre en valeur les admirables livres de proses poétiques qui précèdent *Accord d'ombres*, et qui suivent un même sillage : *Solo una luz de agua* (*Seule une lumière d'eau*, méditations sur les fresques de la vie de saint François peintes par Giotto), *Trazos* (*Traits*, poèmes écrits à partir de tableaux qui vont de Lascaux à la modernité) et *Viajeros* (*Voyageurs*, série de proses consacrées à des personnages historiques marqués par la quête passionnée d'un ailleurs).

Pablo Montoya est bien, avant tout, un poète. C'est pourquoi, qu'il évoque Ovide, la peinture du Titien, Moïse dans le désert, Ibn Battûta ou Haydn sur son lit de mort, c'est le regard du poète qui l'emporte sur toute considération d'ordre historique, esthétique ou culturel. On remarquera d'ailleurs, par le choix de ses sujets, que l'auteur s'inscrit dans la tradition de la fiction poétique érudite, dans la lignée de Marcel Schwob, ou encore de Yourcenar, Pascal Quignard et Pierre Michon, à chacun desquels est consacrée une étude dans *Un Robinson proche*. Le dispositif dont il use souvent, et qui est également à l'œuvre dans *Accord d'ombres*, consiste à placer dans le titre une référence (ici le nom d'un musicien) qui orientera la lecture du fragment poétique. Le texte, porteur de nombreuses allusions érudites, pourra donc s'éclairer à la lumière de cette référence. Mais, tout comme chez les auteurs cités, en qui Pablo Montoya reconnaît ses maîtres, décrypter toutes les allusions est loin d'être une condition nécessaire pour pouvoir profiter du texte. Au contraire, une des vertus essentielles des poèmes est de jouer avec ces allusions ; leur force réside dans le langage même qui les porte, et non pas dans un intertexte savant qui ferait du poème, en l'appauvrissant, une énigme à déchiffrer.

Pour mieux illustrer ce propos, prenons comme exemple le poème sur Tchaïkovski. Il y est fait mention de Saint-Pétersbourg, de la Neva, et de nombreux morts ; puis d'un corps masculin aimé, d'un poison qu'on avale, et finalement des cordes qui s'évanouissent à la fin d'une symphonie. Il est indéniable qu'il se dégage du texte une grande force tragique, car il évoque à la fois la mort, l'amour, le suicide et la fin de la musique dans un contexte hivernal particulièrement cru. Mais il faut préciser, sans pour autant privilégier cette seule piste de lecture, que tous ces éléments peuvent aussi être interprétés en fonction de la biographie et de l'œuvre de Tchaïkovski. En effet, les morts empilés dans les cercueils sont les victimes de la grande épidémie de choléra qui frappa la ville en 1893, année de la mort du compositeur. On a longtemps cru que celui-ci serait mort après avoir bu de l'eau contaminée de la Neva. Mais des recherches plus récentes ont mis en lumière la possible relation homosexuelle du musicien avec le jeune Victor, neveu du prince Stenbock-Fermor, maréchal du palais. Ce dernier ayant appris leur liaison, on aurait forcé Tchaïkovski à se suicider en avalant de l'arsenic, hypothèse que le poète semble reprendre à son compte dans ce texte. Et en dernier lieu, les « cordes qui s'évanouissent à la fin de ma symphonie », renvoient probablement aux dernières notes du surprenant *Adagio lamentoso* final de la symphonie n° 6 en si mineur (op. 74), dite « Pathétique ».

Ce bref éclairage sur la question de l'allusion ne résout cependant pas une des questions principales que pose ce livre. Car j'ai commencé par évoquer la difficulté que représente écrire sur la musique, difficulté dont l'auteur est tout à fait conscient, comme il l'écrit dans un essai de *Un Robinson proche* à propos de Pascal Quignard et de Sainte Colombe :

> *Lorsqu'il devient conscient de l'étroitesse du langage, l'homme a alors recours à la musique. La musique, qui est un langage car elle possède une syntaxe, mais qui nie tout langage car elle est dépourvue de sens. Et peut-être la quête expressive de l'homme emprunte-t-elle ce chemin, parce qu'avant d'être langage articulé, dans le ventre maternel et après la naissance, il a été gémissement, cri et pleurs, ces toutes premières formes de la musique.* [5]

Alors, si la musique vient combler « l'étroitesse du langage », comment le langage peut-il rendre compte de la musique ? Autrement dit, comment la musique apparaît-elle dans *Accord d'ombres* ? Et qui parle au juste dans ces poèmes ? En réalité, ce que dessinent ces textes, ce sont avant tout des hommes presque nus face au mystère ; celui de la vie et la mort, de l'amour et l'infini qui nous entoure, de notre indépassable solitude et du temps qui constamment traverse l'existence ; un mystère que la musique semble seule apte à approcher un peu, ne serait-ce que l'instant d'un éclair subit. C'est donc d'hommes qu'il s'agit avant tout, de leurs vies consacrées à la musique, et de leurs destins qu'elle marqua pour toujours. Les façons que le poète a de les approcher peuvent varier : tantôt il les tutoie, tantôt il fait entendre leur propre voix, tantôt il les désigne de loin, comme un biographe. Les textes sont parfois saturés d'allusions biographiques ; ailleurs, ils font preuve d'une grande liberté poétique, à la limite d'un certain hermétisme, en vertu duquel aucun élément dans le poème ne permet de le rattacher au musicien que son titre désigne.

Dans *Un Robinson proche* Montoya écrit : « Ce qu'il faut réellement pour écrire une vie c'est acquérir un style.[6] » Ce précepte, sûrement se l'adresse-t-il d'abord à lui-même, car pour écrire les vies de ces musiciens, ou plutôt les condenser en un fragment, le poète s'est véritablement forgé un style remarquable par sa vigueur — cet aplomb de la parole juste —, la beauté de ses images et de ses ellipses, l'élan et les coupures soudaines d'un souffle dont il use avec retenue, comme par saccades. Et si l'on considère, avec l'Alexis de Yourcenar, qu'aussi bien en littérature qu'en musique, lorsqu'on traduit la voix d'un autre, « on ne traduit que son trouble : c'est toujours de soi-même qu'on parle[7] », alors il faut reconnaître que dans *Accord d'ombres* tous les musiciens représentent autant de versions du poète lui-même. Cette idée se trouve d'ailleurs confirmée dans les quelques allusions autobiographiques parsemées çà et là dans le livre, et qui évoquent l'effet produit sur l'auteur par une certaine musique à un moment de sa vie.

Cependant, ce style qui reste toujours très reconnaissable sait se moduler en fonction des compositeurs qu'il sert. On remarquera, par exemple, que le texte sur Bach adopte la forme d'un court récit presque « classique », comme si l'équilibre des phrases cherchait à mimer celui du langage du compositeur, alors que les derniers poèmes du livre, sur des compositeurs contemporains, emploient une langue qui semblerait comme tarie et traversée de lézardes. Montoya suit ainsi, par la syntaxe rendue plus abrupte, le même mouvement de déconstruction de la grammaire classique (celle de Bach ou de Brahms) qu'adoptent les compositeurs contemporains, tout en faisant ressortir, comme eux, le rôle prépondérant du silence dans l'architecture des œuvres. Par exemple, le fragment sur Pierre Henry se présente comme une longue énumération qui, par effet d'accumulation et d'amplification, rappelle les bandes magnétiques du compositeur, et notamment les effets de cacophonie qu'on peut entendre dans *L'Apocalypse de Jean* ; alors qu'Arvo Pärt apparaît en quête d'un silence qui constitue le vaste cœur de sa musique.

En écrivant sur la musique on interprète toujours, de la même façon qu'un musicien ne joue jamais uniquement la musique que le compositeur a notée sur la feuille, mais y mêle toujours un peu de la sienne. Le poète est donc forcément « indiscret » par rapport au profond silence que la musique porte en elle, et qui jamais ne peut être atteint, ou alors de façon imparfaite — plutôt circonscrit qu'atteint — dans l'infini des interprétations qu'on en fera. Car le poète qui s'approche de ce centre creux (et peut-être par là brusque-t-il la nature du vide) ne peut vraiment le faire sans se l'approprier, sans se dire lui-même. Le chant qui en résulte est celui d'une voix qui a retrouvé sa part de silence. Mais ce qui est au-delà des mots, on ne pourra jamais l'écouter qu'en acceptant, avec humilité, son mystère, « comme on regarde le feu mais l'on ignore son secret [8] » écrit Montoya à propos d'un homme qui écoute Chopin.

Certain symboles reviennent néanmoins à travers l'œuvre pour évoquer la musique : l'envol des oiseaux, un dessin dans l'espace, l'architecture des sons, le feuillage des arbres, l'eau ; ou encore des thèmes comme la femme aimée, l'agonie des compositeurs ou le souvenir de certains instants privilégiés. Mais ils sont surtout là pour dire la perplexité des hommes face à l'ineffable de la musique : aussi bien le pouvoir qu'elle a de consoler à travers le temps (« J'entends ta musique à présent. Et je sais qu'en pleurant tes morts, je peux pleurer les miens [9] »), que son incapacité à nous offrir rien qui ne soit vraiment durable (« Artifice d'accords qui cache la désolation qui nous définit [10] »). Jankélévitch décrit très justement ce double caractère fascinant de la musique : « [...] l'homme tient passionnément, infiniment à ce qui ne dure qu'une seconde, ou n'arrive qu'une fois, comme si la seule ferveur de sa dilection pouvait retenir et pérenniser la divine inconsistance ; encore que renouvelable, le charme de la musique lui est précieux comme nous sont précieux l'enfance, l'innocence ou les êtres chers voués à la mort ; le charme est labile et fragile et le pressentiment de sa caducité enveloppe d'une poétique mélancolie l'état de grâce qu'il suscite. [11] »

Pablo Montoya dans *Accord d'ombres* nous présente ce que Rilke définit ainsi : « D'abord la grande mélodie, à laquelle œuvrent les choses et les parfums, les sentiments et les passés, les crépuscules et les nostalgies. Et, ensuite, les voix individuelles qui parachèvent ce grand chœur. [12] » Tous ces compositeurs, qui sont tout de même capables de faire jaillir la musique, demeurent avant tout des êtres fragiles. L'auteur les peint dans ces miniatures, situés entre l'or et le gris, cherchant avidement la lumière, et pourtant fatalement entourés d'une insondable obscurité. Ces musiciens, mais aussi le poète qui les fait ici renaître, ont tenté de donner une syntaxe à la langue secrète que parle la musique. Comme eux, le poète joue « la mélodie de l'infini sur les mêmes touches que celles où reposent les mains de l'action » et fait donc descendre « au niveau des mots ce qui est grand et se situe au-delà des mots [13] ». Mais peut-être est-ce là après tout un pari impossible, dont témoigne cette mélancolie qui traverse le livre. Pablo Montoya choisit de s'approcher de la musique par le biais des hommes qui, ayant vécu, l'ont fait vivre. Il ne veut pas écrire sur la musique, mais il va vers elle ; il tente de l'entourer avec les hommes qui l'ont créée, et à travers eux, « tout étourdi par la rumeur de souvenirs diffus », il fait entendre sa voix. Il en résulte une poésie qui, comme la musique, tente de dompter ne serait-ce qu'un instant le désordre du monde, tout en sachant que les mots ou les notes ne font que rouvrir malgré eux la piste du silence.

Christophe BARNABÉ

1. Marguerite Yourcenar, *Alexis ou le Traité du vain combat* in *Œuvres romanesques*, Paris, Gallimard, « Bibliothèque de la Pléiade », 1982, p. 16.
2. Jean-Michel Maulpoix, *La Musique inconnue*, Paris, José Corti, 2013, p. 113-114.
3. Pablo Montoya, *Programa de mano*, Bogotá, Editorial Pontificia Universidad Javeriana, 2014. Le titre original espagnol, dont on ne peut donner un équivalent direct en français, évoque les notes de programme qui sont distribuées aux spectateurs avant un concert.
4. Publiée récemment dans une version remaniée : *La música en la obra de Alejo Carpentier*, Medellín, La Carreta Editores, 2013.
5. *Un Robinson cercano*, Medellín, Eafit, 2013, p. 86.
6. *Ibid.*, p. 102.
7. *Alexis ou le Traité du vain combat* in *Œuvres romanesques*, op. cit., p. 30.
8. *Programa de mano*, op. cit., p. 48.
9. *Ibid.*, « Gorecki », p. 86.
10. *Ibid.*, « Mendelssohn », p. 47.
11. Vladimir Jankélévitch, *La Musique et l'Ineffable*, Paris, Seuil, 1983, p. 149.
12. Rainer Maria Rilke, « Notes sur la mélodie des choses », in *Œuvres en prose*, éd. Claude David, Paris, Gallimard, « Bibliothèque de la Pléiade », 1993, p. 671.
13. *Ibid.*, p. 673.

JAROSŁAW MIKOŁAJEWSKI

Cercueil en papier et autres poèmes

maman ne répond pas au téléphone

après la troisième
parfois même après la seconde
sonnerie

je lance le radar
les récifs du tapis ont l'air souillés

une chose est étendue mais ne ressemble à rien

trop courte
trop anguleuse

la chose molle sur le canapé
ne bouge pas

mais ce n'est pas cette dimension-là non plus

une chose pareille à un mannequin posé de guingois
reste plantée devant la télé

mais la télé est débranchée donc à quoi bon

une serviette dans la salle de bain
sur le carrelage glissant

serviette
ou robe de chambre

elle ne se serait pas ratatinée à ce point

tu vas bien ?

La mousse

ça pue
ai-je dit en rentrant à la maison

en effet ça pue
a dit ma fille quand on s'est retrouvés à trois
(la cadette étant allée à la cuisine)

oh c'est pas vrai ce que ça pue
ai-je dit en montant avec elle à l'étage
(ma deuxième fille est restée au salon)

comment est-ce possible que ça pue à ce point
ai-je pensé me retrouvant tout seul

j'ai senti mes mains
j'ai examiné mes pieds
j'ai regardé dans chaque coin

la puanteur ne pouvait venir que de moi

j'ai pris une douche
de la mousse jaune est restée

j'ai pris un bain
encore de la mousse

Vénus est née de la mousse
il y a de la mousse épaisse en moi

en me rinçant dans la baignoire
je me tenais debout au-dessus de la mousse

elle a pris
l'eau et a éclaté
alors j'ai vu que je me tenais au-dessus de moi-même

s'écoulant dans le tuyau elle roulait de grands yeux
elle tordait la bouche

elle ne voulait pas s'en aller

mon squelette liquide se trouvait à mes pieds

Cercueil en papier

ce rêve m'a disculpé
des muguets piétinés

il a soulagé
mon dos battu comme un chien

mon père est mort et moi j'étais si pauvre
que je n'avais pas de quoi payer son cercueil

j'ai même dû faire l'économie des fossoyeurs

j'ai pris un vieux carton ayant servi de journal mural
à l'école où j'allais il y a trente ans

j'ai dessiné un squelette
c'est-à-dire l'essentiel

comme on me l'avait appris

ensuite des bords
et des rabats à enduire de colle

j'ai découpé le tout avec des ciseaux émoussés pour enfants
j'ai plié
et mis de la gomme arabique

j'ai fait un couvercle avec le côté le plus court du carton

comme pour une caisse

bords
rabats
ciseaux et gomme arabique

je ne me souviens pas
comment je l'y ai mis

peut-être était-ce trop ridicule pour un rêve
venu assurer ma rédemption

en tout cas

contrairement à mes pires craintes
le couvercle a bien fermé

il reposait tout en haut en sécurité
comme je l'ai déjà dit
il n'y avait pas de quoi payer les fossoyeurs
donc pour le bout du chemin entre la maison et la chapelle
j'ai pris le cercueil dans mes bras

« tu vas y arriver ? »

« oui ne t'en fais pas maman »

je l'ai soulevé
il était léger comme un cercueil d'enfant

la grâce était de mon côté
car même si le carton n'était pas rigide
le cercueil ne pliait pas

j'ai pris le chemin à travers la ville
le parc ujazdowski
la maison du parti
la rue du nouveau monde

mes doigts s'engourdissaient tellement il faisait froid
mais j'y arrivais sans changer le cercueil de bras
et sans demander de l'aide

je ne répondais pas aux gens qui me saluaient
ils doivent me prendre pour un goujat

l'indigence ne me faisait pas honte
à mon avis elle n'enlevait rien à la solennité de l'enterrement

elle me causait juste de l'inconfort

à la chapelle les fossoyeurs
qui m'avaient dit trois cents sinon rien du tout
ont eu des larmes aux yeux en me voyant
en train d'essayer de rentrer avec le cercueil
dans l'étroit tourniquet de la porte tournante

ils ont actionné un mécanisme invisible
ont écarté des cloisons
et sont venus au-devant de moi

pour la première fois j'ai vu en eux autre chose
que des corbeaux qui arrivent pour me couper de mon corps
pour la première fois j'ai simplement été reconnaissant
d'être soulagé

j'ai remis le cercueil en papier entre leurs mains
ma colonne vertébrale a poussé comme un jeune arbre en sortant des feuilles

pour la première fois de ma vie
j'ai dormi sans remords

pour la première fois je me suis senti plus léger et non pas plus lourd
de remettre un poids

pour la première fois j'ai senti que j'étais
un enfant qui a tout devant lui

des morts enterrés
un ciel étonné
et des hommes bienveillants sur terre

Traduit du polonais par Agata Kozak

Jarosław Mikołajewski est né à Varsovie en 1960. Poète, essayiste, auteur de livres pour la jeunesse, il collabore au journal Gazeta Wyborcza. *Il est également connu dans son pays comme traducteur de poètes italiens : Dante, Pétrarque, Leopardi, Montale, Pasolini… De 2006 à 2012 il a dirigé l'Institut polonais de Rome.*

PAOLO RUFFILLI
Produits remarquables

« ... car les maximes nobles préparent à la vie ».
Le ministre de l'Instruction publique

« Ce n'est pas nous qui parvenons à changer les choses selon notre désir, c'est notre désir qui change peu à peu ».
Marcel Proust

« Attention, ma fille. Avance,
ne perds pas ton temps.
As-tu fait tes devoirs ?
As-tu appris tes leçons ? »
« Et après ? »
« Ne va pas te promener.
Ne fais pas l'idiote ».
« Assez ! »
« Tiens-toi bien ».

« Vrai, on dirait un fantôme
à cette heure ».
« Une carcasse de bateau ».

Lumière sur la glace, la poignée. Mais
dans le fond opaque de l'armoire
comme entassé, enroulé sur lui-même,
inanimé, l'amas plié
de linge très blanc, en bandes
d'étoffe, en rouleaux, en accordéon,
pressant le contreplaqué sec,
malodorant, écaillé, craquant ;
comme endimanché,

gardé intact en son trajet
sur place, enfermé dans la cellophane
bien serré,
                    dépouille substrat pilotis
de formules et de figures vaines,
superposition de gymkhanas,
emballage vide,
rugueuse baudruche dégonflée
crépi tombé   chape
sans scories dépourvue d'os,
linge satisfait, content de lui, qui...
                                        mais, au vent, plane
gonfle s'ébroue s'entortille
monstre griffon cerf-volant
tissu quille de vaisseau fantôme
lait pâle perlé
                    blanc lumière,
en cire   corps mou
saisi, lâché.

« ... la mission, lorsqu'on vous charge
de ces novices, la leçon
du poète, son exhortation :
de l'ardente jeunesse
fortifiez *l'esprit confiant.* »[1]

Un rideau desséché
de poussière,
par les vitres sales
la lumière passe sur les murs
tout fissurés.

« Des fois je me demande
ce que nous faisons ici ».
« On dirait que ce qu'on croyait
trouver vous échappe ».

1. Circulaire s'inspirant de Manzoni et autres poètes compassés.

(... *sed lex. La discipline*
est donc indispensable.
Si les soldats n'obéissaient pas
au général dans la bataille,
ce serait la débandade,
inévitablement.)

Des lampes jaunâtres pendent
au plafond,
et les bancs sont bancals,
avec des surfaces toutes rayées.

« ... le sens est : cueillir,
détacher, arracher.
On le dit des fleurs et des fruits,
des abeilles qui butinent le pollen.
De ceux qui profitent de la vie
mais aussi de ceux qu'elle consume.
Écrivez dans la marge ces mots :
carpo carpsi carptum carpere ».

« Et on aurait envie
de se retrouver ailleurs ».
« ... que tout s'accélère
et passe d'un trait ».

Les toiles d'araignée couvrent
les grilles poussiéreuses
des grands radiateurs
rouillés.

« Parler de ce qui
a toujours été dit ».
« De livres que, d'ailleurs,
personne n'a lus ».

« ... eh non, ce n'est pas fini.
Pas de paresse, mesdemoiselles.
Sujet : *En vous appuyant sur*
des exemples appropriés... ».

... on doit tous reconnaître
que le monde a changé,
que le travail scolaire est devenu
le problème numéro un
pour la jeunesse.

Aujourd'hui, avec les machines
et les progrès de la science,
un ignorant se sent perdu
dans la civilisation moderne...

... de nous
quand nous serons grandes,
que ferons-nous donc
ou ne ferons pas.
Le temps presse de plus en plus.

... pour nous retrouver un jour
à notre aise, j'espère,
dans le monde où nous vivrons.

« Tu sais, je l'ai vu hier
en sortant de l'école ».
« Tu le salues, tu le retiens,
vous échangez deux mots ».

Par terre, des paquets sombres
de laine et de cheveux
se soulèvent à chaque pas
le long des murs.

« Je n'arrive pas
à leur parler ».
« Chacun garde pour soi
ses pensées... »

Le tableau est repoussé
contre le mur.
Le noir de l'ardoise

n'est plus net,
une poussière de craie
stagne sur les bords.

Poussière pulvis poussière,
nuage de poussière.
Poussière sur laquelle tracer
un signe éphémère.
In solem et pulverem
producere doctrinam.
Poussière et ombre.
Piquer polir secouer
du cône de lumière qui s'agite
au mélange qui se fait tout autour
dans l'ouverture de la porte.
Le fastidieux, le pénible, abandonnés
à l'air chauffé de la salle.
Poussière était le grain
qui fut au commencement.
Et poussière est le grain
qui grippe le mécanisme.

« Cela paraît étrange, j'en conviens,
et, à la lecture,
l'ennui vous gagne. Mais
c'est une question de patience,
je vous le promets... »

Dans la pénombre de la salle,
au fond, derrière les autres,
elle se coiffe en riant.

« Je croyais que certaines choses
n'arrivaient qu'à moi ».
« Jusqu'à ce qu'une autre
t'en parle aussi ».

« Quel rapport ? Viens-en au fait,
aborde la question

et avec les données que tu as en tête
dresse un tableau exact
de la situation ».

(... *facteur toujours décisif*
pour l'incessante formation
morale du caractère.
Dans le processus pédagogique,
le jeune qui apprend
doit réfléchir et ne pas se soustraire
à sa participation
qui est essentielle.)

« Reste à la maison. Ça vaut mieux.
Où est-ce que tu veux aller ? ».
« Où ça me plaît ».
« Tu pourrais le regretter,
ici on t'aime ».
« Mais ça n'a rien à voir ».
« Le monde extérieur est dangereux,
tu ne le connais pas... ».
« Je veux voir par moi-même ».
« Ici tu ne manques de rien ».

« Je ne ressens pas du tout
ce qui disent les auteurs ».
« Des gens bizarres, peut-être,
trop loin de nous dans les siècles ».

Elles écrivent en vitesse
quelque chose sur le cahier,
rient et relisent ensemble.

« ... toute intention, la volonté,
l'imminence de ce qui arrivera.
Et aussi : destination, nécessité.
Vous comprenez ? At tamen fiet
quod futurum est ».

Elle appuie son menton
sur l'épaule de l'autre, rit encore.
L'ombre est plus épaisse
pendant le cours.

Du vêtement, de l'ombre
se dégage, imperceptible
– prétexte et spectre
indice apparence légère –
le fantôme laiteux
de ce qu'elle deviendra.
S'abandonner à l'ombre
comme marchant sur un fil
d'où découvrir la lumière.
Se secouer, se ressaisir
dans un lent état de contact.
Doux flux électrique
sève qui s'épanche.
Se déroule et s'enroule
pousse et refoule
l'obscur désir,
l'impression d'un événement
qui ne s'accomplira jamais.

« ... la règle ? Voyons-en
l'application, et alors vous aurez
vraiment assimilé le cours ».

« À sa façon de me regarder
je sais ce qu'il attend de moi ».
« Il me suffirait une seule fois
de l'entendre dire qu'il hésite ».

Elle se tresse des nattes
et, baissant les yeux,
laisse tomber de temps en temps
son stylo sur le banc.

Père tout-puissant
autorité commandement

seigneur qui en main prend
et tire les ficelles
qui mène et qui soutient
domination et permission.
Père qui est absent
soleil lointain
métier inconnu
énigme qui tourmente
être différent, étranger,
limite terme fin.
Père resplendissant
pensé rêvé
qu'on tient seulement par la main
guerrier revenu
pour peu de temps disposé à rester
jouer parler une seule fois
père papa.

« C'est ici, en travaillant,
en apprenant les règles du jeu,
que vous maîtriserez le savoir
pour vous affirmer dans la vie ».

« Ces gens ne savent que dire,
leurs propos tiennent en peu de mots ».
« Ils répètent encore les phrases
que j'ai toujours entendues ».

« N'y pense plus. Tu ne te sens
pas bien : lasse, à bout, simplement ».
« Mais si, je me sens bien... Ce sont
mes affaires. Laisse tomber ».
« Tu te fais des idées. Tu verras,
si on te soigne, ça passera ».

La mère sourit
en reprenant les mêmes propos
dans le soleil du soir
qui s'attarde sur la poussière
des bancs.

« C'est une enfant
qui ne pense qu'à son travail ».
« Pour une femme, l'important
est d'acquérir quelques notions ».
« Je place la discipline
avant tout ».

La salle est profonde,
dans un groupe indistinct
l'une regarde autour d'elle,
quêtant une complicité.

« Ce sont des jeunes, ils veulent
des assurances pour l'avenir ».
« Vous aussi vous verrez
si vous avez des enfants ».
« ... je ne dirais pas cela, mais
elle se trouve très bien
avec vous, je vous assure ».

« C'est encore une enfant.
Avec tout ce qui se passe
aujourd'hui dans le monde ».
« Je lui ai toujours dit
de ne pas courir de risques ».
« Qu'elle ne se mêle pas
de certaines choses ».

Quelques mots en hâte
et un rire sec,
tandis que la lumière chavire
engloutie dans le plafond.

« C'est une question
dirai-je, de bon sens.
Croyez-moi :
ce qui compte,
permettez-moi de vous le dire,
c'est l'expérience ».

Mère matrice
enveloppe dont se dépouille
le viscère
vulve obscure caverne
coquille nacrée
fourreau gaine.
Mère marâtre
nœud fil de fer
corde entortillée
tête d'amarre
cable canne fil de cuivre.
Mère marraine,
pieu où s'accroche la série
base étai
baguette qui dirige
rame barre gouvernail.
Se débattre dans les fils
tirer dessus casser
déficeler l'emballage.

« À quoi cela sert ?
C'est un exercice pratique
tout à fait naturel.
Le solfège est lui aussi
ennuyeux et monotone,
mais si on veut
apprendre à jouer... »

La porte s'ouvre,
un garçon de classe entre,
portant la circulaire.

(*non seulement garantie*
de paix pour l'Europe,
sceau d'alliance éternelle
unissant des vies, des destins
en une seule histoire,
une même civilisation.
Le rêve de Mazzini...)

« Parfois elle aimerait
que je répète ses paroles ».
« Cherchant la familiarité
pour mieux me contrôler ».

« Ça m'écœure... pas faim.
Non, j'aime pas ça ».
« Mange, ça te fera du bien.
Qu'avez-vous fait en classe ? ».
« Quand... Ce matin ?
Rien, pff. Des idioties ».
« Comment, rien ? Et tiens-toi bien.
Ah, elle soupire, la pauvre petite ! ».
« Comme d'habitude, toujours pareil.
Ça ne passe pas, j'en veux pas ».
« Avale et tiens-toi droite.
Tu le fais exprès ? Approche-toi ».

« Quelles conditions, alors ?
Comment, quand, pourquoi...
Tu ne peux pas en ignorer le mode,
n'en pas connaître les raisons ».

La classe est sombre :
des globes opaques
l'éclairage ne descend
que jusqu'à mi-hauteur.

« ... si possible
encore plus beau.
Pour comprendre, cherchez
la façon exacte d'exprimer ».

Elle ouvre son cahier.
Regarde sa camarade,
lit sans reprendre haleine.

« *La vie est un ballon*
qui remonte après un plongeon ».

« *La vie est vagabonde,*
elle avance sans intentions ».

« *La vie n'est qu'un peu d'eau sale.*
Elle est tout et n'est rien ».

Vie vivante état
patent latent
action fonction
diaphragme d'un néant
provenant du néant
muscle diastole.
Vie errante état
incitant inhibant
action raison
lien chaîne
muscle systole.
Vie fluctuante état
stagnant s'écoulant
action scission
partie, mêlée, mélange
combinaison.

« Vous savez, le programme...
Il existe un projet au niveau supérieur.
Rien ne naît de rien ».

« Alors, au revoir ».
« Bonjour, monsieur le professeur ».

Une rangée de portemanteaux
cassés, dans le long
corridor. Par terre,
papiers et mégots.

« Toi aussi, tu as dû
t'apercevoir qu'il est bizarre ».
« Peu à peu, comme ça, on se sent
en partie si différente ».

Crue qui croît
fléchit s'abaisse
d'une rive à l'autre
décroît bondit.
Vague qui prend
s'abat et inonde
qui verse qui fond de haut
qui répand
dissipe enveloppe
rassemble.
En surnageant en flottant.

« C'est une mer immense
sur laquelle on navigue chaque jour ».
« Jusqu'à ce qu'on trouve
un coin de terre ferme ».

« Allons, dépêchons-nous,
il est tard ».
« Tard, tu parles !
Avec ce qui nous attend... »
« Peut-être bien qu'il y aura
des absents ce matin ».

Traduit de l'italien par Patrice Dyerval Angelini

« La poésie est une critique de la vie », a écrit Eugenio Montale. Rien de plus vrai pour Paolo Ruffilli (né en 1949), encouragé dès ses débuts (1972) par des tempéraments aussi divergents que Montale, Pasolini, Ungaretti. Cette belle unanimité s'est confirmée : avec douze recueils à ce jour, Ruffilli est l'un des poètes les plus appréciés (et souvent réédité) en Italie. Traduit et récompensé un peu partout, il a pratiqué l'écriture avec García Marquez, s'est passionné de linguistique, a écouté Barthes au Collège de France. Enseignant à Trévise, témoin cette séquence (1980) incluse ensuite dans les sections du recueil Petit déjeuner *(1987), il est devenu éditeur, biographe, critique littéraire, romancier. Sa poésie reflète notre temps de très près : problèmes de société, statut du poète qui les affronte, choix d'un art, d'un style, d'une voix très personnelle, qui sans cesse redisent le non-dit qu'on lit entre les lignes, parodient les bribes échappées à notre époque de lieux communs, toujours en vers courts hérités de l'opéra galant (Métastase), ironiquement elliptiques, mais vibrant d'une sensibilité secrète. Ruffilli n'élude rien, évoque tout en peu de mots, et sa petite musique sournoise ne laisse personne indifférent.*

DOCUMENT

JACQUES Ier D'ANGLETERRE

Contre le tabac

*Jacques Stuart, sixième du nom, régnait déjà sur l'Écosse quand en 1603, à la mort d'Elisabeth, il devint Jacques Ier d'Angleterre et unit les deux couronnes. Il est à l'origine d'une célèbre traduction collective de la Bible (*King James Version*) qui devait exercer une influence majeure sur la littérature de langue anglaise. Parmi ses écrits, les éditions Jérôme Millon ont publié récemment en français* Nouvelles d'Écosse *(1591) et* Démonologie *(1597). Son traité* A Counterblaste to tobacco *est assurément le plus ancien écrit polémique contre le tabac. En 1604, un an après son avènement, le roi légalisa cependant l'usage du tabac par l'instauration de taxes*[1].

AU LECTEUR

De même que tout corps humain (chers et braves gens de notre pays), si bonne que puisse être sa santé, n'en demeure pas moins exposé aux maladies ou faiblesses diverses ou bien est, du moins naturellement, enclin à les contracter, de même il n'est ni État ni corps politique, si bien gouvernés ou si épris de paix soient-ils, qui aillent sans commettre d'erreurs courantes ou soient exempts de penchant naturel pour la corruption. Il n'est donc pas étonnant que notre pays et notre État, pourtant épris de paix et malgré la prospérité dont ils jouissent de longue date, succombent tout comme les autres à leurs propres faiblesses naturelles. Si, de toutes les nations, nous

1. Voir document annexe. Les avis se contredisent ou divergent quant à l'histoire de l'introduction du tabac en Angleterre. Voir Kevin Boyd : *Heathen weed, divine herb: attitudes to tobacco in early modern England*, 1995.

sommes celle dont le peuple manifeste à l'égard de son prince le plus d'amour et la meilleure obéissance, nous n'avons pas moins trop facilement tendance (comme souvent le temps l'a démontré) à regimber pour des motifs futiles. L'issue favorable des guerres menées à l'extérieur de nos frontières et au cours desquelles notre vaillance fut maintes fois prouvée, notre obéissance sincère autant que respectueuse envers nos princes à l'intérieur, ont engendré notre longue et trois fois heureuse paix. Notre paix a engendré notre prospérité. Paix et prospérité ont engendré une nonchalance généralisée qui nous porte à nous adonner à toutes sortes de vains plaisirs, et à nous amollir dans le raffinement, lesquels sont prémices de subversion dans toute monarchie d'importance. Nos ecclésiastiques sont devenus négligents et fainéants ; notre haute et notre petite noblesse dépensent sans compter et cèdent à leurs menus plaisirs ; nos hommes de loi sont cupides ; notre bon peuple se montre prodigue et revendicatif. Tous ces gens se soucient, en général, davantage de leurs affaires personnelles que de leur mère-patrie qu'est notre État.

Pour y remédier, il revient au Roi, médecin approprié de son corps politique, de purger celui-ci de toutes ces maladies et d'avoir recours aux remèdes adéquats comme le fait, au moyen d'un certain mode de gouvernement par la douceur autant que par la justice, d'assurer la tranquillité publique et d'empêcher toute velléité de remue-ménage ; par l'exemple que donnent sa personne comme sa cour, de faire honte à tous vis-à-vis de cet engourdissement raffiné qui est le nôtre et de nous inciter à reprendre toutes nos saines activités et affronter les ombres martiales de la guerre. De la même façon, par l'exemple de sa modération ainsi que de celle de sa cour en matière vestimentaire, de nous emplir de honte devant nos dépenses effrénées ; par ses vives remontrances aux ecclésiastiques et sa diligente vigilance à leur égard, de les tirer de leur léthargie et de les rendre plus assidus à leurs tâches ; par des procès rigoureux intentés, et les sévères punitions infligées aux hommes de loi partiaux, cupides et corrompus, de les remettre sur le droit chemin ; et, généralement, par l'exemple qu'il donne lui-même et l'entrée en application de bonnes et dues lois, de réformer et d'éradiquer, pied à pied, ces anciennes et malignes pratiques. Car ceci ne sera pas *opus unius diei* [2] : chacun de ces maux devant recevoir du Roi son remède approprié, il y a dans les États des sortes d'abus qui n'en sont pas moins des dépravations au même titre que les plus importantes, bien que de condition si vile et si méprisable que la loi ne s'abaisse pas à les considérer et si vulgaires qu'un Roi ne daignera ni leur adresser un regard ni faire usage de son autorité à leur propos. Tout

2. Esdras 1 : 13.

comme la fourmi est animal autant que l'éléphant ; tout comme le roitelet est oiseau au même titre que le cygne : tout autant le léger mal de dent est maladie que l'effroyable peste. Or, pour ces dépravations de moindre grandeur au sein de l'État, non seulement le Roi ou quelque magistrat mineur, mais *quilibet e populo* peuvent servir de médecin, diagnostiquer le défaut, s'y attaquer et convaincre qu'il est nécessaire d'y apporter remède.

Pour ma part, persuadé que je suis qu'il n'est plus vile et néanmoins plus nocive corruption dans un pays que l'usage (ou mésusage) dégradant qui est fait du tabac dans ce royaume, je me trouve amené à en dénoncer brièvement les excès dans l'opuscule ci-dessous.

Si quelqu'un estime que l'affaire est légère, alors ce ne sera que colifichet sur la chose. Et puisqu'il n'est question que de fumée, il m'est avis que les élucubrations d'une cervelle enfumée seront boulets suffisants pour faire barrage à un ennemi aussi fumeux et aussi faible. Que mon raisonnement tienne debout est ma seule ambition et, s'il arrive à convaincre, je n'en demande ni n'en attends pas plus. Mon seul souci est que vous, chers compatriotes, vous fassiez une idée juste, même à partir de ce qui n'est que détail, de la sincérité de l'intention que j'ai, dans les affaires de plus grande importance, de ne reculer devant aucun effort pour vous assurer bonheur et prospérité.

CONTRE LE TABAC

Pour une meilleure perception des multiples abus de cette abominable habitude qu'est l'usage du *Tabac*, il convient de s'intéresser d'abord à ses origines ainsi qu'aux raisons qui ont présidé à son introduction dans notre pays. Tout aussi certainement qu'à leurs débuts et pour de pieuses, nécessaires ou honorables raisons, de telles habitudes, dues à quelque grand, digne et vertueux personnage, sont toujours, et à très juste titre, tenues en grande et vénérable estime et respect par tout esprit sage, vertueux et modéré [3], de même et au contraire, il sied de jeter grand opprobre sur celles des coutumes dépravées et participant de la barbarie qui, de la même manière, prennent pied dans un pays du fait d'un engouement inconsidéré autant que puéril pour la nouveauté, comme c'est bien le cas, en premier lieu, de l'idée de

3. Voir le traitement de ce thème, d'abord par Molière (*Don Juan*, I, 1, 1665) qui fait dire à Sganarelle entrant en scène et tenant une tabatière : « Quoi que puisse dire Aristote et toute la philosophie, il n'est rien d'égal au tabac : c'est la passion des honnêtes gens, et qui vit sans tabac n'est pas digne de vivre. Non seulement il réjouit et purge les cerveaux humains, mais mieux encore, il instruit les âmes à la vertu. » Ce que Thomas Corneille reformulera dix-sept ans plus tard dans son *Festin de Pierre* : « C'est dans la médecine un remède nouveau : / Il purge, il réjouit, il conforte le cerveau, / De toute noire humeur promptement le délivre ; / Et qui vit sans Tabac n'est pas digne de vivre. »

consommer du *Tabac* et de son introduction chez nous. Au *Tabac*, simple très répandue et qui, sous diverses appellations, pousse presque partout, certains des *Indiens* barbares trouvèrent d'abord des propriétés prophylactiques (ou à usage d'antidote) contre la vérole, mal répugnant qui affecte gravement ces peuplades barbares (le fait est notoire) autant à cause de leur nature corporelle malpropre et atrabilaire que de la chaleur excessive de leur climat : c'est donc d'eux que le monde chrétien tient cette maladie [4], aussi bien qu'il leur doit l'usage du *Tabac* en tant qu'antidote répugnant au goût et à l'odorat, à ce mal si exécrable et putride, et qu'il en fait nauséabonde fumigation aux fins de le combattre, ce qui équivaut à faire dévorer une gangrène ou infection donnée par une autre.

Et maintenant, braves gens de notre pays, voyons (je vous prie) quel point d'honneur ou quelle politique pourraient nous inciter à imiter les coutumes barbares et dégradantes d'*Indiens* sans civilisation, sans Dieu et serviles, en particulier sous la forme de cette habitude si abjecte et malodorante. Nous qui dédaignons d'imiter les mœurs de la *France*, notre voisine, Fille Aînée de l'Église, nous que la mentalité des Espagnols insupporte (dont le roi règne aujourd'hui sur un empire comparable en étendue à celui du *Grand Turc*) [5] ; allons-nous, je le demande, nous qui vivons en bonne intelligence et prospérons dans la paix, nous renommés et invincibles dans la guerre, chanceux dans l'un ou l'autre de ces états, nous toujours capables de venir en aide à l'un quelconque de nos voisins (mais qui ne leur avons jamais rebattu les oreilles de nos appels à l'aide), allons-nous, dis-je, sans rougir, nous abaisser au point d'imiter les *Indiens*, brutes esclaves des *Espagnols*, lie du monde et à ce jour étrangers au saint pacte avec Dieu [6] ? Pourquoi ne les imiterions-nous pas non plus en

4. Le *Nouveau Larousse Illustré* (1900) écrit : « Les uns la considèrent comme d'importation américaine : elle aurait été propagée en Europe par des marins de Christophe Colomb. Mais précisément à la même date elle sévit dans la région méditerranéenne… et reçoit des Français le nom de mal napolitain. Les Italiens nous en attribuent la paternité. » Voltaire prend parti dans *Le Temple du goût, poésies mêlées*, épigramme LXI (1733) : « Quand les Français à tête folle / S'en allèrent dans l'Italie, / Ils gagnèrent à l'étourdie / Et Gênes et Naples et la V… ; / Puis ils furent chassés partout, / Et Gênes et Naples on leur ôta ; / Mais ils ne perdirent pas tout, / Car la V…. leur resta. » François Ier, qui l'aurait attrapée en Italie, en mourut en 1547. *Gargantua* paraît en 1534 : Rabelais le dédie aux *Beuveurs tresillustres et (vous) verolez tresprecieux*.

5. Selon Chambon, dans son *Traité général du Commerce de l'Amérique*, publié à Amsterdam en 1783 : « ... *De l'Inde* [comprendre "l'Amérique"], l'usage se répandit en Moscovie et Tartarie et ensuite dans le Levant et enfin en France et en Allemagne et dans tous les pays du Nord. »

6. Pierre Kapitaniak signale que si, dès 1550, la conférence de Valladolid avait entériné la bulle papale de 1537 reconnaissant une âme aux Indiens, Jacques Ier semble curieusement l'ignorer, sauf à sous-entendre que ce sont des païens. Philaretes, lui-aussi, lie l'usage du tabac au Diable et, bien sûr, à ses suppôts les Indiens. Le roi s'est largement inspiré de cet ouvrage. Voir ci-dessous notes 7, 10 et 14.

allant nus comme ils le font ? Oui, pourquoi ne rejetterions-nous pas Dieu pour adorer le Diable, à leur manière [7] ?

Au premier usage vil et dépravé fait du *Tabac*, correspond la stupide irrationalité de son introduction dans notre royaume [8]. Cela ne date pas de si longtemps, mais notre époque a quelque peu perdu le souvenir à la fois du responsable et de la manière qui présidèrent à son introduction chez nous. Ce ne fut ni un roi, ni un grand conquérant, ni un savant docteur en médecine.

Avec le message annonciateur d'une grande découverte menant à conquête, arrivèrent deux ou trois sauvages et, avec eux, cet usage sauvage [9]. Mais il faut regretter que si ces pauvres barbares primitifs moururent, la vile et barbare pratique leur a survécu et se porte même de mieux en mieux. Cela me semble, en effet, tenir du miracle qu'une pratique si abjecte à l'origine et née d'un père qui est si communément haï [10], soit reconnue sans autre forme

---

7. En 1606, lors de la Conspiration des Poudres, le roi revint à la charge en accusant cette fois les Indiens de l'Inde proprement dite et citant les mœurs considérées comme sataniques des habitants de Calicut, premier comptoir ouvert par Vasco de Gama sur le subcontinent. Voir *Nouvelles d'Écosse, Démonologie*, J. Migrenne, P. Kapitaniak, Grenoble, Jérôme Millon, 2011, p. 157.

8. Sir Walter Raleigh, dès 1587, qui fut à l'origine des plantations de tabac dans les colonies d'Amérique, est réputé en avoir vanté les bienfaits contre la toux… Certains musées exposent des pipes ayant appartenu à Raleigh, à qui l'on prête beaucoup, semble-t-il. L'initiateur serait le corsaire Sir Francis Drake, qui aurait été le premier à fumer la pipe en 1572 et n'aurait initié Raleigh que bien plus tard. Le roi donnera ses chartes à la Compagnie de Virginie en 1606. La vente du tabac de Virginie fut autorisée en Angleterre en 1614. La même année, Philippe II créait la manufacture de cigares de Séville. Le fait marquant est, en 1616 (donc douze ans après la date présumée de composition de cette charge), le retour en Angleterre du planteur de tabac John Rolfe et de son épouse, la princesse indienne Pocahontas à l'histoire mouvementée, en compagnie d'une douzaine d'indigènes, qui se retrouvèrent en présence du roi Jacques lors d'un banquet dans des circonstances curieuses. Ce n'est donc pas ce à quoi le roi fait allusion. Historiquement, il ne peut s'agir que de l'Espagne. Le royaume d'Angleterre continua à réglementer l'importation du tabac : le 30 décembre 1619, le roi fit publier une *Proclamation to Restraine the Planting of Tobacco in England and Wales*, après que les plantations de Virginie et du Maryland eurent commencé à produire et exporter en grande quantité un tabac d'assez bonne qualité.

9. Si la découverte du tabac date des tout premiers jours de l'arrivée de Colomb aux Caraïbes en octobre 1492, les chroniqueurs disent que le premier européen à fumer l'herbe à son retour fut Rodrigo de Jerez, qui aborda au Portugal, sur la *Niña,* un an après. Considérant qu'il y avait pratique diabolique à faire sortir de la fumée des narines d'un homme en public, l'Inquisition l'arrêta à Barcelone en 1498 et l'emprisonna pendant sept ans. En 1559, Philippe II fit importer et planter les premières graines de tabac. En 1588, le Sacré Collège interdit aux prêtres l'usage de tabac avant la célébration du Saint Office et, en 1590, Urbain VII frappa d'excommunication quiconque fumerait dans les lieux saints (mesure abrogée un siècle plus tard). En 1633, Mourad IV en interdit la consommation (ainsi que celle de l'alcool) dans l'Empire ottoman, sous peine d'empalement. Plus récemment, Paris s'y plia de force (bien avant la loi Évin, de 1991) lorsque l'occupant placarda ses *Rauchen Verboten* dans certains lieux publics et dans le métro.

10. Le Diable.

plus solide de procès. Si ceux qui en ont introduit la consommation sur nos terres s'étaient souvenus de la raison pour laquelle il était utilisé par les habitants des terres d'où il provient, je ne doute pas qu'ils eussent répugné à aller jusqu'à se comporter comme s'ils avaient contracté cette maladie en ayant recours à son remède. Car *Sanis non est opus medico*[11], et les contrepoisons ne sont jamais utilisés que lorsque l'on estime que poison il y a déjà.

Mais puisqu'il est avéré que maintes pratiques reposant sur des bases fragiles et qui se sont introduites dans notre communauté peuvent tout à fait se montrer bénéfiques et profitables par la suite, il convient donc d'examiner maintenant s'il n'existe pas total accord et authentique rapport entre, d'une part, les bases ignobles et l'introduction inconsidérée de cet antidote nauséabond et, d'autre part, la pratique répugnante et nocive qui en est faite.

Je me dois, en conséquence, de vous demander instamment de réfléchir, d'abord aux fondements erronés qui vous ont jetés dans cet engouement général et, ensuite, au péché commis devant Dieu autant qu'à la vanité insensée dont vous faites preuve aux yeux du monde par la pratique détestable que vous en avez.

De ces fondements erronés qui vous ont tout particulièrement amenés à vous en faire bonne opinion et à le tenir en haute estime, je me contenterai de n'examiner ici que quatre des premiers : deux appuyés sur la théorie de l'apparence trompeuse, et deux sur la mauvaise interprétation de la pratique générale.

D'abord, vous prenez pour argent comptant l'aphorisme qui veut, en médecine, que le cerveau de tous les hommes étant naturellement froid et humide, tout ce qui est sec et chaud devrait lui être bon : cette nauséabonde fumigation l'étant, la pratique en est donc bonne pour eux. Dans ce syllogisme, dont majeure et mineure sont nulles, la conclusion ne peut être que non avenue *ipso facto*. De la majeure, poser que le cerveau est froid et humide et en déduire que tout ce qui est chaud et sec est bon pour lui relève de l'ineptie, car si l'homme est composé des quatre humeurs (engendrées par les quatre éléments[12]) et bien qu'il y en ait mélange dans chaque partie de son corps, il

11. Matthieu 9 : 12 : « ce sont les malades qui ont besoin du médecin, pas les bien-portants ».
12. Depuis Hippocrate (460-370 av. J.-C.), codifiée par Galien (131-210), la médecine était fondée sur l'interprétation du jeu et du dosage dans le corps humain des humeurs : sang, pituite, bile, atrabile, liées respectivement au feu, à l'eau, à l'air et à la terre, c'est-à-dire au chaud, au froid, au sec et à l'humide. Cette théorie servait d'explication pour la mélancolie. Elle expliquait aussi le caractère, comme en témoignent un titre tel que le *Misanthrope* autant que sa persistance dans l'imagerie et le langage populaires : « se faire de la bile, du mauvais sang ; avoir les foies blancs… ».

n'en reste pas moins que les divers éléments de notre *microcosme*, ou petit univers intérieur, tiennent plus, certains de telle humeur, d'autres de telle autre, selon leur différente fonction, et ce sont ces discordances qui rendent possible la composition de l'harmonie parfaite, gage du bon fonctionnement de l'ensemble du corps.

Et donc, appliquer une chose de nature contraire à une quelconque de ces parties revient à faire obstacle à la fonction qui est la sienne et, par conséquent, à causer du tort à la santé du corps entier. Comme si, parce que le foie est chaud (en tant que fontaine du sang) et sert pour ainsi dire à chauffer l'estomac, l'on se mettait à s'appliquer sur le foie et l'estomac, ou porter au plus près une chape de plomb : en un rien de temps, (je l'espère) on pourrait manger pour pas cher dans une gargote et en même temps se soulager la conscience de ce péché capital qu'est la gourmandise. C'est comme si, le cœur étant plein de force de vie et en mouvement perpétuel, l'on voulait s'écraser la poitrine sous une lourde pierre afin de retenir et de ralentir cette palpitation incontrôlée : je ne doute point que la poitrine en serait plus meurtrie par le poids que le cœur ne s'en porterait mieux après un remède si désagréable et si contraire. Et il en va de même du cerveau. Car si, puisque le cerveau est froid et humide, l'on voulait par conséquent faire usage interne d'odeurs, ou externe d'applications, choses chaudes et sèches de nature, le seul avantage que l'on en retirerait ne serait que de courir le grand risque de devenir fou en se privant de sommeil, car le froid et l'humidité de notre cerveau sont le seul moyen naturel qui nous procurent sommeil et repos. Mais je l'admets, je ne nie pas que, dans le cas où il advient que l'un de ces organes ou toute autre partie de notre corps ne fonctionnent plus normalement et atteignent les extrêmes, hors des normes de la mesure naturelle, un traitement par le contraire de l'inclination dévoyée prise par cet organe, savamment préparé et administré avec modération, peut s'avérer à la fois nécessaire et utile pour appuyer et aider la nature à expulser ses ennemis ; telle est la vraie définition de tout médicament utile.

En premier lieu, ces remèdes ne devraient être utilisés que là où ils sont nécessaires, alors qu'au contraire, le recours quotidien à ce *Tabac* se constate chez des personnes de toutes sortes et constitutions.

Ensuite, je réfute la mineure, comme je l'ai déjà dit, en considération de ce que ce *Tabac*, qui n'est pas simplement sec et chaud, tient plutôt du poison, lequel associé à sa chaleur, le fait aller à l'encontre de la nature comme le laisse apparaître son odeur abominable. Le nez, organe autant que vecteur spécifique de l'odorat vers le cerveau, seule source de ce sens, nous apporte sans cesse un témoignage irréfutable du caractère bénéfique ou nocif, pour le cerveau, de cette odeur que nous sentons (à l'exception des cas où le sens lui-même est altéré et mis à mal par quelque infirmité et dérangement cérébral). Quant à sa fumigation, son absence d'effet asséchant n'a besoin d'autre preuve que le fait même que toute fumée et vapeur sont humides par nature, de par leur affinité avec l'air tout autant que de par leur facile retour à l'état liquide ; le meilleur exemple en étant les phénomènes météorologiques qui ne sont issus de rien d'autre que des vapeurs et exhalations que le soleil fait monter de la terre, de la mer et des eaux, lesquelles vapeurs fumeuses sont transformées en pluies, neiges, rosées, givres, et autres phénomènes du même genre, tout comme, à l'inverse, les nuages porteurs de pluie sont souvent changés et dissipés par les vents fougueux.

Le second syllogisme appuyé sur un raisonnement consiste à dire que cette dégoûtante fumée, autant par sa chaleur et sa force que par sa nature intrinsèque, a la capacité de purger la tête comme l'estomac des pituites et autres humeurs peccantes que l'on constate par expérience dans les crachats et mucus expectorés immédiatement après sa prise. Or il est facile de démontrer que cet argument est fallacieux en référence aux phénomènes que je viens de décrire. Car tout autant que les vapeurs fumeuses, aspirées par le soleil et cantonnées dans la plus basse et la plus froide région de l'atmosphère, s'y trouvent concentrées en nuages et transformées en pluies et autres phénomènes humides, cette fumée nauséabonde, aspirée qu'elle est par le nez et enfermée dans le cerveau froid et humide, elle-même froide et humide de par la nature de celui-ci, se retrouve expulsée sous forme aqueuse. Il en résulte que l'on n'est purgé de rien du tout, sauf de ce que l'on s'est encombré de son plein gré. Par conséquent, nul n'est plus avancé par la prise de *Tabac*, pour se purger de ses expectorations humides, qu'il ne le serait s'il prenait, dans l'intention de se prémunir des coliques, toutes sortes de mets et de breuvages flatulents ou, pour éviter la pierre, toutes sortes de mets et boissons capables de créer des calculs dans les reins, ou que, amené à se vider l'estomac de quelque vent et à se débarrasser de quelques graviers dans les urines, il en attribuait le mérite aux aliments qui les ont fait naître en lui, alors qu'il incombe soit à la force de la nature de les expulser, soit à lui-même de les *vesser ou fienter*, ainsi va le dicton [13].

13. Rabelais, dans *Gargantua*, dit que les « cuideurs des vendanges » se conchient et, dans sa *Pantagrueline Prognostication* (IX, *De l'automne*), il explicite le thème : « Car tel cuydera vessir qui baudement fientera ». Dans la préface de cet ouvrage (1533), Rabelais se gausse des « Astrophiles, Hypernéphélistes, Anémophilaces, Uranopètes et Ombrophores ». Le roi Jacques connaissait bien son Rabelais pour l'évoquer en cet endroit précis de sa diatribe, et le dicton qu'il cite, *burst at the broad side*, sera repris au siècle suivant dans la suite de la fameuse traduction Urquhart complétée par Motteux (1653-1694). On cite aussi une traduction anonyme parue en 1660.

Des deux autres arguments qui s'appuient sur l'expérience, le premier est celui qui veut que si tous les gens se sont mis à l'apprécier, c'est que ce remède leur a paru souverain et bon ; ce à quoi je réponds que je laisse à chaque être doué de raison la discrétion de juger avec quelle facilité l'esprit de tout peuple, dont Dieu a rempli le monde, se tourne sans discernement vers n'importe quelle nouveauté.

Ne voyons-nous pas, chaque jour, qu'il est impossible à quelqu'un de ramener d'outre-mer quelque nouveauté vestimentaire sans qu'aussitôt ne passe pour manquer de goût quiconque ne l'imite pas sur le champ ? Et la chose se propage ainsi d'un individu à l'autre jusqu'à devenir pratique générale, non pas pour son intérêt intrinsèque, mais parce que c'est devenu une mode. Telle est la force de cet amour de soi naturel en chacun de nous et tel est le degré d'envie corrompue dans nos cœurs, qu'il nous est impossible d'être satisfaits, à moins d'imiter tout ce que fait notre prochain pour nous prouver capables de tout ce dont il est capable, de le singer, de contrefaire les manières d'autrui à notre grand détriment. Il suffirait qu'un ou deux des plus grands maîtres ès mathématiques de l'une ou l'autre de nos célèbres Universités se mette à déclarer avec insistance, un jour de beau temps, avoir vu quelque étrange apparition dans le ciel, et alors je vous parie tout ce que vous voudrez que la plupart de leurs disciples le soutiendront, tant ils répugneront à passer pour inférieurs aux yeux de leurs semblables, soit en profondeur de savoir, soit en acuité visuelle. Il en découle que l'engouement pour cet usage stupide ainsi que son adoption généralisée ne procèdent que de cette attirance pour la nouveauté et de l'illusion généralisée dont je viens de parler.

L'autre argument, dérivé d'une expérience illusoire, n'est que la preuve par le détail de cette vérité générale, réputée vérifiée car preuve il y a, qui veut qu'après prise de *Tabac*, nombreux sont ceux qui se trouvent guéris de plusieurs maladies [14] tandis que, d'autre part, nul n'en a jamais pâti. Cet argument repose tout d'abord sur une énorme erreur et ensuite sur une monstrueuse absurdité. N'est-ce pas une énorme erreur de prendre ce que l'on appelle en logique *non causam pro causa* [15] ? Supposons qu'un malade ait, au paroxysme de son mal, pris du *Tabac* et que, par la suite, dans le reflux naturel de celui-là, il ait alors

14. Voir Nicolás Monardes, *Dos libros* (1569), qui publie la première illustration de l'herbe. Et, en anglais, John Frampton, *Joyfull Newes of the Newe Founde Worlde*, en 1577. Pierre Kapitaniak signale qu'en 1601-1602, un an avant l'avènement de Jacques Ier, un médecin signant Philaretes publiait à Londres un opuscule du même tabac, si j'ose dire, d'une quarantaine de pages et intitulé *Work for Chimney Sweepers or a Warning for Tabacconists*. Sur la couverture se lit ce comparatif entre chanvre (*hemp*) et tabac : « Better be choked with English Hemp / Than poisoned with Indian Tobacco ». Sauf qu'il ne s'agit pas de succomber à l'abus de chanvre indien, mais de mourir dans la fumée, pendu au bout d'une corde (de chanvre) en cours de ramonage…

15. Ce qui revient à confondre cause et coïncidence.

recouvré la santé : alors voici le *Tabac*, par ma foi ! devenu facteur du miracle. En outre, tous les médecins savent bien que la prise de conscience du malade qui active et concentre son énergie vitale, et donc en consolide la nature, possède force vertus curatives pour de nombreuses maladies. Pour preuve d'aberration dans ce domaine, je vous invite à vous demander quel petit écervelé, quelle jeune sotte, quelle vieille radoteuse ou quel rustre ignorant ne se fait pas médecin devant le mal de dents, la colique et mainte autre affection banale ? Et, par-dessus le marché, le premier quidam que vous rencontrerez ne vous apprendra-t-il pas quelque nouvelle façon d'y remédier et ne jurera-t-il pas que lui-même ou l'un quelconque de ses proches parents ou amis ont été guéris de cette manière ? Je nourris pourtant l'espoir que nul n'est assez bête pour les croire. Car toutes ces babioles ne procèdent que du *non causam pro causa*, confusion à laquelle je viens de faire allusion. Et donc, si quelqu'un a l'heur de se remettre de l'une de ces affections après avoir pris du *Tabac*, tous doivent en remercier ce dernier. Alors que si, à l'opposé, quelqu'un fume à en mourir (comme beaucoup l'on fait), eh bien, c'est à une autre maladie que l'on fera porter le chapeau ! C'est ainsi que les vieilles peaux attribuent leur longue vie à leur pratique putassière, sous prétexte que c'est bon pour la santé (disent-elles) *ad purgandos renes* [16], sans se préoccuper du nombre de ceux qui ont succombé à la vérole dans la fleur de leur âge. Et les vieux ivrognes croient qu'ils vivront plus vieux à entonner comme des pourceaux, sans jamais se souvenir de combien ont péri noyés dans la boisson avant la moitié de leur vie.

Et qu'y a-t-il de plus absurde que de dire qu'un seul remède vaut pour plusieurs maux, contradictoires par-dessus le marché ? Il est reconnu, par tous les médecins, qu'il n'existe pratiquement aucune sorte d'aliment ou de médicament qui ne contienne quelque élément nocif pour telle ou telle partie du corps parce que, comme je l'ai mentionné plus haut, la température naturelle de chacune est si différente que, selon le vieil adage, « ce qui est bon pour la tête est mauvais pour le cou et les épaules ». C'est ainsi que de même qu'un puissant ennemi, qui envahit une ville ou une place forte et l'encercle pour en faire le siège, n'en fait pas moins sa brèche et son entrée en un seul ou

---

16. Le sacrifice à Vénus était recommandé pour la bonne santé de l'appareil urinaire et génital. Nombreux sont les ouvrages sur le célibat des clercs, qui mentionnent cette prophylaxie, d'où sa formulation en latin. À cet effet, dans les universités d'Oxford et de Cambridge, organisées comme des chapitres ecclésiastiques, on distribuait même chaque année, une modique somme éventuellement modulée selon la hiérarchie : « C'est un fait avéré qu'à St John's College, Cambridge, les étudiant reçoivent un shilling par personne à certaines périodes de l'année *ad purgandos renes* (je le dis en latin) et que, pour ce faire, ils se rendent à Castle End, la *Paphos* de l'*Alma Mater* » (Edward Du Bois, *A Piece of Family Biography*, Vol. II, IV, p.76, Londres, 1799). En 1721, le Révérend Charles Leslie, dans ses *Œuvres théologiques* II, VII, page 465, écrivait que « les universitaires [*scholars*] d'Oxford touchaient une allocation mensuelle d'une demi-couronne à cet effet ».

quelques points limités qu'il a éprouvés et trouvés plus faibles et moins susceptibles de résister, de même la maladie mène-t-elle son propre assaut contre une ou plusieurs parties de notre corps, qu'elle trouve plus faibles et plus aptes à succomber au genre de mal qui nous assaille alors, tandis que le reste du corps, par empathie, se sent comme encerclé et assiégé par le mal qui affecte la partie en question et dont la douleur qui en émane se diffuse par contact dans tous nos autres membres. Par conséquent, le bon médecin s'efforce de purger et de fortifier la partie atteinte au moyen des seuls remèdes adaptés à ce genre de mal et les plus en accord avec la nature de ce point faible. S'il les utilisait à tort contre un mal d'une autre nature, il aggraverait autant l'un qu'il soignerait l'autre. J'ajouterai que non seulement un bon et prudent médecin n'aura recours à d'autre remède que celui qui est adapté à telle sorte de mal, mais qu'il tiendra compte, aussi, de toutes les autres circonstances et y adaptera son traitement, à savoir : la température du lieu où vit le malade, la conjonction des planètes, la phase de la Lune, la saison de l'année, l'âge et la constitution du malade, ainsi que l'état de force ou de faiblesse actuelle de son corps. Un remède donné ne saurait être utilisé *a priori* contre le mal en soi mais, compte tenu des variantes ci-dessus mentionnées, il faut l'adapter pour en tirer le meilleur parti. Alors que, dans ce cas opposé, l'omnipotence miraculeuse de notre *Tabac* si fort au goût est telle qu'il guérit toutes les maladies (ce qu'aucune drogue n'a pu faire jusqu'à présent) chez tout le monde et en toutes circonstances. Il guérit toutes sortes de catarrhes, dans la tête comme dans l'estomac (à en croire leurs axiomes) alors qu'en réalité il corrompt le cerveau tout autant qu'il emplit l'estomac de crudités, causant ainsi une digestion trop rapide. Il guérit la goutte dans les pieds car (ô miracle), à l'instant même où sa fumée, qui est légère, monte à la tête, sa vertu pondéreuse descend jusqu'au petit orteil ; il calme toutes les fièvres ; il dessaoule l'ivrogne ; il revigore en cas de fatigue et donne faim néanmoins. Pris avant le coucher, il plonge dans un profond sommeil ; mais, pris lorsque le sommeil gagne, il réveille le cerveau et active l'intelligence, à ce que l'on dit. Quant à guérir la vérole, il ne sert à cela que chez les esclaves indiens vérolés. Chez nous, en Angleterre, son raffinement l'amène à ne rien guérir d'autre que des maladies bien propres et bien comme il faut. Ô *Tabac* tout-puissant ! Et si sa fumée était un moyen de chasser les démons, comme ce fut le cas de la fumée du poisson de Tobie[17] (dont la puanteur était sans égale), quelle précieuse

17. Tobie 6 : 8 : « *On brûle le cœur et le foie de poisson, et leur fumée s'emploie dans le cas d'un homme, ou d'une femme, que tourmente un démon ou un esprit malin : toute espèce de malaise disparaît définitivement sans laisser aucune trace.* » Le roi n'a pas inclus le livre de Tobie dans sa Bible publiée en 1611. Quant à la puanteur, elle se réfère à Isaïe 50 : 2, résultat de la pourriture des poissons due à l'assèchement des cours d'eau par Yahvé.

relique cela ferait, à la fois pour ces prêtres superstitieux et ces insolents de Puritains dans leurs exorcismes [18] !

Admettons donc, sans le reconnaître, que son usage soit bon dans quelques cas : alors faut-il l'étendre à toutes les maladies, à tous les hommes, à toutes les circonstances et, qui plus est, aux hommes en bonne santé, forts, jeunes et vigoureux ? Une caractéristique du médicament, c'est de ne jamais laisser un homme dans l'état où il l'a trouvé : il rend la santé à un malade, mais rend malade un homme en bonne santé. Et si le recours au médicament aide le corps en cas de nécessité, un recours permanent et répété ne fait qu'affaiblir, fatiguer et user ce corps. Mais pourquoi parler de médicament ? Il suffit de laisser quelqu'un, à n'importe quelle heure du jour, et aussi souvent que d'aucuns font usage de *Tabac* dans notre pays, de laisser quelqu'un, dis-je, avoir recours aussi fréquemment aux meilleurs mets comme aux meilleures boissons imaginables : l'usage incessant qu'il en fera lui affaiblira la tête et la panse, tous ses membres s'affaibliront, son esprit se brouillera et, gastrolâtre [19] abruti et fainéant, il finira par tomber en léthargie.

De cette faiblesse, il découle que nombreux sont nos compatriotes qui s'adonnent régulièrement à l'inhalation de cette fumée désagréable au goût et ne sont pas plus capables d'y renoncer qu'un vieil ivrogne ne supporte de rester longtemps sans boire sans être sujet à faiblesse incurable et à mauvaise santé. Cette habitude persistante leur est devenue seconde nature [20] : *habitum, alteram naturam.* Tout comme toute nourriture saine ne peut être que toxique pour qui, depuis sa naissance, se nourrit de poison et autres mets délétères.

Ayant ainsi, comme je le crois, donné réponse suffisante aux principaux arguments présentés en défense de cette habitude dégradante, il ne me reste plus qu'à vous informer des péchés commis, mignons ou pas, dans ce répugnant abus que l'on en fait. Premièrement, n'est-on pas coupable de convoitise honteuse et scandaleuse (car la convoitise habite n'importe quel sens autant que le sentiment) et, bien que ne souffrant d'aucune maladie, et en parfaite santé, dans le fait de ne trouver aucune taverne agréable ou aucun bordel émoustillant si l'on n'a pas son *Tabac* pour s'ouvrir l'appétit aux plaisirs en ces lieux dispensés et en avoir fringale comme celle des enfants d'Israël pour les cailles dans le désert [21] ? Deuxièmement, cela s'apparente, que l'on en use ou plutôt

18. Allusion au scandale des exorcismes du puritain John Darrell et à la polémique qui s'ensuivit. Le roi s'impliqua personnellement dans la démystification de plusieurs prétendues possessions et supposés exorcismes. (Note de Pierre Kapitaniak).

19. Le roi lui-même était renommé gros mangeur et grand buveur, au point d'en devenir difforme en fin de règne. En 1604, il avait encore vingt-et-un ans à vivre.

20. D'Aristote à Augustin, le roi connaît ses classiques.

21. Nombres 11 : 31-34. « On donna à ce lieu le nom le Qibrot-hat-Taava, car c'est là qu'on enterra les gens qui s'étaient abandonnés à leur fringale. »

que l'on en abuse, au péché d'ivresse, racine de tous les péchés, car le seul plaisir que les ivrognes tirent du vin réside dans la force de son goût et dans la puissance de ses fumées qui montent au cerveau. Si aucun ivrogne n'apprécie le vin léger ou la piquette, ne sont-ce donc pas ses vertus (je veux dire forte chaleur et fumée) qui rendent le *Tabac* si délectable pour tous ses amateurs ? Et tout comme nul n'apprécie une boisson forte et qui monte à la tête lors de la première prise (car *nemo repente fit turpissimus*[22]) mais se laisse séduire petit à petit pour finir par avoir autant envie de s'enivrer que celui qui ne boit pas a envie de boire pour apaiser sa soif lorsque le besoin s'en fait sentir, n'en va-t-il pas de même avec tous les gros consommateurs de *Tabac*, lesquels lui attribuent une vertu envoûtante ? Troisièmement, et n'est-ce point là le plus grand péché que de vous voir tous autant que vous êtes, gens de mon royaume de toute extraction, créés et commis par Dieu pour consacrer et votre personne et vos biens au maintien de l'honneur et de la sécurité de votre roi et de votre État, vous rendre inaptes à l'une et l'autre de ces commissions et vous retrouver, par cet usage incessant et dégradant, honteusement abrutis au point d'être incapables de vous déplacer, à pied ou à cheval, sur la distance permise au Juif[23] pour le shabbat, sans être obligés de vous faire apporter de la plus proche chaumière un tison fumant pour allumer votre *Tabac* ? Et si est réputé inapte à servir à la guerre, de quelque façon que ce soit, quiconque n'est pas capable de se priver plusieurs fois de nourriture, de boisson et de sommeil, qu'endurera-t-il s'il s'agit du tabac ! Du temps où de nombreuses batailles victorieuses étaient livrées par notre peuple, il n'était pas question de *Tabac*. Mais de nos jours, si vous étiez en guerre, et si vous vous apprêtiez à lancer la cavalerie sus à l'ennemi alors que l'un d'entre vous prenait le temps de rester à l'arrière pour sa prise de *Tabac*, le cadet de mes soucis serait qu'il lui arrivât malheur. Se rendre dépendant d'un usage quelconque dont on ne peut se défaire est très préjudiciable à la population d'un pays. *Amollissement* et délices causèrent la ruine et la chute, d'abord de l'empire perse, puis de celui de Rome. Cet usage du *Tabac* (objet ici de nos préoccupations) est à l'heure actuelle réputé efféminer les Indiens eux-mêmes : la preuve en est que l'Indien dont on s'aperçoit qu'il est grand consommateur de *Tabac* n'a aucune valeur sur les marchés aux esclaves.

22. « Le comble de la turpitude ne s'atteint pas du jour au lendemain ». Si le roi avait oublié son Juvénal : *Satire* II, 83, il se souvenait peut-être d'avoir lu Michel de l'Hôpital : *Harangue au Parlement de Paris*, 18 juin 1561.

23. La prescription (Mitzvah 321) fixe cette distance à 2 000 coudées depuis les limites extérieures du lieu de résidence (ville / village), soit environ 960 mètres. « Que personne, le septième jour, ne sorte de chez soi » (Exode 16 : 29).

Quant au préjudice causé aux biens, il suffit de prendre l'exemple de nos nobliaux dont certains dépensent trois ou quatre cents livres chaque année pour cette précieuse puanteur, sommes dont je suis certain qu'elles pourraient être utilisées à bien meilleur escient. J'ai lu l'histoire d'un courtisan vénal qui, ayant abusé de la confiance de son maître l'empereur Alexandre Sévère [24] en se faisant soudoyer pour intercéder auprès de lui en faveur de plusieurs personnes (et qui n'avait jamais ouvert la bouche pour elles) fut fort justement enfumé jusqu'à ce que mort s'ensuive et ainsi condamné : *Fumo pereat, qui fumum vendidit*. Mais le nombre d'acheteurs de fumée présents dans notre royaume dépasse tout ce que j'ai jamais lu ou entendu dire.

Quant à la vanité de cet usage répugnant, n'est-il pas grandement oiseux et malsain de voir assis à table, là où respect, propreté et bienséance doivent prévaloir, des gens sans vergogne gesticuler du *tuyau à Tabac* et s'envoyer des bouffées de fumée au visage, avec pour résultat que l'odeur abominable et la fumée se répandent sur les plats et empuantissent l'air d'un lieu où, bien souvent, sont à leur repas des personnes qui ont la chose en horreur ? Assurément, la fumée sied beaucoup mieux aux fourneaux qu'à une salle à manger, mais elle transforme bien souvent aussi en fourneau l'intérieur des hommes, les souille et les infecte d'une espèce de goudron, comme on l'a constaté en autopsiant des cadavres de grands fumeurs. Et il ne s'agit pas seulement du moment des repas, car aucun autre moment, aucune autre activité n'échappent à la manifestation publique de cette impolitesse : il en va de même des Dieppoises [25] qui se plaisent à en remontrer à notre pays en matière de bonnes manières, alors qu'à y bien réfléchir leurs pires n'ont, pour le moins, rien à envier aux nôtres dans ce domaine. La pratique générale qui en est faite, à tout moment et en tout lieu, est maintenant entrée dans les mœurs au point que plusieurs hommes tout à fait sains de corps et d'esprit ont fini par être amenés à en prendre eux aussi, sans envie, en partie par honte de se singulariser (comme ces deux sages [26] forcés de s'exposer à la pluie et qui s'avérèrent aussi stupides

24. Empereur de 222 à 235, successeur d'Héliogabale et dernier de la lignée des Sévères. Réputé sage, intègre et vertueux. Le roi Jacques ne mettait donc pas que ses rabats dans son gros Plutarque ou dans son *Histoire Auguste*. L'anecdote, maintes fois reprise, dit qu'Alexandre Sévère appliquait la loi du talion aux médicastres prescrivant des fumigations : « Que celui qui a vendu de la fumée périsse par la fumée ! »

25. Pas de référence attestée. Si Dieppe était l'un des ports d'où partirent vers l'Angleterre bien des Huguenots, réputés puritains, et si quelques vertueuses filles du lieu firent leur chemin à la cour et dans la haute société d'outre-Manche, il y a fort à parier qu'il y avait aussi un revers à la médaille. La concentration huguenote y était importante à cause des nombreuses expéditions maritimes qu'ils menèrent vers le Nouveau Monde au XVIe siècle.

26. Jacques Ier se pose ici en souverain de Dystopie, entre Rabelais et Thomas More. Voir *Utopie* I, 1516, traduction française : « C'est pourquoi le divin Platon [*République* VI, 496] invite les sages à s'éloigner de la direction des affaires publiques ; et il appuie son conseil de

que le reste des gens) et en partie pour s'identifier à celui qui trouvait plaisir à croquer de l'ail [27] (qu'il n'aimait pas) afin de ne point être incommodé par son odeur lorsqu'il la sentait dans l'haleine de ses compagnons. Et n'y a-t-il rien de plus vain que le fait aujourd'hui de ne pouvoir accueillir un ami chaleureusement sans passer aussitôt au *Tabac* Ce n'est plus un remède mais une marque de bonne compagnie, et refuser de fumer une pipe de *Tabac* entre amis (même si l'on préférerait personnellement respirer l'émanation d'un cloaque) passe pour un trait de mauvais caractère et d'asociabilité, exactement comme il en va de lever le coude dans les froides contrées de l'Est [28]. La maîtresse ne peut trouver de façon plus élégante de régaler son domestique qu'en lui tendant de sa belle main une pipe de *Tabac*. Mais là-dedans, il n'y a pas seulement grande vanité mais aussi grand mépris des dons bienfaisants de Dieu quand la douceur de l'haleine de l'homme, don bienfaisant de Dieu, se trouve délibérément pourrie par cette fumée nauséabonde sur laquelle, je l'admets, son effet se fait par trop sentir. Et donc, ce qui est agrément de la nature et qui, par aucun artifice, ne peut s'acquérir ni être recouvré une fois perdu, se trouve délibérément gâté par une fumée irrémédiable dont le caractère répugnant est tout autant à l'opposé du caractère bénéfique que lui donne ce jugement erroné, que son poison pestilentiel est contraire à sa vertu curative.

En outre, est grandement inéquitable, et contraire à toute civilité, le fait qu'un mari n'ait pas honte de réduire, par cette pratique, la santé et la bonne constitution de sa délicate épouse à une telle extrémité qu'il lui faille, elle aussi, en corrompre sa douce haleine ou alors se résoudre à supporter le tourment d'une perpétuelle puanteur.

N'y a-t-il point raison, donc, de s'offusquer et de s'abstenir de cette répugnante nouveauté si vile dans ses fondements, si stupidement acceptée et si grossièrement détournée de son bon usage ? L'abus que l'on en fait

---

cette belle comparaison : "Quand les sages voient la foule répandue dans les rues et sur les places, pendant une longue et forte pluie, ils crient à cette multitude insensée de rentrer au logis, pour se mettre à couvert. Et, si leur voix n'est pas entendue, ils ne descendent pas dans la rue pour se mouiller inutilement avec tout le monde ; ils restent chez eux, et se contentent d'être seuls à l'abri, puisqu'ils ne peuvent guérir la folie des autres." » Quant à l'identité de deux philosophes qui seraient allés malgré eux à l'encontre de l'avis des sages, la question reste ouverte. Faut-il y voir une inversion ironique qui consisterait à remplacer « fou / *fool* » par « sage / *philosopher* », dans l'esprit du temps, inspirée par la *Nef des fous* de Sébastien Brant (1494) ou l'*Éloge de la folie* d'Érasme (1509) ?

27. L'ail était consommé abondamment pour ses vertus prophylactiques, curatives, purgatives ou aphrodisiaques. Il repoussait aussi les démons comme, plus tard, il repoussera les vampires.

28. Les échanges, commerciaux et autres, avec l'Est (via la *Muscovy Company*, fondée en 1555) étaient florissants sous les règnes d'Elisabeth et de Jacques.

amène à pécher contre Dieu, détruit personnes et biens et frappe, par là-même, des stigmates de la vanité ; sa pratique provoque la risée et suscite le mépris de tous les pays étrangers civilisés comme de tous leurs ressortissants qui se trouvent ici et n'en croient pas leurs yeux. Répugnante pour la vue, haïssable pour l'odorat,

nocive pour le cerveau, dangereuse pour les poumons, sa fumée
noire et nauséabonde ressemble aux délétères
effluves stygiens du puits
sans fond.

❖

*Outre la diatribe, le souverain tenta des dissuader les Anglais de fumer l'herbe en multipliant par 4000 la taxe instaurée par Elisabeth. La médecine était divisée. Les débitants et usagers se plaignaient. Il passa à l'acte et fit rédiger le décret ci-dessous. Rien ne fonctionna vraiment. Les marchands et armateurs renâclèrent. Illustrant l'adage britannique qui dit que si l'on ne peut battre ses ennemis, il faut faire alliance avec eux (*If you can't beat them, join them*), le souverain finit par ouvrir les vannes et ramena la taxe à 2 shillings la livre quelques années après, emplissant ses coffres par la même occasion.*

COMMISSIO PRO TOBACCO

JAMES, par la Grâce de Dieu &c, à notre très Fidèle et Bien-aimé Cousin et Conseiller, *Thomas Comte de Dorset*, notre Grand Argentier d'Angleterre, Salut.

Considérant que le *Tabac*, drogue récemment découverte et importée de terres lointaines en petites quantités dans notre royaume d'Angleterre et autres possessions de la couronne, par des marchands autant nationaux que d'origine étrangère, était naguère utilisé et pris (et l'est encore) par les meilleurs d'entre nous uniquement comme remède destiné à préserver leur santé ; qu'au jour d'aujourd'hui, par une habitude néfaste mais tolérée, sa consommation, devenue excessive, touche une nombreuse populace semeuse de troubles et de désordre qui, contrairement à l'usage qu'en faisaient ces personnes de bonne extraction et de qualité, passe la plus grande partie son temps à s'adonner à cette vaine pratique, donnant ainsi mauvais exemple aux autres et les corrompant, et y engloutissent les gages que beaucoup reçoivent pour leur travail et qui devraient servir à aider leur famille, sans se soucier du prix qu'ils payent pour se procurer cette drogue, mais plutôt cherchent à l'introduire dans un mélange qui la rend agréable au goût dans la même proportion qu'elle vide leur bourse ; qu'à cause de cette consommation importante et immodérée de *Tabac*, la santé de beaucoup de nos compatriotes s'en trouve affectée, que les corps débilités deviennent inaptes au travail, que nombre d'individus ainsi affaiblis, détruits qu'ils sont par cette pratique, perdent leur fortune et se voient réduits à toutes sortes de vains expédients dans le seul but d'en continuer la consommation immodérée ; qu'en outre une partie importante du trésor de notre pays disparaît à cause de l'abus qui est si libéralement fait de cette drogue par le bas peuple avec tous les inconvénients que cela implique et dont nous voyons parfaitement bien qu'ils découlent principalement de l'énorme quantité de *Tabac* qui entre quotidiennement dans notre royaume d'Angleterre et dans nos possessions de Galles, en provenance d'outre-mer par l'intermédiaire de marchands et d'autres ; nous y voyons un excès qui peut, en grande partie, être réduit au moyen d'un bon impôt levé sur le *Tabac* et dont l'effet sera qu'à l'avenir il entrera en moindre quantité qu'auparavant dans nos royaume d'Angleterre, possessions de Galles et ville de Berwick, sans restreindre la quantité congruente à l'usage nécessaire qu'en font les meilleurs, qui sauront le détenir et le consommer avec modération dans le but de préserver leur santé.

En conséquence, et selon notre bon vouloir, nous vous ordonnons, Trésorier d'Angleterre, par la présente investi de notre mandat et de notre autorité, d'enjoindre à tout douanier, percepteur, enquêteur, inspecteur, ainsi qu'à tout autre officier de nos ports, et ce à dater du vingt-sixième jour d'octobre prochain, de lever à notre profit sur tout marchand, anglais aussi bien qu'étranger, ou toute personne qui importera du *Tabac* dans notre royaume, dans quelque port, havre, ou lieu d'accostage que ce soit, chacun selon la charge à lui dévolue, la somme de *six shillings et huit pence* par livre de poids, en sus et supplément du droit de *deux pence* par livre tel que précédemment exigé.

Et pour la bonne exécution de ces mesures, à la fois par la correction des susdits abus et la prévention de toute fraude et tricherie en matière de paiement des dits impôt et droits, notre bon vouloir vous ordonne d'enjoindre en notre nom à tout percepteur, douanier, receveur, inspecteur, ainsi que tout autre officier dont ces dits dépendent, de ne tolérer dorénavant aucune entrée de *Tabac* à quelque moment que ce soit dans quelque port, havre ou lieu d'accostage de nos royaume d'Angleterre, possessions de Galles et ville de Berwick ou partie quelconque des dits, du fait de tout Anglais ou étranger, ou de toute autre personne que ce soit, avant que ne soient d'abord payés et réglés les susdits impôt et droits, ou que ne soit conclu à cet effet un compromis avec nos dits douaniers, percepteurs ou autres de leurs supérieurs, sous peine, dans le cas où un marchand, anglais ou étranger ou autre encore, se permettrait de faire entrer une quelconque quantité du dit *Tabac* sans avoir effectué les paiements et respecté les compromis initiaux, de confiscation du dit *Tabac* assortie d'autres pénalités et châtiments corporels dûment proportionnés à la violation de nos commandements royaux et exprès.

Fait par-devers nous à Westminster, en ce septième jour d'octobre [1604]

Per ipsum Regem.

Traduit de l'anglais par Jean Migrenne

CHRONIQUES

LE BATTEMENT, OU L'ART POÉTIQUE DE FLORENCE DELAY

À propos de *La vie comme au théâtre*

« ...l'apport d'une œuvre au monde [...] est enclos dans son titre qui en est l'idée. »

Livre classique vivant, c'est-à-dire moderne, *La vie comme au théâtre*[1] résiste au classement : il déplace les modes, et sa vogue est future, décidément. Il se refuse à la fois au genre clos et à l'informe. La simple rhapsodie n'est pas sa nature : l'informe est l'indifférence aux efforts qu'expriment les genres. Ici, la vie des formes continue, autrement, d'une prose sobre où rien ne pèse ou presse, et qui gracie ce qu'elle touche, car « trop parler nuit » (le mot de Perceval est repris). (La tristesse même est allégée, et l'acédie éloignée. L'élégie descriptive est tenue. L'élégie peut disposer au regret du futur.) Le livre pense sensiblement sa forme à même les genres qui le hantent ou le rencontrent : il a des coutures et des transitions dissimulées. Le « chaos sensible » est affronté dans le récit (le tissu) des questions. (Ce texte est aussi un « conservatoire des étoffes », bâti au « silence sonore », car le déplacement des modes requiert aussi un silence.) Ce n'est pas une confession : il ne faut pas « quitter le grand large, être reconduit à la vie privée, aux explications entre l'eau douce et l'eau salée ». La rive isole bientôt les tentatives, avec âpreté : l'eau du récit s'élargit, affronte souplement les vents et le rythme des rouleaux — la plume est un roseau épique, qui n'exclut pas le repos. « "Il est singulier de combien de choses je me souviens, notait Henry Brulard, depuis que j'écris ces Confessions". Mais je ne me confesse pas, pauvre de moi... ». La confession enferme vite dans une

1. Gallimard, 2015.

pauvreté arrivée, une douceur sans avenir. Il s'agit d'une « rêverie » entre mémoire (« Ma propre mémoire est de papier ») et oubli (mais « l'oubli empoisonne » [2]) : « ma rêverie confond les temps ». (Les trois extases temporelles font une seule durée, comme le temps fondu du Mugen-Nô de Zeami.) Littérature, elle cherche « le bonheur de la première personne du pluriel », « ce *nous* qui exclut la famille ». Le « rêve d'une compagnie » qui tend une écriture, à même l'existence de quelqu'un, de l'enfance à maintenant (mais le temps de la rêverie n'est pas une ligne) : « Au théâtre on n'est jamais seul. J'évite, en général, les tristes monologues, tant j'imagine de quelles solitudes, de quels efforts ils procèdent, sauf quand le comédien glorieux fait à son gré tourner le monde autour d'une quantité de *Je* et de *Moi*. » C'est le *paradoxe d'Henry Brulard*. Le monde fleurit autour de quelqu'un ; quelqu'un tourne dans le monde qui tourne. « J'aime bien les souvenirs qui ne sont pas les miens. » Ce sont les souvenirs qui *traversent* et *peuplent* quelqu'un, Florence Delay, dans la scansion pensive et discrète propre au souvenir, à la remembrance : la discrétion fait un tissu continu, repris verticalement. « Dans la vie comme au théâtre, les fantômes se font rares. » La loi de la vie est l'apparition et le peuplement sur « la route qui recule vers le futur ». Ce n'est pas la disparition : le disparu (le souvenir) est une apparition que la rêverie ne subit pas — elle l'organise ou le dispose en retours amont et spirales — même si « l'imparfait menace ». Le présent de narration l'emporte, qui permet de chercher ce qui n'est pas trouvé et de trouver ce qui n'est pas cherché (la sérendipité est une île entourée). Bergamín est cité : « Je crois que la première condition d'un fantôme, c'est d'être vivant. Il n'y a pas de fantômes morts ni même de fantômes de morts car tout ce que les morts nous laissent de fantomatique — et voilà la cause de notre ascendance — c'est justement leur côté vivant. » Ainsi des gens et des genres. Delay prolonge : « on devient fantôme de son vivant ». Cela ne veut pas dire que la vie se nie ; cela dit que l'apparition (la « présence » revenante) est la loi discrète du vivant. La vie n'est pas une ligne. Comment expliquer que « la famille » (qui n'aime pas le large) soit présente, incluse, dans le ballet ou le roulis des personnes qui sont la vie de quelqu'un, qui la font, y apparaissent et reparaissent encore dans l'évocation ? C'est d'abord que la prose du ballet est personnelle-objective, où le monde (du monde) tourne : si la famille n'appartient pas au monde, elle en exclut. Alors, on peut l'exclure — elle oublie la quête du Graal : une compagnie des êtres qui apparaissent sur la scène du monde. Avec personnages récurrents.

2. « Comment se défaire de l'oubli ? »

Mais le récit tournoyant que le titre condense *n'est pas du théâtre*, au moins si *théâtre* désigne une fiction vue pour le seul plaisir d'être vue. Les yeux privés, qui voient le ballet ou le roulement des gestes, doivent encore appartenir au monde — lire ce qu'ils voient, le spectacle des figures qui tournent autour d'un axe comme tiges et fleurs en un mystique fandango. Et pourtant « la vie est un songe » est la formule qui captive la rêverie, dans le battement qui sépare le grand oubli (Rousseau l'appelle *léthargie*) de la pure méditation réfléchie. « Sans mouvement la vie n'est qu'une léthargie. Si le mouvement est inégal ou trop fort il réveille ; en nous rappelant aux objets environnants, il détruit le charme de la rêverie, et nous arrache d'au-dedans de nous pour nous remettre à l'instant sous le joug de la fortune et des hommes et nous rendre au sentiment de nos malheurs. Un silence absolu porte à la tristesse. Il offre une image de la mort. Alors le secours d'une imagination riante est nécessaire, et se présente assez naturellement à ceux que le ciel en a gratifiés. Le mouvement qui ne vient pas du dehors se fait alors au-dedans de nous. Le repos est moindre, il est vrai, mais il est aussi plus agréable quand de légères et douces idées, sans agiter le fond de l'âme, ne font pour ainsi dire qu'en effleurer la surface. Il n'en faut qu'assez pour se souvenir de soi-même en oubliant tous ses maux. Cette espèce de rêverie peut se goûter partout où l'on peut être tranquille, et j'ai souvent pensé qu'à la Bastille, et même dans un cachot où nul objet n'eût frappé ma vue, j'aurais encore pu rêver agréablement » (*Cinquième rêverie du Promeneur solitaire*).

La « vraie vie théâtrale » est cherchée, mais chacun doit la penser sensiblement à la faveur du livre. « La vie est un songe et le monde un théâtre. » Le mot castillan *sueño* dit à la fois le rêve, le songe et le sommeil : « cette adéquation de la vie, du songe et du sommeil, du théâtre et du monde, gouverne depuis lors secrètement ma vie. » Le secret est la loi discrète qui rythme l'espace des apparitions à la faveur d'une vie. À la rigueur, l'*adéquation* veut la différence, comme le sommeil ne peut être sans rêve : le sommeil appartient à la vie, fait battre la conscience diurne et le jeu des représentations à même l'être qui épouse son étoffe. La fiction réelle (la réalité dans le jeu de ses apparences) fait penser à ses lois, et c'est la rêverie exacte. « Plus personne ne songe au songe. » Songer, c'est penser dans le battement d'une rêverie, dans le jeu d'un sommeil qui peut enfanter des monstres, peser le décisif « battement de cils » d'un rêve réel. Je dirai du livre présent, comme Mallarmé le dit du poème rêvé (cherché en le faisant) : « *... je le fais absolument* scénique, *non possible au théâtre, mais exigeant le théâtre...* » *La vie comme au théâtre* est un livre scénique. La scène est son idée, et la messe sa condensation. « Lorca déclare que la meilleure pièce de théâtre du monde, la plus représentée, des millions de fois par jour, est la messe. » Ensuite, Lorca, dit Delay, passe du « prêche » au « peuple de bois ». Mallarmé, dans « Catholicisme », *Divagations*, 1897, parle du « prototype de cérémonials, malgré la différence avec une tradition d'Art, la Messe ». Il ajoute : « Une parité, des réminiscences liturgiques exclusivement notre bien propre ou originel, inscrites au seuil et de certains apparats, profanes, avoués, s'impose : cependant n'allez mal, conformément à une erreur chez des prédicants, élaver en je sais quelle dilution couleur électricité et peuple, l'archaïque outremer de ciels. Tout s'interrompt, effectif, dans l'histoire, peu de transfusion. » Or, il pose : « Une magnificence se déploiera. » Une messe profane, si on entend. Une allobiographie exige un théâtre transposé, un rituel des apparitions, un tact et un respect : dramatique, la prose élargie (une prose tournoyante ou prose-ballet) n'est ni un drame strict ni un poème lyrique. C'est une prose intermédiaire. La Lettre-préface à Arsène Houssaye, qui rêve (sans la trouver, dit Baudelaire) « une prose musicale sans rythme et sans rime », lit la cinquième promenade au bord du lac de Bienne : « Le flux et reflux de cette eau, son bruit continu mais renflé par intervalles frappant sans relâche mon oreille et mes yeux, suppléaient aux mouvements internes que la rêverie éteignait en moi et suffisaient pour me faire sentir avec plaisir mon existence sans prendre la peine de penser. De temps à autre naissait quelque faible et courte réflexion sur l'instabilité des choses de ce monde dont la surface des eaux m'offrait l'image : mais bientôt ces impressions légères s'effaçaient dans l'uniformité du mouvement continu qui me berçait, et qui sans aucun concours actif de mon âme ne laissait pas de m'attacher... »

Or, Delay défend l'avenir du vers, sa transfusion, contre le second Baudelaire, qui veut rêver un « petit poème en prose », « le miracle d'une prose poétique [...] assez souple et assez heurtée pour s'adapter aux mouvements lyriques de l'âme, aux ondulations de la rêverie, aux soubresauts de la conscience [...]. C'est surtout de la fréquentation des villes énormes, c'est du croisement de leurs innombrables rapports que naît cet idéal obsédant. » Delay appelle « monde » la scène des « innombrables rapports » entre les êtres, dans le battement fleuri de leurs jeux fascinants, la spirale de leurs apparitions suggestives : la rêverie pèse ce qu'elle rêve, se dispense de s'établir en réflexion séparée et se libère de l'inconscience ou de la mort. La réflexion séparée est un adversaire, et Ramón Gómez de la Serna est le modèle d'une forme exemplaire, électrique, que Florence Delay présente ainsi : « ni maxime ni aphorisme ni adage ni réflexion — cette boule de neige à l'intérieur de laquelle les enfants méchants cachent une pierre. Ni lapidaire par conséquent. Plutôt grelot, plutôt nuance [...] fleur qui se déplie en l'air ou dans l'eau façon fleur japonaise, haïkaï en prose. » La « petite forme » de Ramón, en « son dégoût des anti-modernes », indique ce qui transit une forme de prose plus étendue : la signification ne fait pas la forme. La mémoire de papier forme son sens à mesure et à rebours, d'un sobre et inquiétant grelot au cœur du roulement silencieux.

L'évocation en prose d'une « solitude heureuse et peuplée » s'ordonne au régime du *comme si*. Un *comme* affecte la formule de Calderón (poète et dramaturge) : la vie n'est pas sommeil ou songe (*life* isn't *but a stage*) — elle y ressemble (ne s'y *réduit* pas) pour devenir ce qu'elle est, réelle, avec ses *choses à décrire et à rêver*. Les noms propres qui peuplent la vie y désignent des êtres circulants ; c'est le point commun de la prose et de la pièce de théâtre (appelons-la *drame*). Le plan de la rêverie est comme une scène avec ses entrées et ses sorties, ses ellipses et ses éclipses relatives. *La vie comme au théâtre* n'est pas un livre *pour* la scène : la scène est le modèle qui permet d'en concevoir l'espace différent, le genre ouvert et formé. La confusion des genres n'est pas la solution, et il cite Bresson : « Rien de plus inélégant et de plus inefficace qu'un art conçu dans la forme d'un autre. » Ainsi du projet d'imaginer « ensemble deux formes qui n'ont rien à voir l'une avec l'autre : une *comedia*, forme profane, et un acte sacramentel, forme sacrée dont les personnages sont des concepts. » Au sujet de cette ancienne intention, l'auteur précise : « Mon idée, qui me semble aujourd'hui avoir tous les défauts d'une “idée”, est d'arrêter au beau milieu le cours de la *comedia* pour transposer les choses *a la divino*. » L'essentiel d'une rêverie en prose est cependant de faire circuler des êtres, des apparus nommés, entre théâtre et poème. Tout le livre évoque, plus encore que le roman (« nouveau » ou pas), la proximité différente du théâtre et de la poésie. Une prose est l'espace qui fait sentir en quoi l'idée du poème tend les proses ; et l'idée du théâtre la tend et tend le poème, sans que jamais il y ait simple équivalence des trois. L'allusion finale à « l'absente de tous bouquets », à la fleur de référent que dit le signifié poétique (« Dans le bouquet fantôme d'un autre bouquet revient l'absente »), ne change pas le livre en poème. Or, le *fait du poème* le hante de part en part *à même la voix collective de Florence Delay*, qui dit : « J'éprouve violemment à quel point j'appartiens à l'image qu'un autre, qu'une autre, se forme de moi ». Il faut donc reconstituer un art poétique en prose, un art poétique traversier, car le livre, en puisant dans les cartons et les dossiers, engage à « entrebâiller la porte d'un écrivain, <à> forcer l'intimité de ses phrases. » Il ne fait pas une théorie extérieure, mais une sorte de *théorie-ballet* ou théorie intérieure, avec « personnages conceptuels » ou idées incarnées. Il échappe d'abord aux *mémoires* : l'art poétique est dessiné entre les souvenirs par un contact incessant avec le fait du poème (et des poètes). (Ce fait exige d'ailleurs le théâtre.) C'est une conscience du *fait de la voix* et de la sortie de la voix en scène, entre le dire, le lire et le jouer. Au tunnel de l'interrègne, la poésie n'est plus le théâtre principalement, malgré le théâtre en vers, dont le modèle demeure. La pure séparation du théâtre et de la vie a pour nom divorce, mais il faut une prudence envers « le théâtre dit poétique ». (« Aymerillot », le poème dramatique en « alexandrins enthousiasmants » de Victor Hugo, dans *La Légende des siècles*, est cité longuement.) Il faut lire ce livre, qui est du théâtre en puissance, *comme s'il était un poème*, verticalement. (Le *comme* apparaît aussi comme pour dire qu'une prose emprunte à la comparaison, au rapprochement littéral du poème : « la lune posée sur un clocher comme un point sur un i », « sa lèvre supérieure en vol d'hirondelle ».) Un exemple, qui est plus qu'un exemple, permet de commencer la reconstitution : dans le ballet (ou la « Pléiade ») des poètes nommés et sollicités (Lorca, Roubaud[3], Char, « Belleau », Jodelle, Boileau etc.) deux sortes de poètes sont distingués, les poètes crottés et les poètes délibérés. Les pages où se dessine la typologie traitent de « cette libération que l'on trouve dans la poésie contemporaine »[4], ou plutôt : de cette libération que Soupault trouve dans la poésie de son temps. Les *Réflexions sur la poésie* de Desnos sont opposées à la doctrine de Soupault : « Il me semble qu'au-delà du surréalisme il y a quelque chose de très mystérieux à réduire, au-delà de l'automatisme il y a le délibéré, au-delà de la poésie il y a le poème, au-delà de la poésie subie il y a la poésie imposée, au-delà de la poésie libre il y a le poète libre. » La poésie est le lieu aigu où l'art de l'écriture se précise : les distinctions de Desnos apportent un « lointain démenti » à la libération dont parle Soupault dans *Les Champs magnétiques*. Il y a liberté et liberté. Le classicisme moderne établit que la liberté est délibérée et non crottée : elle bâtit une liberté de faire (de tenir le pas gagné) et ne subit pas le poids qui aggrave l'état des souliers. Les semelles de plomb, ou de boue plombée, sont au poète qui se libère de sa liberté. Le poème libre n'est pas libre de subir ce qui lui est imposé. Le poème imposé, nécessaire, n'est pas une suite subie, automatique. Le poème réduit le mystère à la concertation des contraintes : une liberté est la connaissance de la nécessité. La poésie délibère de ses possibles : elle fait des poèmes

3. Selon le « génie joyeux » du livre, Roubaud est dit « horrifié d'incarner Heredia » dans une pièce de théâtre. En traduction, cela peut donner : l'Oulipo n'est pas égal au Parnasse (au vol de gerfauts mélodique ou marmoréen). Le formalisme trahit la formation du dit dans le dire : il fait de la signification séparée (*aphoristique*), ou de la forme vaine ou vide (*ars gratia artis*).
4. Plus loin, *La vie comme au théâtre* évoque les amies « surprises par la poésie contemporaine ». Ensuite, il est question, d'après les termes d'un critique cinématographique, « d'une génération pour qui la poésie est aujourd'hui le seul refuge et le seul combat praticable ».

nerveux ou charnus, car le nerf est ce par quoi la délibération (la libération concertée) permet de faire. « Tout ce que nous connaissons de grand nous vient des nerveux. » Le nerf fait « la légèreté des octosyllabes » (ceux de la *Nuit de décembre* de Musset) : il gracie la pesanteur, contre les « diseurs de phébus ». Au contraire, c'est « un grand chien crotté », inconscient et lourd, qui fait tomber Baudelaire. Ce « grand chien crotté », qui est-ce ? Est-ce le « surréaliste spontané »[5] qu'Alquié, ami de Breton, voyait en Descartes « incapable de distinguer le rêve de la veille, pour ainsi dire privé de l'évidence de la réalité » ? Mais Descartes s'efforce (et c'est l'objet des *Méditations métaphysiques*) de bâtir une autre évidence, l'évidence d'une vérité fondée sur le cogito : une raison libre quitte le « surréalisme spontané ». (La question du surréalisme second ou réfléchi, délibéré, est laissée en suspens. Son nom est peut-être Reverdy, absent qui brille dans *La vie comme au théâtre*.)

L'art poétique est une théorie intérieure qui se dramatise en prose ici. À le reconstituer, une doctrine de la clarté relative apparaît comme l'idée pratique du livre. Les « phébus » ou galimatias représentent le texte obscurci, sans profondeur, la surface qui se trahit. Les phébus n'incluent aucunement les *concetti*. Les pensées, conceptions ou pointes scintillantes, pointes de sens à la surface des mots qui sont nos « guides », un Boileau les combat ; Florence Delay les « affectionne » (c'est son mot). Isidore de Séville est cité : « Suivons les mots, ils sont nos guides. » Jusqu'en leurs pointes néologiques (où l'origine se déplace) : « lopedevedesque », « esquelette », « estoire », « tortu », « muance », « conjointure ». Le néologisme (avec ses perles irrégulières) est rare sous la plume de Florence Delay (l'ancien est futur) ; il s'offre comme l'indice saillant de la vie de la langue que le poème capte aussi, et la preuve discrète d'un baroque dans le soin classique de réduire l'informe. (Le théâtre poétique qui importe à l'auteur — Corneille, Calderón, Lope de Vega — est baroque, dans une continuité médiévale et renaissante. Belleau, Ronsard, Jodelle sont assignés au baroque. La retenue classique est entourée et chantournée.) Sans qu'elle puisse être dite « poétique » — elle cultive les lumières de la surface littérale en ses nuages relatifs et espaçants —, la prose de Florence Delay a pour fantôme le poème et ses perles reformées. Et toujours « notre âme est faite de *criailleries* » (Larbaud). Delay traduit *greguerias* : « brouhaha, vacarme de voix confuses ». Il y a une communauté de cris plusieurs dans le langage, dont le conte est cherché pour les autres, pour tous.

---

5. Expression de Jean-Luc Marion (citée par Delay) pour résumer la première thèse d'Alquié (également maître de Deleuze), *La Découverte métaphysique de l'homme chez Descartes*.

Elle parle du Cavalier Marin comme d'un qui ne peut priver ses froides descriptions de piquants mots d'esprit : Marini n'arrive pas à l'absolue froideur de l'ennui, à la mort. Góngora cultivera les miroitements de la pensée dans la matière des mots qui délibèrent. Or, Malherbe avait démenti son doctrinaire (un Boileau) :

> *C'est alors que ses cris en tonnerre s'éclatent ;*
> *Ses soupirs, ce sont vents que les chênes combattent :*
> *Et ses pleurs, qui tantôt descendaient mollement,*
> *Ressemblent un torrent qui, des hautes montagnes,*
> *Ravageant et noyant les voisines campagnes,*
> *Veut que tout l'univers ne soit qu'un élément.*

La Fontaine (qui donne son nom au lycée où commence la vocation du théâtre) n'est pas loin. Boileau a fait oublier l'autre aspect de sa plume, qui apparaît au Chant I de l'*Art poétique*, juste après les vers didactiques opposés à « certains esprits dont les sombres pensées / Sont d'un nuage épais toujours embarrassées ». Dans l'idée d'éloigner le baroque, la manière du Malherbe pointu et matériel se mêle à une souplesse racinienne :

> *J'aime mieux un ruisseau qui, sur la molle arène,*
> *Dans un pré plein de fleurs lentement se promène,*
> *Qu'un torrent débordé qui, d'un cours orageux,*
> *Roule, plein de gravier, sur un terrain fangeux.*

Le risque de la préciosité, le nuage l'espace. D'où une théorie de la clarté intérieure : le fantôme est « la manifestation de l'esquelette, son devenir visible, et par conséquent un masque. » L'« esquelette », mot repris au français de Bergamín, appartient « à l'obscurité » ; c'est « l'homme invisible, l'homme intérieur, pas un symbole de mort, au contraire. » La clarté est un jeu avec l'obscur intérieur, profond, où la voix vivante s'entend et dissipe « l'espèce de nuage dont l'auteur a dû envelopper » le discours. Le nuage fait voir l'espace de la lumière. Le *poète délibéré* est une apparition émue par un squelette ou marionnette intérieure ; il est le modèle du faire et du dire. L'acteur exact, aux cothurnes de vent, est comme le poète délibéré, qui sait ajointer l'expression perceptible et lumineuse et l'expression mentale, profonde, où l'acteur sait « parler comme à soi-même, porter une attention intense à ce porte-parole de l'âme qu'est la voix ». La voix de la marionnette intérieure est une sortie à entendre. (« En effet, comment l'"âme" d'une marionnette pourrait-elle être séparée de son "corps" ? » Kleist communique avec Descartes.) C'est un art de la justesse expressive : « faire entendre une parole, un texte », comme celui de la Jeanne de Bresson, « sans les intonations qui fourvoient », c'est exactement comme « dire la poésie ». Et c'est exactement *comme* en écrire : « dire droitement les choses ne consiste pas à les dire étroitement mais en profondeur ». Car le poème s'écrit comme on le dit : « en poésie », il faut « marquer la fin du vers, qu'il soit compté ou libre ». Dans « les replis des syllabes » se déploie « le souffle » d'une âme. Une « lumière parlée » étend « le sens des mots » : c'est un prosateur (Balzac, *Le Lys dans la vallée*) qui le dit, et que cite Delay avec Bresson. De la prose peut, mieux que des poèmes réputés et mesurés à leur inconscience, capter ce qui s'espace de la voix dans le poème et donne, avec la musique du sens, « les vers du nouveau chant » : « œuvre indépendante » en son « imagination scénique », le livre dont je viens de reconstituer la poétique intérieure (ou ses linéaments tressés) le prouve admirablement. Une prose (« il y a prose et prose », dit Natacha Michel) : un conte pensif dans ce cas, car « aux frontières de l'écrit et de l'oral, du roman et du poème, se tient le conte ». Mais, nuance capitale, « le théâtre [...] a des affinités avec le roman ». « Le conte rapproche du théâtre. » La poésie (la vraie, le « poème désirable ») est, dans ce cas, le fantôme de la scène des genres qui font la vie (le nerf, l'âme) de quelqu'un. Le livre est la vie plusieurs d'un écrivain qui aime les formes comme des êtres descendus d'autres apparitions. Le théâtre convoque ses autres (les genres qui reprennent une liberté) sans les réunir : « le théâtre est traduction généralisée ». La pensée de la traduction est confiée à un poète (la cigale de la citation chante à merveille, aucune fourmi ne lui fait la morale) : « "Aujourd'hui, j'ai envie que Rilke parle à travers moi. Dans le langage courant, cela s'appelle traduire", dit Marina Tsvetaïeva. Elle touche un point essentiel [...]. Valery Larbaud évoque avec tendresse ces poètes du XVIe et du XVIIe siècle qui ne craignaient pas de signer ce qu'on appelle communément traduire. Certains des plus beaux sonnets de Jodelle sont témoins. L'appropriation ne masque pas, loin de là, l'invention poétique. Différent est le cas de l'enfant voleur [...] qui recopie le poème d'un autre et le signe. [...] L'invention poétique est à l'œuvre aussi quand on traduit certaines proses. » La poésie a parlé à travers ses autres ; les autres ont parlé à travers elle, grâce au ballet d'un souvenir pensé, qui donne un présent considérable. *La vie comme au théâtre* fait voir le pensable qui nous est commun.

Philippe BECK

LA MACHINE À ÉCRIRE

L'ÉLARGISSEMENT DU POÈME

Jean-Christophe Bailly

Quelle ne fut pas ma surprise de retrouver dans *L'Élargissement du poème* [1] une citation d'Olga Sedakova que j'avais placée dans mes propres notes ! Jean-Christophe Bailly, lui, ne la tronque pas. En voici seulement trois passages : « Où la poésie étonne-t-elle le plus ? Là où elle se rapporte à ce qui est le plus petit, le plus relégué à l'arrière-plan par les objets de première importance, où elle se rapporte par exemple à l'occupation de verser le thé (dans une strophe d'*Eugène Onéguine*). […] Du point de vue de l'homme qui considère comme naturelle l'inattention à de telles choses, la poésie est indulgente, aimable : elle choie des objets non choyés par le sort. […] La condition de la poésie n'est ni l'indulgence ni la richesse d'imagination, mais la réceptivité. [2] » Dans un autre chapitre, Jean-Christophe Bailly cite un passage de Walter Benjamin et je crois que nous pouvons rapprocher les deux citations tant elles ont une discrète et non moins sensible parenté : « J'habitais le XIXe siècle comme un mollusque habite sa coquille, et ce siècle maintenant se trouve devant moi, creux comme une coquille vide. Je la porte à mon oreille. Ce que j'entends ? Je n'entends pas le bruit des canons dans la campagne ou la musique de bal d'Offenbach, pas plus que les hurlements des sirènes d'usine ou les cris qui résonnent à midi, à la corbeille de la bourse. […] Non, ce que j'entends, c'est le bref fracas de l'anthracite qui tombe du seau en métal dans un poêle en fonte, la sourde explosion quand s'allume la flamme du bec Auer… [3] ». Où l'on voit que le plus prégnant de la remémoration de Benjamin se rapporte à des

1. Jean-Christophe Bailly, *L'Élargissement du poème*, Éditions Christian Bourgois, collection « Détroits », 2015.
2. Olga Sedakova, *Éloge de la poésie*, L'Âge d'homme, 2001.
3. Walter Benjamin, *Enfance berlinoise*, Les Lettres nouvelles, 1978.

ustensiles usuels et à des bruits domestiques presque anodins qui ponctuent le quotidien ; non pas aux bruits que fait la grande histoire mais, nous dit Bailly, « à des éclats de vérité qui ont glissé sous elle ».

L'écriture fluide de Jean-Christophe Bailly est une sorte de flânerie (de rêverie parfois) qui fait sa part à une exploration (une recherche) qui ouvre toujours des perspectives vers un sens, mais vers un sens qui n'a jamais valeur d'absolu puisqu'il est plutôt de l'ordre du frôlement, ou d'un tremblement semblable à celui d'une flamme exposée par une ouverture ou par un seuil au passage de l'air. Car on respire, dans les livres de Jean-Christophe Bailly. Face à toute forme de clôture, telle celle du poème, il choisit d'élargir, dans le sens de libérer : « L'indice et l'écho, le ricochet, la connexion, la résonance et l'évasion — tels sont les mots clés de cet élargissement », nous dit-il en quatrième de couverture. On respire, on y suit, on y éprouve plutôt, le souffle, la brise d'une pensée qui fait toujours bouger le sens sans jamais le stabiliser complètement parce que cela reviendrait trop à le figer comme un fleuve pris par les glaces : « Le fleuve est une image du temps, mais il faut aller au bout de cette image et regarder passer le film du fleuve, le film du temps, et voir qu'il a des courants, des rapides et aussi des méandres et des remous et que son cours n'est pas un flux unique et monotone, sans cesse accéléré, mais une tresse de flux et de vitesses différents qui se superposent et s'enchevêtrent. » Le sens de l'identité non plus, ne saurait être fixe, ou fixé comme un dessin qui ne bougerait plus : « Chaque autre est un autre différent de tous les autres et qui, de surcroît, en est à un certain point de lui-même, de telle sorte que le tu par lequel on interpelle cet autre, quelle que soit par ailleurs la familiarité qui nous lie à lui, désigne toujours quelqu'un d'indécidable, quelqu'un qui, d'une manière ou d'une autre, a fait mouvement vers l'inconnu. C'est seulement par convenance que la singularité absolue de chaque être peut nous apparaître comme installée dans une posture d'identité. » Si l'identité a un sens, c'est celui d'une direction, ou d'un mouvement : devenir. À quoi fait écho la question la plus sensée que l'on puisse poser à autrui quand on le rencontre : que deviens-tu ? « Malgré sa ponctualité physique à chaque instant vérifiable, l'identité d'un sujet est mobile, c'est une construction, c'est un processus ininterrompu de liaisons et de contacts, c'est un devenir, une suite de côtoiements […] un procès d'individuation inachevé auquel seule la mort met un terme », nous dit Bailly dans un autre chapitre. Et il en va de même de toute identité collective : « l'identité dont il ne peut y avoir ministère que si l'on a décidé de la réduire et de la bloquer ». Il en était question dans *Le Dépaysement* [4].

4. Jean-Christophe Bailly, *Le Dépaysement*, Seuil, 2011.

L'Élargissement du poème, comme parfois chez Bailly, réunit des textes soit publiés d'abord en revues, soit lus lors d'une communication ou d'une conférence. Comme si ce genre d'ouvrage n'était pas un but en soi, mais plutôt une conséquence. Il s'agit, en fait, de réunir le « matériel » amassé au cours des années précédentes afin de lui donner forme et vie dans un livre. Il y a chez Bailly quelque chose qui relève d'une exploration : « Rechercher. Dans la vie quotidienne cela s'accompagne aussitôt de la dimension du perdu : quelque chose a été perdu et on le recherche. Une telle recherche délimite une aire, un espace de possibilité et d'attente. » Ainsi, et tout aussi bien, c'est peut-être un sens qui est perdu (dans la mesure où aucun sens ne saurait être indéfiniment stable). Et c'est donc un sens qu'il faut toujours et sans cesse rechercher. L'écriture de Bailly n'a peut-être pas d'autre vocation, puisqu'un sens (ou une vérité) c'est aussi ce qui se dérobe : « Comme s'il s'agissait d'être aux aguets et de poursuivre à même la phrase le mouvement d'une vérité entrevue qui se dérobe — exactement comme s'enfuit une bête dans un sous-bois », nous dit-il à propos de la forme de l'essai avant d'évoquer *La chasse* de Paolo Uccello (que l'on retrouve aussi dans *La Fin de l'hymne* [5]) : « *La chasse* de Paolo Uccello me semble pouvoir fournir une parfaite allégorie de ce que serait l'essai selon moi — une poursuite agitée et rapide, une volonté de saisie tenace et incertaine, un effort qui se trace au beau milieu d'une immensité qui peut-être l'engloutit. » C'est pourquoi Jean-Christophe Bailly peut avoir une attitude tout à fait personnelle devant les certitudes des experts de toutes sortes, telle qu'il l'exprimait dans *Tuiles détachées* [6] : « Chaque fois que parle un expert, quelqu'un qui juge, qui tranche et qui sait, je m'enfuis ou me retranche. Il me semble qu'envers tout sujet et tout problème on ne doit pas abandonner les bords les plus tremblés de l'expérience, ceux où la résistance du réel est justement la plus forte. » Rien, à l'image du fleuve, ne saurait être définitivement fixé, ou arrêté. Aussi, sans doute y a-t-il chez Bailly, mais à peine perceptible, un fond de discrète mélancolie dans la mesure où, dans toute saisie, quelque chose continue d'échapper : « pratiquement à chaque pas l'on se rend compte de ce qu'on abandonne, de ce que l'on ne se donne pas le temps de creuser, de sonder », disait-il encore dans *Tuiles détachées*.

Il en va de même en art, et pour les artistes (à moins qu'ils ne se contentent de reproduire indéfiniment ce qui plaît à un public) : « Ainsi la structure

5. Jean-Christophe Bailly, *La fin de l'hymne*, Éditions Christian Bourgois, collection « Titre », 2015.
6. Jean-Christophe Bailly, *Tuiles détachées*, Mercure de France, 2004.

même de la recherche, en art, est-elle celle du ricochet. Chaque geste d'art est lui-même comme une pierre lancée contre une surface et qui au lieu de s'y enfoncer tout de suite doit y rebondir le plus grand nombre de fois possible. […] Toujours à la fin la pierre tombe au fond de l'eau, tandis qu'à la surface vient se former une onde. Cette onde, c'est la propagation du sens et il faut que la pierre soit tombée pour qu'elle existe. » L'artiste a peut-être plus ou moins une idée de ce qu'il pré-voit, mais une fois que la forme est là, l'idée s'en échappe, comme pour préserver un à-venir, et Bailly nous dit cela avec beaucoup de clarté : « L'idée est repartie ailleurs, dans un "plutôt par là" intimant, qui est une correction d'angle ou un nouveau rebond. […] De telle sorte que la recherche reprend, ne peut que reprendre, dans cette nouvelle direction précisée et attisée par la précédente. » Et puisque le sens est toujours à reformer, ou à préciser, il peut encore nous dire un peu plus loin : « c'est parce que la forme est toujours finie que l'idée, quand bien même elle aurait tout voulu et tout formé, s'en échappe. Le fini est une interruption, l'espace d'attente se reforme aussitôt au-delà de la chute. […] De ce point de vue, l'on pourrait dire aussi que toute œuvre d'art est, par rapport à sa visée, une retombée ou une erreur, mais au sens où Hölderlin disait que "l'erreur aide, comme le sommeil". »

On ne peut pas résumer Bailly, on l'affadirait ; on ne peut pas le paraphraser, on le dénaturerait. C'est dire l'intensité d'une écriture et d'une pensée flâneuses que je peux cependant qualifier de plain-pied, en tout cas pour le lecteur. C'est d'ailleurs, je crois bien, l'un des soucis majeurs et constants de Jean-Christophe Bailly. Mais écoutons-le encore un peu : « Or l'application intégrale des lois du marché à l'art ou à la littérature, on le sait, comporte comme corollaire le rétrécissement voire même la disparition de la recherche. Il ne s'agit pas là du simple effet d'une tendance économique universelle, mais de la volonté (rarement affirmée comme telle, mais inconsciente et insinuante) de se débarrasser de la recherche en tant que telle : non pas parce qu'elle coûterait cher (elle coûte en fait si peu !) que parce qu'elle entretient cette zone trouble qui est celle du sens, celle de la masse critique du sens, dont une société entièrement régulée par le rapport marchand / clientèle ne peut que se méfier. »

Dans *L'Élargissement du poème* il est bien entendu question de poème et de poésie, mais c'est pour les différencier avec une grande subtilité : « Poésie, autrement, désigne un état, tandis que poème est le nom d'une action. Recourir au poème, c'est recourir à l'*action* du poème. » Repasser ici par tous les chemins de traverse parcourus par Bailly est impossible. Mieux vaut donc citer encore. Seule la citation, selon moi, peut donner l'envie de lire lorsque le lecteur la rencontre comme une éclaircie sous la pluie du commentaire : « N'est poétique que ce qui est dit par le poème : hors de cela, hors de cette donnée purement technique, le poétique ne peut être qu'une valeur ou une plus-value. Rien n'est en soi poétique de par le monde, mais tout peut le devenir, et le mouvement le plus abandonné et le plus convaincant du poème est celui par lequel il reconnaît cette égalité, cette annulation de toute hiérarchie dans les modes d'existence, cette dissémination des indices de signifiance. “Tous les corps sont égaux devant la lumière”, disait Apollinaire [...]. Ce que cela signifie, ce n'est pas seulement qu'il n'y a pas de hauteurs ou de grades institués dans la signifiance, c'est aussi et surtout qu'il n'y a pas d'insignifiance. » Et c'est à ce moment-là qu'apparaît la citation d'Olga Sedakova. Ces trois chapitres (*Un chant est-il encore possible ? — Grelots (de Weimar à New York et de Goethe à Zukofsky) — L'action solitaire du poème*) sont d'une grande intensité et d'une rare profondeur. Aussi, me semble-t-il, et c'est presque une injonction de ma part, chaque poète de ce pays, au bout du compte s'avérerait-il d'accord ou pas, devrait les lire, attentivement : « Mais que s'est-il donc produit ? Pourquoi cette intranquillité ? Pourquoi ces chants brisés, disséminés, à peine chantants ? Qu'est-ce qui est venu ainsi défaire le lien du poème à sa foi, et qu'est-ce qui l'a pourtant maintenu ? » Je laisse à chacun le soin de découvrir les tentatives de réponse que fait l'auteur.

Dans *Le propre du langage* [7], Jean-Christophe Bailly écrivait : « Le sens n'est ni dans le mot ni dans la parole, il habite et se propage à partir de leur rencontre, il est, littéralement, infusion. » Or c'est très exactement ce à quoi nous assistons dans *L'Élargissement du poème* : à une infusion de sens.

❖

Dans *L'Élargissement du poème*, l'expression « la chute du communisme » apparaît en note de bas de page. Or c'était tout le sujet de *La Comparution* [8]. Mais sommes-nous bien certains que c'est le communisme qui a chuté en 1989 ? Ne serait-ce pas plutôt l'un de ses dévoiements ? « Ce qui s'est donné pour son accomplissement et n'a été que sa caricature destructrice », nous disait alors Bailly. *Tchevengour* [9], d'Andreï Platonov,

7. Jean-Christophe Bailly, *Le propre du langage. Voyages au pays des noms communs*, Seuil, 1997.
8. Jean-Luc Nancy, Jean-Christophe Bailly, *La Comparution*, Éditions Christian Bourgois, 1991 et 2007.
9. Andreï Platonov, *Tchevengour*, Éditions Robert Laffont, 1996.

n'est-il pas le roman extrêmement vivant de sa gestation chaotique et contrariée, inaboutie et déviée « Mais c'est franchement de l'inconnu ? persévérait Jeiev. — Tu me prends pour les masses ou quoi ? fit Tchepourny vexé. Lénine même ne doit pas savoir ce qu'est le communisme, parce que c'est une affaire du prolétariat tout entier, pas une histoire solitaire… ». Ne faudrait-il pas changer l'expression qui fait tant plaisir à ses ennemis de façon à la rendre au moins plus exacte : « la chute d'une caricature du communisme » ? Ne faudrait-il pas repenser cette chute qui n'est peut-être pas une défaite du communisme (elle avait eu lieu bien avant !) mais la chance de son avenir, à bâtir sur les ruines de ses caricatures ? « *Et pourtant*, un corps mourant de faim, un corps torturé, une volonté brisée, un regard vidé, un charnier de guerre, une condition bafouée, refoulée, et aussi une déréliction de banlieue, une errance de migrant, et même un désarroi de jeunesse ou de vieillesse, une insidieuse privation d'être, un bousillage, un barbouillage de bêtise, *cela existe*. Cela existe en tant que déni de l'existence. Et il n'y a rien par-delà l'exister, et l'existence à laquelle on dénie le partage est elle-même existence déniée » (Jean-Luc Nancy). Sans doute pourrait-on, ici, se souvenir de Francis Ponge et de ce qu'il disait dans *Pages bis* [10] : « Il faut inciter la société humaine à être de telle sorte que chaque homme soit. »

Jacques LÈBRE

10. Francis Ponge, *Le Parti pris des choses*, Poésie / Gallimard, 1967.

LES QUATRE VENTS DE LA POÉSIE

UNE ANTHOLOGIE DE LA POÉSIE CHINOISE

Les textes connus de poésie chinoise s'étendent sur plus de trois mille ans. Il existe déjà en français, plus ou moins récentes, des anthologies couvrant telle ou telle période, la plus complète de ce point de vue étant l'*Anthologie de la poésie chinoise classique* de Paul Demiéville (1962), qui s'arrête à 1911. Les époques fastes des dynasties Tang et Song ont fourni la matière de plusieurs autres anthologies, dont celle qui illustre l'essai de François Cheng sur *L'écriture poétique chinoise* (1977). La poésie contemporaine fait l'objet d'une anthologie établie et traduite par Chantal Chen-Andro et Martine Valette-Hémery, *Le ciel en fuite* (2004).

L'*Anthologie de la poésie chinoise* publiée dans « La Pléiade » sous la direction de Rémi Mathieu [1] présente de prime abord une nouveauté : elle va de l'Antiquité jusqu'à aujourd'hui. Certains ont pu s'en montrer surpris. Rappelons que la Bibliothèque de la Pléiade s'adresse en général à un public non spécialiste du domaine considéré, pour cultivé qu'il soit. Ce public se félicitera de pouvoir suivre en un seul ouvrage l'évolution dans son entier d'une forme artistique renommée pour son rôle dans la civilisation d'un peuple.

L'ouvrage est divisé en huit périodes : L'Antiquité (la dynastie des Zhou, les deux dynasties des Han, ~XIe-IIe s.) — Les Six dynasties et les Sui (de la fin des Han à la fin des Sui, 196-618) — La dynastie des Tang (618-907) — Les Cinq dynasties et les Song (907-1279) — La dynastie des Yuan (Mongols, 1279-1368) — La dynastie des Ming (1368-1644) — La dynastie des Qing (Mandchous, 1644-1911) — Les époques moderne et

1. Gallimard, « Bibliothèque de la Pléiade », 2015, 72,50 €.

contemporaine. Pourquoi mettre systématiquement, du début de la monarchie à son extinction, l'histoire de la poésie sous la référence aux dynasties qui ont gouverné la Chine ? C'est que, dans ce pays, on peut rarement séparer le point de vue poétique du point de vue politique, comme le dit Sandrine Marchand dans son introduction à la période Qing. Que le pouvoir, où et quand que ce soit, s'efforce, s'il ne détruit pas la culture, de la mettre à son service, n'a rien de surprenant. Que la culture s'entende d'abord comme poésie est profondément chinois.

L'intrication est évidente dans le recrutement des fonctionnaires d'État sur la base de concours où l'écriture poétique était prédominante. La poésie est la forme privilégiée de transmission du savoir. Appris par cœur à l'école, les poèmes classiques, aujourd'hui encore, structurent la pensée de toutes les couches sociales.

Outre la direction de l'anthologie dans son ensemble, Rémi Mathieu est en charge de la période Antiquité — Dynasties des Han. La première œuvre littéraire chinoise est le *Classique des poèmes*, qui a survécu à diverses destructions de livres ordonnées par le pouvoir. À l'inverse de l'autodafé promulgué par Shi Huang Di en ~475, d'autres empereurs ont veillé à la sauvegarde des livres et les ont empilés dans le trésor royal.

Le *Classique des poèmes*, compilé dit-on par Confucius (~551-~475), réunit des textes anonymes au nombre de trois cent cinq, sélectionnés, dit-on aussi, à partir de quelque trois mille pièces circulant, pour les plus anciennes, depuis le Xe siècle avant notre ère et pour les plus récentes du temps de Confucius. Voici une strophe de *Mûriers en sol mouillé* où se manifeste l'union du cœur humain avec la nature :

Les beaux mûriers en sol mouillé
Ont des feuilles luxuriantes
Oh ! quand je vois mon bien-aimé
Ma joie est si exubérante !

Le premier poète connu sous son nom est Qu Yuan (~343-~279). Dès cette première signature se fait entendre la plainte du lettré banni de ses fonctions en raison de sa droiture et de sa lucidité : « Ce siècle n'est que fange, moi seul suis épuré / Tous les hommes sont soûls et moi seul dégrisé / C'est d'ailleurs bien pourquoi je fus si tôt proscrit ! » (in *Rhapsodie du Pêcheur*).

Le règne des Han est riche en créations culturelles qui débordent les exercices artificiels, sophistiqués, de la poésie de palais pour exprimer les réalités, souvent douloureuses, de la vie populaire. De nombreuses œuvres anonymes ont été conservées, dont les *Dix-neuf poèmes anciens*. Ce sont les Han qui ont porté le corpus confucéen au rang d'idéologie officielle.

La période suivante voit la fin de l'anonymat. Politiquement très complexe (les Six dynasties et les Sui), elle est présentée par François Martin. Un art nouveau se fait jour dans la seconde moitié du VIe siècle, qui sera le laboratoire de la poésie Tang.

C'est souvent à celle-ci que le lecteur occidental est convié et le fait est que la dynastie des Tang connaît un épanouissement artistique et littéraire digne d'avoir franchi les frontières de l'Empire. Florence Hu-Sterk nous introduit à un âge d'or, où la ferveur poétique allait des milieux lettrés à la cour impériale aussi bien qu'au menu peuple, avec la vente de poèmes sur les marchés. Elle l'explique en premier lieu par la stabilité politique et la croissance économique, qui durent un siècle et demi, jusqu'à la rébellion d'An Lushan (755-763). Un deuxième facteur est l'extension à toutes les classes de l'origine sociale des poètes, et un troisième, l'héritage des époques précédentes.

La poésie se détache progressivement de la cour « pour entrer dans des horizons nouveaux, illuminés ». L'apogée est marqué par deux poètes dont le renom a depuis longtemps atteint l'Occident : Li Bai (701-762) et Du Fu (712-770) [2]. Auprès d'eux, les poètes paysagistes se groupent autour de Wang Wei et de Meng Haoran, les poètes « de frontières » autour de Cen Shen et Gao Shi. Le lecteur français saluera la présence ici de Hanshan (« Montagne froide », début du VIIIe siècle), absent de l'anthologie Demiéville, comme il l'est communément des anthologies chinoises, plus admiré pour son personnage de moine que pour son écriture en langue populaire. Les poèmes de Du Fu, en grande partie écrits pendant et après la révolte d'An Lushan, dénoncent la misère et la guerre : « Les ronces ont envahi mille villages et dix mille hameaux » (*Ballade des chariots de l'armée*), « Quarante mille volontaires morts en une même journée » (*La tragédie de Chentao*).

La dynastie Tang tombe en 907 et celle des Song est fondée en 960. Entre les deux, la Chine est morcelée. Stéphane Feuillas présente les Cinq dynasties et les Song, eux-mêmes subdivisés chronologiquement en Song du Nord, puis, après la chute de leur capitale en 1127, en Song du Sud. Au cours de cette période apparaissent l'imprimerie et la xylographie.

Le grand lettré des Song du Nord est Su Shi (1037-1101), aussi appelé Su Dongpo (Ermite de la Pente de l'Est). Poète, peintre et calligraphe, il interprète avec originalité les traditions confucéenne et bouddhique et se lance

2. Li Po et Tu Fu avant la transcription pin yin.

dans les techniques d'immortalité taoïstes. Homme d'action, il se forme à la politique entre exils et rappels à la Cour. Une condamnation à mort pour crime de lèse-majesté est transmuée en exil à Hang Zhou par l'empereur. C'est là que sa pensée s'approfondit en se tournant vers l'essence de la vie et des choses.

En 1127, le Nord tombe aux mains d'un pouvoir étranger qui fonde la dynastie Jin. Les Song se replient au Sud. De nouvelles thématiques apparaissent en poésie : regret des provinces perdues, sentiment de la fin d'un monde, tendances patriotiques. L'époque est aussi celle des poèmes à chanter :

Longtemps me souviendrai du lieu où je te pris la main
Mille arbres se pressaient contre la froide verdure du Lac de l'Ouest
Et les pétales chassés, l'un après l'autre dans le vent,
Quand donc les reverrai-je ?
Jiang Kui (in *Obscur parfum*)

Considérant la période Song dans son ensemble, Stéphane Feuillas souligne l'avènement d'une pensée de la poésie non plus seulement comme un art, mais comme une Voie vers l'accomplissement de soi.

Rainier Lassalle introduit la période des Yuan, Mongols qui s'emparent d'abord du Nord, à la suite des Jin, puis du Sud en 1279. Les grands lettrés ont migré vers le Sud à la suite des Song. Le Nord développe une culture populaire très vivante, très colorée, qui répand des chansons en langue vernaculaire. De celles-ci finira par naître le théâtre, lequel est toujours chanté. Ainsi s'explique l'absence de différence, en Chine, entre opéra et théâtre.

Autre conséquence : le chinois vernaculaire du Nord gagne le Sud et devient langue nationale. Jusqu'ici, ces textes populaires avaient été peu traduits en français. Rainier Lassalle a choisi de les présenter en priorité.

L'alternance politique ramène au pouvoir, en 1368, une dynastie autochtone, les Ming, qui s'y maintient jusqu'en 1644, soit presque trois siècles. Martine Valette-Hémery l'estime peu remarquable sur le plan de la poésie proprement dite. Son aspect le plus vivant est la querelle des Anciens et des Modernes qui se développe au XVIe siècle. Il faut dire que le premier empereur Ming a pratiqué une politique de soumission brutale des lettrés et que le grand poète de l'époque, Gao Qi, né en 1336, est exécuté sur ses ordres en 1374.

Sur un plan général, le début de la dynastie Ming connaît l'expansion et le renouvellement, le transfert de la capitale de Nankin à Pékin — soit du Sud au Nord —, des expéditions maritimes, la reconstruction de la Grande Muraille. Puis, à partir du XVIe siècle, la situation se dégrade, les impôts de plus en plus excessifs entraînent des révoltes paysannes. Les poètes qui prennent le parti des malheureux sont condamnés à l'emprisonnement, voire mis à mort. D'autres préfèrent démissionner de leurs postes de fonctionnaires. Jésuites et commerçants occidentaux pénètrent l'Empire. Les Japonais et les pirates font des incursions sur les côtes. Enfin, les Mandchous venus du Nord éliminent les Ming et instaurent la dynastie des Qing.

À neuf ans près (1644-1911) de même durée que la précédente, ce sera la dernière, marquée par les conflits avec les puissances occidentales. Sandrine Marchand la divise en trois phases : une longue résistance contre les Mandchous, l'apogée, le déclin jusqu'à la fin, non seulement de la dynastie Qing, mais de l'Empire. Le sens de l'histoire, l'esprit de révolte et de résistance imprègnent l'écriture d'un bout à l'autre de la dynastie.

Le genre lyrique *ci,* dans lequel les femmes exprimaient leurs chagrins d'amour, s'étend à d'autres thèmes et les hommes s'en emparent. Il en est ainsi dès le XVIIe siècle, avec Chen Weisong :

Dans l'ennui, je saisis en souriant une branche et dis :
Partout le chant du coucou verse des larmes de sang
Les fleurs devraient resplendir sur une douce terrasse
Et non s'ouvrir sur un champ de bataille, ni à la passe de Qin,
ni à la passerelle de Shu

Le grand poète de la dynastie, Yuan Mei (1716-1798) est à l'origine du courant dit « naturel et sensibilité ». Il admire les talents féminins qui explosent alors. Autre nouveauté, le réalisme porte attention à la vie courante. Il s'attache à dire l'existence misérable du petit peuple et s'en indigne. Sont célébrés les moments d'amitié, les retrouvailles, qui arrachent l'être à sa vulnérabilité aux désastres.

En 1912, la République est proclamée. Appelée dès la fin du XIXe siècle, la révolution en poésie va se produire d'abord dans le contenu, puis dans la forme. C'est Chantal Chen-Andro qui présente les époques moderne et contemporaine. Plus de dynastie dans l'intitulé, plus de lettrés engagés comme tels dans l'administration. Amenés à gagner leur subsistance par leurs activités littéraires, ils traduisent des poètes étrangers, avec d'importantes répercussions sur leur écriture personnelle.

Il faut attendre 1920 pour que le recueil *Expérimentations* de Hu Shi, étudiant aux États Unis, ouvre une brèche dans les règles traditionnelles. L'année suivante, *Déesses* de Guo Moruo est en vers libres. Toutes les tendances se font jour, cercles et revues prolifèrent. Les événements vont freiner la créativité des années 1920-1930 : guerre civile entre les communistes de Mao Zedong et les nationalistes de Tchang Kaï-chek, poursuite de la guerre sino-japonaise, discours de Mao Zedong en 1942, liant les lettres et les arts au politique, le réalisme socialiste à partir de 1953, la domination sur la culture de la bande des quatre, instigateurs de la « révolution culturelle », de 1966 à 1976. Il faudra le formidable travail de traductions entrepris au tournant des années quatre-vingt pour que la poésie chinoise s'ouvre aux littératures du monde et que des tentatives, d'abord publiées hors des canaux officiels, atteignent un plus grand nombre de lecteurs. Bei Dao, né en 1949, est le chef de file de cette poésie nouvelle, contestataire, taxée d'obscurantisme par la critique.

Dans les années de clandestinité, le mouvement créatif de la poésie moderne s'est poursuivi à Taïwan. À la fin des années quatre-vingt, il reprend sur le continent dégagé du réalisme socialiste. Les poètes chinois qui s'expriment en ce début du XXIe siècle, qu'ils soient en République populaire, à Taïwan, ou en exil, participent de la créativité mondiale en ses courants poétiques multiples, étayée chez eux par la connaissance approfondie de la poésie classique acquise dans leur jeunesse.

L'ouvrage n'est pas bilingue, contrairement à d'autres anthologies de la Pléiade. La raison en est d'ordre pratique : le volume compte 1 600 pages, il en aurait fallu un second, sauf à réduire de moitié la sélection des textes. On se félicite que cette dernière option n'ait pas été retenue. Le lecteur frustré de la vision des idéogrammes aura néanmoins, en tête de chacune des huit périodes, une page de calligraphie.

Toute anthologie appelle des remarques sur ses choix et ses manques. Les responsables de chaque période précisent en introduction les motifs qui les ont conduits à citer en priorité des poèmes de tel ou tel genre.

La plupart du temps, les traductions sont leur œuvre, les exceptions étant signalées. Les problèmes soulevés par la traduction des poèmes classiques chinois sont multiples, et pour certains, insolubles. Il en va ainsi du rôle de l'écriture idéographique. Elle permet de jouer sur des rimes visuelles, de renforcer la polysémie des vocables. Il n'y a pas à cela d'équivalent dans l'écriture occidentale.

D'une manière générale, l'esprit de la langue, sa construction, les renvois culturels qui émaillent les poèmes classiques, font que leur traduction ne peut être qu'une transposition. Pour ce qui est du rythme, chaque caractère représente un mot, lequel est monosyllabique. Là non plus, le français ne peut fournir d'équivalent.

Faut-il en conclure que le non-sinologue est dans l'impossibilité d'accéder à la poésie classique chinoise ? En fait, elle se déploie dans un sens fluctuant qui est l'affaire du lecteur, si bien qu'en chinois même, le poème est l'objet de commentaires et d'interprétations multiples.

De ce point de vue, la traduction des poèmes contemporains est moins frappée d'impossibilités — pas plus, jusqu'à un certain point, que la traduction poétique d'autres langues, ce qui est déjà beaucoup.

Le riche appareil de notes, biographies des auteurs, bibliographies, habituel à la collection, concourt à faire de cette anthologie poétique, secondairement, un ouvrage documentaire sur l'histoire de la Chine. Est ainsi corroborée l'affirmation en préface de Rémi Mathieu : « La poésie est le plus beau chemin pour s'incorporer le monde ».

Françoise HÀN

LE THÉÂTRE COMME MONDE ET COMME REPRÉSENTATION

Il y a des gens qui apprécient un art, ont pour une forme d'expression artistique un goût plus ou moins vif, plus ou moins éclairé. Et il y a ceux dont cet art a changé la vie. Seuls ces derniers devraient avoir le droit d'écrire à son sujet. Pour ce qui est du théâtre, Florence Delay appartient à cette seconde catégorie. À qui en douterait, on conseillera de lire l'un de ses deux derniers ouvrages, parus en même temps chez Gallimard, il y a quelques mois [1]. *La Vie comme au théâtre* est un ouvrage inclassable. Du roman, il a la construction, la succession des péripéties suscitant en permanence l'intérêt du lecteur. Mais nous ne sommes pas ici dans la fiction et tous les événements rapportés sont vrais (ou mériteraient de l'être). L'ouvrage n'a pas la linéarité (souvent trompeuse) des mémoires et ce sont plutôt des éclats de souvenirs qui scintillent et laissent deviner peu à peu toute une vie. On pourrait parler de récit, mais on n'aurait rien dit. Disons qu'il s'agit d'une déclaration d'amour au théâtre. L'histoire d'une vie tout entière placée sous le signe d'un art qui cultive jusqu'à l'ivresse, jusqu'à la folie parfois, la confusion et le faux-semblant. Et si l'on veut le secret de son étrange vision du monde, Florence Delay le donne elle-même lorsqu'elle évoque sa découverte de Calderón : « Cette adéquation de la vie, du songe et du sommeil, du théâtre et du monde, gouverne depuis lors secrètement ma vie. »

Florence Delay a joué la comédie, a écrit des pièces, est une spectatrice passionnée. Elle a aussi, de 1978 à 1985, à la demande de Georges Lambrichs, tenu la chronique théâtrale de la *Nouvelle Revue française*. Ces chroniques sont recueillies aujourd'hui dans un fort volume de plus de 350 pages, intitulé sobrement *Sept saisons*. La situation particulière du critique de revue, Florence Delay la caractérise parfaitement : « Rendre compte d'un spectacle dans une revue, qui paraît le plus souvent quand il est terminé, présente l'avantage de se sentir libre. Plus libre, me semble-t-il, que les critiques attitrés des quotidiens ou des hebdomadaires qui ont un pouvoir sur le déroulement des choses. » Et elle ajoute plus loin : « Le chroniqueur est sans pouvoir. » Florence Delay a raison, et cette absence de pouvoir est une chose précieuse, et qu'il faut sauvegarder. Aujourd'hui plus que jamais, où l'on avilit cette activité autant qu'on le peut et où certains voudraient transformer le critique en simple auxiliaire du service de communication des théâtres. Je me souviens d'un metteur en scène qui venait juste d'être nommé directeur d'un prestigieux Centre dramatique national de banlieue. Lors de sa première réunion avec l'attachée de presse du théâtre, sa seule demande était qu'elle mette les dossiers de presse sur Internet « pour que les critiques puissent faire du copier-coller » ! Ce monsieur semblait ignorer que le critique n'est ni son porte-parole ni un agent de communication chargé de faire la promotion de ses spectacles. Le chroniqueur est un témoin et rien d'autre, mais un témoin amoureux (situation, on en conviendra, fort délicate). Le critique est aussi, et avant tout, sinon un écrivain (ce qu'est bien évidemment Florence Delay) du moins quelqu'un qui écrit. On a parfois tendance à oublier, quand on parle de critique, que c'est un genre littéraire. Le critique doit avoir un ton, une voix singulière. Ce ton particulier de la critique Florence Delay, on l'entend dès sa première chronique, dans le numéro de décembre 1978. Elle avait choisi de rendre compte des quatre pièces de Molière mises en scène simultanément par Antoine Vitez (on pouvait plus mal choisir). Après avoir fait certaines réserves, tout à fait justifiées, elle montre que la réussite de Vitez est d'avoir su concilier une authentique liberté tout en restant fidèle à l'esprit de chaque œuvre et à l'auteur.

L'auteur, Florence Delay ne l'oublie pas, comme le font tant de critiques aujourd'hui où l'on parle volontiers de l'*Ivanov* de Luc Bondy ou du *Roi Lear* d'Olivier Py. Rien de tel chez Florence Delay. Elle sait que quand un critique rend compte de la mise en scène d'un classique, il doit avoir des choses à écrire non seulement sur le spectacle lui-même, mais aussi sur l'auteur et sur l'œuvre, sans quoi il passe immanquablement à côté du travail du metteur en scène et des comédiens (sans parler des autres intervenants). Sur les œuvres et sur les auteurs, elle écrit des choses toujours pertinentes, souvent originales. C'est ce qu'elle fait à propos de Sophocle ou de Marivaux, d'*Œdipe roi* ou de *La Mère confidente*. C'est ce qu'elle fait surtout dans son admirable analyse de l'*Hippolyte* de Robert Garnier, mis en scène par Vitez. Elle fait preuve d'un mélange rare d'érudition et de finesse dans la comparaison entre la pièce de Garnier et la *Phèdre* de Racine, qu'elle envisage du point de vue de l'évolution conjointe de la langue et de la civilisation françaises.

Mais là où Florence Delay est particulièrement impressionnante, c'est à propos de Goldoni. Elle se livre à une subtile analyse de son œuvre réformatrice : « Le vieil avare de Pantalone devient un prudent marchand qui tend par son langage et sa philosophie à redevenir un type. Passionnant va-et-vient de la tradition à la création, dictée par l'apparition d'une nouvelle classe active dans une société en transformation. » On a rarement proposé des aperçus aussi ingénieux sur l'œuvre du grand Vénitien, œuvre particulièrement complexe et en tant que telle si souvent sujette aux errances des metteurs en scène. Et ces errances, les meilleurs n'en sont pas exempts. C'est ce qu'elle montre dans sa remarquable critique du travail d'adaptation réalisé par Giorgio Strehler sur la Trilogie de la Villégiature. Elle montre avec une rigueur admirable que le metteur en scène s'est substitué à l'auteur jusqu'à le faire disparaître en défigurant son œuvre. Air connu ! Au théâtre comme ailleurs, au commencement est le verbe et les metteurs en scène ont trop souvent tendance à l'oublier. Aussi face au superbe *Richard II* monté par Ariane Mnouchkine, Florence Delay fait-elle l'éloge de la beauté plastique du spectacle sans manquer de relever, pour les dénoncer, les erreurs, contresens, fautes dans la direction d'acteur, tout ce qui empêche l'œuvre de Shakespeare en tant que telle de parvenir au spectateur.

Pour tout critique un peu sérieux, une solide connaissance dans le domaine de l'histoire du théâtre est indispensable. Là encore, on ne saurait prendre Florence Delay en défaut. Elle fait partout preuve d'une remarquable érudition, sans pédanterie. On peut citer en exemple une critique d'une mise en scène de *Rosmersholm* d'Ibsen, à propos de laquelle elle évoque l'histoire des interprétations de cette œuvre en France depuis Lugné-Poe dirigeant De Max. Pages d'autant plus impressionnantes que rendre compte d'une interprétation est souvent un casse-tête pour un critique. Florence Delay, qui a été comédienne, sait admirablement décrire le jeu des comédiens. Son analyse du jeu de Serge Merlin dans *Le Dépeupleur* de Samuel Beckett, mis en scène par Pierre Tabard, est magistrale.

Qu'elle rende compte de spectacles réussis ou pas, qu'elle les ait aimés ou non, Florence Delay se montre toujours aussi inspirée. C'est ainsi qu'on peut lire une très belle chronique consacrée à trois spectacles ratés, le premier en raison des faiblesses du texte (*La Tour de Babel* d'Arrabal), le second du fait de l'adaptation (*Les Hauts de Hurlevent* portés à la scène par Robert Hossein) et le dernier à cause de la mise en scène (*Les Noces de Figaro* de Mozart mises en scène par Vitez). Si elle se montre toujours aussi inspirée, c'est surtout parce qu'aimer *le* théâtre, c'est aimer tous *les* théâtres, toutes les formes, toutes les déclinaisons de cet art qui est, comme l'enfant selon la psychanalyse, un pervers polymorphe. C'est aimer le théâtre de marionnette aussi bien que la tragédie grecque, la commedia dell'arte comme le théâtre le plus contemporain. Florence Delay en donne la preuve en particulier dans un article tout entier consacré au boulevard. Et elle prend le genre au sérieux, comme en atteste sa sévérité, qui est la preuve même d'une absence totale de condescendance.

De ces quarante critiques, à la fois diverses, singulières et dessinant une vision cohérente du théâtre, je dois pour finir en signaler deux particulièrement remarquables. La première est intitulée « Graal Massacre ». En feignant de rendre compte de *Graal Théâtre*, mis en scène par Marcel Maréchal, comme si elle n'en était pas l'auteur avec Jacques Roubaud, Florence Delay se livre à une réjouissante critique de la critique. D'une malice diabolique, elle renvoie ses désormais collègues dans les cordes et à leurs chères études (si on me permet ce zeugme douteux). Elle pourrait s'exclamer avec Figaro, dont elle a l'esprit mordant et facétieux, « à pédant, pédant et demi ; qu'il s'avise de parler latin, j'y suis grec ; je l'extermine. » Cet article est un joyeux massacre non pas des prétendants mais des prétentieux, dont la pertinence ne me semble pas caduque. Il me faut enfin dire un mot de son avant-dernière chronique, parue en décembre 1984, car il me semble qu'on y trouve la quintessence même de son art. L'article évoque un spectacle magnifique qu'elle aurait vu en Italie, interprété et mis en scène par un certain Ruggero Sani, transfuge de l'Odin Teatret d'Eugenio Barba. Florence Delay laisse courir sa plume alerte sur le papier avec d'autant plus de liberté que ni le comédien ni le spectacle n'ont jamais existé, sinon comme existent les personnages de fiction. Avec au cœur de ce texte la littérature (en l'occurrence Pétrarque et Leopardi), Florence Delay propose, dans cette facétie pleine de conviction(s), une utopie de théâtre, une représentation comme tout amoureux du théâtre en rêve.

De son art, Florence Delay connaît tout. Tout le sublime et tout le dérisoire, le grand théâtre du monde et le petit monde des théâtres. Et qu'elle fasse preuve d'indulgence ou de sévérité, c'est toujours pour la même raison, à cause d'un amour profond, essentiel, vital, pour le théâtre. Avec *Sept saisons*, elle propose une leçon de critique à la fois amoureuse et érudite, savante et passionnée.

Karim HAOUADEG

1. *La Vie comme au théâtre* et *Sept saisons* sont publiés tous deux par les éditions Gallimard, le premier dans la collection blanche, le second dans « Les Cahiers de la NRF ».

LE CINÉMA

DÉMOCRATIE MALADE

Une jeunesse allemande de Jean-Gabriel Périot

Premier long métrage documentaire de Jean-Gabriel Périot, *Une jeunesse allemande* se situe dans la continuité des courts métrages de ce vidéaste-plasticien qui recourt aux archives pour interroger les violences du XXe siècle et leurs séquelles. *Dies Irae* (2005) est une œuvre plastique vertigineuse qui conduit, de manière quasi abstraite, jusqu'aux vestiges d'Auschwitz. *200 000 fantômes* (2007) exhume des fragments de mémoire qui ravivent le souvenir de la bombe d'Hiroshima. Dans *Eût-elle été criminelle* (2006), qui creuse un sillon directement lisible vers *Une jeunesse allemande*, un montage d'archives montre le débarquement allié sur les plages de Normandie en 1944, puis un épisode de la Libération où sont tondues des femmes soupçonnées de collaboration avec l'occupant. Le film est construit en diptyque, comme souvent chez l'auteur : l'arrivée des alliés démocrates et la victoire sur les nazis, puis une autre violence dont on se souvient qu'elle inspira à Paul Éluard son poème « Comprenne qui voudra », accompagné de cet exergue : « En ce temps-là, pour ne pas châtier les coupables, on maltraitait des filles. On allait même jusqu'à les tondre. »

Le message de Périot est clair : la démocratie renaît sous de mauvais auspices. C'est la base de sa réflexion qui conduit à *Une jeunesse allemande*. Nous sommes vingt ans après la guerre, l'Allemagne de l'Ouest, mal dénazifiée, n'a pas fait le travail de mémoire qui eût été nécessaire. Utilisant des archives de la télévision, le cinéaste met au jour et questionne la rébellion de la jeunesse à partir de 1966, c'est-à-dire depuis les premières manifestations contre la guerre du Vietnam et l'élection la même année du chancelier Kurt

Georg Kiesinger, ancien membre actif du parti nazi, jusqu'au 18 octobre 1977 où l'on découvre les corps d'Andreas Baader et Jan Carl Raspe, membres de la Rote Armee Fraktion [1], tués d'une balle de revolver dans leur cellule de la prison de Stammheim.

La nature de ce film est différente des précédents où Périot mettait en cause ses « ennemis » — il se situait du côté des victimes d'Auschwitz, d'Hiroshima. Ici, il observe un groupe qui a développé à ses débuts des pensées proches des siennes (la critique d'une société encore tributaire de son passé nazi, le désir de révolution) et dont il interroge la dérive, non pour l'excuser, mais pour tenter de la comprendre. Son film n'est pas didactique, le montage d'archives visuelles et sonores n'est accompagné d'aucun commentaire. Si la constitution de la Rote Armee Fraktion est mentionnée sans faire l'objet d'un développement, les revendications des jeunes gauchistes sont en revanche nettement exprimées.

La première partie qui va de 1966 à 1970 bénéficie d'un important crédit d'archives où l'on voit le cinéaste Holger Meins ou la journaliste Ulrike Meinhof — figure centrale du film et unique membre de la RAF née au début des années trente — tenter de débattre, par leurs écrits ou leurs films, avec le pouvoir et ses représentants (hommes politiques ou journalistes).

La seconde partie (1970-1977) ne comporte que des documents traitant du cas d'Andreas Baader, Ulrike Meinhof, Gudrun Ensslin, etc. Entrés dans la clandestinité, privés (et se privant) de parole, ils sont stigmatisés par les médias. C'est un des premiers cas de crise socio-politique, avec la guerre du Vietnam, à être relayé directement par les images. Les archives de ce deuxième volet sont cependant rares et parcellaires : « Contrairement à la première partie où le travail de montage a consisté à réduire une matière trop riche, dans la deuxième partie, le montage a consisté à relier ensemble des archives fragmentaires et à le faire malgré la disparition de pans entiers d'archives », explique le cinéaste dans le dossier de presse accompagnant la sortie d'*Une jeunesse allemande*.

Entre 1966 et 1970, la partie historique est judicieusement restituée, en particulier à travers des prises de parole et des confrontations entre des hommes politiques et Ulrike Meinhof, journaliste du magazine *Konkret*, proche de la gauche communiste, dont elle est l'éditorialiste. On voit également des images saisissantes du tabassage d'étudiants par la garde privée du shah d'Iran Mohammad Reza Pahlavi, lors d'une manifestation contre sa venue à Berlin en juin 1967, sans que la police allemande intervienne. Le jeune Benno

1. Fraction Armée rouge, organisation terroriste d'extrême gauche constituée en 1970.

Ohnesorg trouvera la mort ce jour-là, tué d'une balle tirée dans la tête. En avril 1968, Rudi Dutschke, leader du mouvement étudiant allemand, est victime d'un attentat, ce qui provoque des manifestations dans toute l'Allemagne. Même le célèbre festival de Knokke-le-Zoute, consacré au cinéma expérimental, n'est pas épargné. Les responsables de la manifestation (cuvée 1967) affirment que les idées révolutionnaires peuvent s'exprimer sur l'écran, à travers les films, mais pas dans la salle.

Ulrike Meinhof met l'accent sur ce qui va mal à travers ses interventions télévisuelles, elle réalise une émission sur la répression des manifestations estudiantines de 1967 et 1969. Holger Meins fonde une école de cinéma et s'attaque au monopole exercé par le groupe Springer sur la presse allemande. Le magnat réagit et porte plainte. Dans cette première partie, le refus de dialogue des représentants de la démocratie rigide et autoritaire allemande est très bien pointé. Désespérée de ne pas être entendue, Meinhof, dans une de ses dernières apparitions, déclare qu'il est préférable de s'emparer de la rue puisque toute autre voie est interdite à ceux qui professent les mêmes convictions qu'elle.

Andreas Baader est peu présent dans cette première partie, car dès 1968, avec Gudrun Esslin, Thorwald Proll et Horst Söhnlein, il incendie deux grands magasins de Francfort pour protester contre la guerre du Vietnam et le soutien de l'Allemagne de l'Ouest aux Américains. Puis il disparaît un temps en France et en Italie. Les destins de Baader et Meinhof se croisent en 1970 quand cette dernière entre dans la clandestinité et fait partie du commando qui organise l'évasion de Baader incarcéré à Berlin. Désormais, il n'y a plus d'interlocuteurs, mais l'ennemi, la RAF qui commet des attentats meurtriers, et ceux qui en parlent, partout en Europe.

Jean-Gabriel Périot insiste sur le fait que, malgré ses dérives, la démocratie « est devenue un fait indépassable qu'on ne questionne pas. Il n'y a aucun autre régime de gouvernance possible et cela ne s'interroge pas. » Il oppose, alors, deux langues de bois, celle des étudiants pour qui tout représentant de l'« autre bord » était un fasciste, et les médias qui dotent de gènes terroristes tous ceux qui le sont devenus, refusant d'interroger leur évolution et la responsabilité qu'eux-mêmes ont pu avoir dans cette genèse. « Dans le film, nous vivons pendant une heure avec ceux qui vont devenir des "terroristes" et on se rend compte qu'ils ne sortent pas de nulle part, qu'ils ont eu une existence avant leur passage à l'acte… cette simple expérience ne change pas notre jugement sur leurs actions, mais permet de mettre en lumière cette manière dont les hommes politiques utilisent le "terrorisme" en fabriquant des "monstres" et de la peur. »

Une jeunesse allemande obéit aux mêmes préceptes que les films précédents de Jean-Gabriel Périot : défier l'oubli, donner à voir divers jalons de l'histoire du monde contemporain, et surtout celle de l'Europe, afin de servir de boussole à notre histoire présente dont les dérives sont parfois difficiles à analyser. À la question liminaire de Godard qui ouvre le film : « Est-il possible de faire des images en Allemagne aujourd'hui ? », répond l'extrait du film collectif *L'Allemagne en automne* (1978) conçu par Alexander Kluge, dans lequel Rainer Werner Fassbinder pose des questions judicieuses sur la démocratie et ses limites, et veut savoir comment les prisonniers de la RAF, en cellule d'isolement, ont pu se tirer une balle dans la tête. Fassbinder et Kluge, tout en restant dans le domaine de l'art, ont su donner des images saisissantes et justes sur cette période et les enjeux qu'elle souleva et qui sont toujours d'actualité.

Raphaël BASSAN

LA MUSIQUE

AU FESTIVAL DE VÉRONE

Il a été créé sous le signe de Verdi, en 1913, pour célébrer le centenaire de la naissance du musicien et il demeure un haut lieu du culte que suscite Verdi, comme Salzbourg pour Mozart ou Bayreuth pour Wagner. Cette année le 93e festival de Vérone n'a pas manqué à la tradition, puisqu'on y a donné *Aïda* et *Nabucco*, et, en outre, *Don Giovanni* de Mozart, *Le Barbier de Séville* de Rossini, *Roméo et Juliette* de Gounod, *La Tosca* de Puccini. Belle activité d'un festival qui présente six opéras, sans compter des concerts !

Les arènes romaines de Vérone, que ne surpassent par leurs dimensions que le Colisée de Rome et l'amphithéâtre de Capoue, conviennent particulièrement bien à *Aïda.* C'est donc une représentation de cette œuvre grandiose que nous avions retenue. Les augures pourtant ne semblaient pas favorables : une pluie torrentielle, d'une violence toute méditerranéenne, s'abattit sur la ville à vingt heures et dura plus d'une heure. Mais rien ne décourage ni le public passionné de Verdi, ni les hardis musiciens, et avec un retard considérable, mais qu'importe ?, sans se soucier des dernières gouttes de pluie, Radamès (Carlo Ventre) chanta avec toute la conviction voulue : « Celeste Aida, forma divina… ».

La mise en scène de Franco Zeffirelli cherche le grandiose, le grand spectacle, sans craindre le *peplum*. Mais faut-il le lui reprocher ? Peut-on rechercher une interprétation plus subtile et plus intimiste dans un espace aussi imposant ? Donc pyramides, escaliers monumentaux, costumes d'une majestueuse richesse (dus à Anna Anni), un décor passablement conventionnel. Serait-on tenté de critiquer cette mise en scène assez traditionnelle ? Sous le ciel enfin rasséréné de Vérone, dans l'espace immense de ces arènes, elle ne manque pourtant pas d'impressionner.

La mise en scène d'*Aïda*, au cours de la longue histoire de cet opéra créé en 1871 à l'Opéra khédival du Caire, a suscité de multiples discussions. Faut-il essayer de reconstituer l'Égypte telle que nous pouvons la connaître — et qui ne peut être exactement l'Égypte historique ? ou bien l'Égypte telle qu'on l'imaginait du temps de Verdi ? Faut-il y faire allusion au percement du canal de Suez à l'occasion duquel l'œuvre fut composée ? Comme Wieland Wagner à Berlin, en 1961, viser une sorte d'abstraction, d'intemporalité, ou, au contraire, comme à Milan en 1986 insister sur l'aspect social et politique, ou enfin comme Olivier Py à l'Opéra Bastille en 2013 vouloir imposer à l'œuvre une modernité appuyée, introduire un char d'assaut, des allusions aux camps, au fascisme, au colonialisme ? On sait les fureurs que provoqua cette mise en scène. La violence des réactions du public, tout autant que la diversité des solutions proposées par les metteurs en scène, est bien un signe de la passion constante que suscite une œuvre. À Vérone, Zeffirelli qui fit ses premières armes comme assistant de Visconti (ainsi avec *Senso*) ne craint pas le grand spectacle. Ne boudons pas notre plaisir. La pluie a cessé, écoutons la musique.

Elle dit plus que la mise en scène, plus que le texte du livret d'Antonio Ghislanzoni — lui-même est le fruit d'une genèse complexe, puisque le point de départ avait été un scénario de l'égyptologue Auguste Mariette retravaillé par Camille Du Locle. Sur un arrière-fond de bataille et de violence, la musique de Verdi révèle en profondeur ce drame intime de l'amour d'un général égyptien pour une esclave éthiopienne, Aïda, alors qu'on voudrait le marier à la fille du Roi. Les troisième et quatrième actes sont particulièrement émouvants et la soprano lyrique, Susanna Branchini ce soir-là, a été très convaincante — Aïda qu'elle a chanté pour l'ouverture de l'Opéra de Hong-Kong, et aussi à plusieurs reprises, en Allemagne, au Théâtre royal de Parme, est un des grands rôles de son répertoire, à côté de Lady Macbeth et de la Tosca. Le plein air, l'immensité des arènes constituent des épreuves pour les chanteurs, épreuves dont Susanna Branchini a bien su triompher.

La musique de Verdi est novatrice, notamment à cause de la place qu'il donne (comme Berlioz) aux instruments à vent récemment perfectionnés par Sax — les célèbres trompettes ont magnifiquement retenti. C'est d'ailleurs plus à Berlioz qu'à Wagner que fait penser Verdi. Il y a dans *Aïda* des leitmotive caractérisés, mais enfin ce n'est pas Wagner qui a inventé ce procédé : on le trouve déjà chez Rameau. Quant à la mort des amants, le thème est universel : plutôt que de se référer à Tristan et Iseut, on pensera — ce qui s'impose à Vérone — à Roméo et Juliette, et encore à Berlioz. Mais mieux vaut penser à Verdi et surtout l'écouter. La direction musicale du jeune chef Andrea Battistoni ne manque pas d'autorité, et il en faut pour dominer cet océan d'instruments et de choristes. Le corps de ballet de l'Arena et la chorégraphie de Renato Zanella ont été parfaitement en harmonie avec cette représentation.

Au total, cette interprétation n'a certes rien de révolutionnaire, elle n'essaie pas de provoquer le public — pas une place libre dans les arènes qui peuvent accueillir plus de vingt mille spectateurs — mais elle ne manque pas de mérite. À la fin de la représentation, les multiples rappels et applaudissements ont rendu hommage au tour de force accompli par la nombreuse équipe qui a travaillé à *Aïda*, en attendant — et tout autour des arènes, entassés dans les rues adjacentes, les décors colossaux de *Nabucco* l'annonçaient — la suite de ce célèbre festival.

Béatrice DIDIER

LES ARTS

BARBARA HEPWORTH

La Tate Britain consacre à Barbara Hepworth une rétrospective, la première depuis cinquante ans, orientée vers la dimension internationale, résolument moderne de son œuvre. Dans six salles, dotées chacune d'un titre, « Carving », « Studio », « International Modernism », « Equilibrium », « Staging Sculpture » et « Guarea », puis « Pavilion » sont exposés ses sculptures, dessins, photos et maquettes dans un ordre chronologique. Sont surtout présentées ses sculptures sur bois, marbre ou pierre, de taille relativement modeste. Son travail monumental pour l'espace public n'est pas représenté. Les bronzes de la dernière salle, « Pavilion », sont ceux que l'on peut voir et pourra revoir dans le parc de sculptures du musée Kröller-Müller à Otterlo aux Pays-Bas.

Barbara Hepworth (1903-1975) est une figure majeure de la sculpture moderne. Contemporaine et amie de Henry Moore qui, comme elle, a fait ses études à la Leeds School of Art et au Royal College of Art à Londres, elle a souvent été éclipsée par ce dernier dans la représentation de l'art et de la sculpture modernes ainsi que dans les collections permanentes des grands musées. Sans doute les sculptrices ont-elles toutes subi ce sort. Germaine Richier, d'un an plus âgée que Barbara Hepworth, n'a peut-être pas une meilleure visibilité internationale.

En Grande-Bretagne, deux musées sont exclusivement consacrés à Barbara Hepworth : l'un à Saint Ives en Cornouailles où est exposée sa sculpture, et où se trouvent encore ses outils, dans ce qui était son jardin et son atelier, et l'autre à Wakefield près de Leeds, son lieu de naissance.

La sculpture de Barbara Hepworth est immédiatement reconnaissable quelle que soit sa dimension, monumentale ou de petite taille. Souvent lisses, invitant au toucher, percées d'ouvertures circulaires ou hélicoïdales parfois peintes, les formes polies incitent le regard à explorer le dedans, le dehors, l'intérieur et le pourtour. Le matériau est aussi bien le marbre que l'albâtre, la pierre, le bois exotique ou plus rarement et plus tardivement le bronze. Barbara Hepworth pratique la taille directe.

Deux sources majeures d'inspiration sont à l'œuvre dans son travail. La première est sa relation au paysage, à la lumière. De son enfance dans le Yorkshire, Barbara Hepworth gardera un souvenir vivace. Les formes pleines et creuses, les courbes du West Riding seront pour elle une empreinte déterminante. Les sensations éprouvées dans son jeune âge ont inscrit en elle le goût du toucher — des yeux ou de la main — et des rondeurs souples. Elle ne cessera de dire d'ailleurs combien la sculpture est faite pour être touchée. La mise à distance, nécessaire dans l'espace muséal, rend hélas cette expérience impossible.

L'Italie, où elle séjourna de 1924 à 1926 avec le sculpteur John Skeaping qu'elle épousera au Palazzo Vecchio de Florence, lui permettra de vivre l'influence de la lumière méridionale sur les sensations qu'elle intensifie et les volumes qu'elle modifie.

À Saint Ives, Barbara Hepworth retrouvera l'intensité de la lumière de l'Italie. Elle y sculptera dehors, dans la vive lumière océanique. Elle quittera Londres pour Saint Ives avec ses enfants en 1939 pour échapper aux bombardements qui n'ont pas manqué de détruire une vingtaine de ses œuvres dans son studio de Hampstead. La guerre aura une profonde influence sur elle ; les difficultés matérielles, tant pour subvenir aux besoins de sa famille que pour s'approvisionner en matériaux à sculpter, l'accableront souvent.

La sculpture de Barbara Hepworth est indissociable du lieu où elle est élaborée. Elle s'y inscrit par les matériaux, les formes et la volonté de l'artiste qui veut être et créer là où elle est. C'est de cette combinaison que naissent la vivacité et la présence de son art.

Il y a toutefois une deuxième source d'inspiration de son œuvre et c'est cette dernière que présente l'exposition à la Tate Britain : il s'agit des échanges avec les artistes de son temps. « On a beau être au bout du monde », disait-elle — ce qu'elle pouvait ressentir à Saint Ives —, « nous sommes en contact avec les artistes de notre temps ». Saint Ives était en effet devenu un lieu de séjour et de rencontres. Naum Gabo s'y était installé, d'autres y ont séjourné. Ceci explique en partie l'accent mis dans cette exposition sur la dimension internationale de la réflexion théorique, esthétique et politique de Barbara Hepworth.

Les trois lieux fondateurs (Yorkshire, Italie, Cornouailles) n'en sont pas moins déterminants dans l'itinéraire et l'œuvre de l'artiste, mais sans doute n'est-il pas inutile de rappeler que Barbara Hepworth n'est pas restée confinée dans chacun de ces espaces. Elle a non seulement voyagé en Italie, en France et en Grèce mais a aussi eu de riches échanges avec des artistes majeurs dont certains fuyaient le nazisme et les troubles en Europe continentale.

Dans la troisième salle de l'exposition, « International Modernism », des fac-similés de revues d'avant-garde telles que *abstraction création art non figuratif 1933* permettent de voir des écrits de Barbara Hepworth en compagnie de ceux de Gleizes, Hélion, Calder, Arp, Gabo, Mondrian, Moholy-Nagy, Schwitters, Taeuber-Arp, Vantongerloo, Gonzales, Herbin, Kupka, Kandinsky… Cette liste suffisant à elle seule à déprovincialiser Barbara Hepworth comme le souhaitent les commissaires de l'exposition.

Barbara Hepworth a en effet, toute sa vie, par son œuvre mais aussi par ses écrits, apporté une contribution importante aux débats sur l'art et sur le rôle de l'artiste dans sa quête esthétique et dans la société. Elle collabore activement à des revues d'avant-garde (*Studio*, *Axis*, *Unit One*, *Circle : International Survey of Constructivist Art*). Ses deux mariages ont indéniablement été des contextes d'échanges déterminants ; le premier avec John Skeaping (dont elle aura un fils et dont certaines œuvres sont visibles dans la première salle), et le second avec Ben Nicholson (peintre abstrait de renom avec qui elle aura des triplés et qui lui fera rencontrer Zadkine, Braque et Picasso en France ; la deuxième salle est entièrement consacrée à leur collaboration et montre la passion qui les animait l'un et l'autre, l'un pour l'autre).

Poursuivant un travail ambitieux, novateur et solitaire, Barbara Hepworth est aussi à l'écoute des changements de son époque. Elle a saisi par exemple l'importance et l'intérêt de la photographie qu'elle a elle-même pratiquée de manière créative et dont elle a perçu l'intérêt pour la diffusion de son œuvre — la sculpture n'étant souvent vue que photographiée. Elle a aussi su dialoguer avec des critiques tels que Herbert Read. Pour le théâtre et l'opéra, elle a créé costumes et décors.

La recherche d'un certain formalisme, la définition de ce qu'est l'abstraction pour un artiste (et plus particulièrement pour un sculpteur qui taille, scie, creuse, rabote et utilise des outils d'artisan) occupent Barbara Hepworth qui, comme beaucoup d'artistes de cette époque, rêve d'un monde « libéré » de toutes sortes de conventions et de celles de la figuration notamment. « Dans tous les arts soyons les musiciens des nombres », écrit-elle en évoquant Bach et la composition formelle.

Chez Barbara Hepworth la réflexion intellectuelle, théorique, politique s'accompagne d'une forte implication dans le concret de la vie. Un exemple dans cette exposition est particulièrement remarquable. Il s'agit de scènes prises sur le vif (à l'huile et à la mine de plomb) en 1948 dans une salle d'opération où l'on voit le chirurgien entouré de ses assistants. Le patient est caché par le champ opératoire. Le chirurgien a à la main maillet, gouge et broche tout comme le sculpteur. Ils font tous deux le même geste, l'un pour guérir en extirpant le mal, l'autre pour faire sortir de la pierre ou du bois une forme. De ces dessins se dégage une grande harmonie et pourtant l'on sait que le chirurgien, saisi dans l'acte d'opérer, avait soigné une des filles de Barbara Hepworth souffrant d'ostéomyélite.

C'est cette même harmonie paradoxale que l'on perçoit dans les « maternités » de Barbara Hepworth (1933, 1934). Le thème de la mère et l'enfant est familier voire banal dans l'histoire de l'art mais Barbara Hepworth lui donne une autre dimension en étant d'ailleurs consciente du fait que le titre de « maternité » pouvait être réducteur. Les formes que nous identifions comme étant « la mère » et « l'enfant » sont proches mais séparées. L'enfant est indépendant, posté sur les genoux de sa mère à demi-allongée ou sur ses genoux mais libre dans l'espace de l'abdomen creux et accueillant. La mère peut aussi être allongée dans une posture animale, protectrice, l'enfant est là, sans lien apparent avec la mère. Polies, lisses, invitant à la caresse, ces sculptures de petite taille sont la marque d'une attention particulière à la relation mère-enfant, relation qui a tant occupé Barbara Hepworth dans la vie réelle, et ce d'autant que la guerre et son lot de privations pour ses quatre enfants la préoccuperont beaucoup. Relation sublimée, transformée par le geste du sculpteur dans une abstraction sensuelle.

À la fin de la guerre, Barbara Hepworth s'impliquera dans les programmes de reconstruction, réactivant ses intérêts pour l'architecture et la politique.

Sa mort brutale dans un incendie en 1975 mettra un terme à une carrière pour lors reconnue et célébrée (la sculpture monumentale *Single Form*, à la mémoire de Dag Hammarskjöld en 1961-1964, à New York en est sans doute l'expression la plus forte), mais ce dont chaque visiteur pourra faire l'expérience dans cette exposition, c'est de l'harmonie qui se dégage de son œuvre. On peut penser à Arp, à Marta Pan, à Brancusi ou à d'autres artistes si l'on veut établir des parentés ou des passerelles dans l'art et la sculpture modernes, mais ce qu'on retiendra surtout c'est l'originalité et la beauté de ce monde créé par Barbara Hepworth.

La dimension internationale, intellectuelle de sa démarche, telle qu'elle est mise en avant ici, n'est pas sans intérêt, bien sûr, mais elle n'est qu'un point de vue sur l'activité de Barbara Hepworth. Reste l'œuvre magistrale dont la force et la présence échappent à toutes les modes et à toutes les écoles.

Madeleine RENOUARD

Barbara Hepworth, Sculpture for a Modern World, Tate Britain, Londres, 24 juin-25 octobre 2015.

NOTES DE LECTURE

POÉSIE

Guy VIARRE : *Dissolutions*, précédé de *Invitus invitam* (Fissile, 20 €).

Qui est Guy Viarre ? Il faudra un jour se poser la question. Les éditions Fissile publient *Dissolutions* précédé de *Invitus invitam*, un volume de 185 pages de poésie de l'auteur disparu en 2001. Il serait le dernier volume publiable des manuscrits laissés à ses ayants droit. On sait peu de choses aujourd'hui de Viarre, sinon qu'il a cofondé la revue *moriturus* qu'il n'a pas eu le temps de voir naître. On ne sait pas par exemple qu'il est un « Batouto », comme le disait Édouard Glissant de Pouchkine ou de Dumas, c'est-à-dire un « Noir » qu'on n'identifie pas comme tel. De mère haïtienne et de père picard, il est le frère du musicien de blues haïtien Carlton Rara (Carl Viarre), son « jumeau » littéraire parfois présent dans l'œuvre. Né en 1971 et résident à Tarbes, il survole des études au cours desquelles il rencontre Hugo Hengl, futur auteur « moriturien » et traducteur. Arrivé aux premières places d'un concours de l'enseignement, il en démissionne aussitôt. Il entamera encore des études de philosophie quelque temps avant sa mort. On peut voir ici ou là des photos de Viarre aux côtés de son éditeur Jean-Pierre Sintive ou du poète Jean-Louis Giovannoni. Une vidéo de 5 minutes a récemment été retrouvée — il est sans doute encore étudiant. De grande taille, très mince, les cheveux presque ras, un long visage maigre et animé, parfois jovial, manifestement d'une grande émotivité, Viarre est un *reste noir* tranchant qu'il incarne en poésie et dans la vie de la manière la plus éclatante.

De quel « reste » parlons-nous ? Du reste que sont le corps, l'écriture, ou la vie même à l'égard des grandes positivités anthropologiques. De l'élément assigné au résidu, qui n'est pas signifiant dans les organisations unifiées de la pensée, de la langue, du corps ou de la culture, y compris littéraire. De cet élément résiduel, « noir » — et le mot noir est ici requalifié — qui gagne en autonomie, expressivité et dangerosité contre la signification, quand la signification ne reconduit qu'à elle-même, et c'est sa vocation. Viarre est le parti pris de la vérité contre la signification. La vérité détruit la signification. La signification, ordre du discours et de l'énonçable, grande gagnante de l'effet de réel contre le réel, existe dans un ordre de réalité qui est indifférent à la vérité, qui est, elle, de l'ordre des corps qui vivent, souffrent et meurent. C'est cette vérité-là, celle de la honte par exemple, de la colère ou du « haut mal » qui est en fait un bas mal, pas même ontologisé en tant que mal, qui expulse des grandes clartés signifiantes une œuvre exacte, jouisseuse, mortelle et vraie. Telle est l'œuvre du poète lettré, érudit, savant, et pour cela au fond vivant sans théâtre la vérité. Contre le « littéraire », Viarre ne rémunère pas le défaut de la langue, il l'accroît et cela tient.

Tout cela est à lire, à relire, à reconsidérer au regard d'une œuvre d'ensemble qui contient récits, aphorismes, fragments d'essais et poésie qu'ont publié les éditions Unes, Flammarion, Fissile ou Grèges. Avec Viarre, écrit un de ses éditeurs, « la langue française tombe sur un os ».

Mais reprenons *Dissolutions*. Le volume nouvellement paru a été écrit, dit l'éditeur, en 2000-2001, c'est-à-dire au moment où l'homme vivait ou pressentait vivre ses derniers mois d'existence. Quelques extraits.

Sur l'écriture : *comprendre un jour que l'écriture ne nous / regarde pas* (p. 33) ; *ne parle à personne dans ton livre — il y a déjà ta / quantité muette* (p. 163) ; *l'inimitable allophone qu'est une langue* (p. 164). Sur la vérité : *chaque fois que la tête et le réel se rencontrent la tête / est coupée* (p. 148) ; *éloigner le passage / la possibilité de la transition* (p. 95) ; *les yeux donner à neutre, pour que les neutres / apprennent du silence des yeux* (p. 155) ; *l'origine sauvage du sol / toi aussi* (p. 13). Sur la bête : *ce sont les bêtes qui me rentrent* (p. 121) ; *lancer de bêtes / confiance accrue* (p. 175) ; *il fait jour / il n'aperçoit pas / qu'il perd ses bêtes* (p. 134). Sur la vie : *c'est le propriétaire c'est définitoire* (p. 31) ; *il aimait la vie / il jugeait juste / de mémoire / il n'attendait rien* (p. 99) ; *on s'illimite / avec le mort / à côté* (p. 20) ; *on est mort / on n'a pas changé de côté / de sens / on n'en avait pas* (p. 24). Sur la mort : *il était mal bâti / maintenant / ça se voit* (p. 37) ; *on ne peut plus rien faire / il n'avait qu'à vivre* (p. 32) ; *maintenant qu'il est mort / on est renvoyé* (p. 116) ; *pour moi rien d'autre que la peur qui pousse* (p. 185).

On retrouve le Viarre le plus essentiel : une langue dense, des énoncés qui peuvent faire suite et récit, mais aussi rupture et haillon. Un intérêt aussi pour la peinture. Enfin un retournement contrarié permanent sur la forme que cela laisse : l'os — de la vérité, de la signification, de la vie. L'isolement du lexème et la frappe au mat. Mais pourquoi et quoi ? Pour les grandes nudités fonctionnelles, pour la tension qualifiante au vrai, à l'illisible animal et à sa langue, à ce qui n'est pas du sens mais du vrai et qui échappe à la véridiction : une langue sans langage de l'homme, reprise pierre ou motte dans la distance la plus esseulée à soi et à l'autre. D'où aussi la cruauté de la forme, à laquelle n'est pas étrangère la qualité de la facture éditoriale qui accroît le froid / accroît le chaud. D'où l'immense pouvoir *pathétique* de l'œuvre, au sens pascalien-kierkegaardien du terme : Viarre enfin ici, dans cette dernière édition, allongé contracté offert dans les dissolutions.

Victor MARTINEZ

Estelle FENZY : **Chut (le monstre dort)** (La Part commune, 10 €).

Dès l'incipit de *Chut (le monstre dort)*, Estelle Fenzy nous réduit au silence, à ce silence dont parlait Roberto Juarroz (« *el silencio que queda entre dos palabras* », le silence qui reste entre deux mots), et à l'écoute aussi. Poésie toute en verticalité, oui.

Il y a verticalité, car il y a eu chute, d'un oiseau, d'une main, d'un père, chute d'une pierre trop lourde dans la mare de son destin. Il y a immobilisation : on est « cloués » (p. 11). Il y a verticalité, donc suspension (« vie / suspendue », p. 13), donc absence, interruption et incertitude programmées. Le sablier a été retourné. Ces poèmes en ont d'ailleurs pris la forme, petits sabliers de mots égrenant le temps qui reste, mais en les façonnant elle-même, la poète en épouse les grains, tente de les retenir (« Pas trop vite / les jours beaux / pas trop vite », p. 51). Grains des mots qui fixent l'encre et sèchent les larmes.

Les textes de *Chut* se situent entre l'étroitesse des jours restants — « ce temps chance // même petit / petit peut-être / pour tant » (p. 51) — et l'élan vital, indomptable. Sur la page ils paraissent minces et remplis d'air, mais c'est parce que, dans une économie nécessaire faute de temps, ils ne contiennent que l'essentiel, et tout ce silence qui en ourle la verticalité, ainsi que celui qui « farde » « le prédateur » (p. 19), et enfin ceux du père (« respecter tes silences », p. 36). Solides caryatides : l'on peut s'appuyer sur les mots d'Estelle Fenzy, ils tiennent debout. Trois mots, « *je suis malade* » (p. 11), et peu après la main de la petite fille a été lâchée, il lui faut savoir tenir debout toute seule désormais, « tenir bon / ne pas ouvrir / tenir bon » (p. 48) — la poésie le lui permet. La poésie des mots tout autant que celle des jours, poésie du rêve, de l'enfance, du jeu, annoncé en couverture, à la fois dans le titre et l'image de l'enfant imaginant un nouveau jeu.

Il y a verticalité, il reste donc aplomb, synonyme de l'insolence, cette force héritée des années d'heureuse innocence. L'enfant, petite Cendrillon, joue à la marelle, imagine des contes « à jamais dormir », entrevoit des créatures, des sorcières, le monstre... ; lance balles, lassos, bulles, élastiques et cailloux. « Jouer marchande » et « chanter berceuse », pour garder son « Papa » auprès de soi ; amour toujours. Les meilleurs souvenirs cimentent le lien indéfectible. L'interjection enfantine « chut » invite à jouer : chut, le monstre dort, viens on va lui faire une surprise. Le monstre incarne la mort : être anormal, difforme, répulsif, effrayant, cruel. Chose qui excite l'imagination, à la fois concrète et abstraite, absurde et incohérente, qui nous étonne et nous dépasse. La mort n'annonce pas sa venue dans l'histoire de la poète, alors elle lui oppose le pied de nez de « la surprise de vivre » (p. 32). Le monstre sommeille : la mort est un être vivant, à qui on livre bataille en lui intimant de se taire : chut, pas un mot, « dors la Bête dors // ne te réveille pas / encore » (p. 46), chut, pas un mo(r)t.

Enfin, il y a verticalité, donc harmonie du chant, clair, scandé, sans équivoque : il s'agit bien de poésie, avec Estelle Fenzy. Une poésie en chuchotis intime et secret, légère en apparence, pour contrer la confusion qui s'est forcément emparée de l'esprit de la poète. Une poésie riche de verbes pour s'opposer à l'immobilité de la mort, poésie « antidote / au définitif » (p. 26), qui rappelle les mots d'absence de Perec (« Déménager / [...] Quitter / [...] Casser. / Brûler. / [...] Fermer. / Partir. »). Saccade des vers courts, « galop des jours » (p. 32), enjambements, rejets et contre-rejets face au sommeil éternel. Désinvolture des images aussi, poésie de la « figure libre / et sans filet » (p. 23) : « Au lasso l'horizon / je le ramène devant » (p. 14), « rêve silex » (p. 16), « remblai de cendres » (p. 18), « forcer la marge // à coups de pioche / dans le plus jamais » (p. 26), « l'automne infusé / aux flaques des terrasses » (p. 37)... Une poésie magnifiquement libre, qui sauve de l'oubli.

Sabine HUYNH

Jos ROY : ***De suc & d'espoir*** (Black Herald Press, 10 €).

Le poème de Jos Roy se pose sur la page, pose sa traversée. Il figure une déflagration logée dans la matière même du monde. Il voyage, certes, jusqu'aux confins, jusqu'au « dernier souffle du nomade chargé / de tous les voyages », mais c'est dans la soif inassouvie qu'il impose sa tonalité et son étonnant microcosme, en proposant un vers coupant, agissant par secousse ou par condensation, dans un trait toujours sec, précis, concis.

Rude ce qui relève d'un appel — au sens juridique — qui tend, non pas à annuler le Jugement mais à en dévoiler le tragique. Rude la station au pays d'Uts, c'est-à-dire partout où la parole parlante desserre le cri qui était resté bloqué dans la gorge. Rude enfin la vieille incohérence du monde qui jette l'être contre les murs comme l'insecte se cogne aux vitres. Le mur est un encerclement qui s'étage. Il faut l'admettre et ne pas feindre l'innocence, la condamnation est perpétuelle et la parole poétique se contente de tenir en respect, sans le refouler, le désordre fondamental des choses.

Soucieuse du détail, Jos Roy, qui publie là son premier recueil, capture le négatif, l'accompagne et le figure. C'est d'un rapt, dont la fulgurance laisse des traces et fait du poème un dessin sous tension, dont il s'agit. D'une page à l'autre, il y a l'espace nécessaire pour dire le chaos insensé de la vie dans lequel nos regards se vident. Il fallait cet ordre brisé du discours pour dire l'atomisation du temps, le cri strident et inaudible au fond du puits, le rythme archaïque du monde. Il fallait ce nerveux relevé pour soulever les paradoxes (celui d'un cordage qui se dérobe sans cesse : « perdu / dans les filins liquides »), il fallait enfin cette course de vitesse (deux ou trois mots, parfois, n'en font plus qu'un) pour illustrer la différence de potentiel entre l'agitation de la mémoire et la sidération du regard porté sur l'immédiat vécu. Aussi, le désir de retenir le fil de la vie, par l'encoche du crochet / poème, accomplit la « presque-rencontre ». Mais autour de nos vies précaires et fragiles, seules les sépultures semblent veiller.

Grandes
sépultures : elles veillent
à l'endroit où vacillent les
4 cardinaux :
poèmes / singes de lisière /
soldats casqués de boue & d'ans / cylindres célestes

Même si le centre, qui donne du sens, reste introuvable, tout s'entend, y compris le versant sublime — « motcoulédechair ». À chaque instant, la lumière bouge, les bergers savent signer la présence du jour. Il s'agit alors de tout accueillir, cueillir dans la foison.

Des vies, avril toutça, le torrent qui ruine
les chairs,
le livre ouvert à la juste page, enfance toutça,
bonheur bien sûr
maisaussi à cueillir
la saison des serments & des gorges tranchées

Le livre est publié en édition bilingue avec une traduction anglaise (*With Sap & Hope*) due à Blandine Longre et Paul Stubbs.

Pascal BOULANGER

François LESCUN : *Miroir en éclats* (Éditions Caractères, 30 €).

Sans céder à ses amis, qui lui demandaient d'écrire ses Mémoires, Jean-Noël Segrestaa a préféré confier à son double poétique, François Lescun, le soin de raviver des souvenirs, d'écrire des « fragments » qui, comme nous en avertit le texte liminaire de son recueil le plus récent, « seront souvent des anamorphoses ».

Miroir en éclats : le singulier éclate en un pluriel, comme le confirme le sous-titre, « Récit(s) ». Ce sont autant de petits poèmes en prose, et pourtant ils constituent un ensemble, comme ceux que Baudelaire voulait réunir sous le titre *Le Spleen de Paris*. Et tel est le principe de ces anamorphoses où « une image peut en cacher une autre », où « un souvenir ancien, décoloré, se ranime aux couleurs d'une image récente » quand ce n'est pas « la pâleur anémiée du présent qui vient brouiller les tableaux éclatants du passé ». Les dessins et lavis de Bernard Thomas-Roudeix, admirable artiste et maître en anamorphoses, contribuent à l'unité de ce livre publié par les éditions Caractères et constituant à lui seul une œuvre d'art.

Cette œuvre est l'œuvre d'une vie, « une vie volée en éclats, mais ces éclats, autant que faire se peut, taillés en pointes de diamants ». Elle est pour moi l'œuvre d'un poète ami bien vivant, auteur d'au moins huit recueils avant celui-ci, depuis *Ivraie* (1960) qu'il avait déjà signé du nom de François Lescun.

Cinq ans nous séparent, et mes souvenirs d'enfance ne font guère place à la guerre qui commença six semaines après ma venue au monde. Né et élevé dans la campagne charentaise, je n'étais pourtant pas très loin de ce Limousin où eut lieu l'horrible massacre d'Oradour-sur-Glane, le 10 juin 1944, et où, en juin 1940, le père de Jean-Noël et sa famille étaient venus se réfugier alors qu'y tombait déjà « un chapelet de bombes » et que « les avions charognards de Mussolini [venaient] d'entrer dans la danse, tuant sur les routes désertes quelques vaches et quelques cochons » (« Insolites vacances », p. 17).

C'était une famille de trois enfants, comme la mienne, dont une sœur (pour lui comme pour moi trop tôt enlevée par le cancer) et un frère (un aîné, protecteur pour moi, pour lui un « petit frère » devenu un « grand chirurgien », l'un et l'autre heureusement toujours vivants).

L'évocation des grands-parents, des parents sont toujours vibrantes d'émotion. Celle des maîtres aussi, en particulier Georges Dumézil qui n'était pas encore professeur au Collège de France mais enseignait le latin et le grec dans l'école de Pontoise où Jean-Noël était pensionnaire, « arraché à la moiteur plumeuse du nid familial » (« L'allée des larmes », p. 35) et qui plus tard se déplaça pour assister à son oral de baccalauréat, puis à celui de son concours d'entrée à l'École Normale Supérieure de la rue d'Ulm (« Tristesse du savant », p. 38).

Jean-Noël entra, comme moi, « du premier coup, dans cette école si renommée et réputée impénétrable » et y découvrit cinq ans avant moi, en 1953, le bassin des Ernests, ces poissons rouges « ainsi baptisés du nom d'un antique directeur » (l'historien Ernest Lavisse), avant que ne débarque l'année suivante « une autre sirène », « le nouveau cacique » (c'est-à-dire le premier de la promotion 1954), un jeune Provençal « beau comme un pâtre grec » qui « sous la douche chantait à tue-tête des airs de Mozart » (« Le Chant des Ernests », p. 43). Car le temps de l'École pouvait être celui de la découverte et de l'approfondissement de l'amour.

Ma première née, Laurence, a vu le jour en 1962, quand j'y étais encore élève. Celui que Jean-Noël Segrestaa appelle « Mon premier né » (en septembre 1960) — c'est le titre d'un des éclats du *Miroir* — est son premier recueil poétique, *Ivraie*, et tout aussi bien le nom d'auteur sous lequel il a paru : « Cette fois, François Lescun était né ». Un autre de ses maîtres, Antonin Bondat, avait prophétisé : « À vingt-cinq ans, tu publieras un livre ». Mais il avait eu conscience qu'à cet âge-là, « Rimbaud avait déserté » et abandonné la poésie, « Keats et Lautréamont étaient déjà morts ». Restaient des poètes vivants qui pouvaient l'encourager : Pierre Emmanuel, qui avait enseigné les mathématiques au collège des lazaristes de Pontoise, Jean-Claude Renard, qui y avait été son élève comme celui d'Antoine Bondat, et bientôt Pierre Jean Jouve, François Mauriac, Jean Cocteau.

J'ai eu la chance d'être un ami de Jean-Claude Renard depuis ma participation à une soutenance de thèse sur son œuvre, à l'Université de Rouen, en 1976, jusqu'à sa mort en 2002. Dès 1964, j'avais eu l'audace d'adresser, de la Sarthe où j'enseignais alors, une lettre à Pierre Emmanuel pour lui exprimer mon admiration après la découverte d'un de ses recueils, les *Cantos,* qui s'élargirent par la suite en *Chansons du dé à coudre* (j'aime moins ce titre). Il m'avait répondu par une lettre chaleureuse que je conserve précieusement. Nommé assistant de littérature comparée à la Sorbonne en octobre 1965, je n'eus qu'une hâte : le rencontrer. Et l'occasion m'en fut donnée peu de temps après, un dimanche, à Dourdan, où ses lecteurs, ses admirateurs se réunissaient autour de lui. Ce fut aussi le jour d'une rencontre — était-ce la première ? — avec Jean-Noël Segrestaa. J'ignorais alors que je me trouvais devant François Lescun. Je dois l'avouer : je n'avais pas lu *Ivraie.*

Plus encore, c'est un illustre défunt, Paul Claudel qui nous a réunis, Jean-Noël Segrestaa et moi. Jusqu'à ce jour où nous avons fait une longue route ensemble au service de cet écrivain pour lequel nous avons conservé une très grande admiration et que nous avons l'un et l'autre voulu servir.

Mais à lire *Miroir en éclats*, j'ai découvert parmi nos affinités électives, celle qui nous rapproche d'Arthur Rimbaud, découvert par Claudel à l'âge de dix-huit ans, et considéré par lui jusqu'au soir de sa longue vie comme le seul écrivain qui eût exercé sur lui une « influence séminale ».

Au mois d'août 1968, après les événements de mai, « ce printemps de tous les délires » suivi de l'intervention des notables et de l'asphyxie (« Les Joyeuses Marches de Mai », p. 59), qui peuvent rappeler, un siècle après, le souvenir de la Commune et la victoire apparente du gouvernement versaillais, François Lescun s'est découvert, comme le Rimbaud des *Illuminations* (« Vagabonds »), « fils du Soleil ». Ce fut sur la côte dalmate, et « sur un îlot sauvage », qu'il accomplit ce premier acte d'audace, le nudisme, et qu'il eut l'impression de se sentir ainsi « pur et fier, dressé dans la lumière comme le premier homme au premier jour », comme s'il n'avait « jamais connu la malédiction de la chair » (p. 61).

François Lescun n'a pas eu besoin de se faire « voleur de feu ». Le jeu des mots a jailli comme spontanément et s'est imposé à lui. Telle a été pour lui la « Magie du feu », évoquée dans le poème suivant (p. 62). Mais de cette magie il est devenu le maître, le magicien des mots. Après avoir senti « affluer dans [s]es veines des pulsions sauvages », « le pouvoir » lui a été donné, — il ne sait d'où venu —, « de faire jaillir le feu de l'entrechoc des mots ». Et sans qu'il soit nommé, c'est bien à Prométhée que pense le lecteur, au Prométhée qui n'a pas dérobé le feu aux dieux, comme dans la *Théogonie* d'Hésiode, mais à qui il a été donné mystérieusement.

De Rimbaud, François Lescun a connu aussi les souffrances, et l'allusion est explicite à *Une saison en enfer* dans « La Baignoire en feu » (p. 65), même si cette saison est vécue différemment, avec un « compagnon d'enfer », c'est vrai, comme dans « Délires I. Vierge folle. L'Époux infernal », avec un incident suivi d'un internement, comme ce fut le cas pour Verlaine à Bruxelles le 10 juillet 1873, mais pour conduire à une porte à la fois ouverte et fermée (« La Porte de l'enfer », p. 66).

Il a connu les souffrances physiques, depuis une lourde chute alors qu'il faisait son service militaire en 1958 « au fin fond de la Lorraine », le choc qui alors ébranla ses vertèbres et fut à l'origine du « mal insidieux [qui] allait saper [s]a vie » (« Aux abois », p. 44). On le retrouve à l'hôpital en février-mars 1973 (« Chant opératoire », p. 71), en octobre-décembre 2010 (« À la dérive », p. 122), mais toujours « avec l'espoir de reprendre pied quelque part ».

Il a connu les souffrances morales, les deuils (la mort de sa mère, la mort de Patrick), les séparations, par exemple en 1975 (cent ans exactement après la séparation définitive de Verlaine et de Rimbaud), quand il s'est trouvé brusquement « expuls[é] de ce nuage d'or qui s'était entrouvert un si bref instant » (p. 74). Avec pourtant de longues périodes de bonheur ou d'apaisement.

« Je est un autre » : c'est à cette découverte de Rimbaud, parfois si âprement contestée par les penseurs d'aujourd'hui et par les apologistes de Descartes que m'a fait penser inévitablement « Le Scorpion à plume » (p. 84). Et je comprends fort bien qu'Anthony Fraisse, dans le numéro 21 d'*Hippocampe* (avril-mai 2015), ait repris le titre de ce poème en prose pour présenter l'auteur de *Miroirs en éclats*, qu'il a comme moi la chance de connaître personnellement.

Scorpion, ce n'est pas l'impression que donne Jean-Noël Segrestaa à ceux qui rencontrent cet homme « d'une exquise cordialité ». Comme a pu le constater Anthony Fraisse, « on ne saurait, à le voir comme ça, soupçonner un tempérament si écorché ». L'écrivain au double nom le reconnaît lui-même, et très précisément dans « Le Scorpion à plume » : « Mes amis s'étonnent parfois que j'écrive si noir, alors qu'ils me voient plutôt jovial, serein et sûr de moi. Jean-Noël a une bonne bouille de miel et de bienveillance, tandis que François Lescun arbore le masque agressif de Quetzalcoatl. »

Il dédaigne de « tremp[er] [s]a plume dans le miel ou l'essence de rose, ou encore dans le bouillon gras des larmes ». Il arrive même que son encre contienne ce qu'il appelle lui-même « le venin du scorpion ». Et, usant d'une autre image, il prévient son lecteur dans la dernière phrase de ce même texte : « Là où ça fait le plus mal, je frappe. »

Il s'en prend à notre époque, qui est pour lui celle de « la Décomposition » et qui croit n'avoir plus besoin de poètes (« Des sens interdits », p. 85), « ces temps dépités où la baguette magique de la poésie s'est brisée sur le dos d'un peuple sourd et abruti de brouhaha » (« L'Inoubliable », p. 105). Il dénonce, dans ces « Messes rouges » qu'il substitue aux Messes noires, « la dictature insidieuse et féroce de la finance », le temps des marchands d'armes et des escrocs de toute sorte, « l'aveuglement des oracles médiatiques, la cupidité des politiques, l'effronterie des démagogues, les ficelles cyniques des financiers, le gouffre tourbillonnant de la rapacité » qui « nous font tourner et chavirer comme des toupies » (p. 110).

Ce temps, c'est aussi pour lui celui de la dérision, du sarcasme, des ricanements qui se sont substitués à la ferveur (« Les moustaches de la Joconde », p. 112). Il s'afflige de certaines mises en scène d'opéra, d'interprétations musicales qui ne sont que des assassinats, de la réduction de la poésie « au morne martèlement du rap ou à des jongleries de cruciverbiste ». Certes il y a encore quelques exceptions, « quelques passeurs de beauté ». Mais « ils prêchent dans le désert et ne récoltent que rires et huées ».

« Il m'arrive de douter », m'écrivait-il dans une lettre datée du 7 janvier 2015, « de me demander s'il vaut la peine de continuer à écrire et à publier en un temps qui semble ne plus se préoccuper que de statistiques d'économie et de faits divers vaguement scandaleux ». Cette lettre était signée Jean-Noël. François Lescun annonce son intention de rompre avec son temps (« Plier bagages », p. 111), parce qu'il s'adapte « avec de plus en plus de peine au panel toujours changeant de leurs nouvelles technologies » et que « triomphe le virtuel ».

Le dernier de ces poèmes en prose, avant l'épilogue — un requiem d'ailleurs ouvert sur « un futur imprévisible » —, a pour titre un apparent jeu de mots, « En fin de conte », et exprime le pessimisme de celui qui refuse de s'en laisser conter. Il est daté du 21 mai 2011 et, à cette date, fait part de la mort de François Lescun, à qui survivrait pour peu de temps Jean-Noël, « un vieil homme déjà ».

Mais non. Jean-Noël, tel que je l'ai vu dans son appartement rue Lepic le 16 mai 2015, m'a paru plus jeune que jamais. Et la page où je lis « François Lescun est mort » est toujours de François Lescun, qu'elle soit ou non un dernier éclat du miroir, — ce que je me refuse à croire.

Le professeur de littérature cite Ronsard, sans le nommer, et l'Ode célèbre « Mignonne, allons voir si la rose », avec cette constatation et cet avertissement : « Ô vraiment marâtre Nature, / Puisqu'une telle fleur ne dure / Que du matin jusques au soir ! » François Lescun, — car c'est encore lui —, le confirme : « Ô vraiment marâtre Nature ! » Oui, la Nature est bien cette mère chatte hypocrite et cruelle : elle nous trimballe un moment selon ses caprices, puis, tout à coup, plouc ! elle nous lâche au-dessus du trou.

François Lescun nous a fait part des misères physiques de Jean-Noël Segrestaa, comme Ronsard dans le premier sonnet de ses « Derniers Vers », neuf pièces publiées en 1586 et composées pour la plupart en novembre 1585, au prieuré de Croixval, quand le poète tourmenté par la maladie et l'insomnie les composait mentalement la nuit et les dictait le matin à son ami Galland : « Je n'ay plus que les os, un squelette je semble, / Décharné, dénervé, demusclé, dépoulpé, / Que le trait de la mort sans pardon a frappé, / Je n'ose voir mes bras de peur que je ne tremble. »

Plus l'on avance dans la lecture de *Miroir en éclats*, et en particulier dans la dernière section, « Face aux séracs », plus s'expriment le tourment des nuits de douleur et d'insomnie, la souffrance d'une nouvelle opération, aux suites pénibles, la crainte de finir comme son père, pourtant médecin, la sensation que « l'ombre colle aux semelles », que « la mort colle à la vie », que la « marche funèbre » a commencé, que « l'écheveau s'amenuise et s'emballe » : « Bientôt les ciseaux de la nuit nous couperont le sifflet ».

Mais cette pièce, « Navigation au long cours » (p. 126), est datée du 24 mai 2011. Quatre ans, très exactement se sont écoulés jusqu'au jour où j'écris ces lignes. Parâtre, le poète avait anticipé la disparition de Jean-Noël Segrestaa, la mort à la poésie de François Lescun. Pour moi, pour nous, l'un et l'autre sont là, bien vivants, sources de vie pour notre cœur et notre esprit.

Et si, le 21 mai 2011, l'auteur de *Miroir en éclats* lançait cette annonce : « Si jamais, saisie d'improbables remords, la République décidait d'ériger une stèle "au Poète inconnu", je pose ma candidature à titre posthume. Peut-être qu'alors j'aurai trouvé ma place. Mais sous terre » (« Paris sur la comète », p. 123).

Écrivant *Douze lettres d'amour au soldat inconnu*, et évoquant dans la septième sa lecture de Proust, Olivier Barbarant était pris d'un scrupule : « Vous voyez que je tresse à ma lecture certains souvenirs personnels, et finis par tout confondre, sans m'y retrouver, et moins encore vous-même. [1] » Puissé-je ne pas avoir tressé à ma lecture de ce très beau recueil trop de souvenirs personnels ternissant l'éclat du miroir. Ma conviction profonde est que François Lescun n'est nullement un poète inconnu, mais que dès à présent il faut lui donner la place importante qui est la sienne dans la poésie d'aujourd'hui.

Pierre BRUNEL

Laure GAUTHIER : *La Cité dolente* (Éditions Chatelet-Voltaire, 8 €).

Commençons par la fin qui est aussi un début. Le 4 septembre 1843 à Villequier, Léopoldine Hugo, fille de Victor, monte dans un canot pour accompagner sur la Seine son tout juste épousé, Charles Vacquerie, qui se rend pour affaires à Caudebec. Un mascaret ou un brusque coup de vent renverse l'embarcation. Après avoir en vain plongé plusieurs fois pour sauver sa femme, Charles décide de la rejoindre dans la mort. « L'avant-dernier » des huit chants de *La Cité dolente* de Laure Gauthier donne à entendre la voix de Léopoldine qui, dans sa robe blanche « enlinceulée » s'agrippe au canot, voulant « conserver l'ordre des choses sous l'eau », et scelle ainsi sa mort. Lui répond la voix de Charles qui, plongeant et replongeant, hésite à « retrouver l'aimée sans pulsation, gonflée d'eau, hybris-branchies, respirer l'eau ». Ne pas être. Ou être. Remonter à la surface, « oser faire le choix de respirer, les pieds nus et les mains vides ». Abandonner Léopoldine pour « aller, dolent, dans la cité, frôler et voir ». Oser être Orphée, ne pas se retourner sur Eurydice immergée, affronter « la cité dolente » à laquelle le vestibule du Chant III de l'*Enfer* donne accès à qui a laissé toute espérance. Le texte de Laure Gauthier s'achève là où la pérégrination de Dante commence, il conduit le lecteur au seuil de la possibilité d'un dernier chant, c'est-à-dire d'un premier chant à venir. Voir. Chanter.

Ce sont huit chants d'avant le Chant donc, huit traversées des images d'avant la Traversée que nous propose ce monologue saisissant. Un homme vieillissant qui a perdu la femme aimée, devenue amazone, puis cendres, au terme d'un cancer mutilant, se retire dans un établissement de gériatrie, cherche à s'oublier dans un mouroir pour « Voir de /

1. Champ Vallon, 1993, p. 66.

Combien de vivre / Sont capables / Ceux qu'on dit en retrait ». Il ne supporte plus la tristesse des enfances saccagées qu'il aperçoit dans la ville, gavées de sucre par des parents adipeux, complices de leur propre défiguration, grimaçant « d'une haine de soi comme d'autres répondent aux pompiers assis au bord du vide, sourient les jambes ballantes : le bitume plus tentant que vingt ans de vie ». Il fuit les images insupportables, les faits divers véhiculés par les journaux gratuits, l'homme jaloux qui brûle sa compagne au fer à repasser, l'assassin qui va acheter dans une grande surface une scie « bimatière » pour 23,75 euros et le tapis Shaggy à poils longs en prévision du sang à absorber. Désir de faire sécession, d'introduire de la distance, du dénuement, d'assécher la parole pour crier sa fin, sa voix en allée. « Je veux vivre une saison / Sans amour / Transparence indésirante / Dépossédé / Sans objets. Voir ! ». Ce qui implique de maîtriser l'inévitable remontée des souvenirs, se faire « Moi-Moïse » non pour ouvrir la mer Rouge vers une terre promise mais pour stopper le flot des images-souvenirs. Ou bien se souvenir, mais sans « échouer sur les rives de l'enfance ». Retrouver la sensation de tous les “Toi” qui ont composé la femme aimée, le contact de la main dont la chair s'évapore sous la progression de la maladie, oublier les représentations picturales, « ces paquets de mains en dentelles, mains Largillière, sorties de nulle part », esquisses de Bandinelli, Vinci ou Dürer. Poser la caméra, se taire quand les mains aimées entament « les ballets imprévisibles d'une chanson de gestes ». Cet homme qui s'est retranché de la vie n'est plus tendu que vers un seul but, parvenir à la réduction de sa parole pour accéder à la transparence d'un mot-joyau qui loin d'en dire la splendeur, parviendra à hurler la perte de la voix. Ou, avec Pier Paolo Pasolini, cité en exergue : « Avrei voluto urlare, ed ero muto » : j'aurais voulu hurler mais j'étais muet. Comment hurler quand on a la voix coupée, comment chanter quand on ne peut hurler ?

C'est alors que le piège se referme. Dans la salle à manger de cette maison de retraite, dans le bruit des mastications séniles, tombent les noms de Germigny-l'Évêque et de Bastien. Le martyre d'un enfant, désarticulé le 25 novembre 2011 par le lave-linge où son père l'avait enfermé. L'inimaginable. Qui échappe à toute parole, à toute photo dans le journal. Mais pas à la chambre noire de celui qui avait voulu fuir les images. Affronter l'inimaginable, c'est se souvenir de ce que l'on n'a pas connu. C'est oser respirer, comme Charles Vacquerie. Partager avec Germigny-l'Évêque un même ciel, un même nuage. Remonter de proche en proche, de détail en détail vers ce que l'on ne peut avoir connu. Ce que Laure Gauthier résume en citant Georges Didi-Huberman à propos d'une visite à Auschwitz : « Ce que l'écorce me dit de l'arbre. Ce que l'arbre me dit du bois. »

Contre Michel Leiris, Laure Gauthier ne pense pas que l'écrivain doive s'exposer dans son travail « à la corne acérée du taureau » afin d'éviter « les grâces vaines de ballerine » (*De la littérature considérée comme tauromachie*). Le taureau n'aurait pas imaginé mettre un bœuf dans un lave-linge, ni même l'enfermer dans un placard s'il était capable d'en construire un. Dans *La Cité dolente* le taureau ne donne pas de coup de cornes à un écrivain-torero ; comme l'enfant obèse qui reçoit « une pluie de banderilles que lui plante son père, une poudre chocolatée et des étoiles sucrées », comme la petite fille maltraitée à coups d'aiguilles à tricoter, il est « ballerine » martyrisée, prisonnier de son silence. Et Laure Gauthier se prend à rêver d'une nature qui n'abriterait plus de clairières ensanglantées par des taureaux sacrifiés et des enfants violentés, plus de lisières de forêts où sont brûlées d'inconcevables masses de morts-vivants : « Réinvestir la forêt, faire bosquet, / Et le taureau passe de loin, dans un bruissement de feuilles. » Mais cet « ailleurs *indolore* » qui se profile à l'horizon d'un taureau libre, épargné, est une idée régulatrice, la Béatrice qui sert de guide à l'écriture dans l'indispensable traversée de la cité *dolente*. Le moment crucial qui “achève” le texte, l'hésitation de Charles Vacquerie entre être et non-être, a la fonction d'un emblème, d'une mise en abyme du mouvement sous-jacent au livre. Être dans la cité dolente ou ne pas y être. Mais désormais, au terme du mouvement qui l'a conduit des profondeurs de la souffrance de la femme aimée (« Et moi, carpe, je rôdais dans ton être boue ») à la décision de Charles Vacquerie de sortir de l'onde, il apparaît qu'il faut affronter de nouveau la cité dolente. C'est à ce prix qu'un « dernier chant », celui de sa fin, que nous n'entendrons pas, devient possible.

Comme dans son précédent livre *marie weiss rot / marie blanc rouge* (Éditions Delatour, 2013), Laure Gauthier raconte la conquête d'une parole, d'une respiration, mais ici elle ne saurait être autre chose que « bouche à bouche écorché avec l'inaccepté ». À l'instar de son personnage Laure Gauthier « bouffe du mot. Pour recracher l'amer. » Ces huit chants d'avant le « dernier chant » (comment possible après toutes les exterminations dont Germigny-l'Évêque n'est qu'un nom ?) sont en effet amers, grinçants, la prose poétique de Laure Gauthier, visuelle et concise, a indéniablement une dimension cathartique. Mais c'est précisément au-delà des images sans concession de la « dolence » que s'ouvre, par là non mensongère, la possibilité de la transparence. « Et le taureau passe de loin, dans un bruissement de feuilles. »

Laurent CASSAGNAU

ROMANS, NOUVELLES, RÉCITS

Jean-Loup TRASSARD : *Neige sur la forge* (Gallimard, 14 €).

À côté de ses grands récits *Dormance* et *La Déménagerie*, à côté aussi de ses narrations immédiatement poétiques ou de son jeu de cache-cache malicieux avec les images dans des textes d'apparence plus sobre, existent dans l'œuvre de Jean-Loup Trassard des livres où la parole est offerte à ceux parmi lesquels il vit, dans sa campagne, en Mayenne. Ils ont pour titre *Conversation avec le taupier*, *L'Homme des haies* et, aujourd'hui, de *Neige sur la forge.*

Dans ce dernier volume, l'auteur nous restitue ses discussions avec Alexandre Houssais, né au tout début du siècle précédent et dont la vie se confond rapidement avec son métier de forgeron. On travaille tôt à cette époque, surtout quand on est abandonné à deux ans par sa mère, une femme simple attendant son huitième enfant quand son mari décède. Alexandre se retrouve alors rapidement commis dans une ferme, avant d'entrer dans sa première forge. On travaille tôt à cette époque et on prend tard sa retraite. L'ouvrage commence sur la visite de l'écrivain au vieil homme le jour où, pour la dernière fois, il ouvre les portes de son artisanat, à soixante-treize ans.

Dans les souvenirs d'Alexandre Houssais, c'est tout un siècle qui s'exprime et qui s'exhale, un siècle rude, un siècle dur et déjà perdu dans les limbes d'un passé qui s'éteint en même temps que le foyer de sa forge. C'est la Grande Guerre des plus âgés, c'est le service militaire et l'absence quand on est retenu prisonnier en 1940 loin des siens, loin des foins, et c'est aussi, plus marquantes pour ces campagnes à l'écart, la mécanisation du matériel agricole, l'électrification de la région, la modernité qui entre dans chaque ferme. Une grande partie des bouleversements du XXe siècle sont ainsi charriés dans la conversation, mais tels qu'un homme de la campagne les vit et les vécut. Dans ses souvenirs gisent également d'autres changements, tout aussi prégnants. La façon d'apprendre, faite de respect et d'observation silencieuse quand on est apprenti puis commis, la patience en tout et pour tout, pour être autorisé à frapper de concert avec le patron un morceau de fer par exemple, sont évoqués dans les discussions. La valeur des choses et du travail aussi est abordée, à cette époque où l'on n'osait demander ce qu'on allait être payé et comment, en boisseaux de blé, en repas servis ou en bon argent. Face à cette vie d'autrefois, Jean-Loup Trassard tient son écriture sur le fil, ne cédant jamais ni à la nostalgie glorificatrice du passé, ni à l'indignation facile, c'est à chaque lecteur de se *forger* sa propre opinion.

À rebours de nos idées toutes faites de citadins, en revanche, l'écrivain a à cœur d'inscrire les faits, les gestes de cet homme qui fréquenta peu l'école dans une étonnante perspective culturelle. Les références à la mythologie, nombreuses, scandent de bout en bout le texte. Même si sa femme n'est pas une Aphrodite ! Alexandre est perpétuellement comparé à Héphaïstos, sa mère qui l'a délaissé à Héra qui fit tomber son fils de l'Olympe, etc. Il n'y a cependant rien d'intimidant dans l'utilisation de cette érudition : avec Jean-Loup Trassard, les dieux descendent volontiers de leur Olympe et s'installent commodément au milieu des champs, à la table de ces paysans. Dans cette civilisation rurale née dans la Grèce antique, les dieux attiques étaient chez nous comme chez eux ! C'est ce mode de vie et cette culture vivante qui disparaîtront quand le dernier feu de cette dernière forge d'Alexandre Houssais s'éteindra. Alors la neige pourra tout recouvrir et effacer de cette société agraire plurimillénaire tous les contours.

Mais auparavant Jean-Loup Trassard entend bien sauver ce qui peut l'être. Contrairement à l'habitude, on ne trouve pas sous le titre du volume, en italique, de mention de genre, pas même celle de *récit*. C'est que ce livre s'offre d'abord comme un vaste texte explicatif. De manière très méticuleuse, Alexandre Houssais expose les techniques, les outils, les gestes, les qualités du fer, les alliages de l'acier. Il entre dans les détails, nous donne les chiffres, les prix, la durée de vie. Les onomatopées sont nombreuses pour retranscrire l'attaque d'un marteau, les coups et les chocs de la forge, les *bing* et les *bang*. Manifestement, l'auteur s'amuse… Tout en se doutant que nous ne sommes pas de la campagne, il ne nous épargne rien des travaux et des jours du forgeron et cependant jusqu'au bout la lecture reste passionnante, d'abord parce qu'il restitue la langue qui va avec cette vie. Se déploie ce phrasé particulier, volontiers elliptique de la proposition principale, hérissée de mots que nous ne connaissons pas, ou plus ou alors qui ont changé de sens ou de genre... L'auteur a soin de préciser qu'ordinairement la parole est rare chez ces ruraux, que ce sont souvent des « conversations, vite finies pour ne pas avoir l'air ». Ce n'est donc pas l'une des moindres réussites de l'écrivain d'être parvenu à faire parler et à nous donner à entendre cet Alexandre Houssais. Jean-Loup Trassard a su conserver à son texte une forme orale, celle d'une conversation à bâtons rompus, développée de manière non-linéaire, qui bifurque au moment d'une comparaison, quitte à revenir ensuite selon un mouvement spiralé au sujet initial. Cela donne au récit sa souplesse, son allant, son côté alerte et plaisant. Pour autant ce vagabondage a un but et l'auteur comme le forgeron sait où il va. Après l'évocation de la vie d'un homme d'autrefois, de son enfance à son artisanat, il achève son ouvrage par l'évocation des grands feux nécessaires à la fabrication des bandages, ces cercles de métal entourant les grandes roues des voitures, des charrettes, des tombereaux… Les brasiers en plein air éclairent une dernière fois l'activité de celui qui a moins de travail depuis que le cheval que l'on ferre ici est remplacé par le tracteur que l'on achète ailleurs. Entre les flammes qui deviennent fournaises et les cercles rougis des bandages que l'on soude sur les roues, le lecteur progresse vers cette réalité d'autrefois qui est l'envers de l'enfer, non pas le paradis certes, mais le lieu d'une poésie élémentaire unissant âprement les quatre éléments, un mariage secret de la rudesse et de la douceur : « Devant eux, autour d'eux, les roues ne cessaient de fumer dans l'odeur de bois brûlé, et de craquer parce que le bandage à mesure qu'il se refroidit serre plus durement, le fer étreint le bois, qui en tressaille. Sans laisser aux cercles rouges le temps de se ternir, une autre roue mise à plat, prête, écarquillée de ses quatorze rayons, était servie et si juste au moment ça ne passait pas elle s'enflammait sur son pourtour entier, "arrose ! arrose !" ». Quelle prose ! Sans manière, mayennaise et universelle en même temps !

Thierry ROMAGNÉ

Hédi KADDOUR : *Les Prépondérants* (Gallimard, 21 €).

En 2007, à l'initiative de Michel Le Bris et Jean Rouaud, il y eut un manifeste d'écrivains, puis un livre collectif, pour lancer l'idée d'une littérature-monde. Un peu avant, dans l'esprit de la recherche universitaire, Tiphaine Samoyault avait proposé et étudié la notion de roman-monde. Eh bien, avec son *Waltenberg* (2005), son *Savoir-vivre* (2010) et aujourd'hui *Les Prépondérants*, Hédi Kaddour pense et pratique l'idée d'un roman qui serait en effet un monde : il s'en est fixé les conditions et il les a remplies.

Pour qu'il y ait un roman-monde à la manière de Kaddour, il faut conjoindre en une forme ouverte des univers qui, à première vue, n'avaient rien à voir entre eux, ne se demandaient rien et n'attendaient rien les uns des autres. Un monde de roman, c'est un croisement arbitraire d'univers réels — j'entends : dont la logique de composition et de fonctionnement n'obéit qu'à la libre invention de son créateur.

Au début des années vingt, une équipe de Hollywood débarque dans une petite ville du Maghreb pour y tourner un *Guerrier des sables* dans des extérieurs de dunes et avec de vrais chameaux, censés lui procurer des décors convaincants et rapporter plusieurs multiples d'investissements. Avec le coup d'œil qu'on lui connaissait déjà, le romancier choisit l'un de ces moments non répertoriés dans l'Histoire et imperceptibles dans l'espace qui répliquent à de grands bouleversements et en annoncent bien d'autres. Il n'y a pas de roman-monde sans événements, et ces événements sont les secousses de l'Histoire telles qu'elles bouleversent des existences personnelles et des populations, loin des grandes fractures communément parcourues. *Waltenberg*, c'était quand même une sorte de Davos et *Savoir-vivre* se passait à Londres, mais le Nahbès des *Prépondérants* n'est même pas un nom sur quelque carte. Lieu géométrique et sensible, juste après la Guerre, et peu avant 1929 et puis 1939.

En ce lieu, la prépondérance des colons perd de son poids ; les jeunes Arabes s'instruisent et leurs familles s'inquiètent ; la masse commence à bouger et les autorités hésitent. Une journaliste française influente descend couvrir la situation locale, elle rencontre les Américains, elle se lie d'amitié avec une jeune femme arabe de bonne famille et en désir d'émancipation, elle mène ses propres affaires amoureuses. Dans le même temps, pour des raisons qui tiennent à l'agitation larvée dans le pays, un jeune Arabe s'en va, dûment chaperonné par quelques amis, visiter l'Allemagne vaincue des années vingt, en proie à des troubles encore incompréhensibles.

Bref, inventer un roman-monde, c'est former une masse critique qui explosera dans les imaginations à tout moment de la lecture. C'est porter un *sujet*, tel que les aimait Gracq, « […] une sorte de modèle réduit à la fois simple et éminemment expressif, capable de tenir dans le creux de la main, et pourtant prometteur d'une infinie capacité d'expansion, pareil au cristal ténu qui, par son simple contact, fait cristalliser à son image parente toute une solution sursaturée ». Ou plutôt, ici : desserrer lentement son poing sur une espèce de grenade à fragmentation.

Écrire une explosion qui dure quatre cent soixante pages, c'est équilibrer les masses. C'est ramasser la crise morale et esthétique de Hollywood dans des discussions loin de la maison-mère entre des personnages porteurs chacun de ses passions : un monde lointain doit passer ici par les conflits de l'équipe du tournage et, à Berlin, par les propos d'un réalisateur fou. C'est entrelacer les paysages de chaleur poussiéreuse et ceux d'une Alsace dévastée et d'une Allemagne glacée, c'est entrecroiser les conversations de cafés et les rivalités subtiles, les mauvais coups et les tactiques à cinq bandes. C'est déceler les mondes intérieurs sous le chaos des événements petits ou grands, leurs affleurements sous les conversations, leurs impossibilités. C'est descendre dans le détail infini des mondes.

C'est distribuer le récit en récits : en chapitres courts (quarante-neuf, chacun sous son titre bref, comme dans les romans populaires du XIXe), et en trois parties, l'une relatant le choc de l'invasion américaine dans le monde perdu et compliqué de Nahbès, la deuxième consacrée à l'expédition allemande début 1923, la dernière dénouant les conflits sous le soleil de juin 1924, ardente lyre. C'est être solide.

C'est savoir finir : par une émeute populaire et une invasion de sauterelles racontées l'une et l'autre comme deux accidents dans la nature des choses ; par le retrait des deux hommes aimés en vain par l'héroïne, l'un dans la mort l'autre dans une espèce de couvent ; par le dernier mot rendu au réalisateur américain, qui a rompu avec Hollywood : « Neil travaille sur *Eugénie Grandet.* » Finir donc comme une *Chartreuse de Parme* ou une *Éducation sentimentale*, mais aussi par une référence ironique au roman français archétypique, à son monde renfermé sur le huis clos d'une maison provinciale où se liquident à bas bruit la Révolution française et la passion de l'héroïne.

C'est dessiner des personnages, mais comme sans y toucher : celui d'un père attentionné et d'un fils (modérément) révolté ; celui de Rania la jeune femme solitaire, le plus beau de tous ces caractères ; celui de son amour inaccompli, mais lequel : son cousin Raouf ou bien Ganthier, le colon voisin, personnage nuancé et inattendu ? C'est même poursuivre jusqu'au bout un commerçant destitué de sa fortune et de sa suffisance par une vengeance savante. Dans le roman-monde, il n'est pas de personnage négligeable : car tous se tiennent par les obligations de leur constitution imaginaire.

C'est le sens de la scène. Montrer. Poser en quelques mots des personnages, des milieux et des enjeux, relever des gestes, construire des dialogues, titrer, servir… On ne pourra pas oublier, dans la Rhénanie sous occupation française, en janvier 1923, le chant des manifestants : *La Marseillaise* en allemand. Vu de l'hôtel, dans l'embrasure d'une fenêtre, un microcosme sur cette place : la haine de l'occupant, chantée en face, dans l'hymne de sa nation et de la liberté pour les peuples ; le souvenir de la Révolution française exportée dans toute l'Europe au bout des fusils ; la dénonciation, maintenant, des armes de la République française ; d'autres violences encore à venir qui se chanteront dans de tout autres chants et sous toutes les latitudes…

Surtout et à tout instant, c'est garder la réserve d'un regard froid et d'une écriture sèche : écrire, comme un art simple et tout d'exécution. Probablement le secret dernier d'Hédi Kaddour est dans son style, conçu et réalisé comme la chair de son histoire. C'est lui qui garde la cohérence de ce monde en crise d'éclatements, qui en exhibe les contradictions et qui assure la neutralité éthique propre à tous les grands romans.

Pierre CAMPION

Hubert HADDAD : **Mâ** (Zulma, 18 €).

Après *Le Peintre d'éventail*, c'est de nouveau vers le Japon que se tourne Hubert Haddad, avec ce roman relatant deux itinéraires qui finissent par se recouper. Au départ apparaissent deux visages essentiels, celui de Saori, une universitaire nippo-américaine et Shôichi, un jeune homme qui va tomber amoureux fou de celle qui a l'âge de sa mère. Un amour sans lendemain puisque Saori trouvera la mort peu après — suicide ou accident, on ne sait. La douleur envahit le jeune homme qui parvient toutefois à récupérer le manuscrit que Saori avait consacré au poète Shôichi Taneda, connu sous le nom de Santôka, qui porte le même patronyme que son jeune amant. C'est donc la vie de Santôka qui devient le centre de ce roman, parallèlement à celle, plus épisodique, de Shôichi.

Santôka, fils d'une famille aisée, est d'abord un amateur de saké dont l'ivresse est manifeste mais dont la vie est tournée vers l'écriture de haïkus dont il devient un maître, lui qui est un disciple admiratif de cet autre grand poète qu'est Bashô. La vie de Santôka n'offre rien de paisible et bien des drames la jalonnent. Lui qui ne cessera de marcher, revendiquant sa solitude, connaît toutefois des haltes forcées, comme au temps de sa jeunesse, celle d'un étudiant vite lassé par les cours et qui, en compagnie de son père, un aventurier sentimental et sans scrupule, crée une brasserie, se marie en 1909 avec la belle Sakino. Celle-ci demandera vite le divorce d'avec un mari tourné vers l'errance et peu attiré par une vie professionnelle et familiale. C'est alors que débutent les longues marches parmi les multiples îles du Japon de celui qui devient Santôka, des marches qui le conduisent dans des monastères, après qu'il eut occupé de modestes fonctions d'aide archiviste et échappé à un tremblement de terre à Tokyo. Santôka a balayé tout ce passé, a enduré la souffrance après le suicide de sa mère mais n'a jamais renoncé à l'appel de la route qui est le plus fort. Il s'abandonne à l'écriture, devient un haïkiste fameux, un moine mendiant qui a renoncé à tout sauf au saké et à la marche. Cet itinéraire permet à Hubert Haddad de mettre en valeur l'intérêt de Santôka pour la nature qu'il ne cesse d'observer et de célébrer. Lui aussi rencontrera en 1924 Saori qui sera fascinée par cet homme singulier et lui consacrera une biographie plus tard publiée que l'autre Shôichi lira avec intérêt et qui décidera de sa propre vocation d'errant.

Dans la confusion volontaire des deux personnages reliés par la figure de Saori, le roman d'Hubert Haddad est avant tout la célébration de vies libres mais tragiques, sauvées par l'écriture, façonnées par la marche qui permet à l'esprit de s'élever vers des mondes lointains, vers une destinée aux perspectives éloignées d'une réalité que l'on peut connaître d'ordinaire. En évoquant la figure de Santôka, en narrant l'histoire de sa vie, le romancier peint aussi un portrait contrasté, celui d'un homme souvent ivre de saké, enclin à des fréquentations parfois douteuses, un homme qui n'hésite pas à s'affranchir de codes moraux pour réaliser son destin singulier mais qui est illuminé par l'écriture. En écho à ce portrait, celui du jeune Shôichi apparaît comme le double de son maître Santôka, même si ce qu'en dit l'auteur est plus restreint, même si l'on devine que l'amour perdu de Saori a bouleversé sa vie et l'a conduit, lui aussi, à marcher pour tenter de s'affranchir de l'absence. Quant à Santôka, c'est une mort tranquille qu'il trouvera après la vision des êtres chers et l'écriture d'une dernière lettre d'amour à eux dédiée.

Avec *Mâ*, Hubert Haddad, par son écriture foisonnante, traduit le monde intérieur d'un personnage, héros de cette histoire, autant que la réalité que celui-ci perçoit et qui est le reflet même d'une vie multiple, sans frontières. La marche qu'il entreprend et qui n'aura de cesse jusqu'à son dernier jour le dédommagera de ses souffrances, de ses déboires, des deuils : « Tout pèlerinage mène au pays de naissance », écrit Hubert Haddad, et c'est sans doute celui que rejoignent Santôka et son homonyme à l'issue de leurs marches.

Max ALHAU

Daniel MAGGETTI : ***La Veuve à l'enfant*** (Éditions Zoé, 18 €).

Il est né dans un village du Tessin, accroché aux pentes montagneuses. Il a fait sa vie à Lausanne. Écrivain français, il reste fidèle à son enfance italienne. L'écart entre le Léman et le lac Majeur, entre la ville et le village, le français et l'italien lui était sans doute nécessaire. *Les Créatures du Bon Dieu* (L'Aire) racontait la rencontre improbable dans un de ces villages perdus, il n'y a pas si longtemps, d'un curé catholique et d'une aristocrate alémanique. Le roman décrivait avec indulgence le choc de deux convictions. *La Veuve à l'enfant* entraîne dans un passé plus lointain, au cœur du XIXe siècle, alors qu'aucune route vraiment carrossable ne suivait la vallée, ni aucune voie ferrée. Un curé, venu d'Italie, sert, une fois encore, de révélateur. Brillant théologien, il s'estime en exil parmi des ouailles qui parlent patois et que le chant de son violoncelle inquiète. Il se laisse intriguer par sa servante, la veuve à l'enfant. La parole est lente à se dénouer et la confiance difficile à s'établir, alors que le rituel de la confession sert à ne pas dire l'essentiel. Les familles conservent une mémoire qui crispe les rancunes ancestrales. Les mariages et remariages compliquent les lignées où nul étranger ne peut se retrouver. Le lecteur pénètre ainsi dans une vie rythmée par le temps qu'il fait, par les cycles de la terre et de l'élevage. La misère contraint certains garçons à l'exil, mais les champs pentus, apportés en dot par les filles, attirent quelques beaux parleurs dont on ne sait toujours d'où ils viennent. La frontière est toute proche, entre le Tessin et l'Italie, avec ses allées et venues, ses trafics, ses violences. Elle court, incontrôlable, à travers le rocher. La contrebande est spontanée. Il y a des troupeaux qui disparaissent, des cadavres qu'on retrouve au petit matin. La veuve, accompagnée de cet enfant qui est en fait son petit-fils, incarne un passé qui ne passe pas. Dure au travail, elle donne un visage et un corps à l'espoir obstiné de cicatriser des plaies anciennes. La vertu théologale se change en une espérance faite de regards, de désirs, de paris sur l'avenir. Daniel Maggetti déploie une belle langue ramuzienne pour dire les colères de la montagne et les odeurs de la végétation. Des bribes de latin liturgique, des mots d'italien et de patois, la poésie des noms de lieu aussi l'aident à suggérer le mélange des populations et des cultures dans des villages qui semblent coupés du monde, mais participent aux mutations du continent. *La Veuve à l'enfant* préserve des légendes héroïques qui risquent de se perdre tandis que la dureté de la vie ancienne cède la place à la violence actuelle d'émigrations différentes et de trafics bancaires.

Michel DELON

James BALDWIN : *Chassés de la lumière (1967-1971)*. Traduction de Magali Berger (Ypsilon, 17 €).

Le premier mérite de cette première édition intégrale en français est de nous rappeler l'originalité de cet auteur noir américain et l'époque de la lutte des peuples pour leur indépendance (en Algérie notamment) ou leurs droits contre le racisme (aux États-Unis). « Des procès, des assassinats, des enterrements, le désespoir ont retardé la rédaction de ce livre », note-t-il. Mais, en le lisant, on réalise que tous ces empêchements sont la matière même de ces écrits éclatés ou, si l'on préfère, mis en séquences dans le respect de la chronologie. Il s'agit d'une sorte de *work in progress*, formé de reportages et de commentaires sur son long exil en France pendant la guerre d'Algérie et sur ses déplacements en tant que reporter dans le sud des États-Unis (si mal dénommés !).

Le titre, *Chassés de la lumière*, fait référence à deux versets du Livre de Job, mis en exergue, qui illustrent la position précaire de l'écrivain lors de la rédaction de ce travail : « Son souvenir disparaît du pays / Son nom s'efface dans la contrée. » Dès 1948, en effet, James Baldwin émigre en France car il comprend qu'en tant que Noir et homosexuel, la vie en son pays natal lui est rendue impossible. Il est conscient d'être un écrivain noir *engagé* non sans contradictions puisque son statut à part dans la société lui permet de la critiquer sans perdre ses avantages matériels ni craindre pour sa vie. Il lutte donc aux côtés de ses amis Malcom X et Martin Luther King, deux figures emblématiques d'idéologies antagoniques qui l'amèneront à clarifier sa propre situation et à définir une position : « [L]'espoir — que nous, êtres humains pouvons devenir meilleurs — a la vie dure. Peut-être ne peut-on plus vivre si on le laisse mourir. Mais c'est aussi dur de voir ce que le monde nous offre. On découvre que la plupart des hommes sont malheureux et tôt ou tard deviennent méchants parce que leur malheur est trop grand. » Cette démarche fait songer à celle de Paul Nizan dans *Aden Arabie*, publié en 1931, où l'on peut lire, entre autres affinités de pensée : « Il n'existe que deux espèces humaines qui n'ont que la haine pour lien, celle qui écrase et celle qui ne consent pas à être écrasée. »

En définitive, tout le long de cette errance géographique, politique et existentielle, Baldwin se sent acculé : « Mais qui étais-je vraiment à présent ? Si ce n'est un *freak* solitaire et vieillissant, sexuellement équivoque, politiquement insensé et invraisemblablement bizarre. » Il ne reconnaît plus l'importance de l'héritage culturel occidental et considère qu'aussi longtemps que leur est dénié le droit de « contribuer à l'histoire par le seul fait de leur présence reconnue », « le mineur sud-africain, l'Africain dans la brousse à la recherche de racines, le manœuvre algérien sur les échafaudages de Paris n'ont aucune raison de s'incliner devant Shakespeare, Descartes, l'abbaye de Westminster ou la cathédrale de Chartres ». Son point de vue sur ses contemporains blancs intellectuels se radicalise avec lucidité : par exemple, à propos de Camus, il remarque qu'« il ne pouvait pas voir que la bataille d'Alger était le refus des Français d'accorder aux Algériens le droit d'avoir tort. Il leur refusait cette situation existentialiste si chère aux Français à une certaine époque. » C'est pourquoi James Baldwin opte pour une lutte qui passe par une révolution intérieure et se voit contraint de retourner au pays car, écrit-il, « tous les autres payaient leur part, il était temps pour moi de rentrer payer la mienne ». Il ne s'agit pas pour autant d'entreprendre une lutte désespérée, car Baldwin pense que « la vérité qui libère les Noirs libérera aussi les Blancs, mais ceux-ci ont du mal à l'accepter ». Avec les événements récents où des policiers américains blancs molestent, matraquent et flinguent les Noirs en toute impunité, force est de reconnaître que l'auteur de *Chassés de la lumière* a mis le doigt sur une réalité qui malheureusement perdure.

Patrick MOUZE

Silvia BARON SUPERVIELLE : ***La Douceur du miel*** (Gallimard, 18,50 €).

La Douceur du miel est le récit d'une transmutation de la douleur, une douleur irradiante, qui parcourt les fibres les plus secrètes de ses personnages, et en révèle l'intimité profonde, ignorée d'eux-mêmes. En ces cheminements, de subtils transferts vont s'opérer, les destins réciproquement s'éclairer, s'affranchir, et ce déchiffrement de l'un par l'autre va hisser les êtres au plus haut d'eux-mêmes. Leçon de vie altière, amère, sublimée, qui résulte d'une expérience particulière de la lecture. De celle-là, Silvia Baron Supervielle propose une interprétation quasi musicale sous la forme d'un quatuor : la mélodie solitaire de chacun des instruments n'a de sens que dans sa *reprise* par le lecteur à travers celle des autres, voire dans la perception de leurs silences, de ce module intérieur propre à l'œuvre de l'auteur d'*Autour du vide*.

Les personnages gravitent autour de Stella, la bien-nommée ; pour les identifier rapidement : Loïc, son amant, Olivia, leur fille, Cécile, sa confidente — désignations en fait des plus trompeuses, chacun d'eux affichant la plus totale indifférence vis-à-vis des stéréotypes (et des repères sociaux), à commencer par Olivia : le début du livre avertit qu'elle « ne connaît pas son âge », ni son père — cette fonction étant quasi effacée du récit pour la plupart des personnages, sinon pour Loïc, qui l'assume « à sa façon » et jette, du coup, sur la place du père, sinon son *vide*, un éclairage insoupçonné dans l'œuvre de Silvia Baron Supervielle.

C'est que Loïc assure un rôle essentiel pour l'ancrage de l'action dans un contexte géographique et historique, comme pour l'économie du récit. Son prénom, comme son patronyme, situent le décor principal, un village près de Brest et de la mer. Mais Loïc est surtout hanté par la mémoire de Diana, sa grand-mère d'Espagne qu'il n'a pas connue, née dans de dramatiques circonstances, et que le franquisme a jetée, alors qu'elle était jeune fille, sur les chemins de l'expatriation. La misère, à une époque antérieure, avait contraint aux départs lointains d'autres femmes de la province de Navarre : c'est cet arrière-fond de nostalgie que va violemment ramener au premier plan de la conscience de Loïc la fuite de Stella après leur seule nuit d'amour, fuite qui va finalement provoquer le pèlerinage de Loïc sur les traces de Diana et enclencher l'action. Plus exactement, ce départ va déterminer l'intervention d'un « léger levier », pour citer un recueil ancien de Silvia Baron Supervielle, levier dont les pesées alternées permettent à chacun des personnages d'atteindre et de communiquer la sérénité, dans la mort ou la création.

Rien de tout cela ne serait possible sans l'émulation qui circule entre eux, à l'exemple de cette pulsion qui entraîne Loïc à quitter un foyer sans affection, à s'effacer pour retrouver une trace, parce que la douleur infligée par la fuite de Stella reçoit pour lui un sens de la souffrance de Diana jeune fille, qu'il fait sienne désormais. Loin de fermer les cœurs, et de n'apprendre rien, la détresse se partage. Cécile, saisie par le trouble de Stella à la découverte de la disparition de Loïc, ressentira, elle, l'amour de son amie pour Loïc — amour commun qui deviendra celui des deux femmes l'une pour l'autre, auquel Cécile renoncera. Cela, avant même d'apprendre que Loïc s'est donné la mort, se sachant père — en geste à la fois de compassion pour Diana et de gratitude envers Stella. Car ce n'est qu'une fois accompli son voyage de retour par substitution qu'un Loïc déjà prêt au suicide, sa mission achevée, peut pleinement saisir la portée du don qu'est l'annonce de l'existence de sa fille. Comme s'il lui avait fallu racheter la douleur de Diana d'avoir causé en naissant la mort de sa mère à elle, pour ressentir comme une faveur de surcroît, au moment de perdre la vie, cette preuve d'amour retardée de Stella. Pour le dire en style lacanien : qui père gagne.

Encore la nouvelle de sa paternité ne lui aura-t-elle été apportée que grâce à l'intervention de Cécile, qui aura su, indirectement, réconcilier Loïc avec lui-même et Stella. Là se situe le retournement essentiel : en choisissant de s'en détacher au nom même de son amour, Cécile l'aura mise sur la voie de la sérénité, elle comme sa fille, gage vivant de son attachement pour Loïc. Il y a sans doute de la grandeur dans ces actes de résistance à un bonheur convenu, résistance instinctive (celle de Stella à revoir Loïc, aussi longtemps du moins que cela était possible) ou réfléchie (la décision de Cécile de rompre avec Stella, décision qui les apaise ; celle de Loïc de ne pas renoncer au suicide, une fois donnée la preuve qu'il a aimé, et obtenue celle qu'il a été aimé). Mais l'on voit surtout, à travers l'exemple de Cécile, que cette douleur irradiante qui innerve le récit est l'autre nom de l'amour, qui se garde pour lui-même, et puise dans ce retrait une force d'âme qui rayonne sur autrui : « Ici et là-bas, tous un », telle est la devise que se répète Loïc à l'instant fatal, en cet état second où il envisage conjointement l'amour et la mort.

Ce qui soulève ce texte, et en fait achever la lecture le cœur battant, c'est aussi que cette fugue de la perte et du don est soutenue par le charme puissant d'un récit tissé d'interférences, de passages, au sens des couleurs d'une toile : d'une émotion à l'autre, de la rive de l'Atlantique à celles d'un fleuve pyrénéen, de l'écriture au dessin et aux travaux de haute-lisse, les motifs se répondent, se fondent entre eux. La détonation qui annonce la mort de Loïc, il semble à Stella la capter à l'instant même, entre extralucidité et légère confusion, tant elle participe de l'état de vigilante rêverie où la rejoint le lecteur entre attention extrême et abandon au fil de sa lecture. L'alternance des brefs chapitres selon les points de réfraction de l'action dans l'esprit et le cœur des personnages, la diversité des cadences et *tempi* narratifs, la correspondance des langages et des écritures ne cessent de déclore le récit, tel le journal *intime* que Cécile veut « ouvert » comme l'Ancien Testament.

S'il est, parmi d'autres, une image biblique de l'énergie communicative qui traverse ces pages, et les relie, ce sont ces anges, constamment invoqués, qui établissent leurs navettes entre ici et là-bas, enfance et mort, terre et ciel, art et amour. Et parmi eux, Raphaël qui conduit Tobie pour guérir son père aveugle, et lui ouvrir les yeux sur son fils. C'est de la feuille de dessin d'Olivia que surgit l'ange, avant-coureur de celui qui mènera Loïc vers l'annonce de sa paternité. Reste au lecteur à reprendre cette navette, à rétablir ces allers et retours, à saisir les passerelles d'un thème à l'autre, sans autre conducteur qu'un amour profond assimilé à l'incoercible besoin de s'alimenter au foyer qui anime les mots, qu'il ranime en retour. La lecture est « le buisson qui brûle et ne se consume pas ».

Alain MASCAROU

Bruno DOUCEY : *Le carnet retrouvé de Monsieur Max* (Éditions Bruno Doucey, 15,50 €).

Bruno Doucey, poète-éditeur est aussi un passeur de destins et de voix singulières. Les poètes assassinés qu'il a lus avec autant d'attention que d'amour, il nous les fait redécouvrir, non en biographe ou en témoin, mais bien mieux, avec empathie et fraternité. Après Victor Jara, Federico García Lorca, Marianne Cohn, il devient Max Jacob tel qu'il se voyait lui-même, métamorphosé en « pauvre crapaud », marqué de l'étoile jaune et sur le point d'être broyé par la barbarie nazie. En imaginant le (faux) journal qu'aurait pu écrire l'auteur du *Cornet à dés* au cours des quatre derniers mois de sa vie tragique, Bruno Doucey a su fort bien imiter et restituer « l'humour jaune » du vieux poète juif, ce qui donne une grande vérité à ce « mentir-vrai », au jour le jour, dans l'espace clos et la solitude d'une chambre de Saint-Benoît-sur-Loire. Deux carnets consignent les deux dernières périodes de la vie de *monsieur Max*. Le *carnet bleu* est daté de novembre 1943 à février 1944, à Saint-Benoît, et le *carnet jaune* est celui du matricule B 15872, commencé le 24 février, jour de l'arrestation de Max Jacob, et qui s'interrompt définitivement le 3 mars.

Au début du *carnet bleu*, Max déclare : « j'ouvre ce carnet comme on ferme une porte ». En tant que Juif converti (mais déchristianisé à son insu sur ordre de purification ethnique), il reçoit des lettres anonymes injurieuses et n'a par ailleurs plus le droit de publier : « Interdit ! Verboten ! Botus et mouche cousue… » Les amis lui manquent cruellement : Rousselot, Cadou, Picasso, Saint-Pol-Roux, Moulin, etc. Il n'imagine pas d'exil possible : « j'ai besoin d'adhérence au sol… » L'arrestation de sa sœur, Mirté Léa, proie fragile « dans les griffes de la Bête », le plonge dans le désespoir. En disciple sincère du Christ, il éprouve intensément la douleur des Juifs : « je la partage et la ressens au fond de moi, comme une odeur venue de la cave ». Sa démarche auprès de Cocteau et Guitry restera vaine : « si je pouvais sauver ma sœur en me tuant, la chose serait vite entendue ». Les cauchemars de trains menaçants, le quotidien de privations, de solitude et de danger, tout ce chaos des nuits et des jours le précipite mentalement vers Drancy : « je n'ai que le cirque des mots pour dompter le fauve qui me regarde ». Doucey, s'exerce lui-même à « l'humour d'échafaud » de circonstance, en attribuant au poète un petit dictionnaire ludique de mots-valises inspirés par le nom du funeste camp : « *Drancynisme* : Peut-on rire de tout ? » Dialogue posthume, et toujours d'actualité ? Une visite impromptue de Marguerite et Marcel Béalu rompt la monotonie tragique du reclus : « journée deux fois bénie », mais le répit est bien court.

S'ouvre alors le *carnet jaune* du matricule B 15872. Malade, le poète reçoit la visite de Roger Toulouse, perturbée par la présence des noirs visiteurs de la Gestapo (« Prononcez : *j'ai ta peau !* », écrivait alors Max Jacob). De la prison d'Orléans où il est conduit, le poète écrit un billet d'appel à son ami Rousselot, poète et commissaire de Police dans cette même ville ! Parmi les captifs, Max rencontre le jeune Simon qu'il entraîne dans sa rêverie de conteur inspiré, mêlant des souvenirs d'histoire locale à l'abomination transfigurée du camp. Anticipant « la vie de château imaginaire » du vieux Drancy et de son excentrique baronne, Max (Doucey) entraîne l'auditoire captif, réactive l'univers onirique des contes populaires et transfigure, le temps d'un délire, le sinistre bastion de béton. Pirouette, parodie et pitreries animées sur des airs joyeux de *La Vie parisienne* d'Offenbach ! Aubaine d'un jeune homme à qui parler de poésie et d'opérette en pleine tragédie : « Le vieux singe, qu'il est content ! Avoir un garçon sur qui veiller. » Le 28 février, le convoi pour Drancy s'ébranle : « Qui sont-ils ces malheureux jetés dans une fosse commune roulante, traversant les campagnes de France, pour aller déverser son tombereau d'entérite humaine dans le gouffre du Drancy ? » Quant aux derniers billets de Max, à la réponse de Cocteau, plus rien n'arrêtera la machine infernale ! La découverte de l'horreur à Drancy, le zèle consternant de la police française, etc., rien ne lui sera épargné mais Max continue jusqu'à son dernier souffle de rêver et faire rêver son jeune compagnon…

Le retour au réel est brutal, avec l'odeur insoutenable de merde et de mort : le (nouveau) château de Madame la Baronne est « une large bâtisse de quatre étages, en forme de U, agréablement flanquée de miradors […] tout fer à cheval ne porte pas bonheur ». En effet, la machinerie hitlérienne s'impatiente : « Guettez, guettez, je vous prie / mon soupir d'assassiné // Max grimpe / à l'échelle de Jacob. »

Simon, le jeune témoin admiratif et attentionné, recueille les dernières paroles du poète et découvre, tombée du *carnet jaune*, la lettre destinée à Otto Abetz, ambassadeur d'Allemagne, dernière requête ironique du poète défiant le haut dignitaire représentant la « bête immonde » à Paris.

Le tour de force de Bruno Doucey, c'est d'avoir su restituer toute la jeunesse d'esprit du vieux poète, toute sa capacité d'émerveillement au fond même de l'horreur, et d'avoir fait, au plus intime de l'émotion, tintinnabuler les grelots de son humour décalé, arme ultime de la poésie contre la barbarie. Envers et contre l'étoile cousue d'infamie, il fait scintiller à nouveau l'étoile ardente du poète et redonne à entendre sa voix secrète. Enfin, il aide aussi les jeunes lecteurs de Max Jacob à mieux comprendre le passé tragique du siècle dernier et à appréhender les risques du présent.

Michel MÉNACHÉ

Jean-Paul MICHALLET : *Le Silence* (La Rumeur libre, 16 €).

Ce court roman est une gageure, un défi lancé à l'écriture romanesque : une seule phrase — mais quelle phrase —, un monologue tenu par une femme qui a invité celui qui l'a déflorée (qu'elle a aimé ? à un moment donné ?) — comme on dit gentiment — à une veillée funèbre, une phrase qui court sur une bonne soixantaine de pages, une phrase trouée de tirets qui donnent à cette dernière un aspect décousu, des tirets qui font passer du coq à l'âne — comme dans un vrai monologue — et permettent au lecteur de reprendre souffle…

La narratrice raconte une histoire sordide, ou plutôt des histoires sordides qui n'en font qu'une, où le sexe joue un rôle capital. Cet aspect ressort parfois, par contraste, du discours tenu par la mère (et rapporté par la narratrice), après l'enterrement du voisin par exemple. Le monologue dit aussi la mort dans toute son horreur, dans sa matérialité la plus crue : « … parce que blanc comme la mort, ne dit pas la mort, pas du tout — pas blanche la mort, non froide plutôt, la peau se ride doucement, fait d'un jeune un vieux, et plus vite qu'on arrive à se l'imaginer, mais on imagine avec difficulté… ». Tout l'art de Jean-Paul Michallet apparaît nettement dans cette description, cette façon de reprendre les mots pour mieux préciser ce qui survient dans les instants qui suivent la mort. Tout est passé au crible de la langue : les premières menstruations, les petits vieux au bistrot qui lorgnent les seins de la narratrice, la honte du métier du père et de l'obésité de la mère… Et les rêves de pacotille d'une adolescente ! Et il faudrait encore parler du travail salarié, du rituel de la visite hebdomadaire au cimetière, de toutes ces morts qui constellent le monologue (celle du goret, celle de l'arrière-grand-père, celle du père et même celle du charcutier) qui préparent la mort du fils — et qui constituent des leçons de vie…

Mais ce monologue ne se raconte pas, ne se résume pas. Il faut le lire, s'y confronter physiquement car c'est une épreuve physique. Malgré ce qu'il peut avoir de dérangeant, d'inaudible. Il y a d'abord cette description crue de la puberté, de la sexualité naissante et des premières expériences du corps d'une adolescente. Le dispositif scriptural (le monologue) évite tout sentimentalisme, l'écriture se situe au-delà de la morale, d'où ce ton qui évite l'hypocrisie. La puberté est exprimée en des termes violents par la narratrice : le développement des seins et de la vulve, le développement des poils pubiens (l'épisode du maillot de bain en particulier !), l'apparition des règles, rien n'est épargné au lecteur… Il y a ensuite la révolte de cette jeune contre les conventions sociales… Peut-on parler d'une *littérature de la cruauté* comme il y a un *théâtre de la cruauté* ? Oui, sans doute, dans la mesure où la cruauté (à l'occasion de la crise pubertaire) met en évidence la « souffrance d'exister » de la jeune fille, son refus de la vraie vie. Elle ressemble à cette cruauté qu'Antonin Artaud appelait de ses vœux pour le théâtre, à savoir celle que les choses et la vie peuvent exercer contre le sujet humain, la sortie de l'enfance au moment de la puberté ne se faisant pas sans violence, réelle et symbolique. Le rôle de l'auteur qui se laisse oublier rappelle aussi que le théâtre tel que le voulait Artaud n'allait pas sans la négation de l'auteur. Cette négation ici coïncide avec l'absence de style ; le monologue accorde la première et unique place à la jeune femme qui n'est jamais nommée (il faut signaler l'absence de noms propres dans ce roman), qui parle librement quitte à ce que sa violence heurte le lecteur. Il faudrait peut-être voir *Les Cenci* après avoir lu (ou avant) *Le Silence*… Peut-on parler d'un roman de la rédemption, même si ce terme connoté religieusement n'est jamais employé ? Si les premières expériences sexuelles sont ratées car elles ne s'ouvrent pas sur une histoire d'amour, la naissance non désirée, accidentelle, débouche sur l'amour.

Mais Jean-Paul Michallet pose à sa façon la question du réalisme dans le roman par son parti pris littéraire. Si la situation retenue (l'invitation du père potentiel à la veillée funèbre et sa présence) semble invraisemblable, le monologue fait disparaître la notion même d'auteur ; il permet de peindre la réalité sans artifices, en évitant tout moralisme, toute intrusion intempestive du romancier dans les propos de son personnage et Michallet n'est jamais pris en défaut… Mais il n'est pas question dans cette note de refaire l'histoire du réalisme dans la littérature. Le texte de Michallet est bien fait de mots, il n'est pas le réel mais ces mots sont ceux de la narratrice qui n'est pas son porte-parole. Et c'est là une réussite dont il faut créditer le romancier.

Lucien WASSELIN

Chantal DETCHERRY : *Voyage dans le bleu. Rêver dans les îles grecques* (Fédérop, 25 €).

Dans la collection « Chemins du monde » publiée par les éditions Fédérop, Chantal Detcherry nous a déjà offert quelques bonheurs de lecture : *Dans la main de l'Inde*, *Saisons de sable*, *La Chine de l'œil* et surtout ce joyau des récits de voyage, dans un pays aujourd'hui durement éprouvé : *Une racine entre deux pierres, le Népal*. Génie du lieu en pointillé d'ombre et de lumière, les îles grecques que l'auteure retrouve fidèlement « avec tendresse et gratitude », sont les escales intimes du *Voyage dans le bleu*, inépuisable et toujours recommencé. L'auteure sait gré à Jacques Lacarrière d'avoir déclenché, avec *L'Été grec*, l'engouement pour les archipels des dieux et des poètes : « nous étions tous à cette époque les enfants de ce livre ».

Ce n'est pas en touriste que la voyageuse entend nous faire partager son expérience des îles. Sa démarche est à la fois anthropologique et poétique : « Comme le pays des contes, une île grecque ne se révèle pas à tout le monde, et même ne se révèle pas facilement. » Bien sûr, des scènes quotidiennes captent son attention. Dans des villages aujourd'hui en déshérence ou envahis de touristes pressés, la lenteur s'impose. Sur les places publiques, des mélodies vous hèlent : « vous êtes traversés par cette musique comme par une volée d'étoiles filantes ». Dans les tavernes, des querelles d'hommes outragés peuvent éclater à tout moment tandis que l'on vous sert l'ouzo rafraîchissant ou le retsiné au goût boisé. En cuisine, les femmes s'activent, s'échauffent de fumets et de potins, de superstitions et de doléances. Au seuil des maisons de pêcheurs, les veuves en noir, résignées, se figent. Vous déambulez parmi les temples en ruine et les tombeaux sculptés ; vous découvrez d'étonnants sanctuaires et des églises byzantines bien entretenues portant « les traces triviales d'une activité ménagère ». Les chats et les ânes partout vous supplient ou s'étonnent de votre amour pour ces terres d'oubli et de sortilèges. Mais Chantal Detcherry ne cherche pas à inventorier le pittoresque, elle dit son rapport profond, sensible, cette attraction forte qui la ramène année après année vers les centaines d'îles, à gravir leurs monts abrupts que Nerval considérait comme « les os puissants de cette vieille mère ». À Tylos, abandonnée de la plupart de ses habitants poussés à l'exode depuis que l'eau manque, la voyageuse est « saisie par la mélancolie poignante des lieux ». La plupart des arbres sont morts, laissant place aux grands térébinthes plus résistants. Dans une souche de bois mort, la promeneuse perçoit le visage défunt de l'*hamadryade*, la nymphe de l'arbre qui meurt avec lui. Elle participe aux fêtes religieuses ancestrales, aux processions arborant bannières et iconostases que les habitants « conduisent vers le vertige […], emmènent jusqu'à la transe. Tous à l'unisson… » C'est pour vivre au contact des autochtones, éprouver leur ferveur. Pour les Grecs, les fêtes de Pâques sont les plus importantes. En écho à la résurrection du Christ, Pâques annonce le renouveau sur la terre et le début des germinations. À Karpathos, on procède encore au lavage des os des défunts, tradition qui perdure, rappelant à l'auteure le rite de Madagascar du retournement des morts. Elle s'intéresse aux destins particuliers des habitants rencontrés et évoque ici ou là des oubliés de l'Histoire. À Rhodes, « fille mal famée », dévoyée par le tourisme de masse, elle écoute l'histoire de Yorgos, le père borgne d'un antiquaire nostalgique. Ce père que personne ne voulut embaucher fut enfin employé par un riche et généreux marchand juif ; ce dernier dota le jeune homme pour lui permettre de s'établir à son compte. Le marchand juif et les derniers coreligionnaires de l'île disparurent avec les rafles perpétrées par les nazis. Et la prospérité prit fin, après guerre, dans l'île privée de cette communauté qui avait développé les échanges et l'artisanat. Ne reste de cette présence que la place des martyrs de la ville juive. Autre tragédie, d'aujourd'hui, à Astypaléa, île du Dodécanèse, des gilets de sauvetage abandonnés sur le rivage attestent du débarquement clandestin de réfugiés kurdes et somaliens, fuyant la violence, « en voyage vers nulle part ». Le dernier chapitre, dédié *à l'ombre aimée*, évoque la perte de Philippe, compagnon d'amour et d'*usage du monde*, dépeint tel un personnage mélancolique d'Angelopoulos : « tu n'es pas parti parmi les asphodèles en emportant avec toi ces îles que tu aimais : tu me les as laissées pour que je continue à les côtoyer ».

Chantal Detcherry tient parole en nous offrant ses impressions vécues ou rêvées dans les îles grecques et retourne aux « délices de grands enfants heureux », sur les pas de Dionysos et de Poséidon…

Michel MÉNACHÉ

ESSAIS, DIVERS

Gustave GEFFROY : ***Blanqui, l'Enfermé.*** Avec un « à propos » de Bernard Noël et des dessins d'Ernest Pignon-Ernest (L'Amourier, 26 €).

À l'occasion des vingt ans des éditions L'Amourier, Jean Princivalle a souhaité rendre hommage à Louis-Auguste Blanqui, figure de stratège révolutionnaire qui le poursuit depuis ses jeunes années. François Bon et Bernard Noël, connaisseurs de l'ouvrage choisi, ont soutenu ce projet. C'est ainsi que sort de l'oubli un chef-d'œuvre biographique consacré au plus célèbre des prisonniers politiques du XIXe siècle, maintenu 42 ans derrière les barreaux. Le journaliste et homme de Lettres Gustave Geffroy, nommé par Clemenceau administrateur de la Manufacture des Gobelins fut aussi l'un des dix membres fondateurs de l'Académie Goncourt. Il a passé de longues années (de 1886 à 1925) à enquêter sur la vie et les combats d'Auguste Blanqui, révolutionnaire lucide, épris de justice et de vérité, solidaire de toutes les insurrections sociales et révoltes émancipatrices de son temps, dont l'imagination anticipa les avancées démocratiques et éducatives gagnées de haute lutte mais toujours remises en cause par les cerbères de l'iniquité établie… Et l'on partage pleinement l'enthousiasme de François Bon qui a dévoré la vie de Blanqui revisitée par Gustave Geffroy comme un roman de Dostoïevski… Geffroy ne se contente pas de suivre la chronologie, il recrée l'éveil d'une conscience en écho aux événements dont le jeune homme fut témoin, adhère à ses colères et ses combats jusqu'aux méditations ultimes. Lui qui rencontra le vieux Blanqui, remonte aux origines, reconstitue le parcours de sa vie, visite chaque lieu de détention, recense les écrits conservés ou retrouvés, diversifie les témoignages de grands contemporains (Weiss, Vallès, Lamartine, etc.). L'ouvrage est composé de dix chapitres retraçant avec tendresse et empathie l'aventure de ce héros chétif, « orateur à voix basse », au courage inébranlable, devançant et traversant les soubresauts de l'Histoire, de la chute de Bonaparte à la première décennie de la Troisième République…

Fils d'un professeur de philosophie (et d'astronomie) — Girondin pendant la Révolution française, qui deviendra magistrat du premier Empire —, Louis-Auguste Blanqui naît en 1805 à Puget-Théniers, dans les Alpes maritimes. Peu après le désastre de Waterloo, son frère aîné le fait venir à Paris où il fait de brillantes études au Lycée Charlemagne. Il est marqué au début de la Restauration par la répression féroce à laquelle collaborent les troupes prussiennes. Les exécutions sommaires de jeunes hommes fidèles à leur engagement le révoltent. Dès l'âge de 17 ans, il participe à la naissance de la *charbonnerie française* directement inspirée des Carbonari italiens. De Louis XVIII à Charles X, la répression politique s'aggrave encore et par trois fois il est blessé au cours des manifestations de 1827. Il voyage en Italie et subit une première et brève incarcération à Nice. De retour à Paris, il devient sténographe au *Globe.* Les arrestations se multiplient et les atteintes aux libertés n'ont plus de limites. Il a 25 ans en 1830. Le voilà ardent et déterminé pour participer aux Trois Glorieuses… Les Romantiques remuants et provocateurs sont ouvertement légitimistes tandis que les Républicains, héritiers des Lumières, cultivent un néoclassicisme littéraire. Blanqui a le lyrisme en aversion : « Enfoncés, les Romantiques ! », s'écrie-t-il, après les fusillades héroïques, en présence du jeune Michelet. Louis-Philippe, « roi citoyen » entre en scène. Le pouvoir ne change pas de mains. Les Sociétés secrètes repartent en campagne, sous haute surveillance. Blanqui est en relation avec Raspail, Cabet, Buonarotti, Lamennais mais il reste méfiant vis-à-vis des utopies. S'il jette déjà les bases du collectivisme, il n'idéalise pas les sociétés futures qui pourraient advenir : « Notre drapeau, c'est l'égalité », proclame-t-il. Les prises de parole du jeune tribun sont remarquées, notamment par Heine, témoin d'un discours à la Société des Amis du peuple. En 1834, Blanqui crée et dirige

Le Libérateur, journal des opprimés. Cette même année, il se marie avec une jeune femme de 19 ans dont il avait été le précepteur. Émeutes, jugements et condamnations se succèdent. Après les émeutes du 12 mai 1839, Blanqui, arrêté alors qu'il tentait de fuir en Suisse, sera condamné à mort et enfermé au mont Saint-Michel. Un an plus tard, son épouse meurt à l'âge de 26 ans. La douleur immense de ce deuil le poursuivra sa vie durant. Blanqui, de son cachot, parvient à s'informer et lit beaucoup. Une tentative d'évasion échoue et il est déplacé à Tours où il collabore clandestinement au journal cabétiste *Les fils du Diable*. En 1848, avec la chute de Louis-Philippe, le voilà libre. Déstabilisé par la radicalité de ses jugements et jaloux de son rayonnement, Armand Barbès, compagnon de route et de détention, n'aura eu de cesse de lui nuire en attisant les calomnies. Une « ténébreuse machination », orchestrée par la diffusion d'un faux document de source policière, ayant pour but de faire passer Blanqui pour un traître, lui en donne l'occasion. Le traître était en fait un infiltré de la police. Quant aux vainqueurs de la Révolution, ils sont vite transformés en vaincus ! Blanqui est enfermé à Vincennes, puis à Doullens, et transféré à Belle-Île-en-Mer. Il dévore des bibliothèques et se passionne pour l'astronomie. Il est repris après une tentative d'évasion. Transféré en Corse, il est déporté à Mascara, en Algérie. Le 26 août 1859, il est libéré grâce à la loi d'amnistie générale. Deux ans plus tard, il est emprisonné à Sainte-Pélagie pour « délit de société secrète ». D'autres libres penseurs et artistes novateurs y furent enfermés, tels Proudhon, Lamennais, Daumier, Béranger, Nodier, Courbet, Catulle Mendès, Courier, etc. Blanqui, grand lecteur, occupe ses journées. Il préfère Paul de Kock à Balzac qu'il accuse d'avoir calomnié l'espèce humaine. *Le Prince* de Machiavel est un de ses livres de chevet. Parmi les visiteurs qu'il reçoit à Sainte-Pélagie, un jeune homme sortant de la prison de Mazas jouera un rôle dans l'Histoire de la Troisième République : Georges Clemenceau. Malade, Blanqui est soigné à l'hôpital Necker d'où il parvient, rasé et emperruqué, à s'évader. Il se réfugie aussitôt en Belgique. Pauvre, il est fidèlement soutenu par ses sœurs et par des disciples de plus en plus nombreux. Le désastre de 1870 ramène Blanqui à Paris. C'est l'état de siège : « immédiatement, le Blanqui du Siège de Paris apparaît ce qu'il a été, le grand calomnié se lève des cendres de l'Histoire […], la flamme de l'esprit de patrie est en lui, le brûle et le consume ». Dans *L'Insurgé*, Jules Vallès se souvient de lui : « Il ressemble à un *éduqueur* de mômes, ce fouetteur d'océans humains. » Blanqui en appelle à la défense populaire. Il est nommé commandant d'un bataillon sur instance de Clemenceau puis il s'en prend à Trochu, maintenu à la défense de Paris malgré la défaite du Second Empire. Mais, non soutenu, il est conduit à l'impuissance. Il publie *Abdication d'un peuple*, « le sabre prussien sur la gorge ». Le 8 décembre 1870, son journal *Paris en danger* cesse de paraître. Le voici proscrit dans cette ville qu'il a voulu sauver. Il diffuse un « placard » : *Un dernier mot*. Convaincu que le destin de la France se jouait à Paris, il dénonce la veulerie de Trochu, ne laisse aucune objection possible sans réponse. Condamné à mort par contumace, il est arrêté dans le Lot après un passage à Bordeaux. Enfermé à Figeac, puis à Cahors, il est transféré au fort du Taureau, au large de Morlaix. Pendant ce temps, à Paris, c'est la Commune et on l'élit aux responsabilités des XVIIIe et XXe arrondissements. La Commune s'engage à libérer les 74 otages contre Blanqui mais Thiers s'oppose à l'échange : « hier le fusilleur de la rue Transnonain, aujourd'hui le bombardeur de Paris ». Et au fort du Taureau, maltraité par ses geôliers, dérangé par le bruit incessant, Blanqui proteste : « Vous m'avez enfermé dans un tombeau, vous me devez au moins la paix du tombeau. » Il observe le ciel et se passionne pour l'astronomie. Il écrit avec une puissance d'imagination surprenante *L'Éternité par les astres*. Son procès au quatrième Conseil de Guerre commence le 15 février 1872 au moment même où paraît *L'Éternité par les astres*. Il a 67 ans, « il est pâle de la pâleur des tombes […] Mais les yeux protestent, avec une admirable fureur de vie. » Il est condamné à la réclusion perpétuelle et à la dégradation civique. S'il échappe au bagne de Nouvelle-Calédonie en raison de son état de santé, il est enfermé au quartier d'isolement de la prison de Clairvaux. Le 18 mars 1879, il écrit une longue lettre à Clemenceau qui ne la découvrira que plus tard… Il prône la séparation de l'Église et de l'État, la suppression du budget des cultes, la laïcité, la liberté du mariage des prêtres, le rétablissement du divorce, etc. Au dehors, les marques de sympathie se multiplient : « lumière éclatante de mes quarante années de sépulcre ». À Bordeaux, à Lyon, on le présente aux élections ! Il est libéré en juin 1879 et reçoit la visite de Clemenceau. Il fait une tournée triomphale. À Marseille, « on l'emporte comme un drapeau ». Beaucoup de jeunes l'accompagnent : « toute cette force jeune qu'il aurait tant voulu avoir avec lui pour soulever le monde ». Il retrouve ses droits politiques et participe à Milan aux fêtes en l'honneur de Garibaldi. Il mourra le 1er janvier 1881 : « son malheur fut qu'on ne vit pas l'homme sous l'insurgé, le politique sous le conspirateur ». Geffroy le compare à Hamlet : « Résigné pour lui, révolté pour tous. »

Karl Marx salua Blanqui en qui il reconnut « la tête et le cœur du parti prolétaire de France ». À propos de Blanqui redoutant le déni du droit du peuple à penser par lui-même, Bernard Noël observe qu'il suffit aujourd'hui des mass media pour vider les têtes. Et Blanqui là encore anticipait : « Une nation peut pardonner à ses oppresseurs la servitude, les prisons, les supplices, la misère, la faim, toutes les violences, toutes les calamités, toutes les douleurs, mais l'attentat sur son cerveau, mais l'étouffement de son intelligence, jamais, jamais, jamais ! Pour un tel forfait, point de pardon possible ! » Le talent de Gustave Geffroy est à la hauteur de l'acharnement du héros des insurrections populaires du siècle de Proudhon et Louise Michel…

Michel MÉNACHÉ

Bernard DEGOUT : *Je ne suis plus que le temps. Essai sur Chateaubriand* (Fayard, 18 €).

Bernard Degout dont on connaît bien les travaux sur Chateaubriand, sur Hugo, et l'activité remarquable de directeur de la Maison Chateaubriand à la Vallée aux Loups, vient de publier un essai qui va au cœur même de l'œuvre, de la sensibilité, de l'intelligence de l'écrivain : sa relation douloureuse et glorieuse au Temps. C'est à la *Vie de Rancé* que Bernard Degout emprunte cette citation magnifique qui sert de titre à son ouvrage, phrase qui « avant même d'avoir un sens a une tonalité ». Encore fallait-il expliquer ce que signifie une phrase si envoûtante, et Bernard Degout ne nous en livre le secret qu'au dernier chapitre, comme un habile romancier ne livrerait le mot de l'énigme qu'à la fin de son récit. Faut-il voir dans la particule négative (« ne plus ») l'aveu d'une défaite, conséquence de ce « long supplice » du vieillissement ? Que non ! « Cela dit à la fois la disparition ou l'amenuisement et l'avenir, la ressource ; […] "je", par l'œuvre ou comme œuvre, est le temps qui ouvre l'histoire possible ».

L'œuvre de Chateaubriand porte l'empreinte de plusieurs conceptions du temps. Lors de son premier livre, l'*Essai sur les Révolutions*, il s'agit d'un temps cyclique, parfois assez proche du temps en spirale de Vico ; et le cercle va s'élargissant. L'apologiste du *Génie du christianisme* élargit ses perspectives. Le christianisme (qui en cela rejoint curieusement les Lumières), croit en un progrès vers la parousie finale, donc (comme la Bible), à un temps linéaire. Reste à associer, comme le tente saint Augustin, éternité et mobilité. Quant aux *Mémoires d'outre-tombe*, ce titre même ne suppose pas seulement l'écoute des siècles futurs, il implique aussi qu'il y ait une autre vie au-delà du temps, au-delà de la tombe. Il « semble revendiquer l'adoption d'un autre point de vue que celui de la stricte temporalité des mortels », voire la permanence derrière la succession, et s'efforcer d'introduire dans notre vision du monde et du temps, « le point de vue de Dieu » : en quoi les *Mémoires d'outre-tombe* prolongent le *Génie du christianisme*.

En interrogeant cette question fondamentale du Temps, Bernard Degout nous propose donc de traverser toute l'œuvre de Chateaubriand, sans oublier les pages injustement oubliées des *Essais historiques*. Pour ces travaux que l'écrivain reprend dans l'édition de ses *Œuvres complètes* chez Ladvocat, il est chroniqueur du temps, mais aussi sa victime. En effet, il est un précurseur du renouveau historique du XIXe siècle (et Augustin Thierry lui rend un juste hommage), mais il a le sentiment d'être dépassé par la nouvelle génération : les méthodes de la recherche historique ont changé ; aussi dans la préface qu'il écrit pour cette partie de ses *Œuvres complètes*, Chateaubriand exprime avec une splendide et lucide mélancolie, comment l'Histoire elle-même, science du temps, est soumise à lui et à ses forces de destruction et de renouvellement.

Le politique, le sauvage, l'historien, le mémorialiste, toute la vie et toute l'œuvre de Chateaubriand sont donc revus dans l'essai stimulant de Bernard Degout, parce que, si l'écrivain ne cesse d'explorer les ravages du temps, c'est aussi pour montrer combien cette action est finalement positive : la ruine possède une beauté que n'avait pas le monument neuf. L'œil du jeune René était plus brillant, plus séduisant, « mais dans l'œil du vieillard, on voit de la lumière » écrira Hugo ; cette lumière inquiétante, fascinante, c'est bien celle qui apparaît dans ce beau portrait (par Antoine Étex) reproduit sur la couverture, terrible regard, où l'énergie l'emporte sur l'angoisse.

Les meilleurs interprètes de Chateaubriand sont ceux qui à force de le lire et de vivre avec lui, finissent par lui emprunter la musique même de sa prose, sa « tonalité ». L'interprète devient créateur ; le temps de la création, le temps de la lecture se confondent alors, et c'est bien encore ce moyen d'être plus que le temps, dont Bernard Degout nous offre une preuve séduisante.

Béatrice DIDIER

Catherine BRUN (éd.) : **Guerre d'Algérie. Les mots pour la dire** (CNRS éditions, 25 €).

Il fallait le rappeler : la guerre d'Algérie fut aussi une guerre lexicale. Cinquante ans après la fin des « événements d'Algérie », terme pudiquement utilisé par le gouvernement français d'alors, cet ouvrage dirigé par Catherine Brun vient le vérifier à point nommé. Comment nommer ce qui officiellement n'a jamais eu lieu ? Face à l'inanité de la taxinomie en vigueur, l'absence de paramètres partagés par historiens français et historiens algériens, la nécessité d'une révolution épistémologique, ainsi que de l'élaboration d'un espace discursif commun, s'imposent selon Catherine Brun qui écrit dans son introduction, « Les mots en partage » : « Mais cela implique aussi un décentrement disciplinaire, une "transversalité des approches" […] que ce volume auxquels contribuent historiens, littéraires, linguistes, philosophes voudrait illustrer, mais qu'il faudrait ouvrir encore davantage — aux arts plastiques, au cinéma, à la sociologie, l'anthropologie, l'ethnomusicologie… ». La singularité de cet ouvrage tient en effet à la volonté d'ouvrir le champ usuel d'investigation, et à croiser les approches, seule possibilité d'appréhender ce qu'Edgar Morin nomme dans son entretien avec Catherine Brun une « polytragédie ».

C'est précisément le rôle des écrivains, ces artisans du langage, de questionner les termes alors en vigueur, les précautions oratoires employées afin de masquer l'absence de nomination véritable. Pierre Guyotat et Bernard Noël, reprenant quelques formulations emblématiques (« événements », « maintien de l'ordre », « pacification », pour Guyotat ;

« ce n'en est pas ! » pour Noël) et les remettant en perspective, les re-contextualisant, révèlent la charge mortifère et surinvestie de certaines formulations, lorsqu'une nation ne trouve pas le courage de « faire face à l'image désastreuse de sa violence coloniale », ainsi que le dénonce Bernard Noël. Précisément, Mathieu Belezi, pour sa part, relit l'histoire de cette guerre à l'aune de la violence coloniale qui l'a précédée : le cri « Je suis en colère » en appelle à une mise à bas des mythes fondateurs, fallacieux, et contre-productifs si l'on souhaite apaiser les démons de l'histoire. Nathalie Quintane, par le recours au poème, interroge précisément cette fiction juridique et rhétorique qu'a été l'Algérie, et par suite, la « guerre d'Algérie » elle-même : la formule initiale, « On va faire quelque chose qui ne se verra pas dans un endroit où il n'y a personne », en sa variation, « On va taire quelque chose qui ne se verra pas dans un endroit où il n'y a personne », saisit de façon frappante la double injonction qui présida à la conduite de cette « guerre sans nom », et la volonté d'habiller d'ornements rhétoriques la réalité d'un affrontement profondément déshumanisant. Ainsi que le condense la proposition 28 : « Poésie partout. Justice nulle part. »

Cet espace commun à forger entre Français et Algériens est illustré selon un autre mode par la littérature : Afifa Bererhi le montre à partir d'une analyse comparée de *La Grotte* de Georges Buis (1961) et *La Grotte éclatée* de Yamina Mechakra (1979). Le jeu de renvois et d'échos ménagé d'une œuvre à l'autre met en exergue la fonction thérapeutique, voire apotropaïque de la littérature, nécessaire aux deux parties, ainsi que la capacité du texte littéraire à faire pièce à la vision monolithique d'une « guerre une et indivisible, d'une guerre "historique" dont on pourrait fixer les contours et tirer le portrait ».

La force et l'apport précieux de cet ouvrage résident dans le partage de la parole des contributeurs : chercheurs, créateurs français, algériens, offrent un angle de vue, une focale sur ce conflit de nature problématique. *A fortiori*, ce ne sont pas seulement les taxinomies, la phraséologie française, ses outrances et ses euphémismes, qui sont analysés ici, mais également les manipulations, récupérations, dévoiements du langage opérés par le FLN, et les glissements lexicaux et sémantiques enregistrés depuis les termes de « révolution », « combattants », dont les équivalents en arabe révèlent un de ces nombreux malentendus dont le passage entre les langues est capable. L'un ne recouvre pas forcément l'autre. Dans les contributions de Pierre Vermeren, Messaoud Benyoucef, Gilbert Meynier, Slimane Benaïssa, le double registre, à la fois national et religieux, sur lequel les dirigeants de l'insurrection algérienne ont joué, est clairement mis en valeur par les différents contributeurs, et pèse encore sur l'histoire actuelle de l'Algérie — voire de la France. *In fine*, c'est l'absence de contenu sémantique du terme « révolution » qui est pointé par tous, et la récupération étatique d'une mémoire confisquée au peuple et reconduisant les mêmes grilles de lecture politico-religieuses afin de pérenniser la légitimité du pouvoir en place. À ce titre, Daho Djerbal et en écho, Étienne Balibar, prônent une « nouvelle *épistémê* » qui permettrait enfin d'élaborer une « contre-histoire » à l'histoire officielle, celle des ex-colonisateurs, laquelle apparaît implicitement comme la seule légitime. Djerbal, insiste Balibar, opère un véritable renversement de perspective : il faudra donc forger de nouveaux paramètres, de nouvelles catégories depuis la société ex-colonisée même, qui favorisent une véritable émancipation intellectuelle des chercheurs algériens, et qui parachèvent une décolonisation et une indépendance non encore abouties. Et ces changements de paramètres commencent par le fait de reconnaître, selon Djerbal, la « modernité des pratiques de "survie" des sociétés colonisées en tant que modes de résistance à la domination ». Autrement dit : à repenser le terme « modernité ». C'est peut-être cette révolution mentale à laquelle en appelle Daho Djerbal qui constitue le trait le plus frappant et le plus *subversif* de ce volume.

Hervé SANSON

Jean-Marc SOURDILLON : ***Jaccottet écrivant « Au col de Larche »*** (Le Bateau Fantôme, 15 €).

Il faut saluer ici à la fois la prose fervente de Jean-Marc Sourdillon consacrée à Philippe Jaccottet et le travail de la jeune maison d'édition, Le Bateau Fantôme, qui invente un objet-livre adapté au texte. Il y va d'une approche libre et neuve de la prose poétique de Jaccottet *Au col de Larche*, qui se trouve dans *Après beaucoup d'années* (1994). Que l'on se souvienne : lors d'un voyage au Piémont, Jaccottet s'est arrêté au Col de Larche et, à la faveur d'une promenade du soir sous le signe de la « présence sonore » d'un « torrent », a fait l'expérience d'une vue par l'oreille, audition épiphanique et illuminatrice s'il en est. Dans un texte d'une grande densité, Jean-Marc Sourdillon saisit le nectar de l'expérience de Jaccottet. Cette étude itinérante qui prend elle-même la forme d'une marche, pas à pas et page à page, fait don d'un concentré de la poétique de Jaccottet grâce à la combinaison subtile de trois approches.

Approche génétique d'abord. Participant à l'équipe responsable de l'œuvre de Jaccottet dans la Pléiade, Jean-Marc Sourdillon s'est occupé de l'appareil critique du texte *Après beaucoup d'années* et a eu accès au manuscrit. Aussi ce livre nous fait-il entrer dans l'atelier mental du poète : ce qu'il donne à comprendre, c'est non pas le texte de Jaccottet déjà achevé, mais la lente et patiente genèse de ce texte, du 7 avril au 13 juin 1992. Sourdillon n'écrit pas *sur* Jaccottet, il chemine *avec* Jaccottet, passant librement du manuscrit provisoire à l'opus définitif et aux autres œuvres du poète. L'approche génétique révèle à quel point le travail de Jaccottet pour saisir le « presque rien » épiphanique a été difficile, comme le dévoile l'autocritique féconde du poète, avançant, reculant, bifurquant, se reprenant — et enfin décidant : « "Ce n'est jamais cela, jamais assez simple, assez élémentaire, assez frais" » (extrait du manuscrit du 9 avril 1992, p. 13). Suggérant que pour Jaccottet écrire c'est dialoguer avec lui-même, Jean-Marc Sourdillon discerne à partir du manuscrit « les deux voix qui se combattent à l'intérieur du poète : celle du scepticisme et celle de l'affirmation, faisant de l'hésitation à dire, résultante des deux, la forme privilégiée du mouvement de l'écriture ». Mais il montre aussi qu'*Au col de Larche* a pour signe distinctif « la préférence » accordée finalement par le poète à « la seconde, la voix claire ou affirmative, au point que seront retranchées de la vision définitive la plupart des objections ». Les métamorphoses du manuscrit, grâce à la fine loupe de Sourdillon, révèlent la tension de Jaccottet vers ce que lui-même nomme, dans son texte « Éclairé par l'écume » consacré à Louis-René des Forêts, une sortie hors du « labyrinthe où la modernité agonise ».

Approche comparatiste ensuite. L'alliance rare de la lecture génétique et de la lecture comparatiste définit l'art de Sourdillon, par ailleurs auteur d'un livre sur les traductions de Jaccottet (*Un lien radieux*, L'Harmattan, 2004). Autour d'*Au col de Larche*, il met en relief le dialogue de Jaccottet avec « les grands modèles qui contribuent à l'inhiber », par exemple Yeats, Dante, Hölderlin, Mandelstam, et il suggère les nombreux échos *sotto voce* entre ce texte de Jaccottet et d'autres poèmes. Ainsi à partir du vocable « bondissement » par lequel Jaccottet évoque le « torrent » qui est au centre de l'expérience épiphanique, Sourdillon tisse des fils délicats, de Rimbaud à saint Jean de la Croix jusqu'à Mozart. Il montre alors que ce vocable « bondissement », qu'il fait scintiller grâce aux comparaisons, est le centre générateur de l'élan par lequel la prose soudain s'ouvre de l'intérieur et se métamorphose en « chant ».

Approche auditive enfin. Le centre de gravité du livre est une double écoute. Jaccottet voit le « torrent » par l'ouïe et Sourdillon voit le texte de Jaccottet par l'oreille, approchant la « façon musicale d'écrire » du poète. Ce qui les unit c'est l'intuition que « l'invisible » (du monde comme du texte) s'atteint par l'audition. La prose de Jaccottet et le livre de Sourdillon sont soulevés par un même mouvement qui les conduit vers la musique. Aussi ce livre, qui écoute sourdre la langue du poète, atteint-il sa quintessence lorsqu'il prête l'oreille à la chair sonore du texte de Jaccottet (par exemple au vocable « plectre », véritable « mot de passe »). Le lecteur-auditeur peu à peu accède à la consubstantialité profonde entre « écouter » et « aimer » : écouter l'autre, c'est l'aimer ; écouter le texte de l'autre, c'est l'aimer.

On en vient à penser qu'il y a deux sortes de critiques : ceux qui dissèquent avec virtuosité le texte mais le restituent inerte, voire mort ; et ceux qui prennent délicatement le pouls du texte, écoutent respirer le corps organique verbal et le restituent *vivant*. Sourdillon appartient à cette seconde famille. Par l'alliance tout en nuances de la lecture génétique, comparatiste et auditive, ce qu'il nous offre c'est de voir *naître* sous nos yeux le texte de Jaccottet, comme on assisterait à la naissance d'une fleur ou d'une source. Si Sourdillon appartient à cette seconde famille, c'est qu'en réalité son texte (qui est rythme, scansion, phrasé plus que phrase) relève d'un genre intermédiaire (parfois proche de la manière de Jean-Pierre Richard ou de Vladimir Jankélévitch) entre essai et lyrisme. On ne s'étonnera pas alors de voir le livre s'ouvrir sur un « post-scriptum » autobiographique intense, proche du poème en prose, qui suggère que la lecture de Jaccottet résonne jusque dans la vie de Jean-Marc Sourdillon. On ne sera pas non plus surpris de découvrir un lien en profondeur entre ce livre, à l'écoute de la « présence sonore d'un torrent », et le livre de poèmes de Jean-Marc Sourdillon *Les Miens de personne*, traversé lui aussi par un « torrent sonore » qui détient une part du secret (La Dame d'Onze Heures, 2010).

Michèle FINCK

Jean-Pierre SIMÉON : ***La poésie sauvera le monde*** (Le Passeur éditeur, 15 €).

Après plusieurs livres de réflexion sur la poésie — rappelons *Aïe ! un poète*, au Seuil-Scérén / CNDP en 2003 ; *Usages du poème*, conversation avec Yann Nicol, à La Passe du Vent en 2008 et *La vitamine P* aux éditions Rue du Monde en 2012 — Jean-Pierre Siméon enfonce le clou avec un nouvel essai au titre provocateur : *La poésie sauvera le monde*.

On le sait, Jean-Pierre Siméon, poète lui-même, est le directeur artistique du Printemps des Poètes. À ce titre, exposé à des critiques le plus souvent partisanes et peu fondées, il travaille à faire exister la singularité et la diversité des voix — cette manière d'articuler, de phraser, de rythmer qui finit par s'entendre. Il s'agit, dans l'action quotidienne, de résister à la normalisation du langage imposée par les logiques économiques, sociales et culturelles. Ainsi pour Jean-Pierre Siméon, la place de la poésie dans la cité relève moins aujourd'hui d'un enjeu littéraire que d'un enjeu politique : l'humain dans l'homme. La poésie, parce qu'elle rend le langage à sa liberté, reste bien « le travail-langage de la fraternité humaine » selon les mots du poète russe Guennadi Aïgui.

Affirmer que la poésie est sans effet sur le monde, que jamais les poèmes n'ont arrêté ni couteaux, ni chars, c'est sans doute aveuglant d'exactitude. Et l'on ne peut qu'observer son « action restreinte », selon les mots de Mallarmé, sur la langue. Or, et Jean-Pierre Siméon y insiste, là est le lieu du combat. La poésie, tout travail sur le poème, et plus généralement sur la langue, prend en charge l'opacité qu'elle rompt, bafoue sa clôture dans la mesure où elle est sans cesse en crue, débordante. Ainsi sauve-t-elle la langue de cette « grosse langue molle » dont parle Jacques Roubaud — langue de cire plus que langue de bois ! — qui se parle dans les médias. « Rendre la poésie populaire, la plus *distinguée* poésie, c'est venger le peuple de la vulgarité à quoi on le réduit, par le partage de la distinction », affirme Jean-Pierre Siméon.

L'incipit du livre ajoute une nuance à son titre : « La poésie sauvera le monde, si rien le sauve. » Tout rapport au monde est un rapport de langage. Et la poésie est une humaine aspiration à un monde où les lucioles de Pasolini — ces disparues — pourraient faire retour non pour survivre, mais pour vivre. Et soulever de leurs douces lumières intermittentes les plombs du malheur.

Alain FREIXE

Jacques DERRIDA : *Penser à ne pas voir. Écrits sur les arts du visible (1979-2004)*. Textes réunis et édités par Ginette Michaud, Joana Masó, Javier Bassas (La Différence, « Essais », 25 €).

La pratique déconstructrice de Jacques Derrida s'est très souvent exercée dans le domaine de l'art, ou des « beaux-arts », comme lieu où peut être ébranlé le discours structurellement hégémonique de la philosophie ; de nombreux ouvrages en témoignent, pendant trois décennies, de *La Vérité en peinture* (1978) à *Artaud le Moma* (2002). Les éditeurs Ginette Michaud, Joana Masó et Javier Bassas proposent un recueil de textes de Jacques Derrida qui accompagnent et enrichissent son questionnement : *Penser à ne pas voir. Écrits sur les arts du visible (1979-2004).* Ces documents sont rassemblés en trois parties : I. Les traces du visible ; II. La rhétorique du trait : peinture, dessin ; III. Spectralité de l'image : photographie, vidéo, cinéma et théâtre. Notons que deux figures « étranges », très derridiennes, hantent ce recueil : celle de l'aveugle et celle du fantôme.

L'originalité du titre éponyme retenu par les éditeurs ne peut laisser indifférent : elle donne le « ton » de l'ensemble. Cette formule insolite, tournée comme un aide-mémoire, un appel à l'attention, voire une injonction, ouvrait déjà la conférence donnée par Jacques Derrida, en 2002, à Orta. Il s'agit de suggérer une expérience nouvelle, celle de « ne pas voir », définie comme une « traversée de l'aveuglement ». Autrement dit, l'enjeu est une mise en question de la primauté du visible en tant qu'attestation de la présence et de l'optique en tant que paradigme du savoir. On reconnaît là les motifs dominants de toute l'histoire de la métaphysique occidentale. Pourrait-on dire que l'histoire de la vérité est une histoire de l'œil ?

Lorsque Jacques Derrida revient sur l'évolution et les modifications de la déconstruction au cours du cheminement de sa pensée, il reconnaît qu'il a cru « longtemps que ce qui dominait le logos occidental, c'était la vue, la référence au moins métaphorique au visuel ». Toutefois, sa réflexion insistante sur la cécité et sur la figure de l'aveugle qu'il présenta, pour ainsi dire, lors de l'exposition emblématique *Mémoires d'aveugle. L'autoportrait et autres ruines*, au Louvre en 1990, l'amena d'une part à se dire moins « sûr que l'espace soit essentiellement livré au regard », d'autre part, à comprendre que « *la possibilité essentielle du visible n'est pas visible* », « axiome indéplaçable », selon lui. Une autre étape fut franchie par Derrida lorsqu'il consacra un livre à la question du « toucher » dans la pensée de Jean-Luc Nancy : *Le Toucher, Jean-Luc Nancy* (2000) : le visible est fondé, débordé par le privilège du toucher ; toutes les « valeurs héliocentriques » sont au service d'un *haptocentrisme.* On retrouve ici l'ambiguïté du concept d'expérience : la cécité est la condition de la visibilité, l'écart est la condition du toucher (ce qu'on appelle le tact). Quelle est l'expérience primordiale ? Celle du voyant-vu ou celle du touchant-touché ? On sait que ce débat fut au cœur de la pensée philosophique, notamment dans la phénoménologie entre Husserl et ses successeurs parmi lesquels on retiendra surtout Merleau-Ponty et sa construction de la notion de corps-propre. Il reste que Jacques Derrida prend soin de souligner qu'il ne s'agit pas de remplacer une hiérarchie par une autre, mais de mettre radicalement en question « tous les couples d'oppositions, toute logique binaire qui opposerait le sensible et l'intelligible, la passivité et l'activité » (et il ne manque pas alors d'évoquer Blanchot et Levinas).

Une telle exigence ne peut être prise en compte que par toute l'élaboration d'une pensée de la « trace » et de la « différ*a*nce » dans laquelle l'ensemble des textes ici présentés se trouve enchâssé. Si l'on tient la pensée occidentale pour une « métaphysique de la présence », on peut dire que ces deux notions majeures de Jacques Derrida ont pour ambition de faire jouer cette charpente conceptuelle. Il suffirait, pour s'en convaincre, de rappeler cette définition de la « trace » donnée par l'auteur vers la fin de sa vie (Orta, 2002) : « La trace, c'est l'expérience même, partout où rien ne se résume au présent vivant et où chaque présent vivant est structuré comme présent par le renvoi à l'autre ou à autre chose, comme trace de quelque chose d'autre, comme renvoi-à. De ce point de vue-là, il n'y a pas de limite, tout est trace. » De même, pourrait-on ajouter, que tout est texte. C'est en ce sens que les éditeurs parlent d'une « rhétorique du trait », même si dans ce recueil les arts du « visible » sont privilégiés. Et le dessinateur est celui qui s'expose à une expérience très originale, non seulement celle de l'aveuglement, mais, au même moment, celle de la trace et du trait. Ces formulations viennent scander régulièrement les analyses de Jacques Derrida. Par exemple, en 1991 : « La plus grande généralité de la définition du trait, c'est qu'il donne tout à voir, mais il ne se voit pas. Il donne à voir sans se donner lui-même à voir. Et donc le rapport au trait lui-même — au trait sans épaisseur, au trait absolument pur —, le rapport au trait lui-même est un rapport, une expérience d'aveuglement ». Ou encore : « […] au moment où le trait s'avance, même dans les dessins les plus représentatifs, le frayage du trait ne peut pas faire autre chose que s'avancer dans la nuit, c'est-à-dire qu'on ne voit pas le frayage lui-même, le tracement du trait […] le dessin est une expérience singulière de l'aveuglement ». Le trait ou le frayage ne se laissent pas appréhender dans la simple opposition de la présence ou de l'absence, du visible ou de l'invisible.

La trace invisible n'est pas absente encore que sa « présence » ne soit pas visible ; elle n'a pas disparu mais sa « restance » (le mot est de Jacques Derrida) ne relève pas de l'ontologie traditionnelle. En cela, elle est proche de la spectralité, figure « indécidable entre le visible et l'invisible ; c'est ce qu'on *pense voir* ». Cette croyance, qui suscite la hantise ou la fascination, imprègne d'une puissante séduction les images produites par de récentes technologies : la photographie, le cinématographe, la vidéo. Quant au théâtre, contemporain de la naissance de la philosophie, il eut d'emblée à s'interroger sur la visibilité de son espace et la teneur ontologique de ses « représentations » ; on se rappelle les analyses d'Aristote concernant la mise en vue, la mise en présence, en deux mots l'*opsis* et la *lexis*, la « mise en voix » et la « mise en scène ».

Dans ce recueil de textes, on peut suivre l'effort constant de Jacques Derrida pour inscrire la réflexion sur les arts et sur la visibilité du visible au cœur de sa méditation sur l'écriture. Qu'il nous souvienne simplement de ses propos de 1987 : « … j'ai essayé de proposer l'élaboration d'un système d'écriture ou de texte qui ne fût pas simplement opposable à la parole ou à l'image. Je crois que la parole et l'image *sont* des textes, elles sont des écritures. […] La distinction n'était pas entre l'écriture et la parole, mais entre plusieurs types de textes, plusieurs types d'inscriptions, de reproductions, de traces. »

Pierre-Philippe JANDIN

Jacques DERRIDA : *Les arts de l'espace. Écrits et interventions sur l'architecture.* Textes réunis et édités par Ginette Michaud et Joana Masó avec la collaboration de Cosmin Popovici-Toma (La Différence, « Essais » 25 €).

« L'architecture est par essence constructive. Elle érige des structures, dépend d'efforts conjugués, fondés sur la confiance réciproque, mêle clairvoyance, bonne volonté et investissement — tout ce que sape, si ce n'est détruit, la déconstruction. » Ce propos de Charles

Jencks semble clore le débat : Derrida, inventeur de la déconstruction, n'aurait rien à voir avec l'architecture, sinon d'y exercer une influence délétère.

Or Derrida a rencontré des architectes, et non des moindres : Bernard Tschumi, Peter Eisenman, Daniel Libeskind. Il a collaboré avec eux, a eu avec eux de nombreux échanges. Et s'il affirme à plusieurs reprises n'avoir aucune compétence dans le domaine, s'il se défie de ce que pourrait être une architecture « déconstructiviste » (pour reprendre le titre de l'exposition de 1988 au MoMa), sa démarche est liée de mainte manière à l'architecture : par le terme même de « déconstruction », par les formes topologiques qui l'organisent (dedans / dehors, support / surface, ruines / édifications…), et, au-delà, par la relation au système et à l'institution. « La déconstruction à ses débuts était une critique du logocentrisme, des confinements à l'intérieur de la langue. [Elle] ne se souciait pas principalement du discours […] mais des institutions, de la construction solide et réelle des constructions sociales, là où le discours, les textes, l'enseignement, la culture, la littérature sont produits, normalisés et contrôlés. » Tout cela pourrait s'inscrire dans une tradition philosophique qui, depuis Aristote ou Descartes, se sert du modèle architectural comme métaphore indispensable de la pensée : mais le travail de Derrida, s'il n'ignore pas cette tradition, rompt en bien des points avec elle.

« Un certain goût que j'ai pour l'aventure ingénue et téméraire » amène Derrida à accepter la proposition de Bernard Tschumi, qui en 1985 lui demande de participer au projet du Parc de la Villette, avec Peter Eisenman, pour créer un jardin non végétal, d'eau et de pierre : il en sortira le projet *Chora L Works*, des dessins, des maquettes, mais aucun jardin... La même année, Derrida, pour l'exposition « Les Immatériaux », compose un lexique avec les mots *Capture, Confins, Espace* (« Comment vas-tu habiter cette liste de mots, signer dans le jeu sans le maîtriser, sans y accumuler potentiellement […] le maximum de langage ou de sens ? Laisser de l'espace à l'enchaînement de l'autre. »), *Façade, Habiter* (« Je n'habite que dans l'éloignement […] Hantise du retour (revenir, revenance), du chemin circulaire, de l'anneau, de l'odyssée. Différence entre hanter et habiter ? ») Ces deux définitions suggèrent une mise en question de toute notion de stabilité, de fondement, de limite, ce qui est au cœur de la réflexion derridienne. Dans un entretien, il définit d'ailleurs sa démarche comme « tentative de s'émanciper des oppositions imposées par l'histoire de la philosophie, telles que *physis / tekhnè*, animal / homme, philosophie / architecture. »

Cette préoccupation « déconstructive » se lit aussi dans la démarche de Peter Eisenman lorsqu'il propose une vision historique de l'architecture : dans les plans de Palladio ou de Bramante, on passe du théocentrisme à l'anthropocentrisme, puis le modernisme critique cette position humaniste, et enfin l'architecture se transforme en un « signe auto-référentiel », qui implique notamment la nécessité de critiquer les anciens moyens de représentation (plan, coupe, esquisse) au profit de l'axonométrie, qui « ne représente pas vraiment : elle construit sans démanteler la linéarité fondamentale ou l'objet de la représentation, inscrivant ceux-ci en elle-même tout en les dépassant. » Cette conception de l'architecture comme « signe auto-référentiel », Derrida ne cesse de la moduler selon qu'il envisage des villes réelles (Berlin, Prague) ou des mythes (Babel), voire des textes.

Pour commencer par le commencement, c'est-à-dire le mythe de Babel. Pour Derrida, les constructeurs de la tour de Babel « voulaient se faire un nom, ils voulaient imposer leur idiome à l'univers, imposer une langue universelle qui serait avant tout la leur. » À ses yeux, l'intervention divine qui détruit la tour et impose la multiplicité des langues est donc le contraire d'une catastrophe. De même, il suggère que la pyramide est l'analogue de la structure de l'Université, à l'opposé du Collège de philosophie (qu'il a fondé) comme « sentiers brisés et labyrinthiques de la tour de Babel *où la pensée est à la recherche d'elle-même.* […] *Il y a là un désir informe d'une autre forme.* » Séjournant à Prague, et citant

Kafka (« La Muraille de Chine » et « Les Armes de la ville »), il écrit : « ce qui rend possible la communauté vivante des générations qui vivent et construisent la ville, qui se tendent en permanence dans la projection même d'une ville à dé-re-construire, c'est le renoncement paradoxal à la tour absolue, à la ville totale et qui touche au ciel, c'est l'acceptation de ce qu'un logicien appellerait peut-être un "axiome d'incomplétude". »

La juxtaposition de « tour absolue » et de « ville totale » pourrait faire penser qu'il ne distingue pas architecture et ville. Or il pose la question : « peut-on à présent penser ou mettre en œuvre l'architecture au-delà d'un projet urbain ? » Historiquement, il y a « subordination du "signifiant" architectonique à un "signifié" philosophique, incarné par la ville, par le projet urbain. » Le projet urbain comporte en effet des traits invariables (lieu de rassemblement, de parole, habitabilité, etc.) auxquels l'architecture est subordonnée. Mais il peut y avoir une rupture (technologique, écologique, démographique…) qui rend caduc le modèle antérieur et qui fait que, même si le modèle perdure, l'architecture ne peut plus se régler sur lui. (Le meilleur exemple étant la guerre.) Une architecture qui ne se réglerait plus sur les traits invariables signalés serait-elle « pure » ? Ce serait encore un leurre métaphysique : « Pas de pureté architectonique donc, mais des traces sans présence, des mémoires sans origine, des textes dont le substrat ne serait pas seulement verbal ou en pierre, une impureté architectonique à l'œuvre. » D'où la question : comment tenir ensemble ces éléments disjoints ? Comment « maintenir » l'architecture ?

Une réponse à ces questions peut-être abstraites peut se trouver dans le dialogue avec Peter Eisenman. Celui-ci s'est attaqué à trois fondements de la tradition classique : la valeur donnée à l'origine, l'anthropocentrisme, la définition d'un objet architectural qui serait esthétique, par opposition à textuel. L'homme est « fragmenté » depuis les découvertes freudiennes, il faut donc trouver une nouvelle architecture qui lui corresponde. « L'architecture […] doit s'écarter de la rigidité et des valeurs structurantes qui fondent ces oppositions dialectiques (par exemple, tracé et fond, ornement et structure, forme et fonction, etc. » en quoi Eisenman rejoint le refus derridien des « couples de concepts » imposés par la tradition philosophique. Parlant du « degré zéro de l'architecture », Eisenman ne s'est pas contenté de produire du discours : sa légitimité vient de ce qu'il a construit en accord avec ses principes. Derrida apprécie en lui « une architecture sans référence à l'origine, à la dimension humaine, à l'habitat humain, à la beauté, etc. [et qui] n'est plus ce qu'on appelle couramment une "architecture". […] J'aurais été tenté de considérer l'architecture […] comme l'art qui résiste le plus à ce que l'on appellerait "déstabilisation" ou "déconstruction" parce qu'il est l'art le mieux fondé dans les valeurs de présence, d'origine, de téléologie, de finalisation, etc. Parmi tous les arts, c'est le seul qui n'ait pas, apparemment, de tradition mimétique. »

Aux yeux de Derrida, il faudrait donc « libérer l'architecture des valeurs de fonctionnalité », « rendre à l'architecture son espace spécifique, c'est-à-dire un espace qui ne soit pas subordonné à des valeurs par exemple utilitaires, esthétiques, ou même métaphysiques ou religieuses. […] Tschumi et Eisenman essaient de libérer l'architecture de toutes ces finalités qui ne sont pas à proprement parler architecturales, ce qui ne veut pas dire pour autant […] qu'ils essaient de restaurer une sorte de pureté architecturale. En même temps, ils remettent l'architectural "proprement dit" en rapport avec d'autres arts, d'autres langages ; chez Tschumi, ce peut être la narration cinématographique, chez Eisenman, il y a constamment un échange avec le texte littéraire. Il y a sans cesse une sorte de provocation réciproque entre leurs projets dits architecturaux et d'autres espaces d'invention, de création. » Il s'agit donc de « contaminer » l'architecture, c'est-à-dire de la mettre en corrélation avec les autres champs disciplinaires de la création.

Derrida mettra pourtant en cause le travail d'Eisenman, dans une lettre intitulée « Barbaries et papier de verre » ou *La petite monnaie de l'« Actuel »* (les mots en italique sont de Walter Benjamin.) Il lui reproche essentiellement son culte de l'absence, du vide : « Ce discours […] voilà longtemps qu'il me laisse perplexe […] parce qu'il a autorisé beaucoup d'interprétations religieuses, pour ne pas dire d'idéologisations confusément judéo-transcendantales de votre œuvre. » Alors qu'Eisenman prétend « soustraire l'architecture à la mesure de l'homme, à son échelle même », il n'y parvient pas : « Qu'est-ce qui distingue votre espace architectural de celui du temple, voire de la synagogue (j'entends ce mot en grec, comme un mot grec au service d'un concept juif) ? Où aura été la rupture à cet égard ? » Citant longuement Walter Benjamin (*Expérience et pauvreté* et le *Trauerspiel*), Derrida reproche à Eisenman de ne pas intégrer à son travail une pensée de la ruine : « Dans le passé, les grandes inventions architecturales organisaient leur destructibilité essentielle, leur fragilité même, comme une résistance à la destruction ou comme une monumentalisation de la ruine même. […] Une nouvelle figure, une autre rythmique de la ruine à venir se dessine-t-elle dès maintenant dans le dessein de l'architecture que nous voudrions reconnaître comme celle de notre présent, de notre avenir ? »

Eisenman, d'abord blessé, choisit de voir dans cette mise en cause l'occasion d'un *framework* pour penser l'architecture. « Pour moi en tant qu'architecte, chaque concept, chaque objet comporte tout ce qui n'est pas inscrit en lui sous forme de traces. Je m'intéresse à l'absence, non pas au vide ou au verre, parce que l'architecture, contrairement au langage, est dominée par la présence, par l'existence réelle du signifié. […] Ce que vous faites avec le langage est improbable en architecture. » Et il définit sa démarche : « Le besoin de dépasser la présence, le besoin de suppléer à une architecture qui sera encore et toujours de l'architecture et qui en aura toujours l'aspect, le besoin de briser le lien étroit entre forme et fonction, voilà ce dont traite mon architecture. »

L'exemple de la peinture lui sert à préciser cette intention critique, en ironisant sur les « dessins et tableaux à caractère symbolique et rituel » que les psychanalystes accrochent sur les murs de leur cabinet et croient être des œuvres d'art : ces œuvres « relèvent de la psychologie illustrée et non de l'art, parce qu'elles n'établissent aucune relation critique avec l'art traditionnel. Elles ne sont ni analytiques ni critiques à l'endroit de leur propre medium. » Ce que lui-même tente vis-à-vis de son propre travail. Le dialogue se poursuivra, mais on en pressent les incompatibilités, de même qu'avec Libeskind pour Berlin.

Prague et Berlin sont pour Derrida deux lieux privilégiés où « penser l'architecture. » Prague est exemplaire par toutes les ruptures, stratifications, influences multiples, stases, destructions qui la caractérisent. Cette structure en palimpseste amène Derrida à mettre en garde contre une construction qui voudrait « inscrire *au présent* des structures urbaines ou architecturales saturantes, non transformables […] [et qui] causerait une violence […] venant léser l'âme et le corps, l'intégrité comme le nom propre d'une ville. » « Une ville doit rester ouverte sur ce qu'elle sait qu'elle ne sait pas encore qu'elle sera. » De même Berlin, ville polycentrique et clivée, est aussi le lieu du musée juif construit par Daniel Libeskind — occasion d'une discussion féconde entre le philosophe et l'architecte.

Libeskind s'explique dans « Entre les lignes. » Il est parti de l'esquisse d'une figure hexagonale (« très kitsch, l'étoile de David, c'est un tel cliché ») puis a cherché les adresses de Berlinois tels que Kleist, Heine, Hoffmann, Benjamin… et a abouti à « une sorte de jeu de lignes hexagonales et déformées. C'était un cadre : je ne voulais pas commencer par une grille ou par un carré ou par un module, mais il fallait que je commence quelque part dans le nulle part. » C'est la « matrice irrationnelle et invisible du projet. » À quoi s'ajoutent les dimensions musicale (le *Moses und Aaron* de Schönberg, inachevé) et historique : la liste de tous les juifs déportés de Berlin. Il s'agissait donc de repenser la forme muséale, d'impliquer le public, « donner voix à un destin commun, commun aux juifs et aux non-juifs. […] Le musée devait non seulement servir d'inspirateur à la poésie, à la musique et au théâtre mais aussi accueillir l'ordonné / le désordonné, le bienvenu / le non bienvenu, l'élu / le non élu [...], relier cette trace historique à Berlin et Berlin à sa propre histoire éradiquée, qui ne doit pas être camouflée, désavouée ou oubliée. » « Construire le musée autour d'un vide qui le traverse, un vide qui doit être ressenti par le public. »

Allant plus loin, Libeskind explique que son projet est « provocateur non seulement parce qu'il comporte des angles étranges mais aussi parce qu'il enfreint plusieurs règles de construction. [...] Seule la transgression offrirait l'exemplarité qui me permettrait de réconcilier mes propres travaux avec le projet. » Il l'a d'ailleurs présenté aux décideurs sur du papier à musique ! et ceux-ci, amateurs de musique allemande du XIXe siècle (« Le dernier compositeur qu'ils avaient écouté, c'était Wagner, et ils n'étaient pas encore passés à autre chose »), se sont mis à discuter sur les cinq lignes de la portée, les notes, l'interprétation..., si bien que la discussion politique a été éludée, et que Libeskind a gagné. Mais pendant l'élaboration du projet, le Mur est tombé, ce qui n'a pas été sans conséquence : « Dès l'unification de Berlin, j'ai dégauchi tous les murs. Mes adversaires m'ont dit que je n'étais plus un déconstructiviste, que je m'étais dégonflé. [...] Mais je l'ai fait, car j'ai eu le sentiment que le projet n'était plus protégé par le genre de schizophrénie qui pouvait naître du caractère bilatéral de la ville. Il fallait que ça se dresse et se scelle autrement. »

En réponse, Derrida souligne d'abord le paradoxe du musée, qui veut élaborer une histoire de la tradition judéo-allemande : si pour Hermann Cohen l'Allemagne est la mère patrie des juifs du monde entier, pour Gershom Scholem, cette tradition est une légende, et dans ce cas le musée est « le cadeau d'un fantôme ». Mais ce qui le gêne surtout, c'est cette théorie du vide. Qu'il avait déjà commentée dans une lettre à Eisenman où il évoquait le musée de Libeskind : « Encore le vide, l'absence, la négativité. » On se permettra, en tant que visiteur lambda du musée en question, de ne pas regretter les choix de Libeskind.

La dernière question tournerait autour d'*écrire l'architecture*. Le signe linguistique est arbitraire, à l'opposé du signe architectural, qui est principalement fonctionnel, donc toujours motivé et toujours présent. Or le concept d'écriture implique « le devenir-immotivé du signe » (*De la grammatologie*). « Écrire l'architecture », ce sont d'abord des métadiscours théoriques : écriture discursive, tenir un discours au sujet de, à fonction de légitimation et de médiation. Peut-on concevoir une écriture qui échapperait à une analogie avec l'écriture du livre, une écriture non discursive ? Pour Eisenman, « Jean Nouvel n'écrit pas de l'architecture : il fait des récits, qui sont fermés et se tiennent à l'intérieur de la métaphysique de la présence. Les traces lui importent peu, hormis peut-être les tracés régulateurs. [...] Daniel Libeskind et Rem Koolhaas tentent d'écrire de l'architecture. Les bâtiments qu'ils font sont moins des structures narratives que des traces de cette ouverture, de ce que vous [Derrida] appelez "l'espacement." » Traces, tentatives : on n'y est pas.

« Si nous voulions, si nous osions construire une architecture conforme à la nature de *notre* âme (nous sommes trop lâches pour cela !) — le labyrinthe devrait être notre modèle ! La musique qui nous est propre et qui nous exprime réellement permet déjà de le deviner ! Dans la musique, effectivement, les hommes se laissent aller parce qu'ils imaginent qu'il n'y a personne qui puisse les voir eux-mêmes *sous* leur musique. » C'est Nietzsche, *Aurore*, cité par Derrida. Mais les catastrophes du XXe siècle n'ont-elles pas modifié « la nature de *notre* âme », et par là l'architecture qui lui correspondrait ? Répondant à un auditeur qui critiquait les architectures « déconstructivistes », Derrida lançait : « si ces architectures sont difficiles à habiter, et grises, et anorexiques, il faut penser à ce qu'on faisait dans les camps ».

Anne ROCHE

Michel CIMENT : ***Les Conquérants d'un nouveau monde. Essais sur le cinéma hollywoodien*** (Folio, 9 €).

Sous un titre emprunté à un film de Cecil B. DeMille, Michel Ciment publie une sélection d'articles parus essentiellement dans la revue *Positif* depuis les années soixante et réunis autour de la notion d'auteur à Hollywood. Répartis en chapitres, ces articles proposent différentes entrées, de l'étude d'un réalisateur (Eric von Stroheim, Elia Kazan, Terrence Malick…) à celle d'une œuvre (*Sunset Boulevard* de Billy Wilder), en passant par un genre (le western), tout en posant des questions plus générales (Hollywood face au nazisme et à la « chasse aux sorcières »). Universitaire, journaliste, homme de radio, cinéphile qui, à l'instar de Patrick Modiano, s'est initié au cinéma d'abord dans les salles de quartier avant la Cinémathèque, Michel Ciment plaide depuis longtemps pour une critique libre et ouverte.

Les Conquérants d'un nouveau monde commence par rappeler la difficulté que pose à l'analyse les conditions de production du cinéma hollywoodien. Le système des studios, la répartition raisonnée des tâches, le modèle en apparence uniformisé de la narration filmique (dont l'idéal est l'invisibilité, comme si le médium devait se faire oublier pour laisser en quelque sorte l'histoire se raconter d'elle-même) ne favorise pas l'étude formelle des films ni la reconnaissance d'auteurs doués d'un style. De plus, le but ouvertement commercial de ce cinéma a longtemps conduit la critique à défendre davantage des réalisateurs trouvant moins facilement le public comme Jean-Luc Godard ou Marguerite Duras.

Tout au long de ces articles nourris de littérature et de philosophie, Ciment nous montre comment, au contraire de ce qu'on aurait pu penser, l'arsenal de contraintes propre au cinéma américain a favorisé l'émergence de véritables auteurs, comme cela se passait au XVIe siècle dans les écoles italiennes de peinture. Le premier exemple est celui de Stroheim dont les films censurés et remontés par les studios, de *Folies de femmes* aux *Rapaces*, n'en conservent pas moins leur puissance de dénonciation de la société américaine. Ciment rappelle à ce sujet le rôle fondamental de l'immigration à Hollywood, la plupart des grands réalisateurs étant d'origine européenne et notamment viennoise, tels Stroheim, Sternberg ou Wilder. Ils pouvaient ainsi d'autant mieux observer et critiquer un monde auquel ils n'appartenaient pas vraiment. À propos de Billy Wilder, Michel Ciment écrit que le « cinéaste est le moraliste qui […] dénonce nos illusions et nous invite à nous en libérer ». Voilà sans doute pourquoi trois films de Wilder mettent le cinéma en abyme : *Certains l'aiment chaud*, *Sept ans de réflexion* et *Sunset Boulevard*. On a parfois reproché à ce réalisateur une certaine vulgarité qui est plutôt à attribuer à la société qu'il décrit sans concessions dans des films plus stylés et ambigus qu'ils ne le paraissent, de ses films noirs teintés de comédie grinçante (*Assurance sur la mort*, *Sunset Boulevard*) à ses comédies aux accents sombres (*Certains l'aiment chaud*, *Embrasse-moi idiot*). La formation de journaliste du cinéaste pourrait jouer un rôle dans son aptitude à la peinture sociale.

En effet, si le statut d'un auteur tient donc en premier lieu à l'exposition d'un univers personnel et à des thèmes récurrents, il doit aussi s'approprier le scénario, souvent rédigé par un autre. L'exemple le plus frappant à cet égard est celui de Howard Hawks. Bien qu'il ait travaillé avec quarante-deux scénaristes, son œuvre est réputée pour sa rare cohérence. Ciment note par exemple la « modernité de ses héroïnes, ni objets, ni enfants, ni vamps, ni mères ». La collaboration de Hawks avec une scénariste comme Leigh Brackett, de *Rio Bravo* à *Hatari !*, a sans doute été déterminante. On observe le schéma inverse avec l'influente critique de cinéma américaine Pauline Kael. Elle essaie de minimiser le rôle d'Orson Welles dans *Citizen Kane*, puisque c'est Mankiewicz qui en a écrit le scénario. Mais Ciment montre les problèmes que pose cette enquête incomplète et lui oppose d'autres témoignages comme celui de Katherine Trosper, la secrétaire de Welles. Selon elle, le réalisateur ne cessait chaque jour de réécrire le scénario de départ pour le faire sien.

L'uniformisation attendue par le système américain est donc déjouée par les cinéastes dont les portraits métonymiques symbolisent la personnalité : le chapeau de cow-boy de Griffith, le monocle de Von Stroheim, la cravache et les bottes de cuir de Cecil B. DeMille. Ces signes de domination révèlent aussi l'ambition du réalisateur : être le maître d'œuvre de son film. C'est ainsi que Frank Capra intitule ses mémoires : *The Name Above the Title*. Le contrôle absolu de la mise en scène peut même être atteint par Josef von Sternberg qui non seulement écrit le scénario de *L'Impératrice rouge* mais en dessine les décors, les costumes, et signe la partition musicale d'une scène.

Ciment n'oublie cependant pas de réhabiliter des cinéastes plus discrets et qu'on a parfois rangés trop vite dans la catégorie des faiseurs. C'est le cas de William Wyler, réalisateur abordant des genres aussi divers que le péplum (*Ben-Hur*), la comédie (*Vacances romaines*) ou le film d'auteur épuré (*L'Obsédé*). Ce dernier film relance l'intérêt de la critique, égarée longtemps par une erreur de traduction d'André Bazin. Rapportant maladroitement les propos du cinéaste, Bazin lui faisait exprimer un manque d'engagement dans son œuvre alors que Wyler disait exactement le contraire. *Les Conquérants d'un nouveau monde* prend aussi la défense de Richard Fleischer, à la fois méconnu en tant qu'auteur car réalisateur de superproductions comme *Vingt mille lieues sous les mers* ou le fameux film de science-fiction *Soleil vert* (admirés aujourd'hui). Il a cependant signé des films plus rares, tel le film noir désenchanté *Les Complices de la dernière chance*. Avec érudition et sensibilité, Ciment poursuit ainsi sa réflexion sur les différents aspects de la qualité d'auteur à Hollywood.

Cette défense du cinéma américain n'exclut pas la lucidité. L'étude des réactions des nababs des studios face au nazisme et au « maccarthysme » est éloquente. Le cas d'Elia Kazan, qui « donna » onze noms (il est vrai que certains étaient décédés et que les autres lui avaient donné leur accord) devant la commission des activités antiaméricaines, montre le traumatisme dont ce processus de dénonciations était la cause. À travers des films comme *Sur les quais*, où Marlon Brando doit dénoncer des voyous, ou dans *Man on a Tightrope* (inédit en salle mais disponible en DVD), dans lequel un cirque veut passer secrètement de Prague occupée par les communistes à l'Allemagne de l'Ouest pour échapper à un système totalitaire, Kazan tente de s'expliquer sur son attitude et sur celle de toute une génération de personnalités du cinéma. De Gary Cooper à Sterling Hayden, ils se sont dénoncés les uns les autres dans une sorte de jeu hypocrite, fatal pour ceux qui perdirent leur travail ou même la vie tel l'acteur John Garfield. L'ennemi invoqué était le totalitarisme mais finalement ceux qui rachetèrent Hollywood le firent au nom des valeurs américaines : les hommes de gauche Bogart, Mankiewicz, Huston, Wyler.

La question de la réaction des studios face au nazisme est tout aussi complexe. La plupart des producteurs américains collaborèrent avec l'Allemagne par réflexe commercial. Le consul allemand à Los Angeles, Georg Gyssling, ayant sa carte du parti nazi, faisait pression auprès de Joseph Breen, chargé de la censure et du fameux Code Hays, pour qu'aucun film ne fasse allusion aux juifs et aux nazis. En 1936 fut quand même fondée « The Hollywood Anti-Nazi League », qui compta 4000 membres, mais que les communistes quittèrent à la signature du pacte germano-soviétique. C'est à peu près au moment de la rupture de ce pacte que Hollywood se mit à produire toute une série de films anti-nazis, de *Confessions of a Nazi Spy* d'Anatol Litvak au *Dictateur* de Charlie Chaplin. À travers cet exemple d'une industrie qui délaisse ses visées commerciales à court terme pour défendre les valeurs démocratiques, on voit tous les problèmes d'interprétation que pose l'« usine à rêves ».

Au fil de son étude, Ciment nous montre à quel point le cinéma américain est plus complexe qu'il n'y paraît. On le voit avec Terrence Malick par exemple, qui suit les cours de philosophie du cinéphile Stanley Cavell à Harvard, lit Faulkner et Mark Twain, si exigeant que ses films se sont longtemps faits rares. On pense aussi au genre du western, dont Ciment établit un petit inventaire personnel qui réunit le classicisme de *My Darling Clementine* au baroque d'*Il était une fois dans l'Ouest*. Il rappelle à la suite de Jim Kitses combien ce genre est fait d'oppositions : nature et culture, individu et communauté… C'est sans doute le jeu sur les antinomies et les contrastes qui donne son dynamisme au cinéma américain. Michel Ciment peut même le résumer dans une formule presque abstraite et qui résume l'éclat des films de genre : « mouvement des corps, sens du rythme et du récit, jeux des couleurs, richesse symbolique ».

François SOUVAY

Christine PLANTÉ : ***La Petite Sœur de Balzac. Essai sur la femme auteur.*** Nouvelle édition révisée avec une préface inédite de Michelle Perrot et une postface inédite de l'auteure (Presses Universitaires de Lyon, collection « Des deux sexes et autres », 24 €).

La réédition de *La Petite Sœur de Balzac. Essai sur la femme auteur* de Christine Planté, paru pour la première fois en 1989, présente pour quiconque s'intéresse aux questions de genre et de littérature un double intérêt. Le livre se donne d'abord à lire comme une étude dont l'objet est le discours sur les femmes qui écrivent au XIXe siècle ; mais il est aussi — notamment grâce au travail de réédition et à la copieuse postface qui lui est adjointe — une réflexion historique et critique sur les évolutions du champ de la recherche sur ces questions, sur les vingt-cinq dernières années.

Comme le rappelle Michelle Perrot dans sa préface, Christine Planté écrivait en 1989 contre le courant différentialiste incarné notamment par Hélène Cixous, et alors dominant dans la critique littéraire. Le modèle d'« écriture féminine » proposé par ces critiques, à savoir « oralité, inscription du corps, rapports à la mère, refus de la logique et de la syntaxe, sensualité et désordre » (p. 315), apparaissait à Christine Planté comme un discours normatif, qui reconduisait *in fine* les discours misogynes et anti-féministes. Pour contrer ce discours théorique, il s'agissait donc de mener une enquête historique permettant de mettre en lumière le caractère construit (et sexiste) des discours sur les femmes qui écrivent.

Le livre rendait compte d'autre part d'un geste critique fort, pouvant selon l'auteure « définir l'ambition, éthique autant qu'esthétique, d'une critique féministe » (p. 320), celle de proposer une lecture qui ne soit pas orientée par les préjugés d'une histoire littéraire genrée. Il s'agissait donc aussi de (re)découvrir des écrivaines ignorées par la critique, comme Jenny d'Héricourt ou Malvina Blanchecotte, des auteures minorisées comme George Sand ou Marceline Desbordes-Valmore, ou encore des femmes qui restaient injustement dans l'ombre de « grands hommes », comme Louise Colet, « qui n'était pas que l'importune maîtresse de Flaubert » ou Laure de Surville, cette petite sœur de Balzac, *alter ego* français de la figure de Judith Shakespeare imaginée par Virginia Woolf, et qui donne son titre au livre.

Par une lecture précise et fouillée de nombreux textes (d'hommes et de femmes) qui écrivent sur cette figure, les premiers chapitres du livre s'attachent ainsi à saisir les tenants et les aboutissants de cette construction culturelle qu'est la « femme-auteur ». En mettant au jour les implications épistémologiques du point de vue des hommes comme des femmes, l'enquête montre que tout concourt systématiquement à faire de la femme qui écrit une « créature monstrueuse ». Celle-ci serait un scandale social qui mettrait en danger la famille et la société entière, en plus d'être un ferment de médiocrité pour la littérature nationale, à travers la confusion des rôles qu'elle introduit par sa prétention à cet attribut de la masculinité qu'est l'écriture littéraire. Ainsi, le système de domination masculine piège les écrivaines et chaque option à leur disposition apparaît comme une position minée. Que les femmes choisissent de défendre une approche féminine de la littérature et elles sont cantonnées à une sous-littérature « pour femmes » ; qu'elles veuillent au contraire rivaliser avec les grands auteurs masculins, et les voici « hors de leur condition ». Qu'elles soient des femmes « extraordinaires » et elles seraient des femmes monstrueuses, et donc même plus des femmes ; femmes ordinaires, elles ne seraient « que » des femmes. Dans sa démonstration, Christine Planté avance ainsi l'hypothèse importante d'un « genre des genres » littéraires : aux femmes conviendrait par exemple le roman (inférieur au théâtre et à la poésie) et l'épistolaire (genre de l'intime, le plus conforme à la place des femmes dans l'espace domestique) ; on retrouverait encore un principe de répartition genrée à l'intérieur des sous-genres (le « grand » roman psychologique étant par exemple l'affaire des hommes). L'ouvrage se termine par différents métadiscours sur leur propre expérience venant de femmes qui écrivent : des figures jugées importantes par l'auteure, comme Marceline Desbordes-Valmore, George Sand, mais aussi Nathalie Sarraute ou Marguerite Duras, Virginia Woolf ou Emily Dickinson, Marina Tsvetaeva ou Ingeborg Bachmann.

Le travail de réédition prend toute sa valeur par l'impressionnant exercice de relecture, de recontextualisation et de réflexivité auquel se livre Christine Planté, en particulier dans sa postface d'une quarantaine de pages. Elle produit ainsi une synthèse précieuses sur les évolutions du champ de la recherche et des problématiques, montrant l'affaiblissement institutionnel des thèses différentialistes et la montée du concept de genre — mouvement dans lequel semble pleinement s'inscrire son livre — tout en notant la lenteur avec laquelle la recherche en littérature a intégré les apports théoriques des études de genre.

Avec une grande rigueur — lorsqu'il s'agit par exemple de se reprocher telle tournure de phrase qui invisibilise la question des transidentités ou de noter qu'une plus grande attention au concept d'hétéronormativité eût enrichi telle analyse —, Christine Planté soumet son texte à une lecture critique scrupuleuse. Si elle lui reconnaît plusieurs apports, comme la mise en avant de « la minoration des femmes écrivains dans et par l'histoire littéraire » et l'hypothèse d'un genre des genres littéraires, elle revient surtout sur ce qu'elle nomme des « absences ». Dans son corpus, elle remarque celles de Mme de Duras, de Rachilde ou encore de Louise Michel. Du côté des références théoriques, elle rappelle qu'en 1989, le concept de genre n'était pas encore cet outil essentiel dont elle revendique depuis l'utilisation, que Simone de Beauvoir et Monique Wittig n'avaient pas l'importance théorique qu'elles ont acquise plus récemment dans les études de genre, que ni Judith Butler ni Thomas Laqueur n'avaient produit leurs principaux travaux, et qu'il faudrait attendre les décennies 2000 et 2010 pour que soient traduites en français les œuvres de Gayatri Chakravorti Spivak, Donna Haraway, Eve Kosofsky Sedgwick, Denise Riley ou Teresa de Lauretis. Surtout, elle insiste sur la nécessité de voir dans les problématiques de genre en littérature un « vaste chantier toujours devant nous », notant implicitement sa dimension collective, qu'elle illustre en citant abondamment de nombreux travaux plus récents. De fait, par la rigueur et l'honnêteté intellectuelle de cet exercice de réflexivité auquel elle soumet l'un de ses principaux travaux, Christine Planté ne se pose pas en énonciatrice d'un discours définitif sur les femmes et la littérature. Elle offre au contraire aux chercheurs et chercheuses qui s'intéressent aujourd'hui à ces questions un panorama utile et une mise en perspective de cette entreprise collective, riche et passionnante. Ce faisant, elle invite chacun(e) à y prendre sa part.

Maxime TRIQUENAUX

BULLETIN D'ABONNEMENT

Nom et Prénom :...

Adresse :...

....

Code postal : |_|_|_|_|_| Ville :...

s'abonne à EUROPE à partir du numéro du mois de............... inclus et vous adresse le montant par chèque ou virement à l'ordre d'Europe.

A.. le....................................

Signature :

France 1 an : 75 €

Union européenne et Suisse 1 an : 105 € **Autres pays 1 an : 115 €**

Vous pouvez également nous adresser votre commande d'abonnement sur papier libre.

CATALOGUE

On trouvera le catalogue complet des titres disponibles, incluant quelques numéros parus avant 1988, sur notre site

http://www.europe-revue.net/

Nos	Titres	Dates		Prix
Hors série	Algérie : Littérature & Arts			18,30 €
Hors série	Paul Eluard			18,30 €
705-706	René Char	Janv.-Fév.	1988	14,00 €
708	Littératures d'Afrique du Sud	Avril	1988	14,00 €
709	Saint-Pol-Roux / André Suarès	Mai	1988	14,00 €
715-716	La Révolution française	Nov.-Déc.	1988	14,00 €
717-718	Aragon romancier	Janv.-Fév.	1989	14,00 €
727-728	André Malraux	Avril	1989	14,00 €
732	Rétif de La Bretonne	Avril	1990	14,00 €
733	Écrivains des États-Unis	Mai	1990	14,00 €
734-735	André Frénaud / Guillevic	Juin-Juillet	1990	14,00 €
736-737	Lewis Carroll	Août-Sept.	1990	14,00 €
738	Vivre le français	Octobre	1990	14,00 €
741-742	Robert Musil / Hermann Broch	Janv.-Fév.	1991	14,00 €
743	André Breton	Mars	1991	14,00 €
744	Herman Melville	Avril	1991	14,00 €
746-747	Arthur Rimbaud	Juin-Juillet	1991	14,00 €
748-749	Jacques Prévert	Août-Sept.	1991	14,00 €
750	Henry Miller	Octobre	1991	14,00 €
751-752	Littérature d'une fin de siècle	Nov.-Déc.	1991	14,00 €
753-754	William Faulkner	Janv.-Fév.	1992	14,00 €
755	Francis Ponge	Mars	1992	14,00 €
756	L'invention de l'Amérique	Avril	1992	14,00 €
757	Rabelais	Mai	1992	14,00 €
758-759	Joseph Conrad	Juin-Juillet	1992	14,00 €
760-761	Baudelaire	Août-Sept.	1992	14,00 €

N°	Titres	Dates		Prix
762	Roger Martin du Gard	Octobre	1992	14,00 €
763-764	Littératures des Pays baltes	Nov.-Déc.	1992	14,00 €
765-766	Virgile	Janv.-Fév.	1993	14,00 €
767	Boris Pasternak	Mars	1993	14,00 €
768	Littérature de Grande-Bretagne	Avril	1993	14,00 €
769	Philippe Soupault	Mai	1993	14,00 €
772-773	Guy de Maupassant	Août-Sept.	1993	14,00 €
774	Yannis Ritsos	Octobre	1993	14,00 €
775-776	Chateaubriand	Nov.-Déc.	1993	14,00 €
777-778	Pierre Reverdy	Janv.-Fév.	1994	14,00 €
779	R.-L. Stevenson	Mars	1994	14,00 €
780	Littérature suédoise	Avril	1994	14,00 €
782-783	Le Grand Jeu	Juin-Juillet	1994	14,00 €
784-785	Paul Nizan	Août-Sept.	1994	14,00 €
786	Le vaudeville	Octobre	1994	14,00 €
787-788	Les Frères Grimm	Nov.-Déc.	1994	14,00 €
789-790	Georges Bernanos	Janv.-Fév.	1995	14,00 €
791	Vladimir Nabokov	Mars	1995	14,00 €
792	J. Supervielle / O.V. de L. Milosz	Avril	1995	14,00 €
793	Littérature suisse	Mai	1995	14,00 €
796-797	1945-1995 Les Écrivains et la Guerre	Août-Sept.	1995	18,30 €
798	Valery Larbaud	Octobre	1995	14,00 €
799-800	Saint-John Perse	Nov.-Déc.	1995	14,00 €
801-802	Madame de Sévigné	Janv.-Fév.	1996	15,00 €
803	F. S. Fitzgerald / J. Dos Passos	Mars	1996	15,00 €
804	Walter Benjamin	Avril	1996	15,00 €
806-807	Sport et littérature	Juin-Juillet	1996	15,00 €
810	Littérature du Danemark	Octobre	1996	15,00 €
811-812	Marivaux	Nov.-Déc.	1996	15,00 €
813-814	Faust	Janv.-Fév.	1997	15,00 €
815	Italo Calvino	Mars	1997	15,00 €
816	USA : Nouvelles voix du Sud	Avril	1997	15,00 €
817	Rudyard Kipling	Mai	1997	15,00 €
818-819	Fernand Léger	Juin-Juillet	1997	18,30 €
820-821	Jazz & Littérature	Août-Sept.	1997	15,00 €
822	Byzance	Octobre	1997	15,00 €
827	Benjamin Fondane	Mars	1998	18,30 €
828	Kateb Yacine	Avril	1998	18,30 €
829	Jules Michelet	Mai	1998	18,30 €
830-831	Giacomo Leopardi	Juin-Juillet	1998	18,30 €
834	Écrivains d'Israël	Octobre	1998	18,30 €
835-836	Sade / Le Grand-Guignol	Nov.-Déc.	1998	18,30 €
839	Octave Mirbeau / Louis Guilloux	Mars	1999	18,30 €
840	Ibsen	Avril	1999	18,30 €
841	Jean Giraudoux	Mai	1999	18,30 €
842-843	Pouchkine	Juin-Juillet	1999	20,00 €
844-845	Jack London	Août-Sept.	1999	18,30 €
846	Albert Camus	Octobre	1999	18,30 €
847-848	Michel Leiris	Nov.-Déc.	1999	18,30 €
849-850	Littérature & philosophie	Janv.-Fév.	2000	18,30 €
851	Hölderlin / Robert Desnos	Mars	2000	18,30 €
852	Voix d'Espagne	Avril	2000	18,30 €
853	Charles Ferdinand Ramuz	Mai	2000	18,30 €
854-855	Antoine Vitez / Anna Seghers	Juin-Juillet	2000	18,30 €
856-857	Bertolt Brecht	Août-Sept.	2000	18,30 €
858	August Strindberg	Octobre	2000	18,30 €
859-860	Roger Caillois	Nov.-Déc.	2000	18,30 €
861-862	Paul Celan	Janv.-Fév.	2001	18,30 €
863	Jean Potocki	Mars	2001	18,30 €
864	Littératures de l'Inde	Avril	2001	18,30 €
865	Homère	Mai	2001	18,30 €
866-867	Littérature d'Autriche	Juin-Juillet	2001	18,30 €

N^{os}	Titres	Dates		Prix
868-869	Edgar Allan Poe	Août-Sept.	2001	18,30 €
870	La science-fiction	Octobre	2001	18,30 €
871-872	Junichirô Tanizaki	Nov.-Déc.	2001	18,30 €
873-874	Antonin Artaud	Janv.-Fév.	2002	20,00 €
875	L'ardeur du poème	Mars	2002	18,30 €
876	Droit & Littérature	Avril	2002	18,30 €
877	Armand Gatti	Mai	2002	18,30 €
878-879	Nâzim Hikmet / Jacques Decour	Juin-Juillet	2002	18,30 €
880-881	Valère Novarina	Août-Sept.	2002	18,30 €
882	Gustave Roud	Octobre	2002	18,30 €
883-884	Henri Calet	Nov.-Déc.	2002	18,30 €
885-886	Choderlos de Laclos / Thaïlande & Laos	Janv.-Fév.	2003	18,30 €
887	Karen Blixen	Mars	2003	18,30 €
888	Raymond Queneau	Avril	2003	18,30 €
889	Robert Walser / Birmanie & Cambodge	Mai	2003	18,30 €
892-893	Ingeborg Bachmann	Août-Sept.	2003	18,30 €
894	Jean Cocteau	Octobre	2003	18,30 €
895-896	Emmanuel Bove	Nov.-Déc.	2003	18,30 €
897-898	Robert Pinget / Jean Grenier	Janv.-Fév.	2004	18,30 €
899	Yvan Goll	Mars	2004	18,30 €
900	Le romantisme révolutionnaire	Avril	2004	18,30 €
901	Jacques Derrida	Mai	2004	18,30 €
902-903	Pétrarque / Czeslaw Milosz	Juin-Juillet	2004	18,30 €
904-905	Mythe et mythologie dans l'Antiquité	Août-Sept.	2004	18,30 €
907-908	Pierre Jean Jouve	Nov.-Déc.	2004	18,30 €
909-910	Jules Verne	Janv.-Fév.	2005	18,50 €
911	Les Formalistes russes	Mars	2005	18,50 €
912	Les Surréalistes belges	Avril	2005	18,50 €
913	Littérature de Bretagne	Mai	2005	18,50 €
914-915	La comtesse de Ségur	Juin-Juillet	2005	18,50 €
916-917	J.-K. Huysmans / Villiers de L'Isle-Adam	Août-Sept.	2005	18,50 €
918	Lorand Gaspar	Octobre	2005	18,50 €
919-920	Littérature du Brésil	Nov.-Déc.	2005	18,50 €
921-922	Marguerite Duras	Janv.-Fév.	2006	18,50 €
923	Franz Kafka	Mars	2006	18,50 €
924	Michel Vinaver	Avril	2006	18,50 €
925	Marcel Schwob	Mai	2006	18,50 €
926-927	Écrire l'extrême	Juin-Juillet	2006	18,50 €
928-929	Mythe et mythologie du Nord ancien	Août-Sept.	2006	18,50 €
930	Jean-Jacques Rousseau	Octobre	2006	18,50 €
931-932	Écrivains de Nlle-Zélande / François Augiéras	Nov.-Déc.	2006	18,50 €
933-934	Littérature et peinture / Elfriede Jelinek	Janv.-Fév.	2007	20,00 €
935	Gérard de Nerval / P-A. Jourdan / Aïgui	Mars	2007	18,50 €
936	Paul Verlaine	Avril	2007	18,50 €
937	Giordano Bruno / Galilée	Mai	2007	18,50 €
938-939	Franck Venaille / André de Richaud	Juin-Juillet	2007	18,50 €
940-941	Maurice Blanchot	Août-Sept.	2007	18,50 €
942	Romain Rolland / Guillevic	Octobre	2007	18,50 €
943-944	Michel Butor	Nov.-Déc.	2007	18,50 €
945-946	Historiens de l'Antiquité	Janv.-Fév.	2008	18,50 €
947	Pier Paolo Pasolini	Mars	2008	18,50 €
948	Écrivains au stalag / Elio Vittorini	Avril	2008	18,50 €
949	T. W. Adorno / Ernst Bloch	Mai	2008	18,50 €
950-951	Les Troubadours / Max Rouquette / T. Landolfi	Juin-Juillet	2008	18,50 €
952-953	Georg Büchner / Roland Barthes	Août-Sept.	2008	18,50 €
954	Freud et la culture / Edmond Jabès	Octobre	2008	18,50 €
955-956	Philippe Jaccottet / Giuseppe Ungaretti	Nov.-Déc.	2008	18,50 €
957-958	J.-M.G. Le Clézio	Janv.-Fév.	2009	18,50 €
959	Thomas Bernhard	Mars	2009	18,50 €
960	Léon Chestov / Jean-Luc Nancy	Avril	2009	18,50 €
961	Pierre Guyotat / Marcel Cohen	Mai	2009	20,00 €
962-963	Ossip Mandelstam	Juin-Juillet	2009	18,50 €

N^{os}	Titres	Dates		Prix
964-965	Jean-Pierre Vernant	Août-Sept.	2009	18,50 €
966	Rimbaud	Octobre	2009	18,50 €
967-968	Boris Vian	Nov.-Déc.	2009	18,50 €
969-970	Jean-Luc Lagarce	Janv.-Fév.	2010	18,50 €
971	Claude Esteban / Bernard Manciet	Mars	2010	18,50 €
972	Kierkegaard / Penseurs existentiels / P. Gadenne	Avril	2010	18,50 €
973	Philippe Lacoue-Labarthe	Mai	2010	18,50 €
974-975	Nicolas Bouvier / Kenneth White	Juin-Juillet	2010	18,50 €
976-977	Pascal Quignard	Août-Sept.	2010	18,50 €
978	Vélimir Khlebnikov	Octobre	2010	18,50 €
979-980	Miguel de Cervantès / José Lezama Lima	Nov.-Déc.	2010	18,50 €
981-982	Bernard Noël	Janv.-Fév.	2011	18,50 €
983	Georges Perros / Joseph Joubert	Mars	2011	18,50 €
984	Georg Trakl / Christa Wolf	Avril	2011	18,50 €
985	Regards sur l'utopie	Mai	2011	18,50 €
986-987	André du Bouchet	Juin-Juillet	2011	18,50 €
988-989	Marx et la culture / André Benedetto	Août-Sept.	2011	18,50 €
990	Walt Whitman / Paul de Roux / J.C. Grumberg	Octobre	2011	18,50 €
991-992	Emmanuel Levinas	Nov.-Déc.	2011	20.00 €
993-994	Georges Perec	Janvier-Février	2012	18,50 €
995	Henri Meschonnic	Mars	2012	18,50 €
996	Gilles Deleuze	Avril	2012	18,50 €
997	Littérature d'Iran	Mai	2012	18,50 €
998-999	Jacques Dupin	Juin-Juillet	2012	18,50 €
1000-1001	Abécédaire	Août-Sept.	2012	20,00 €
1002	Le théâtre espagnol du Siècle d'or / F. Delay	Octobre	2012	20,00 €
1003-1004	Katherine Mansfield / Clarice Lispector	Nov.-Déc.	2012	20,00 €
1005-1006	Claude Lévi-Strauss	Janvier-Février	2013	20,00 €
1007	Julien Gracq / Écrivains de Catalogne	Mars	2013	20,00 €
1008	Walter Benjamin	Avril	2013	20,00 €
1009	W.G. Sebald / Tomas Tranströmer	Mai	2013	20,00 €
1010-1011	Constantin Cavafy	Juin-Juillet	2013	20,00 €
1012-1013	Marcel Proust	Août-Sept.	2013	20,00 €
1014	Diderot / Sartre / Chris Marker	Octobre	2013	20,00 €
1015-1016	Littérature du Maroc / Henri Thomas	Nov.-Déc.	2013	20,00 €
1017-1018	Vladimir Pozner / Danièle Sallenave	Janvier-Février	2014	20,00 €
1019	Max Jacob / François Cheng	Mars	2014	20,00 €
1020	Julio Cortázar / Antonio Gamoneda	Avril	2014	20,00 €
1021	Karl Kraus / Alfred Kubin	Mai	2014	20,00 €
1022-1023	Romain Gary	Juin-Juillet	2014	20,00 €
1024-1025	Charles Péguy	Août-Sept.	2014	20,00 €
1026	Éric Chevillard / J.-L. Giovannoni / E. Tellermann	Octobre	2014	20,00 €
1027-1028	María Zambrano	Nov.-Déc.	2014	20,00 €
1029-1030	Max Frisch / Ludwig Hohl	Janvier-Février	2015	20,00 €
1031	Antoine Emaz / Gaston Miron	Mars	2015	20,00 €
1032	Federico García Lorca	Avril	2015	20,00 €
1033	Claude Simon	Mai	2015	20,00 €
1034-1035	Pierre Klossowski	Juin-Juillet	2015	20,00 €
1036-1037	Henri Heine / Nelly Sachs	Août-Sept.	2015	20,00 €
1038	Patrick Modiano	Octobre	2015	20,00 €

Dépôt légal : Octobre 2015
Commission paritaire n° 0516 K 88048
Gérant de la SEP Europe : *Marcel Saint Pol*

PAO : *JSSP*
Imprimé par France Quercy
Numéro d'imprimeur : 50791/